游刃有余

王蒙谈老庄

王蒙◎著

北京联合出版公司
Beijing United Publishing Co.,Ltd.

图书在版编目（CIP）数据

游刃有余 / 王蒙著 . —北京 : 北京联合出版公司 , 2016.6

ISBN 978-7-5502-7888-2

Ⅰ . ①游… Ⅱ . ①王… Ⅲ . ①道家②《道德经》—通俗读物③《庄子》—通俗读物 Ⅳ . ① B223-49

中国版本图书馆 CIP 数据核字 (2016) 第 125453 号

游刃有余

出 品 人：唐学雷
作　　者：王　蒙
责任编辑：昝亚会　徐秀琴

北京联合出版公司出版
（北京市西城区德外大街 83 号楼 9 层 100088）
北京盛通印刷股份有限公司　新华书店经销
字数：342 千字　700mm × 980mm　1/16　印张：26.5
2016 年 6 月第 1 版　2016 年 6 月第 1 次印刷
ISBN 978-7-5502-7888-2
定价：58.00 元

目录

老子篇

庄子篇

老子篇

第一
你为什么需要一个大道

道的概念高于一切

老子非常重要，他是中华民族智慧的一个高峰。他的《道德经》在世界上有上千种译本，是全部中华典籍中翻译得最多的。可他两千多年前用的语言咱们不熟悉，现在看起来也比较绕，有时候一上来就把人绕糊涂了。我要做的就是努力与老子起一个互证的作用：就是让我们互相证明一下，用我们今人的经历、经验、思想、知识、观念来证明一下老子的哪些观点是对人特别有帮助的，哪些是仅供参考的，还有哪些是需要有所调整的。同时我们也用老子的学说来分析、对比一下我们自己的那些经验、经历，看我们自己的那些想法，有哪些是值得通过对老子作品的阅读与验证，争取一个进一步的更高的认识的。

头一个问题我想跟大家讨论的就是，人为什么需要一个特别大的概念，像“道”这样的概念？你也许会问：究竟什么是道，到底什么是道？我告诉你，道就是“到底”，也就是究竟！你想过问一下究竟了，那么就是过问道了。你的问题也就回答了你的提问。妙就妙在这里。老子这个道就是来动员我们的智慧和思维，让我们进入究竟与到底，即进入终极关怀、终极期待、终极追寻的。而各种有关“终极”的说法，可能是哲学，可能是科学，可能是数学，更可能是神学，即宗教学。

老子呢，正是以中华文化特有的想象、感悟、思辨的方式进行自己的终极探寻的。

我们寻找到这样一个理念，这个理念它高于一切，它涵盖一切，它包括一切，有了这个理念你就好像有了一座大山做依靠一样。比如说我们会有一种对世界的敬畏的感觉：仰望星空、远眺大海、极目高山雪峰，我们就产生了对世界敬畏的感觉，这些敬畏的东西把它综合到一块儿、加到一块儿，世界万物统统都包容进去，而且在这里边找到它的本质、找到它的规律，老子说这个就是“道”。道是一个终极的概念、是一个本源，就好像数学概念里边的无限大，到了无限大这里，你就到了头啦，你无法再往大里找了。而且它还是本质。这个东西既是思辨出来的、分析出来的，又是感悟出来的，因为你没办法说我拿了一个大道给大伙看，说这就是道，我找不到。但是道无所不在，什么都有。因为老子解释说：这个道啊就是终极，比如说我们问道究竟是什么这个话，就等于问道是道吗？因为道的意思就是世界的终极，什么都在里头了。

我们需要一个参照

这是一个终极的关怀。它不是通过寻找一个神仙、一个特异功能秉有者而实现的，它是从理念上实现，从理念推导出来的。我们看到的东西都是有限的，但是我们相信在有限之外还有无限，这很简单。其实这个是最容易说明白的，说时间是无限的吗？当然是无限的，因为您要说时间是有限的，说时间是二百亿年以前开始的，那这二百亿年以前的前边又算什么呢？说那是负 N 个年头？那么负一负二又负无限了，它还是无限。空间也是无限的，如果说空间是几万亿或者叫光年了，它特别大，它难道是一个铁框？这个铁框外头又是什么呢？所以老子是顺着哲学思辨的头脑，寻找到了这样一个无穷的根本，根本的无穷来。

寻找这个根本的目的是什么呢？第一个作用就是使我们获得非常巨大的一个参照。人办任何事都会有一个东西来参照，就拿物理学“运动”来说，运动没运动要拿地球来参照，说我的手在运动，要拿我的手作参照呢，我就没运动，我的手原来在哪就是哪里。大概念是一个最重要的参照与依据。一般的人容易拿自己作参照，要拿自己作参照，他就很容易不满足、很容易生气，他就很容易看不清、看不明白这个事。但是如拿“道”作参照，情况就会有非常大的不同，就容易把一些事看得开、看得透、解得开。解得开在这儿应该念解（xiè）得开。

老子说：道，“强为之名曰大”。这个道是很难叙述的，我很勉强地说：它第一的特点是无所不包，它是“大”。“大曰逝”，它又是不断变化的。“逝曰远”，它是变化的，它是无穷无尽的，可以永远地变化下去。“远曰反”，就是它在变化当中又不时地回归自身，回到此前变化达到的状态的对立面。像这样的一些性质的描述，你听着是有一点儿玄、有一点儿忽悠，但是你要自己细想一想，这个世界有没有这样一面。世界难道就是咱们这一百多斤吗？就是我眼前这点花草杂物吗？就是咱们在座的朋友吗？世界大得不得了，今年有世界，一万年以后还有世界，一亿年以后还有世界。有世界就有世界的总和与世界变化的规律，它就是道。有世界就有万象万物各不相同，却同处于世界上，有同一的规律与本质，这就是道。同样，世界的变化：有无、死生、兴衰、成败、盈亏、虚实、强弱，这样的变化之规律、变化之动力、变化之驱动程序也就是道。所以说，道这个玩意儿虽然说起来很玄，它确实是存在的。

道是世界与人生的主心骨

有了这样一个参照以后，第二个感觉就是说，我们还有了主心骨。想想看，一个人，俗话说一百多斤，五尺高，寿命一般不满百，膂力、智力、视听等感觉能力都很有限。这不是很悲哀吗？然而，世界上还有一个主心骨叫作道的在，它是永生的，没了地球，没了太阳系，没了我们所在的银河系，它还在，它还能生出另一个地球、太阳系、银河系来。人生无常，而道是常道。壮哉道也。

第三个感觉是，有了对于道的体悟，一切都有了定力，都有了定见，都不慌不忙了。一切都是有规律的，是有法则的，一切都在转化，一切都有希望，也都不必奢望。又是有希望的又是不能奢望的，也不能着急也不能慌乱。这让我们对待世界就有一种镇定，有一种定力。

外国人有一些很有趣的说法：碰到麻烦了，比如说金融危机，英语里有一个词叫 face music，就是说我们得面对音乐，得拿一切麻烦一切噩运当交响乐乐章来听取。比如说你挨骂了，他说“干什么了？”“今儿个我听了一上午音乐。”音乐指的就是别人骂。开批斗会了，我必须 face music。这个交响乐批斗会：你为什么不好好把这个工作做好了？我看你在找倒霉哪！这不也跟一个乐段一样的吗？那个算长号，您这个算小号，您这个算长笛。这话说得不太严肃、不太正规，但是它表达一个东西，就是说你从不同的参照系上看，很多事情的性质都会有所改变，都可能是小事情。你就有勇气有把握来面对它。

因为我在新疆待过，我喜欢举维吾尔族的例子。维吾尔族有一个话，这个话也不严格，你不能全听它的，但是它有一点儿道理，它说这个人生下来以后，除了死以外都是TAMAXAR。TAMAXAR一词的含义，就是玩、欣赏、观赏。它说死是不能观赏的，你观赏人家死这太没有人性了。你观赏你自己死你也顾不过来，你捯气都捯不上来了。但是除了死以外，你都可以用一个观察的态度，都可以抱一个观赏的态度。那么“道”除了给你这样一个参考的巨大的参照系，使你一下子自个儿站得很高，把很多事都看得更有信心、更有把握，还让你禁不住观赏感佩于大道的伟大与神奇。都观赏感佩了，你也就不会焦躁不安了。我们中国有一个词叫淡定，你甭管这个事现在多麻烦多复杂，但是总有解决的那一天，总有解决的那个时候，有了这个所谓的淡定，比起惊慌失措、六神无主，不是会好一些吗？

寻道可以增智慧

除了这个以外呢，道给我们的第四个感觉是它给你一种智慧。为什么呢？老子说这个道很难给它下定义，如果要给它下定义，它的特点是：大、逝、远、返（反）。大，就是无所不包、叫作无穷大；逝，就是它不断地变化、不断地演变，永不停滞；远，就是说它是恒久的，它不是一个短期的、一时的，它的效用是深远的、长期的；返（反），就是说有很多东西它又回到了它自身，回到了自身的恒常的、正常的、应有的状态。这和黑格尔、恩格斯他们讲的辩证法也是一致的，他们说万物的变化规律叫作否定之否定，先是变化的结果否定了自身，再是否定了那个否定，回到自身。例如一粒种子长成了麦苗，否定了种子自身，麦苗长大枯萎了，否定了麦苗，但是结出大量的麦穗麦粒，又返回了种子——更多更好也可能有所变异的种子。现代化、全球化向中华传统文化提出严峻的挑战，几乎否定了中华文化，经过新文化运动，经过复杂与痛苦的过程，人们又从新高度上重新认识到弘扬传统文化对于实现中国的发展与进步的无法忽略的意义。这也是大、逝、远、反。大了才能包容，逝了才不保守，远了才稳得住，反了才避免片面与偏颇。

事物它总是有一个回归在更高的层次上、回归自身的这样一个过程。如果有了这个道的概念，我们看任何事情都会看得更立体一些，它不是单向的，用咱们北京话说它不较劲。较劲这个“较”字应该是“比较”的“较”，有人写文章写成“叫喊”的“叫”，那不对。它不是叫劲而是比较的劲，就是双方不往死里掐。为什么它不往死里掐呢？因为任何事物都有一个发展的过程，不用说辩论一个问题，有时候亲属之间为一件小事都能争执得面红耳赤。比如看电视里出来一个演员一晃就过去了，我说这不是那个演《天下无贼》的王宝强吗？结果我的孩子说这怎么是王宝强呢，您老了，您眼睛真瞎了。两人急了，这急什么啊，你过一会儿上网查一查。要是你两人较劲，他如果不是王宝强，我再生气他也成不了王宝强。如果他是王宝强，我这孩子他再跺脚，哪怕他再说我老，他再气我，说你看你都糊涂了，也没用啊。这个例子是非常小的一件事。可能有的时候较劲还发生在重要的事情上，那个时候可能人们不太容易说别较劲，或者说我们站在更高的角度，把这个事看开一点儿。

老子的眼光与众不同

老子就有许多说法，比别人可以说更辩证一点儿。比如说我们现在常用的一句话，也是当年毛泽东主席最喜欢用的一句话，就是说“祸兮福之所倚，福兮祸之所伏”。有的地方文字版本不一样，有的把“兮”说成“上”，说“祸上福所倚”，这个没关系，我们不去讨论具体的文字，但是它讲的故事在中国古代早就有。这个故事说：塞翁失马，焉知非福。塞翁丢了马匹本来是一件祸事，但是想不到这个马又回来了，而且还带来了一匹更好的马，它就变成一件好事了。有了更好的马本来是一件好事，但是骑马摔坏了胳膊或者摔坏了腿摔出伤来了，这又变成一件坏事。摔出伤来了，这是一件坏事，结果打仗的时候他没有被抓壮丁抓走，保住了性命，这是一件好事。当然这是按当时春秋无义战的说法，当时并没有说哪一场战争谁就是最正确、谁就是最不正确的，他不分这个才能这么说。要是现在这么说当然就很落后了。所以他在当时的这种情况下，提供的是一种智慧，他这种观点就是比别人多绕了几圈，多看了几步。

有时候我们考虑什么问题往往是一个单向的，就这一条线，咱们俗话说一根筋或者钻牛角尖。可是老子告诉我们，这个世界上的思路有好几种，有从东往西的，还有从南往北的，还有高架桥、地下通道、快捷通道；还有的可以绕一个弯，虽然路程远了，但是走得快也还可以到达。就是这样一种立体思维的思路。老子的思维是立体思维，不是线性思维，一条线不拐弯。这样一种立体思维的模式是儒家、墨家、法家所不擅长的，但不是完全没有，例如孔子也讲“邦有道，则智；邦无道，则愚”的道理，而且说是宁武子的这种功力是他学不到的，他说他能学到宁武子的智，学不到宁武子的愚。比如孟子也讲“天将降大任于是人也”，先得让他受苦受罪。

你能看几步棋

有时候我开玩笑说：比如下棋吧，我跟我孙子下棋的时候，我就看一步，看他那儿有一个马，我说太棒了，我赶紧把他的马吃了。但是我就没有看到我一吃他这个马，他把我的车给撤了。他没看到他撤完我的车，我正好把他的将给将死了，我的炮正好下去将死他。这就是我跟我孙子下棋的水平。下棋下到这个水平，就要互相争，有时候就得悔棋、赖棋，北京话就叫讹搅。可是如果从老子的观点上来说，世界上很多好事你要把它往坏事方面想一想，坏事你要把它往好事上想一想，或者好坏之事又变成一个坏好之事，一个又可能往这边变又可能往那边变的事。这一想他就多看了好几步棋。所以我就说一般臭棋，像我这种人下象棋只看一步，国手他看三步看五步就不得了了。可是老子也许能看到七八步。

谁也做不到从胜利走向胜利

还有许许多多这样的一些例子，例如我们有一句话，实际上是从境外引进来的，就是说“失败是成功之母”。很多事恰恰就是在失败当中酝酿成功。我们在“文化大革命”的时候背语录，都记住一个词，毛泽东主席有一句很有名的话：斗争，失败，再斗争，再失败，直至胜利。这就是人民的逻辑。捣乱，失败，再捣乱，再失败，直至灭亡，这就是反动派的逻辑。我年轻的时候看这个老别扭，我老觉得它不对称、不对偶，一念这个语录，我的第一反应是：怎么人民也失败，反动派也失败？两家都失败？最后怎么人民硬是胜了，可反对派就笃定败啦？如果是捣乱，失败，再捣乱，再失败，直至灭亡，这是反对派的逻辑，斗争，胜利，再斗争，再胜利，直至最后大胜利，这是人民的逻辑。这样多好！我研究这个特别的费劲。我老想给毛主席语录改一下，改成人民斗争，胜利，再斗争，再胜利，直到“完胜”。那边呢，反动派，捣乱，失败，再捣乱，再失败，直至灭亡。两边一对仗，比都失败也更工整一些，骈体文骈得更完美一些。当然，这只是字面上的考虑。

看了《老子》以后我明白了。这个很简单，看一下中国革命史就知道，中国革命史恰恰不是一个胜利再胜利再胜利的过程，那是俄文修辞的说法，俄文喜欢讲“从胜利走向胜利”。咱们想想从胜利走向胜利，全世界有这么便宜的事吗？咱们哪个人这一生是从胜利走向胜利的？常常是办这件事失败了，办那件事失败了，但是如果你的方向正确，你做得好呢，它最终是胜利的。比如说居里夫人不是前边全失败了吗？她如果一上来就从胜利走向胜利她就不叫居里夫人了，也不值得我们那么敬佩她了。科学也好、革命也好、建设也好，许许多多东西都是从失败走向胜利。所以说起来是一个非常简单的道理，但是实际上你常常做不到，你做不到像老子这样把这个世界上的事物看得那么有可变性，是可以变易的、是可以塑造的，它有可变性有可塑性，所以“大、逝、远、返（反）”，这个本身就给了我们许许多多的智慧。

道是哲学，也包含着信仰

这样一个对于道的感悟和理解，还给了我们一个信念。关于道的论述里，我认为有百分之八十的是理性是思辨是智慧是逻辑，但是它还有百分之二十是信仰。为什么呢？因为道本身不能够简单地用科学实验的方法或者用数学计算的方法来求解，你不可能加减乘除，给你列一个式子，或者提供一个实验室的报告。所以这里还有一个从你自己的思想上情感上得出的结论，这就是我开始讲的时候一上来就先说的人对世界有一种敬畏。作为有限的个体，对于无限的世界、对于永恒的时间、对于无限的空间、对于无限大无穷大，你有一种敬畏之感。这种敬畏最后归结为道。这一点是相当不错的。因为如果走一般宗教的路子，把世界的本原说成是具有神性的人或者是具有人性的神，这个世界里有好多东西不好解释，各种教会里都有所谓的烦琐争论，例如捷克作家米兰·昆德拉就在小说里大谈耶稣究竟要不要上卫生间。

怎么样去总结一下道呢

而这个道呢，你说它有就是有，它是本质，它是本原，它又是全部，它是具体的，所以老子讲“和光同尘”，就是说把你的光芒要适当地压低一点儿，你要和尘世的生活、世俗的生活和日常的生活接近一点儿。像这样的一个“道”，他说是无所不在、无所不通的，用现在电脑的语言就是：如果你要想通了这个道，以后你就会感觉到我们所有的这些人，包括咱们设备很好信誉很好的中央电视台或者是北京电视台、湖南电视台，所有这些东西都是大道的一个下载，道本身下载下来了就变成了一个人。因为你的人、你的一切都是符合关于变化、关于存在、关于自己自然而然的运动、关于返回自身这样一些规律的。外国人也讨论，说这个道到底是什么？他最后翻译来翻译去，翻译不出来，“道”直译就是TAO，很像小沈阳说的：我中文名字叫小沈阳，英文名字叫“小~沈~阳”。对于道的说法非常多，要往细里研究就是老子本身在他的这本书里头，也不知道说了多少次。一会儿他说这个“道”和“无”和“有”的关系，因为一说要把万物综合起来的话，那么一个是综合成“有”。这是最明白的，反正什么东西都有，但是“有”这个东西又永远会变成“无”。任何的有，反正你看得见的你知道的“有”都会变成“无”。他可以从有和无的观点上来综合这个道理。他还可以从天的观点讲天道，因为世界上我们看得见的东西里头最能够和我们对道的理解及心情接近的，就是天，我们仰头一看无所不包的“天”。古代还没有什么银河系太阳系，还不知道有这些概念，所以它又和“天”的概念相一致，它又和“大”的概念相一致，它又和根本、终极、本质这些概念相一致。

外国人也讨论说“道”到底是什么？有的人认为最接近的就是拉丁语

的“逻各斯”，逻各斯就是指一种道理、一种规律、逻辑。我们可以归到一个和我们的思路接近的地方就是真理，因为真理你也是看不见的。每个人都可以宣布自己发现了真理，是真理的化身，这个是可以的，你觉得真理是存在的，否则怎么会又有社会又有个人又有仁人志士又有学问家科学家有爱因斯坦有居里夫人有老子孔子有苏格拉底有柏拉图有马克思，都在寻找真理都在追求真理？所以归根到底这个世界有它自己的道理，世界有它的必然性、有它自己的发展、自己的这么一套，所以这是一种信念。当你有了这种信念以后，你忽然觉得你自己就变大了，变得通达，变得不是那么抠抠搜搜，不较劲了。我最怕人整天为一些小事嘀嘀咕咕，又害人又害己；跟自己的孩子也嘀嘀咕咕，跟自己的父母也嘀嘀咕咕，跟本单位的人更是嘀嘀咕咕。能够有这么一种精神的依托和支撑，而且成一种信念是好的。

不争与共享

我们不能简单地说中国人缺少终极关怀或者是缺少宗教观念、宗教情怀，在老子的“道”里头实际上寄托了中国先秦时期人们对终极的一种追寻一种敬畏一种赞颂一种歌颂一种依靠。有了道的观念还非常有利于提升我们自己的精神境界，使我们站得更高，能够超越嘀嘀咕咕、超越流言蜚语、超越小名小利、超越自我。我们可以看看老子的境界，我随便举一个他论述的例子，我们想想他的境界是什么样的。比如他说：“夫唯不争，故天下莫能与之争。”就是说我这个人与世无争，尤其是争名夺利的事我绝对不干，可是越是这样就越没有什么人能够和他争。因为你想和他争，他说我不争，他说你要争这个名和利，那么这个名和利随便就归你。但是我对道的体悟归我，你抢不去；我的学问归我，你抢不去；我的人格归我，你抢不去；我的水准归我，这个你也抢不去。所以一个真正有自信心的人是不愿意和人争名夺利的，他是不愿意蝇营狗苟的。老子的“夫唯不争，故天下莫能与之争”，这个话让人真是受用无穷。

咱们这么说，我跟各位说实在的，这个东西也不能说是绝对的，“夫唯不争，故天下莫能与之争”，你上超市买东西他少找你两块钱，你说这个我也就不提了，他也不会跟我争。那当然，他多收你两块钱他跟你争什么，是不是？这不是绝对的，有些事你也可以说明一下，可以干什么，但是从总体来说你要抱一个不争的思路。老子也有老子的毛病，他喜欢讲一面理，对孔子孟子，你越提倡什么我就越反对什么。所以说这个不较劲，其实老子也有老子较劲的地方。

把你的时间精力投放在什么地方

想想这一生，你可以把你的智慧、才华、精神放到多少有用的大事上？我最悲哀的就是我们的国人，咱们亲爱的同胞，他不是把这些放在做好自己的事上而是放在人际关系上，你到一个单位先不考虑你怎么把这件事情做好，首先要考虑你怎么样处理好人际关系。我觉得这个实在是我们的一个悲哀，所以这个“夫唯不争，故天下莫能与之争”一下子就可以在某种意义上改掉我们这个所谓“窝里斗”的恶习，可以把一个人的精神、智慧、学问用到正事上。

我有我自己一种解释，自古以来对于天才有各种各样的说法，一种说法最简单也是大家都很信奉、我觉得也讲得很好的，说天才即勤奋。这话当然说得好，天才你不能光靠你妈妈生你的时候给的那点儿本钱，你的天才即勤奋；还有一种说法是：天才是一份天分加九十九份汗水。这个说得也非常好，但是我要给它定一个个人化的、个性化的定义，我说天才就是集中精力的本领。很简单，能把你所有的精力集中在某一两个点上，你肯定再笨也把这个事办得好，能办得比别人出色。所以这个“夫唯不争，故天下莫能与之争”，如果我们要好好地领会，真是终身受用不尽。还有，你争，有时候你争不来啊！咱们实话实说，什么事你争就能争得来吗，是不是啊？有时候你争的话就暴露了你自身的许多弱点，你丢人！你争得挺丢人，你争得出丑，你争得置气，你争的结果还能使你的细胞恶化。所以老子讲“夫唯不争，故天下莫能与之争”这里头有着非常高级的境界，一个提升的作用。这一句话实际上提供给我们的是一种大智慧。不是说简单的不争吵、不索取，而是给我们一种平和的心态，然后让我们可以不仅仅是集中精力做事，还可以生活得很快乐。我想这是一个说法。

老子还有一个说法，他说“既以为人己愈有”，就是我用我自己的东西为别人做事，越为别人做得多，我也就越为自己做得多，因为为别人做事这就是我所要做的事，所以“既以与人己愈多”，我自己有的东西我从来不吝啬，我从来不是光知道自个儿帮自个儿来搂，而是愿意赠送给旁人，愿意帮助旁人，愿意请别人来使用，叫作 share，叫作分享，其实中文的说法更好，叫作共享。能共享了，这样的话我就得到的越多。这个话其实也很简单，但是做到并不容易。你帮人也是帮己，这不是很简单嘛。这很普通的一个道理，很容易说得通，人总是爱互助的，有很多事情你帮助别人、替别人效劳了，说老实话起码你赢得了信任、赢得了友谊，你可以说你得到的是比你付出的更重要、更高级、更美好的东西。所以老子这种说法的境界都比一般的人高。

回到婴儿状态去

我曾说老子也有老子的毛病，他喜欢讲一面理，很有个性，而且他还喜欢逆向思维，你这么说我偏那么说，所以虽说不较劲其实老子也有老子较劲的地方，他有这一面。他特别提倡他认为最高的境界，最高的境界是什么呢？提出来也许我们会觉得很不可思议，他说"复归于婴儿"，就是你能够变得跟一个婴儿一样的单纯，能够没有那么多的欲望、没有那么多的要求，你能够那么样的朴素那么样的真诚，你也不动心眼儿你也不用算计谁。他说人如果最后能够保持像一个婴儿一样的境界，这是最好不过的。我想完全婴儿化也不行，这个操作有困难，比如说咱们的这个讲座最后变成婴儿节目，他得需要许多母亲抱着听众前来，还有生存问题，最后一个老婴儿在这儿讲老子，完全做到不容易。但是从某种意义上我们可以正面地来想这个问题。

他在号召什么？人应该保持某种纯洁甚至于保持某种天真，你七十岁也好，你八十岁也好，你看见路上一朵花开放会不会感到愉快？你见到天很热天很干旱一场雨来了会不会觉得特别爽气特别舒服？你见到一个老朋友是不是能够兴奋得起来，甚至你在报纸上看到一首好诗能不能为这首诗而吟咏赞叹甚至于击节称善？起码你得有几分天真。如果你这些东西都没有了，如果你一点儿纯洁的天真的信任的真诚的东西都没有了的话，这个也是怪可怜的。想想看，一个没有任何天真的人，他或她的生活还能有多少乐趣？所以老子他所提倡的这样一种被大道所武装起来的，被大道所帮助了的人的这种心情，这种境界并不是一个高高在上的甚至于是带有压迫感的高度，而是一种和普通人一样的，甚至于是和婴儿一样的带着天真带着快乐带着好奇尤其是带着对世界的信任的境界，而不是对世界充满怀疑和仇恨。

我觉得要是能做到这一点也是非常不容易的，我们每个人都有和儿童接触的经历，无论是别人家的孩子还是自己家的孩子，他们在从三岁到六岁的儿童阶段就有这样的特质，比如说好奇，比如说对他人的信任和对其他从来没有接触过的事物的欣喜；家里来了陌生人，他也会特别高兴。可能我们现在的人因为生活压力太大了，节奏也比较快，有一些事情就变得司空见惯了。我们小的时候，看见花开了会有一种欣喜的感觉，现在可能看多了，看着花摆在这儿就好像这儿什么都没有一样。

又精微，又模糊

所以老子的精神境界，他的这个道还有另外一面，除了一曰大二曰逝三曰远四曰返以外，他讲它是“夷、希、微”。

“夷、希、微”就是说道又是非常精细的一个东西，你看不一定看得见，你听不一定听得到，你摸又摸不着。他还说：“道之为物，惟恍惟惚。”就是说它具有一种模糊性，具有一种似有似无的状态，这也是一种非常高级的思维。表面上看很容易觉得这个有问题，五四时期我们有很多前贤就很嘲笑这种说法，因为那个时候我们希望我们国家更重视的是科学，科学要求清晰要求具体，准确精确定量定性，什么东西含多少毫克，或者是多少国际单位，它有特别小的纳米什么的类似于这样的观念。但是老子说的“恍惚”就是又像在又像不在，这里头有两个智慧上的价值：一个是把有和无结合起来，不要认为什么东西有就一定是有，有还能变成无这样的例子太多了；也不要认为无就一定是没有，无也可以变成有。这种关于恍惚关于“夷、希、微”的概念有一个很大的好处是给你一个选择的空间，就是世界上不管是什么事情都是有选择的余地的，它是有弹性的它是有空间的它是有灵活性的。在灵活性这一点上，我们中国人应该说得老子的好处非常大，我们中国人做事如果有什么毛病的话，就是有时候我们太精明又太灵活。有人开玩笑说是比如一个中国人和一个日本人在饭馆里头打工，老板说这个碗要用洗洁精洗三遍然后用清水洗四遍才算干净，这个日本人只要不把他解雇，他就是三遍四遍老这么洗；要是遇到中国人，他头一个礼拜那个三遍这个四遍洗得挺干净，老板对他挺满意，第二礼拜他很可能前边两遍后边三遍，到最后剩一样一遍了，他瞅着挺干净，他说不用洗洁精我就直接拿自来水一冲、拿布一擦，得了！

有这种毛病但是他也有个好处，好处是什么？就是说“道”它是惟恍惟惚，它是有空间的，它的内容也是可以给它定义的。你可以在这个大的概念不变的情况下给它不同的定义，所以很有意思。

解读概念与改革开放

就拿改革开放来说，一个是英国的前首相撒切尔夫人，一个是美国前国家安全顾问布热津斯基，他们都说东欧和苏联的改革多半会遭遇危险，而中国的改革很可能成功，因为中国的文化有一个特色，他没说这个特色是什么。要是我理解呢，就是在对大的概念的敬畏和向往当中给我们留下了给它定义的可能，给我们留下了选择的空间。他们预言说苏联的改革没有成果，不一定会出什么事。他们的说法是可供参考的。而老子（其实还应该加上庄子）的关于恍惚、关于混沌、关于空间、关于用一个大概念、一个巅峰概念之后，又留给我们给它定义的可能这样的一种智慧，在全世界也是罕有其匹的，你很难做到像他这样。所以既能够有一种对世界的本质和本原——道的这样一种信念，又有一种随时给予新的定义与时俱进——最早是庄子说“与时俱化”——的发展变化的余地。你能够有与时俱化、与时俱进地不断地更新和不断地追求这样的一种可能性，我觉得这也是我们中国的文化、中国的智慧非常可取的一点。关于道的特性部分我们就先说到这儿。

寻道是不是宗教信仰

我还想和大家探讨一个问题，就是中国人对于道的信仰和宗教到底是一个什么关系。我们知道世界各国都有在文化中占有重要地位的宗教，这些宗教在它最初的时候往往是通过一个所谓使徒，就是上天的一个使者。比如说基督教就是耶稣基督，佛教就是释迦牟尼，通过这样的一个使徒——他有超乎凡人的、神性的一种觉悟，而且有事迹，他们往往在他们初期的时候都有比如说治愈病人，使残疾人——使瘸腿的人能够走路，使盲人复明这样的伟大的事迹，然后他们所代表的这个具有某种意志的一个神，也可以说是具有某种人格的神——有神格的人来寻找人格的神。比如说耶稣就要讲耶稣是上帝的儿子，我们在基督教堂里头会看到大量的耶稣、圣母还有耶稣的一些弟子的形象，可是你看不到上帝的形象，但是上帝又有一个儿子，这儿子是耶稣，那么说明上帝他也具有人格的一些特色，否则怎么会有儿子呢？释迦牟尼他成为了佛，他本来是印度的一个王子，他在菩提树下修炼觉悟静坐分析研究，最后他成了佛，他等于也成为世界的一个主宰。所以说对神的理解，英语里头祷告的时候不见得每次都说上帝，他说的是 My Lord， 就是“我的主”，就是给我们的人间、给我们的世界找一个主人。有人批评贬低说中国文化缺少终极关怀，我个人觉得这样一个批评起码只是事物的一面，因为它有另外一面，我们中国找的神不是一个人格的神，也不是一个神格的人，或者简单地说既不是人神也不是神人，是什么呢？是概念之神、概念之巅、概念之高峰、概念之无限，所以我说的是概念之神。这个概念之神恰恰就是“道”，而且这个道还不仅仅限于“道家”，因为孔子也说过这个话：“朝闻道，夕死可矣。”就是说道它是一个最高的价值，人的一辈子就是要找这个道，我找着这个道我活不活都无所谓，其他的吃饭穿衣娶妻生子这都很次要，也没什么了不起，有也好，欢迎，没有也没有关系；我要找这个道，我活这一辈子我要学道我要悟道我要研究这个道。所以他要找这个道。

寻找大道的过程乃是一个命名的过程

那么老子呢？他更把这个道理解成一个至高无上的概念。那么这个道是怎么来的？这个也特别的有趣，也是我个人非常有兴趣的一个问题，这些问题都比较抽象，说了大家也许不是特别喜欢听，我说一下：找“道”的过程是一个命名的过程，所以老子一上来把道和名一块儿说。道是一个命名，命名是什么？就是一种概念、一个名称，我们中国人认为这个事情有了名了，也就说明对它有了一定的理解，有了认识了，可以说是某个事物有了归属了。比如，我们是人，凡是我们这样有四肢、直行、一般情况下会说话、有一定的头脑和理性、有自我的意识也有社会生活的，是人。这一个命名就代表了许许多多我们对人的认识。我们既然是人，我们又要以人为本，如果连什么叫人都不知道，你哪谈得到以人为本了。然后把人和其他动物合起来，我们又命名叫动物，动物和植物合起来我们叫生物，生物和无生物合起来我们叫物质，物质和精神合起来我们叫世界，叫宇宙或者叫人间。我们把世界、宇宙、人间所有的这些东西都合起来叫什么？叫“道”。所以这是一个命名的过程，你能命这个名，你就找到了它。

所以中国人重视这个名，现在我们也重视这个名，孔子为什么要正名？因为名不正则言不顺。对一件事情起的名就不对，你能够正确地认识它吗？

为什么邓小平领导中国改革开放的时候首先要平反很多冤假错案呢？要把历史上的许多的积案改过来呢？你不改过来，你的名改不过来，很多事情都办不成。所以我们这个“道”的产生是非常有趣的。它是通过一个命名的过程最后找到了这个“道”，使这个“道”变得无懈可击，使这个“道”变得你不能不相信它。为什么呢？因为道和终极和道理它是同义，究竟什么是道？终极就是道。到底什么是道？那么我告诉你：道就是到底，到了底儿了就是道！

第二
人法地，地法天，天法道，道法自然

人要像地一样的有所承担

老子《道德经》里边有一段特别重要的话，有些人是把它当作核心的话来理解的，就是“人法地，地法天，天法道，道法自然”。这个“法”的意思，我觉得一是说树立了师法的榜样：地给人树立了榜样，天给地树立了榜样，道给天树立了榜样。还有一个意思就是要遵从它的规律：地要遵从天的规律，天要遵从道的规律。这是挺有趣的一个说法。它提出了世界的五个最大的方面，可以称为五个维度，人、地、天、道、自然，五方面并不是各行其是的，他提出了五方面的师法与一致的关系，总结了五个方面的基本规律。

首先，我们就文字本身来说，“地”一般就是指我们生活的大地，那时候还没有地球的观念，但是有土地的观念，就是我们人活在世界上要服从、要适应“地”的种种规律。比如说农事，不同的土壤要有不同的选择，比如说衣食住行，不同的地面有不同的设计与方式，比如说水利，不同的地区也有不同的举措，有的地方有温泉，有的地方挖深井，新疆吐鲁番是坎儿井……都是按照地的特色与规律来办的。

天地的道化或道德化

另外，中国人把“天地”这些东西都道德化，从《周易》的时候就说地的特点是“厚德载物”，就是说它是可以承担的，它是可以养育众生的。这也是事实。所以我们现在有一种说法：地球母亲，地球就是我们的母亲，所以人要像地一样的能够承担能够养育别人、能够养育自己，而且要按照地的规律来决定自己的取舍、自己的行为。天又是无言的，孔子说，天何言哉？天嘛话不说，该做的事都做了。四时行焉，万物生焉。这么一分析也很理想。中国的各派各家，几乎都认定既然人是生活在天地之中的，就要师法天地，与天地相结合相一致。这个说法虽然朴素，却很可贵。

那么也要注意要很好地领会天时。天决定地的面貌，雨多的地方有江河湖海，干旱大风的地方有戈壁沙漠，天冷的地方长寒带的动植物，呈现寒带的地貌，天热的地方长热带的动植物，呈现热带的地貌。另外天往往和时间的概念联系在一起，天本身一是它代表着时间，一是它有阴晴寒暑风雨雷电，有春夏秋冬的变化。四季变化应该说是天与地的合作的变化，起决定作用的仍然是天的功能，决定于太阳的公转嘛。另外中国人还常常把天和命运结合起来，认为天是高于一切的，天意就是宿命，就是不可抗拒。天决定你的事情的兴衰成败，所以这地上的一切首先得符合天时。如果它已经到了衰亡期了，你再使劲儿也解救不了了。明朝的亡国之君崇祯——朱由检，很努力，但是他的气数已尽，“天”已经离弃了他，他的努力毫无效果。

天法道的观念很有意思，因为“道”相对来说比较抽象，好像人、天、地是很具体的，而天和地之外还有一个更根本的东西、还有一个更久远的东西、还有一个更高的东西，这个东西就是“道”。这一点应该说也很了不起，古人那时候他并不知道天上的这些星星分多少种，不知道所有的天体也有自己的寿命、有自己的形成与新生、有自己的青年时代、有自己的衰老，甚至于有自己的灭亡。古人他没有这个天文学的知识，但是他认为并不是到了天就到了头了，他认为天也好、地也好、人也好，都要遵从“大道”这样一个最根本的世界运转的规律。应该说这真的是非常了不起，这就是智慧。

经验达不到的地方智慧却达到了

老子那时候出门的交通工具是骑着青牛，还不是马，牛比马的速度还慢，他不可能坐飞机，所以他不可能对地理有很多的了解。老子能想到，在这个天与地之上还有一个更根本更永恒更无穷的东西，他深究到天与地都是有形的，基本有形的，而一切有形的东西都有自己的存在与消亡的过程，那么比有形的东西更高更概括更抽象也更根本的东西是什么呢？给一切的有形以规范、以驱动、以能量、以意义的东西是什么呢？就是道。

这就是靠智慧所达到的，它说明经验所达不到的东西智慧有可能达到，感官所觉察不到的东西，思维与语言可以推测到、认识到。认识可以做得到超前，预见，可以升华人的经验。同时，这种超越性也可能走火入魔，走向反面，变成荒谬的胡思乱想，变成疯狂的呓语，变成自找苦吃，自取灭亡，变成人类的灾难。

自然就是自然而然

“道法自然”这个事稍微费一点儿劲，我个人的理解是：“自然”这个词在我们今天的说法就是大自然，就是先于人类，未被人类的活动所改变的一切。在古代它或者可能部分地包含这个意思，因为先秦那个时候，我们的诸子百家，还不熟悉自然与文化的分野。老子所说的自然，它更多包含的是一种状态的意思，它更多地是作状语或谓语用，而不是作主语或宾语用。就是相当于我们现在说的“自然而然”。它自己就是这个样子、自己运动，唯物主义讲自己运动就是物质世界是自己在那儿运动，并不是你让它运动它就运动，你不让它运动它就不运动。唯物主义者还主张，物质的运动是自己运动，并不有待于上帝的最初推手。

所以自然呢，它也包括了天地万物、世界在里头，都是自身在运动而不是外力让它运动。所以“道法自然”首先的一个意思就是“道”是自己运动的，是自然而然地在那儿活动的，它是非听命于任何的外力的。另外它也包含着它是无所不包的大自然这个意思。

所以我们从这个“人法地，地法天，天法道，道法自然”这一连串的推论来说，确实看到它强调的是世界万物互相之间这样一个师法关系，它是一个和谐的关系，一个统一的关系，实际这个话里头已经有天人合一这样一个思想的萌芽，虽然他没有用“天人合一”这一个词。因为人是地的产物，是在地上生长的，所以人做一切事情要注视、要倾听地的声音，要看地的变化，得随时根据它来调整自己的选择。地呢，它上面还有天，它要跟随着天走。所以这是一个和谐的说法，这又是一个很有趣的说法。民间常常讲说“和气生财”，一路师法下去，就能做到人、地、天、道、自然的和谐与一致。

在老子这儿又不仅仅看到了天地人即俗话说的“三才”，他还看到了道和自然，所以我们也可以说到了老子这儿，“天地人”的这个三维说法变成了“天地人道”一个四维的说法了，甚至于是“天地人道自然”一个五维的说法，这个就更高级了。

相信自然而然是人民的共识

我说过“道”是老子的概念之神、是老子的概念之巅峰、是老子的概念之王，你什么东西到了“道”这儿都得服小，你都得听“道”的。但是在这里老子很惊人地提出了一个“自然”比“道”更高的观念，就是说任何事情自己运动，自己发展，按照自己的规律来办事恰恰是“道”的精髓、是道的核心、是道的根本，就从根本里头又找根本。“道”已经是根本了，没法再根本了，但是从根本当中还能再找出一个根本来，就是“自然”。所以老子里边的“自然”这两个字不管你怎么理解，理解成现在的大自然也可以、理解成自然而然也可以，把它既理解成大自然又理解成自然而然也可以，它都是极其有价值的。这样一种说法我们可以把它当作老子特别精彩的一个智慧的奇葩来考虑。

我们也可以看到其实我们老百姓在很多地方吸收了这样一种观点，它也是我们老百姓的常识、我们老百姓的共识。老百姓当中有很多俗语很多谚语体现的都是这种精神：比如说“瓜熟蒂落”“水到渠成”，瓜熟了以后，自然它从根蔓那里就断下来了，如果还没熟，你别急着去摘，那就叫“强扭的瓜不甜”。你扭了半天大力士都上去了，不行得动刀往下割，那样的瓜还没有熟，不会好吃的。最好您晚一点儿，您那么急干什么啊！它熟了以后就蔫了脆了，你稍微一碰甚至你不碰都掉下来了，当然晚了会掉下来摔了，那是另外一个问题。智慧来自生活。这个世界总是给人以智慧、给人以灵感。所以说你法什么、我法什么，它还有一个启发，就是说从世界获取营养、从世界获得学问，我们这一辈子就是要请教天地，请教自然，体悟大道。

中华文化也特别讲究师法自然。我们的绘画理论都讲师法自然，不管你表达多么崇高的思想，但是这个灵感是从哪来的呢？是从地上来的、是从花里边来的、是从动物里边来的。我们的书法也讲究师法自然，你说一个书法家他这个字为什么写得很有气魄很有力量呢？因为他登过泰山，他登过黄山，他走过黄河，他跨过长江，他见过大海，他见过各种各样的动物植物。他从这些动物植物上体会了各种动态静态的几何结构与运动的风姿，很多人说他喜欢书法是从大自然找到了灵感。甚至于咱们的中国功夫，形意拳是我小时候特别希望能练的功夫，但是我至今一事无成。功夫它也是师法自然，猫蹿狗闪蛤蟆功螳螂拳猴拳鹰爪虎跳豹子蹿，从自然上得到启发、得到灵感。就是说人的灵感是从世界得来的，这一段可以说是老子的最唯物的一个说法：从自然得到灵感、从世界得到灵感——我们也是最容易理解的。

为什么说车到山前必有路

还有老百姓有一些说法，比如“车到山前必有路”，就是有一些事你不要过于焦虑，一时没辙，那是没到时候，时机尚未成熟，要发展到一定阶段才能想出解决应对的办法。咱们北京人有一种非常普通的说法：到哪儿说哪儿——当然这个话也不完全对，咱们别抬杠，一抬杠我就不能说话了，每一句话都有不完全的一面——你应该有预见，应该早看几步，但是你既要有预见又不能过于焦虑，到时候自然有办法。所以叫“车到山前必有路”。

还有一个很片面的说法，但是它也有可取的一面：有时候我的上一辈人见到什么人埋怨说：他的孩子功课不好，说这孩子太贪玩，喜欢弹球。那时候没有别的，喜欢弹球、喜欢看小人书，有时候我的姥姥什么的、祖母这一代人她们就会说“树大自然直”。就是说他处在一个成长的过程当中，在成长到了一定的程度后他自己就会有所调整。这对我们现在的人教育孩子也是很有启发的。

养生医学也讲这个，所谓自愈就是你有很大一部分病是你好好休息休息、多喝一点儿水就可以治愈的。有时候医疗过度、医药过度就违反了“道法自然”的规则，所以自愈的观念也是这样的。

反过来说，我们也有一些说法，如“多行不义必自毙”，你老是做坏事情你遭恨，不是很简单的一个事吗？你朋友越来越少，你的敌人越来越多，你给自己制造的麻烦困难越来越多，所以“多行不义必自毙”。还有一个词“自取灭亡”，说灭亡并不是由于对手把他搞灭了的，是自己灭了的。这里边都包含了相信自然而然、重视自己运动、重视自己变化的含义。我相信这些东西都和老子的学说有关系。

共产党喜欢讲理论，这个理论和老子的学说也有一致的。比如说共产党一再提倡人民群众要自己解放自己，因为你不能等着别人送给你解放。“解放”不是礼物，不是一瓶酒，我送给你，你就解放了。应该你自己把自己的思想枷锁打碎，应该把你自己的各种各样的偏见、愚昧和没出息的想法打碎，这样你自己才能做到你应该做到的事情。所以“道法自然”的说法也是表面上看非常地简单，但是实际上它非常地有道理。

理想的政治是自然而然地做事

有一些事不要老是从人为的或者从外物的角度上找原因，老子在《道德经》第十七章里还讲到，当时的君王、当时的侯王和圣人——不是那个猴，是诸侯的侯，侯王和圣人他们如果把国家治理得非常好的话，老百姓就会说他“功成事遂”，就是你所有要办的事业都达到了目的，“遂”就是顺遂、遂愿、符合，都很顺利，符合愿望。“百姓皆谓我自然”。这个“我自然”是什么意思呢？就是老百姓说这是我干成的，这是我自己要干成的。什么是最成功的政治呢？就是把领导的或者是政治家的——在当时来说谈不上领导谈不上政治家了，就是君王的那种意图变成了老百姓的愿望、变成了老百姓自己的利益、变成老百姓自己去把它做成，而且做完了以后，老百姓相信这是我们把它做好的，是我们愿意这样做的。

所以这也是一个自然之道，这可以说是老子的一种理想政治，不是靠你苦口婆心、不是靠你耳提面命、不是靠你手把手地教，而是老百姓自己把它做好。当然这里也有理想主义的一面：世界上有很多事情，既然什么都强调自然而然，咱们谁都甭管了，就让它自然吧，“非典”来了，甭管它，它自然而然到时候也就没了。那是不可能的！为什么我说老子不能当饭吃呢？您要真正拿这当饭吃，说以后咱们大家什么事都不干，上班时间每人一杯茶就在那儿喝茶，然后拿一本王蒙的《老子的帮助》看一看，然后您又领工资，这世界上没有那么好的事。

为什么说知道了美反倒丑恶起来了

关于自然的这个意义是特别好的，在讲自然的同时，老子对于一些人为提倡的东西抱怀疑的态度。老子他挺“各”的，他讲一个道理说：“天下皆知美之为美，斯恶已。”说大家都知道美是美丽的，这就太坏、太糟糕了。还说：“皆知善之为善，斯不善已。”说都知道善是善，这反倒不善了。之前曾讲过老子善于逆向思维，别人都这么说，他就反着说，或者别人都这么想，他就逆着想。

我们有很多大家，比如说我读过钱锺书先生写的笔记，他就说“皆知美之为美，斯恶已”。他说这个话不能完全说得通，他说因为从概念上说“美”和“丑”是同时存在的一对概念——大意如此，我不是复述钱先生的原话。就是说美就是美、丑就是丑，比如说一个西施一个东施搁在一块儿，大伙儿都瞅着西施顺眼是不是啊？这个不能说因为有西施才出来的东施，他这个道理是从语义上从逻辑上讲。钱先生讲得特别好，但是我对老子这个话的理解是从经验上理解、从人生的经验上理解。我觉得什么叫“皆知美之为美斯恶已，皆知善之为善斯不善已”，您只要在单位搞一回评工资就知道了，说工资这回提百分之二十，找最美最善的人来给这百分之二十，其他不够美不够善的工资一律不提，再评出百分之一的又丑又恶的人咱们给他降工资，降百分之二十。您说这个单位还有宁日吗？这个单位还搞得下去吗？非常难，为什么呢？

当你有了一种提倡有一种追求的时候，首先一个“美”字就破除了人和人之间生来平等的这个观念。怎么平等呢？人的模样——女性的模样都能赶得上巩俐章子怡吗？男性的模样——我这对不起，我举不出例子来，我不注意男性，这个俊男都是谁，周杰伦？刘德华吧，我不觉得他特帅，就说周杰伦、刘德华吧，咱们这个模样也不像周杰伦和刘德华，所以这个标准就很难选取和确定，它把平等的观念、绝对平等的观念破除了。

其次，大家就都追求这个美，我要美怎么办，我就得美容，一美容你弄过头了就出现了好多美容变成毁容，这样的故事很多。追求尽孝说天下要举孝廉，中国封建社会都有这样的全国评孝子，就会出现过分的情况。“二十四孝”里有好多故事都非常过分：父母生了病想吃鱼怎么办，又没有破冰的设备，就脱光了趴在冰上把冰化开然后钓一条鱼，这个太矫情了是不是？而且这个也不容易啊！这人得有多热才能把冰给化开啊？这不符合以人为本了，和老子的思想也不吻合了。

最后，它还会有虚假，咱们过去有一个时候看一个人的学习好不好、看一个人的思想好不好，要检查他的日记，于是有一些人就把写日记变成登龙奇术，就是甭管真的假的，你每天日记上记第一你有觉悟、第二你干了好事：今天我做讲座，一进门就看了那儿有一团火，我就扑上去了。这好，我日记上有这么一条，真过了二十年再来评这个日记，人家早不知道有火没有火了，你写上去了也就出现虚假了。《官场现形记》最可笑了，说是上边一个官吧，一个道台，什么府尹，按照现在说就是一个地级或者是省级的官员到县里来视察了，这个县里边就都急起来了，先了解说这个大官最喜欢的就是朴素，他最恨人穿好衣裳，他最希望的就是人身上左一个补丁右一个补丁。底下的县级官员一听，哎哟，他们穿的衣服都太漂亮了，就冲这个弄不好当场就找一个毛病，就给革职了，摘了乌纱帽。怎么办呢，赶快买旧官服，一时间自由市场上旧官服的价钱变成了新官服的五倍，二百块钱你可以买一身新官服，但是你要想买一身破烂官服得一千块。到了这个程度，这真是可笑到了极点，也丑恶到了极点。

这说明什么呢？就是提倡任何一种对价值的追求都有它自己的反面，都可能走向自己的反面。

当然我的意思不是说老子说的这个都对，说以后咱们不准说谁美谁不美，也不准说谁善谁不善，大家来了以后每人每月工资三千块钱全一样。这个是行不通的，该提倡的东西要有，该反对的东西也要有。但是老子提醒不能极端、不能过热，所以我说老子有时候是“凉药”就在这里。

当然你贬斥美善也不行，你贬斥太多非议太多的时候看看《老子》，帮着你消化消化。你不要过于追求刻意地去做什么，这一方面老子的见解实际上是对现在这个所谓后现代世界的启示。

老子的天地不仁说得太刺激了

有一种思潮叫作对文化的质疑，或者叫文化批判，就是我们都看到文化是好东西，也当然认为文化是好东西，但是文化在发展当中会不会也有一些负面的东西呢？比如说什么都自动化、什么都顺利，这人的体力反倒下降了；什么东西在电脑上都能查得出来，这人反倒不进图书馆了，有没有这种可能？应该说这种可能是有的。所以在文化的发展当中、在文化的建设当中，我们同时还要注意保留我们那些不应该丢失的东西、保留那些自然而然的东西、保留那些淳朴的东西、保留那些可爱天真的东西，老子的方法在这方面给了我们一个启示。

还有对于价值的质疑，没有价值观念，就没有文明也没有了最最起码的规范了。但是另一方面，会有价值狂热，如恐怖主义；会有价值霸权，不需要举例；会有价值僵化与反人性化，例如中国的封建主义的“名教杀人”，残害了多少女性？还有价值歧见造成的宗教战争等。而老子几千年前就看穿了价值与文化的两面性，他不是绝了吗？

把“自然”抬得这么高，那“自然”就是最好最最亲爱的了，“道”就是最好最最亲爱的了吗？老子有一个惊人的说法：“天地不仁，以万物为刍狗；圣人不仁，以百姓为刍狗。”他说得太刺激了，你要是胆小的，看完这一句话能晚上做噩梦。他是什么意思呢？他说天地并不讲仁爱，你不要想天地都喜欢你心疼你，天地它是无情的。这很容易理解，一个汶川大地震你就看出来了。天地不仁，反过来说天地它也不坏，它也没有要害你的意思。它既不是要爱你，它也不是要害你，天地、自然、道，不是一个意志的概念也不是一个道德的概念，更不是一个情感的范畴，而是一个运动的概念，一个哲学的概念。它超过了人间的意志和道德，所体现的是一个客观世界的规律。

在这个意向上讲，他说“天地不仁，以万物为刍狗”，“刍狗”是什么东西呢？就是送葬的时候用的那些扎的纸人纸马纸狗，这些东西到时候一把火就烧了。他说得刺激、很难听、很残酷，这是一种智慧的残酷性，就是告诉你真相，把真相非常惨烈地摆在你面前。让你正视这个现实，你得听这个音乐，听老子这个音乐。

“天地不仁”这个东西看你怎么理解它了，你如果把它当作一个残酷的话，认为老子还在提倡残酷，我觉得是你自己理解错了。因为不管是在历史里还是学说上，我们没有找到老子这个人为人特别残酷的证据，或者是这样的记录。相反的，老子在另外的章节里头是反对战争的，他是用非常悲哀的语言来讲战争的，像“兵者不祥”“大兵之后，必有凶年”，到现在这些老百姓爱说的话都是从老子那儿来的。

那么他为什么要讲天地不仁呢？就是要让我们正视这个世界有许许多多不尽如人意的一面，你不要指望着“天地”老抚摸着你的额头说：我的乖孩子啊，我让你舒舒服服的，我让你心想事成，没那个事。这是老子的一服清醒剂。我们不要把它当作一个残酷，而要把它当作在今天来说是一种对世界的唯物主义的态度。就是任何事物都有它自己发展的规律，它并不首先决定于“我爱你、你爱我，我心疼你、你心疼我”，它不表现在这些方面。像地震是由于地球的运动、地质的构造、地壳的构造所造成的一种现象，还有生老病死、兴衰成败、生住异灭、祸福通蹇。纵有千年铁门槛，终须一个土馒头；天地者万物之逆旅，光明者百代之过客……你只能这样去理解这种所谓无常即“不仁”的现象。

老子关于“天地不仁”的思想，从积极的方面来说，就是我们要抛弃那个没有出息的依赖的思想、侥幸的心理、幻想的思想，一切都得靠自己奋斗，同时要豁达地对待一切不尽如人意。你不能靠天地给你摆出一个非常美好的世界。

道像雨露一样

当然老子也自相矛盾，老子在另外的地方又说“道”就像雨露一样滋润全世界。他又让你感觉到他对天地有情了。所以事物就是这样的，天地有无情的一面又有有情的一面，我们看到月亮升上来，正月十五月亮很好，月亮又下去了，我们觉得很留恋；我们看到太阳升上来了觉得振奋乃至感恩，太阳的温暖使地球很多生物能够生长，使很多能源能够形成，所以天地又有它有情的那一面，又有它珍惜万物所以滋润万物涵养万物的这一面。

这“道法自然”里有这种注意客观世界、注意唯物主义的这一面。但是它又超越了这些，因为它是“道”。道是不讲主客观之分际的。

老子在另外的地方又讲到，一个人如果他得到了道以后有一点儿刀枪不入的那个劲儿，说是“入军不被甲兵”，就是说你去打仗任何武器都伤不了你，金钟罩铁布衫！我们这么理解：老子讲的不是功夫，不是讲金钟罩铁布衫，他讲的是你掌握了“道”以后，你就无往而不利、你就没有危险、你就没有困难。这里又有他非常主观的一面，或者说他唯心的一面。所以老子对于“道”的理解是超越了物质心灵，超越了世界与我，超越了主观与客观的。

老子捅破了你的窗户纸

总的来说，无论是老子讲的某一句话还是通篇来看，他整个的《道德经》其实都是有一种辩证的或者用更中国化的说法叫作“机变”的思想隐含在里边。一方面我们要这么理解，一方面我们还要看到另外一面，所以我觉得它整个的思想都是辩证的。我们读《老子》或者是讨论《老子》也不能犯死心眼儿，这本身就跟老子的思想完全对着来，太相悖了。

老子对非自然的、不是万物所固有的、不是世界所固有的这些规律常常抱一个怀疑的态度、一个批评的态度，对人的意志常常给你捅破这个窗户纸。你本来觉得你的意志很了不起，觉得你的愿望或者你的判断是标准的，很伟大，但是老子他给你捅破了，尤其是对儒家强调的那些标准，他都觉得是可疑的，并不是绝对的或者是铁定的，它都有它的漏洞。

比如说老子有一段非常有名的话，这些话说得跟那个“天地不仁”似的，也是非常刺激、非常扎耳朵的——他最有名的话我老觉好像在那里念咒一样——他说：“大道废，有仁义。智慧出，有大伪。六亲不和，有孝慈。国家昏乱，有忠臣。”这几句话说得太重了，实在令人难以接受。

微笑是有定价的吗

我们简单地先解释字面：“大道废”就是大家都不能各安其位了，是大家都不知自己该干什么了、都不能自己运动了、都不能自己变化了，有了病也不能自己痊愈了。这种情况之下就得提倡仁义，仁义就是用道德的约束来维持人际的已经被污染了的关系。老子这里有一点儿理想主义，他认为人和人的关系本来是很正常、很自然、很朴素的，非常美好的，不需要别人教给他的，但是现在不行了，现在我一见你，我得先想一想。老板说了顾客就是上帝，我明明很烦这个顾客、很讨厌这个顾客，但是我脸上一脸的假笑。有这种事情啊！

有一阵咱们南方有一个城市，那时候开始——其实我个人完全理解这种做法——就是当时当地的领导提倡微笑服务，我去一个在上边能旋转的高层建筑，我就发现服务员每个人都在这儿系一个丝带，上面写的是“微笑服务”，可是她脸上并没有笑容，她的微笑是在丝带上，她脸上还是冷冷的。也有人写小说就是专门写这个微笑所造成的故事，好像是毕飞宇他就写过这么一个小说，就是因为一个农村的一个小女孩到了一个服务行业，老板就要求她笑，她老笑不出来；老笑不出来，她被解雇了，她更笑不出来了。有人说刻薄话，就是计算微笑的经济效益，比如如果你每天微笑五次的话，你这个月能增加二十块钱工资，这样的话每微笑一次可以有三分钱，大概是类似于这样的一种说法。

这就是说事情有这一面，所以老子认定，“大道”如果人人都掌握了，人和人之间的关系就会非常地自然，用不着提倡仁义道德，用不着规定人际关系的规范，也根本用不着学习掌握礼貌用语。当然我说了他这个话是片面的，实际上有些时候你也是需要经过一个人为的过程。但老子的见解又是奇特的，振聋发聩、发人深省的。

他说“智慧出，有大伪”，大家都读书，都要有智慧，都要发展自己的智商、智力，都要长心眼儿，可是这样就有一个问题：智慧比较高了，会作伪了——他心里这么想，但说的是另外一套。这种事情你也不能说绝对的没有。尤其中国人有一个问题：讲计谋，我们有三十六计，什么瞒天过海、围魏救赵、打草惊蛇等，这是老子反对的。但是实际上在民间在历史上是深为讲究这些的。我还结识过一位瑞士籍汉学家，他就专门研究中国人的计谋，他已经倒背如流了。当他用计谋来分析问题的时候，有时候让你起鸡皮疙瘩，挺瘆人的。比方我们在维也纳参加一个会，讲完了以后他就过来了，说王先生我听着你的讲话就是釜底抽薪。把我给吓一跳，我抽谁的薪了，人家正红烧肉呢，我釜底抽薪，我让人弄一个夹生饭？我没有这样，但是确实有搞这种计谋的。

老子他烦这个计谋，他反对，人和人之间用过多的计谋是他所反对的。他的反对不无道理，虽然不能够绝对化。

夫妻间需不需要每天说“我爱你”

他说“六亲不和，有孝慈”，这个话是什么意思呢？比如说慈，指的是父母长辈对待自己的子女是很慈祥、慈爱的，是慈父、慈母。子女对待自己的父母是很尽孝、很孝顺的。这也是人的天性，许多国家没有孝和慈这个观念、这个词，但是不等于人家都是不尽孝、不喜爱父母，或者是父母瞅着孩子讨厌、把孩子掐死。不是这样的，虽然也有这样的个别例子，当然有相反的。我想我们从另一面来说，比如说我现在岁数大了，假设我的孩子来看望我一下或者还给我带了二斤元宵，一进来就说我今天尽孝来了，我给您带了二斤元宵。我怎么听着那么别扭啊！你什么话也不说，你把元宵搁在那里，说咱们吃元宵吧，稻香村的，涨钱了。这个多好啊，是不是啊！

父母更没有这样的——比如说如果年轻一点儿，我这个孩子才两三岁，一见着孩子我就高兴：“小宝今天天冷了你穿这个衣服不行，我给你加一件衣服吧。”过来给穿衣服然后说：“你看我是你的慈父，你看我对你是多么慈祥。”我要是那个孩子我也害怕，您算了！第一天我对你慈祥八次，第二天你对我慈祥了七次，我该琢磨了我犯什么错误了，你少一次？所以老子说“六亲不和，有孝慈”，所以你得强调孝强调孝慈。这个老子够绝的，他有一点儿哪壶不开提哪壶，本来孝慈很好嘛，但是他发现了——他的眼睛很毒、很厉害——他说真正要关系特别好，我用把这个“孝”和“慈”挂在嘴边吗？

这是中国文化，外国不一样，这个问题我还没研究清楚；外国人什么都要挂在嘴上，要表达的一定要说出来：我喜欢你我爱你或者是我怎么样一定要当面说，送礼物也要当面打开，我见过外国的孩子给父母送生日卡，底下都要写上 Love——我是爱你的。所以这个世界上的事也不是绝对的。两人已经结婚十五年了、已经结婚三十年了已经结婚五十年了，两人还得不断地说 I love you（我爱你），那边就说 Me too(我也是），他是怎么回事？也许咱们老子只管中国，老子当时不知道英吉利、美利坚，所以他也就不去管这个外国人的文化了。可能对于外国人来说，挂在嘴边就是自然而然的，不挂在嘴边反而是不自然的。所以我们也不能分析表面的现象，比如外国人把这个谢谢、请原谅永远挂在嘴边上，把我爱你也永远挂在嘴边上，这样他形成了他的一套生活方式，他要连续三天不说我爱你，那对方还真有一点儿嘀咕了。老子烦的是没有自然而然的、出乎你的本性去爱去帮助别人、去孝敬父母，太刻意就不好，故意造作也不好。

要自然而然，不要刻意作秀

当然老子也不是傻子，老子很聪明，他能看到“国家昏乱，有忠臣”，这个话说得更重，但是有这一面。我们老百姓的话不这么说，老百姓说“家贫出孝子，国乱显忠臣”。国家不出事你怎么知道谁忠谁不忠呢？都说自个儿忠，公务员考试的时候你问一下：有认为自己不忠的举手！谁也不举手，他举手就考不上这个公务员了。但是恰恰是国家有了事了，你才会明显地看出谁是忠臣谁不是忠臣来了。

所以老子的意思还是说，你要合乎“道”，合乎自然而然之道。不合乎道的话，才会有这许许多多人为的努力出现，而在合乎道的情况之下，美好的词句不必挂在嘴上，也不要去作秀。老子的这个意思是好的。不能说老子说的不对，因为忠臣在任何一个社会任何一个国家都是被肯定的，是一个褒义词，但是你挂在嘴上作秀就可能走向反面了。这样的经验在中国的历史上在外国的历史上也都是有的。在中国，正是“文革”时期把一个忠字喊破了天，而那个时候叫作动乱，与昏乱差一个字。

所以老子说“人法地，地法天，天法道，道法自然”，把这个“自然”强调到一个无以复加的程度，甚至都超过“道”了。它超过道，超过人为的许许多多的努力，超过了许多人为的提倡或者反对的东西。这里尽管有过分的地方，但是他强调“自然”还是对的。

就拿咱们这个讲座来说吧，电视要录像，录像是要做很多的工作的，但是我自己感到最尴尬的就是，比如说我讲得并不是特别好，然后导演说你们鼓掌怎么这么不热烈，鼓掌，再鼓一次，再鼓一次，还得鼓！这样的话让人非常难受。有时候不是录像，就是到大学里去讲座，大学那个系主任或者是那个院长校长为了表示客气，就说“首先请我们用热烈的掌声欢迎王某某来我们这儿讲话”，然后“让我们再一次用热烈的掌声”，弄得本来我觉得我讲得挺好的大家鼓掌，后来他老这么说，我就想到我是不是讲差了、讲砸了，别人都不爱听，幸亏有领导在那里监督，不好好鼓掌的影响提级、影响学分。

任何一个事情排演过度、掌控过度或者是操作过度、反应过度，都会走向自己的反面。

不能操之过急

老子有时候老是抱着一种抬杠——老子也是一个杠头——也叫雄辩的态度讲问题，他是从这个抬杠的角度给你讲，他讲的也真有真理，但是你做的时候不可能只考虑到这一面。我觉得老子的关于“自然”的理论、学说对我们也是非常有帮助的。反过来说，我们也可以找到许多的例子是我们违背了自然而然这样一个规律，我们过分地追求那个客观上并非立马能够实现了的东西。一个很简单的说法就是急性病，你不让他自然而然地运转，所谓一口饭吃不成一个胖子，可你希望一下子就把这些问题全解决。你做不到，你只能够是伤害事物自己的发展变化，所以我们中国又有一个说法叫“欲速则不达”。你想快走，结果你反而到不了那个地方。还有一句是“心急吃不了热豆腐”，都是这个意思，很多这一类的话，“不到火候不揭锅”，它都是这个意思。就是说你违背了这个大自然、违背了事物自己运动的规律，你就会吃苦头。

从道法自然的角度看计划经济与市场经济

比如说我们国家长期实行计划经济，计划经济有计划经济的必要，如在长期的战争之后或者在战争之中有许许多多计划经济的因素，这个也是正确的。但是计划经济里头也有问题，你再伟大你不可能想到每一件事情，你不可能让你所有的计划符合自然的运动，所以为什么现在我们实行的是社会主义的市场经济呢？因为市场经济更多的是调动各行各业各地区各城乡甚至于是每一个单位每一个人的积极性，让他自己通过市场来使用这些资源，实现资源的最优配置，能够更好地发展生产力。但是反过来说，金融危机、金融海啸又提醒我们：全是自然了，没有意志没有概括没有操控，或者是没有监管，宏观调控也不行。

我们从人生——小而至于家庭的和睦，大而至于一个国家或者世界的财政金融经济，都可以看出怎样尊重自然，怎样掌握好个人的意志、人类的文化所能起的作用，这都是很有意义的。

第三
夫唯弗居，是以不去，无为是关键

为，还是不为

我们来讨论一下老子关于“无为”“上善若水”这两个命题。这两个命题涉及到老子和别人不一样的独到的智慧和风格。关于“无为”，《道德经》里边从头到尾不知说了多少次，每次说的角度都不太一样。比如说在第二章里老子说“是以圣人处无为之事，行不言之教”，圣人在这里可以设想为协助当时的君王来管理国家的一批人或者一批读书人、一批有学问的人，有本事的、得道的人。他们要做的事情是“无为之事”，说得相当玄乎，就是要做的事情是“别干”。乍一听没法理解，有一点儿诚心找别扭的意思。但实际上干某一类事的目的就是表示自己不准备做什么，这样的例子中国有很多，例如刘备在寄身曹操手下的时候，表示自己忙于种菜；比如某个高级领导退下来忙于拉胡琴，这都是处无为之事。在政治运动如火如荼之际，突然发表一首领导人的诗词，发表一张领导人游山玩水的照片，也有处无为之事的某些天机。起码是表示领导人胸有成竹，自有道理，全国人民也就少安毋躁，听从指挥就得了。

“行不言之教”倒好理解一点儿，因为我们现在也常说身教胜于言教。您自己做榜样，您不要老在那里说教念经。在《老子》的第三章里也说到“为无为，则无不治”，就是你干得越少或者你干得比较少，各方面管理治理得反倒就会更好。这个说法也略微有一点儿矫情，但是他有针对性，因为在春秋战国时期他看得太多了，当时的诸侯国家在那里乱为、瞎为、穷折腾，弄得国无宁日，弄得老百姓不能够平平安安地生活。这样的事情他看得太多。那时的一些君王，还有一批所谓的“士”，就是读书人，这些读书人也紧紧张张地在那儿贩卖——用我们的俗话说就是卖狗皮膏药似的：我这个跌打损伤全治，我这个能长寿，我这个可以滋阴补阳，他什么都在那儿贩卖，但是真正做成一两件事的人非常少，很多不但没有做成事，最后连自己的身家性命都不保。这一类的事老子看得多了，所以他说“为无为，则无不治”。

老子的学说使我常常想起莎士比亚的《哈姆雷特》，哈姆雷特的名言是“生存还是毁灭，这是一个问题。”老子让你想的则是：“为，还是不为？干，还是不干？这确实是一个问题。”

越是不那样做，越是能够达到目的

在第二十二章里老子说“不自见，故明”，更多的学者认为这个“见”应该读“现”，我上小学的时候写“发现”从来不写这个“现”，都写“见”，但是读就要读“发现”，因为“现代”的“现”和“见”在古时候是可以通用的，特别是当“发现”讲的时候。所以这个“不自见”或者“不自现，故明”的意思就是：你不要老想着表现自己，那么你的形象反倒比较清晰。这是一种解释，还有一种解释是：自己没有成见的人，就比较明白；你不要老抱着一个成见，事还没弄清楚——先有结论，后去调查后去了解，这样的事情也非常多，这叫“不自见，故明”。

“不自是，故彰”——你自己不自以为是，你的成绩、你的好处反倒就彰显出来了。简单地说，你吹得越多，别人越不买你账，这种事我们很容易看到，吹嘘太过，引起逆反心理。“不自伐，故有功”，就是你不把什么事都放到自己身上，你的功劳人家才承认，本来你是有一点儿功劳，但是你说得过多了，丧失了可信度了，人家烦了，反倒连你原来那一点儿功劳也不承认了；应该说这是很接近生活的说法，很接近现实，对老百姓一说就能明白。

“不自矜，故长”，自己不骄傲，你反倒显得比别人高明，所以他接着又是那一句话“夫唯不争，故天下莫能与之争”，我自己各个方面的成绩，我的正确性、我的智慧都摆在那里，就用不着争，别人也没法跟我争，我不跟你争，你说什么你说吧，我置之不理。

善于干什么，就用不着刻意去干什么

《老子》第二十七章里说“善行无辙迹”，这个也有两种解释：一种说会走路的人是不留痕迹的，这话又稍微费一点儿劲儿，会走路的人就不留痕迹，你又不偷东西你怕留痕迹干什么啊？你走路就走啊，行得正、想得明，你爱在哪里走就在哪里走。所以对这个解释我一直略抱怀疑；但是还可以有一个解释：就是做好事不留痕迹。善行不留痕迹，就是跟雷锋一样，做了好事人家问你的姓名，我不说。对这种解释我们比较容易理解。

“善言无瑕谪”，这个也比较容易理解，就是会说话的人或者说的是好话，你挑不出什么毛病来。虽然说话很容易被人家抓住毛病，但是我没有恶意我没有私心，我说一件事既没有私心也没有恶意，我就不怕你挑我的毛病。在某种意义上说，“无瑕谪”是不可能的，老子在另外的问题上又说过“善者不辩，辩者不善”，老子他是不让你说很多的话的，前面也讲了“行不言之教”，为什么又说“善言无瑕谪”？我觉得我们从更高的层面上理解就是：你既然是“善言”，你是很有智慧的、很聪明的，而且是很好意的很善良的言语，你根本不必在乎有没有“瑕谪”；我有一句话说得不太妥当，不太妥当就不太妥当——我觉得这样解释比说“他说的话滴水不漏”还可爱，还对人有启发。否则要滴水不漏那也非常困难，有时候哪个字念得不太准确、有时候用词不当，这都是难免的。

“善数不用筹策”，“筹策”是竹签这一类的东西或者是珠子，像算盘是用珠子做的原始的计算机。“善数不用筹策”，就是能够计算的人不用那些东西，这是非常中国化的一个观点。中国人认为你有了“道”有了“大道”，什么都能解决，不像外国人那么讲究用工具用手段，说不用任何工具不用任何手段，你心中有数。外国人的那一套方法有时我们中国人也不能接受，外国人有的教给你说，当你想做一件事情的时候、你拿不定主意的时候，你应该把你想做 A 选择的理由写出来，再把选择 B 的理由也写出来，然后每个给多少分，看哪边的分多。我反正一辈子没有这么办过事。比如说别人给我介绍一个女朋友，这个女朋友我跟她是继续联络下去还是算了、拜拜了？拿一张纸，我愿意和她联络，因为什么：第一，此人算比较可爱这算四十分，第二，有正当职业这算二十分，第三，家庭无闲杂人口这算十五分；然后，我不想跟她见面了：第一说话口音怯这减十分，第二比较计较钱，我们俩一块儿吃完冰棍她半天不掏钱，那就再减二十分，如此这般，看最后剩多少分，来决定取舍——我怎么觉得人没有这么干的？没有这么干活的、没有这么办事的，至少我们中国人不这样，太教条了。相反中国人喜欢囫囵着讨论问题，整体地来考虑自己的感受，不想就是不想。你问他为什么不想啊？就不想，就是不想。所以说“善数不用筹策”。

“善闭无关楗而不可开”，你会关门，不用插上门插棍可是开不开。这个稍微绕一点儿，有一点儿脑筋急转弯的意思。这个就是一种比喻，老子什么事都往最根本上想，比如说宠辱无惊，他不给你分析宠辱，他说你忘记你自己你不就宠辱无惊了吗？他一下子说到根上去了。至于善闭不用门插棍，要是说：这门我关得严着呢，我会武功，我家里还有防暴武器，我还有一把防身利器，谁敢进来啊？再不行我家里养两个藏獒，你不是也进不来吗，你干吗非得用门插棍，门插棍太具体了、太小了——要顺着老子的思路往下发展，还可以更上一层楼，那么闭得严不严既不是藏獒的问题也不是武功的问题，而是：这一辈子我没有得罪过任何的人，我家里又没有更多的钱，我过的是非常简朴非常正常非常善良非常有道德的生活，我敞着门都没有人对我有任何不良的动机或者行动，就像那句话说的，“不做亏心事，不怕鬼敲门”，他有这个意思。他给你从根上来提。

“善结无绳约而不可解”，会系扣的人，不系但是你解不开。他说得非常美好，我就立马想到黄山有一个情人桥，说那个地方是表达爱情的地方，新婚夫妇最喜欢到那里买两把锁，把两把锁锁在一块儿再锁在那个桥上，说这夫妻俩就可以白头到老了。说老实话，到那里看那锁全是锈，脏乎乎的，那是黄山风景的一个败笔。要我说，两人心结合到一块儿了用不着系扣，比如我跟我老伴今年是金婚又过了两年，五十二年了，我们也没上过锁也没拿绳把两人捆起来是不是？所以说善结用不着系扣。可以从更高处来想。

美丽的无为令人陶醉

老子在第三十七章里讲“道常无为而无不为”，这也有一点儿绕，又进入玄妙的阶段了。我想他的意思就是说，你不干那些愚蠢的“为”，就是使那些正常的自然的“为”都能够顺顺当当地进行；你不能去揠苗助长，那些小苗该怎么长就怎么长；一个人很正常地吃饭时，用不着给他鼻饲、给他鼻子里插一个管，你越不给他鼻子里插管、不给他往里头灌牛奶和大米稀粥，他自个儿吃饭吃得就越香。

在第二十九章里老子又说“是以圣人无为，故无败”，你无为也就无败，又有一点儿绕，可以怎么理解呢？“无为”的意思就是你不给自己提实现不了的目标，不去做那些经过努力也做不到的事，这样的话你当然就无败了。你不唱高调，不给老百姓大众许下那种不可能实现的许诺，所以你就无败，你许诺太多了，就做不到了。从这一点上能感觉老子这种无为的思想是有针对性的，而且他非常欣赏自己这种无为的思想，他觉得这个思想不但是有针对性的而且是非常美丽的。

“无为”，就跟中国人想象的功夫一样，这功夫不太高的时候，比如咱俩比画比画练一练，我一拳打过来你一脚踢上来，你一刀砍下来我一棍给你拨开，这是最简单的。在中国人的头脑里最上乘的最理想的武功是：一个老头眼睛半睁半闭就这么一坐，敌人过来一刀砍下来了，我的脖子稍稍一闪然后用手指头一弹，那人瘫了，不能动了。这是中国人的理想。我们可以看得出来，因为我也是爬格子的人，我就觉得老子在说到自己的“无为”的时候，他有一种自我的欣赏自我的陶醉，他非常陶醉，因为别人都提倡怎么“为”，都教给你怎么“为”，他告诉你“无为”。从他这些论述当中可以看出来他这个自我陶醉，因为他这些话都非常地美。他不完全现实，完全现实的就不美了，他有那种理想的幻想的想象的成分。

“无为”，什么事都别做，这个不能接受而且绝对不能接受，人怎么能什么事都不做呢？早上起来得穿衣服中午要吃饭这些事都要做；但是，我们能不能不干傻事、不干坏事、不干无用的事、不干损人又不利己的事？“无言”也是一样，“不言”也是一样，我们起码能不能做到不说或者少说假话大话空话套话废话？咱们试一试，如果一个人能够想一想自己不说一句“假大空套废”，我估计那一天他的话能够节约很多，他的声带、他的呼吸能够节约非常地多。所以“无为”如果一下子做不到，我们能不能做到有所不为，就是有些事别干，害人的事别干，蝇营狗苟的事不要干。中国人发明的这些词都很好玩，说你像一个苍蝇一样在那里乱飞乱撞经营自己，像一条狗一样没有尊严地去做一些失去人格尊严的事情。

应做的事各式各样，不可以做的事应有共识

这种事情在春秋战国时期，在老子那个时代他看得多了，如果我们能够从这一方面来做，在“无”字上在否定上下功夫——我们给人提意见往往是从正面提，比如说你这个数学还得再好好地补一补，哎呀你这个孩子外语不行——这是正面提的，但是正面提的一个困难就是每个人和每个人都是很不一样的，我们有的人唱歌好，有的人唱歌差，你就不必希望那个唱歌差得多唱歌。但是从反面上下功夫，这人倒是同意的，比如说你不应该心胸太狭隘，你不要自己给自己找病，你不应该老是用坏的思想来想别人，不应该多疑，不应该不信任人。从反面来思考也是一个思考的方式。

《安娜·卡列尼娜》一上来就写到家庭，说幸福的家庭都是相似的，而不幸的家庭各有各的不幸。可是要按照老子的观点就是：幸福的人生是各式各样的。幸福的人生并没有统一的规则，做大款也可以很幸福，做贫民也可以很幸福，人身体健康当然是幸福，身残志不残，有所成就，有所快乐，残疾人也可以得到属于自己的幸福。而能够导致你不幸的事情，也就是你自己的做人底线，这倒常常是大家都一致的。例如我刚才说的做坏事、欺骗别人、坑害别人，那是不应该做的，我想这反而可能有一个统一的标准，大家可以取得一个共识。

再比如学外语，学大语种有学大语种的好处，用途广，例如英语，学好了几乎可以走遍天下。学小语种也有小语种的好处，人才稀缺，就业反而容易，做出特殊贡献的可能性反而更大些，那就叫冷门，叫物以稀为贵。反过来说呢，你有条件的话，而不肯学习外语，那是一件糊涂事，是不可取的。就是说，应该做什么，我也许不能提出统一标准，不可做什么，我反而可以向公众做出明确的判断。

怎么样分辨好人和坏人

我最喜欢说一句话，我说平常我们讨论什么叫好人什么叫坏人？好人就是有所不为的人，就是有一些事他不能干；坏人就是无所不为的人，就是对他只要有利他什么事都能干。

老子的这些阐述虽然都说到根上，但是我们理解的时候不能片面或者说特别绝对，比如说“无为”并不是说什么都不做，而是有一些事情我们不能做。“不言”也不是一句话都不说，而是说我们得想清楚哪些话是不能说的。这么解释，我觉得老子就特别容易被人接受，但是这样被人接受有时候又丧失了老子那特别与众不同的特色。比如说如果老子的话不这么说了，不说“无为而治”，而说您该为的为，不该为的就别为，那就没特点了。老子是一个思想家，他本身并不直接参与重大的社会实践——他既不经商又不理政又不带兵——思想家喜欢把语言搞得审美化、把语言搞得个性化、把语言搞得光泽化。他说出的“无为”就非常有光泽。

同样，我们作为一个个人，我们也不是老子，我们也不写《道德经》，但是当我们看到了“无为”以后，我们想到原来我有很多事情是可以不做的，原来我有很多争论是可以不和别人争论的，原来我有很多操心的事——北京前几年有句话还说你活得累不累？这个意思也是让你“无为”——一旦把这些东西和老子的“无为”联系起来的时候，那么老子在写到“无为”这两个字的时候，他的那种思想的光芒、他那种自我欣赏的快乐你也能分享一点儿。虽然你不能绝对无为，你该为的时候还得为：不用说大事，就一件小事该跟人家说清楚还得说清楚，你上超市买东西他少找你两块钱，你肯定不会无为的，也肯定不会不争的，你肯定告诉他说你再数一遍，我这儿少两块。但是你脑子里仍然有两个可供欣赏、可供咀嚼、可供流连忘返的非常美丽的字，这两个字就叫“无为”。

精兵简政

“无为”还可以从另外一个角度上说，就是说治国理政少折腾，要精兵简政。早在延安时期毛泽东就提出来要精兵简政，而且说精兵简政是党外人士李鼎铭先生提出来的。这个思想实在是一个非常好的思想，那是在抗日战争的阶段，各派的政治势力都希望壮大自己的力量，但是必须反过来想，如果你的人员太多，非生产人员太多，吃公家饭吃饷的人太多，会不会给老百姓增加负担？如果你的会议太多，会不会给实际工作造成负担？所以在所有的机关、所有的公共机构里边经常会提到要精兵简政、要精简人员、要反对文山会海。

我记得在一九四九年、一九五〇年、一九五一年的时候，北京也常举行诗朗诵，那时候朗诵的诗里有一个就是苏联诗人马雅可夫斯基的一首诗叫《开会迷》，这首诗列宁非常喜欢，因为他描写整天在那里开会，开会，然后马雅可夫斯基建议再开一次会决定永远不要再开会了。这当然是诗歌，他也不是说一定能够做到的。我们讲要精兵简政，讲不要心细如发，过去形容说有公务人员甚至于官员，一个大官，他心细如发、太细致了，他什么事都管，这个官员对比他低好多好多级的人穿什么鞋穿什么衣服都有指示，对于哪一天哪个地方哪个饺子的包法他也有指示。这种心细如发是不值得提倡的，事必躬亲也是不值得提倡的。

不要想那些永远做不到的事

另外就是你不要想那些实际上永远做不到的事，有的人一辈子都把自个儿的精力放在永远做不到的事上。我记得从小我们的老师就给我们讲过说世界上有三大难题，这三大难题是永远做不到的，这三大难题其中有一个我记得，那两个我记不太清楚了，记得的是永动机，三等分一条线段。有一种想法就是要发明一种永动机，因为能量是守恒的，比如说这个机器能把一个物件提升到高处，这个时候耗费了一些电能，到了高处以后它就有势能，你要一撒手它“啪”地掉下来了，这个势能就又恢复了这个电能。所以全世界古今中外想发明永动机的人不计其数，但是都发明不出来。比较有趣的是有一个电影叫《决战以后》还是《决战之后》，就是重庆作家黄济人写的，他是写在三大战役以后，抓住的一些国民党的高级将领和一些宪兵特务人员给送到劳改队，其中有一个淮海战役被俘的国民党高级军政人员叫黄维，他是一个留学归来的将军，他在监狱里就整天研究永动机，而且整天闹，他说他只差一点点就研究出来了。后来还是周恩来总理亲自批准说给他一些经费，在那个时代大概一个月有个一二百块钱、七八十块钱就可以研究了，一直让他研究到他释放出来，他后来还当过政协委员。直到他老先生仙逝，这个永动机也没有研究出来，不仅没有被他研究出来，别人也没有研究出来。这说明什么呢？这个世界上有一些事你压根儿就不应该起意去干，就是说这个事已经被世世代代的人所证明是干不成的了。

对于谦虚的哲学表述

老子还有一段话表达了他这种“无为”“不争”的理想，表达了他对事物的这种辩证的认识，他在第二章里说“有无相生，难易相成，长短相形，高下相倾”，就是“倾向”的“倾”，“音声相和，前后相随，是以，圣人处无为之事，行不言之教，万物作焉而不辞，生而不有，为而不恃，功成而弗居。夫惟弗居，是以不去”，就是说世界上各种事都是相辅相成的，没有前就没有后，没有后就没有前，没有难就没有易，没有易就没有难，等等。他说圣人不是时时刻刻在那里计划什么事、刻意地非要做什么事，而是尊重事物自己的规律，就是我们上次说的“自然而然”的那种行为的模式；“万物作焉而不辞”，该做的事情他并不推辞。“生而不有”，让东西生长出来了，但是我并不占有它，并不因为说有了这个东西我就要占有它。我做了一件事情，但是我并不自恃说这件事情是我做的，它成功就功劳归我。自己不居功，“功成而弗居”，越是有功劳我越看到它不是我一个能够完成的，这样“夫惟弗居，是以不去”，你越是不居功，这个功劳在你身上别人越拿不掉。

这些道理他讲得虽稍稍深奥一点儿，其实按照我们的理性和常识是可以接受的。就是说如果什么事你太往上冒了，你太辛苦了，为自己打算得太周到了，什么好事你都想占全，你绝对是办不成的。这也是一种非常智慧的说法，跟我们现在的现实生活应该是贴得比较近，和我们中华民族一贯所提倡的什么“满招损，谦受益”，自己要谦虚、要虚心——和这些东西都是一致的。当然事物也有各个方面，有时候我也想奥林匹克的口号“更高更快更强”，你要到了该更高更快更强的时候，你说不用争了，谁爱第一就第一吧，那这个奥林匹克运动会就没法开了。所以你还得根据具体的情况有所调整，那也是不自然，那就不叫自然，该赛跑的时候大家可着命赛，看谁能够得第一，这是很正常的事情。

上善若水

老子根据这样的一些理论总结出一个参照物来，他认为最能够代表“道”、最能够代表这种美好品格的是什么呢？他认为最好的东西是水，他有一句名言叫“上善若水”，就是说最高的善、最高的美德、最高的智慧、最高的品格就像水那样。这也是在老子的《道德经》当中非常重要的一个命题，而且是老子《道德经》的美言之一，我多次看到过在朋友的家里别人的题字或者有一些书法家写字的时候很喜欢写“上善若水”。

“上善若水”，老子的解释并不是特别多，他说“上善若水。水善利万物而不争，处众人之所恶”，这个“恶”在这里应该念 wù，当动词讲。为什么说“上善若水”呢？水对万物都有利。我想这个话是对的，因为我们知道水是生命的一个重要的元素，世界各国把卫星放到火星上去拍照、去找资料，很重要的一条就是想找到一点儿水的痕迹，因为一找到水的痕迹你就会相信那个地方曾经有过生命，或者可能有生命，或者将要有生命，这是一个非常激动人心的事情，但是很可惜到现在还不能够确认在地球之外的任何地方有水。老子已经看到水利万物而不争，水本身只是顺势而流，当然这个水争不争的问题你要故意抬杠也可以，古代战争史上也有决堤水淹七军，用这种方法来作战，但是那个并不是水本身要淹死谁，是人为的。水本身“处众人之所恶”，一般人的想法都愿意往高处走，而水是往低处流的，我们俗话说“人往高处走，水往低处流”，所以老子特别欣赏“水往低处流”的这个特色，这又体现了老子与众不同的地方，别人都这么说的时候他那么说，别人都那么做的时候他这么做。老子喜欢说一些与众不同的精彩的话，有震撼力有爆破力有冲击力的话。

他说“上善若水”，他并没有对“上善若水”做非常多的解释，这也是咱们中华文化的一个特色，就是我们不是特别的讲究形式逻辑的，那个论点，所谓大前提、小前提、结论，并不追求这个东西，我们也不会为了一件事摆出 A 和 B 相互比较，我们喜欢一种整体性的思维、喜欢一种感悟性的思维，“上善若水”这四个字给你摆到那儿了，这本身就给你留下了空间，你去想吧！水好不好，为什么水好，你自个儿去琢磨、去感受。

这个东西你不能说它是没有道理的，古希腊很多哲学家也喜欢用水来说事，比如说一个人一生不可能两次从一个地方踏过同一条河流。他的意思是说一切都是变动不羁的，水是不停地流着的，其实这个话就和孔子的那个“逝者如斯夫，不舍昼夜”是一样的，因为它从来不停下来，不管是白天也好、黑夜也好，流水它是不断地流动的，所以流水特别容易被人理解成时间，它成为时间的一个象征。水不停地流着，时间就过去了，一代一代的人成长起来，一个又一个的英雄故事在神州大地上演出，水又代表这种意思。《论语》里边还讲了“仁者乐山，智者乐水”，这个含义也只能感悟，它没有经过调查取样、没有数据，如果现在一个欧美的人讲“仁者乐山”，他起码先得在全世界找两万个人进行测验，是不是你们都最喜欢山？这两万人里头有一万四千八百人喜欢山，另外还有一千人喜欢小土堆，他就说仁者大概有百分之多少多少。这是欧美人的思维方式，所以这两句话翻译起来也特别难，给他们解释的时候他会问你：这些人是喜欢爬山或是登山运动，还是说那些智者是喜欢游泳还是水上运动？得跟他费好长时间说清楚，因为他很难理解这种意境、这种悟性，感觉很难说清的。

感悟水，喜欢水

它其实是一种形象思维，是一种感受或者说类比，就是你得真的去悟透它当中所要表达的那种意思。要是按我的理解呢，为什么仁者会和山联系起来，因为山代表的是一种稳定、是一种巨大、是一种成熟，是宽厚也是承担，你在山上压东西没关系，所以它和仁者的形象有相似之处。而水代表的是灵动、清洁、明亮、顺应，永远有办法。它没有最固定的形状，可以是这样的也可以是那样的，可以走得很快也可以走得很慢，所以它有点像智慧的那些品格：它的灵活性它的清洁性，同样水也能承担许许多多的肮脏，它能把肮脏洗涤成清洁，有多少肮脏经过水以后就会变得比过去更清洁一点儿。过去我在劳动的时候，有时候取水非常困难，真是来了一盆水先洗脸，洗完脸以后又洗手绢，洗完手绢以后又洗什么，反正洗一大堆。看那个水都挺脏的了，别人说你怎么还在这里头洗啊，那时候我就会说“见水为净”，尽管那水有点不太干净，按高标准是不可以的了。

水有这样的一些品格，这些品格都是值得肯定的。老子的这种上善若水的思想，我有时候觉得：因为中国在古代哲学、文学、史学甚至于政治学、社会学是不分科的、相通的，所以上善若水有一种文学的情怀在里边。我们可以看看我们中国的诗词，对于水可以说情有独钟。屈原就是借用当时的民歌，在《渔父》里边，渔父就说“沧浪之水清兮，可以濯吾缨”，可以洗我的帽缨子，“沧浪之水浊兮，可以濯吾足”，水干净的时候特别清，我可以用来洗帽子，水不太干净了还可以洗脚——当然水要是污染太厉害洗脚也不行，也可能会带来脚部的疾病，长脚气也不好。但是起码他这个话说得你也很舒服，沧浪之水本身就已经是很美好的词了，而且清的时候可以用，浊的时候也可以用。李白的诗里说“桃花流水窅然去，别有天地非人间”，在桃花流水之中我自己有自己的一番天地，李白创造了一个他自己的境界。我们甚至于可以说“上善若水”这四个字给老子搭建了一个精神的乐园，想一想这么一个骑青牛的老头儿，脑子里还琢磨出很多与众不同的思想，他既没有高的地位、没有大量的金钱也没有权力，但是他很喜欢水，他老想着我这一辈子就像水一样自自然然地流过，他给自己也经营了这样一块儿上善若水的天地。朱熹的诗说“问渠那得清如许，为有源头活水来”，说这条河、这条小溪（渠亦可作“它”解）为什么它的水老这么清澈，可以照人、可以为镜，像镜子一样的清，因为它源头有许多的活水。对于老子来说这个源头的活水是什么呢？就是“道”。因为万物万象都是在“道”的统一的作用之下自然而然地运转着活动着，它成就悲哀也成就快乐，它成就失败也成就成功，所以它永远是活的，永远让你受用不尽的，永远让你琢磨不尽的，就像活水一样不停地在你的面前流去。有时候你这么想一想，你对“上善若水”这四个字比你一个字一个字的抠它，得到的印象还更多。所以陶渊明说“好读书不求甚解”，当然这个不求甚解有人认为是我们传统的缺点之一，我们不喜欢搞数字不喜欢搞百分比不喜欢特别的精确。但是如果你从审美感受去感悟真理，你不是光去计算真理、去理解真理、去分析真理，而是去感悟真理、去欣赏真理、去拥抱真理、去受用真理，要从这个意义上说，那我们中华的文化就确实有自己的特色，有自己特别可爱的地方。

虚与静

由于有对“无为”的提倡，有这些美好的思想，由于有对上善若水这样一个非常形象的比喻——老子还有一点我们愿意联合在一块儿提一下，就是他喜欢“虚静”。“虚”就是你不要把自个儿的安排搞得满满当当的，相反你给自己保留一下接受信息的空间、保留一下内存、保留一下硬盘，你的内存别一下子占了百分之九十八了，那一开机准死机了。你要虚，虚就是你得有内存、你得有硬盘，不行你得外接硬盘，不能够把什么全都占得满满当当，该删除的时候得删除，要有自我删除的功夫，要有一种自我删除的机制。“静”这个说法是我们文化的特点，这个特点在五四时期曾经被很多先知先觉的大家、思想家所批评、所诟病，鲁迅就表示过他对中华传统文化的失望，他说中华的传统文化在你看完了以后让你的心一下子静下来了。我想五四时期中国面临的是一个救亡的问题，是一个亡国灭种的问题，是一个积贫积弱的问题，如果那个时候——五四时期也好、卢沟桥事变的时候也好、“九一八”的时候也好，或者是平津战役淮海战役的时候也好，咱们到处去讲老子讲无为，那哪成啊，你别有用心是不是啊？你这应该算反革命！

老子说的意思是你保持清醒、不要感情用事、不要动不动搞煽情、不要动不动的犯急性病，因为每个人都有自己的欲望。所谓静的意思、静的核心，我觉得就是一个人把自己的主观的东西、欲望的东西能够有所控制，所谓心不静，所谓心乱，我们现在有一个词——我还挺喜欢这个词——叫“闹心”，说这个事它太闹心。我觉得这个词真是准确，非常生动，这个事处理不好它就老闹心，闹心的原因就是你自己的欲望太多、自己主观的要求太多，而这个主观的要求和客观的世界之间有一点儿距离，这个客观的世界不可能按照你的主观的要求来运转，所以老子就提出来说：你自己的心静一点儿。

静的提法当然提得非常哲学，“天乃道”，你知道了天意也就和“道”挨得近了；“道乃久”，掌握了大道也就能够长期稳定可持续地发展下去了；“没身不殆”，一直到死你都仍然可以享受“道”的滋养，获得道的智慧。这可以说是老子对于人的人格和智慧的一个理想。

第四
谁能做到宠辱无惊

朝为座上客，夕为阶下囚

“宠辱无惊”是老子的名言之一。老子有许多名言，我们中国人说话，其中就离不开老子，有些我们现在常说的话，最早都是老子先说的，像什么哀兵必胜、无中生有，尤其是宠辱无惊，成为很多人的座右铭。二十世纪五十年代我开始学着写小说的时候，去看望也算我的老师的当时《人民文学》的执行副主编、老作家秦兆阳，他家里就摆着四个字“宠辱无惊”，就是不管是宠爱还是冤枉乃至于侮辱，你不必反应过度，不要一惊一乍，就这么一个意思。

老子为什么提出这个来呢？因为春秋战国时期天下大乱，群雄并起，此起彼伏，都在那儿争权夺利。另一方面，有许多的士人，就是读书人——有人说是叫知识分子，有人说这不叫知识分子——我们不讨论这个，知识分子是个新词，就是这些读书人吧，每个人都在宣传自己，都跟卖狗皮膏药的一样，都希望自己的这一套，能够被哪一个诸侯国的君王所采纳，然后自己可以出将入相、可以治国平天下、可以执天下之牛耳，所以都在那儿卖弄。有时候就是所谓朝为座上客，夕为阶下囚。这一套叫说客，我们念“说”（税）也行：说客。说客有时候去找到某个君王，得到机会跟他侃了一上午，然后那君王爱听，接着跟他说，又侃了一下午，又侃了一晚上。哎，第二天早上把他封成了相国了。朝为座上客，夕为阶下囚——刚封成相国，又出什么事了，怀疑是他干的，晚上就把他又扣上手铐子，送到监狱里去了。所以一宠一辱，摸不清怎么回事儿。

得宠这个话并不好听

老子说“宠为下，得之若惊，失之若惊”，“宠为下”是什么意思？什么叫“得宠”？你是一个下层的地位、你是一个卑下的地位，你才有这个宠不宠的问题，所以这个“宠”字不太好听。地位平等的时候，就谈不上宠，就只能是我们相爱：我喜欢你，你喜欢我。父母对孩子可以说宠，宠物指的猫、狗这些东西，所以“宠”这个词并不好听。宠爱、宠信、宠幸、得宠、失宠、宠用，这个“宠”要查汉语字典，就是偏爱的意思。比如我有三个儿子，对三个儿子都很好，这不叫宠，我偏偏对其中一个百依百顺，这个叫宠。所以宠这个词不是特别好。一个人需要别人宠，他这处境有点可怜。

我想起二十世纪八十年代初期的时候，有一个西方国家的记者访问我，跟我聊到我写作艰难的历程，起起伏伏。他就说 but you are in favor now——但是你现在是受宠的啊！是不是英文稍微好听一点儿，好像 favor 一词没有在我们文化当中那么难听，就是喜欢。但是因为我英文不好，我一听到 favor 就好像说你现在是得宠的，我一下子脸就红了，本来我够有经验的了，但是我不爱听这个话，因为“宠”并不好听。

范进中举与小公务员之死

说你得宠的时候，你要是再一惊一乍的，就更丢面了，宠得一惊一乍。这个例子也有，《儒林外史》里的范进中举，他去考试的时候，他的岳父大人胡屠夫——宰猪的，说你这个德行，你还考什么试啊，你都这么大岁数了，你跟那些孩子们一块儿去考试，别给我丢这人了，白花我这钱。结果他一下子考中了，报子来给他送喜报。一开始他不信，后来他信了，说中了，中了，中了，两眼发直，口吐白沫，他傻了、他疯了。后来吴敬梓描写得也很刻薄，说怎么办呢？得找一个平常他害怕的人。他怕谁呢？就怕他那泰山、老丈人、宰猪的。那宰猪的横横地就过来了：你中什么了你中！啪，一个嘴巴打过去，他好了。当然这是小说家言，一个极端的例子，但是说明“宠”也能把一个人宠惊了，宠得他找不着自个儿了，都不知道自个儿是老几了。

至于辱、惊，这样的例子就更多了。比如契诃夫的小说《小公务员之死》，说一个小公务员见到一个大官，很紧张也很有幸福感：哎呀，我能见到这位大官。可是这时候他一过敏，咔嚓！他打了一个喷嚏，打完这喷嚏，那个大官就一皱眉头，这当然是很不礼貌的，外国人要打喷嚏，第一他要赶紧捂上，第二他要说：请原谅——excuse me，我对不起，很失礼。可是这小公务员一辈子没见过大官，好容易得这一个机会见大官，能给大官留有好印象，将来对他说不定还有好处，结果他打一喷嚏，就很紧张，回去以后就不断地写信啊，想法子托人给大官解释，说我不是故意的，说大人，我打那喷嚏可不是成心的。那大官哪有工夫管他打不打喷嚏，他当时皱完眉也就完了，如果要拉出去斩首，当时也就拉出去斩了，要是没斩首也就没有这回事儿了。可他纠缠起来没个完，第二天他见到这个大官，还说：大人，昨天我打那喷嚏——这个大官可真火了，说你讨厌，啰唆什么。得！他一见大人对他这样脸色，马上回去就病了、死了。当然这也是非常极端的。这极端地表示了一宠一辱都能让人惊。

《红楼梦》中的得宠与失宠

《红楼梦》里头就更多了，《红楼梦》里的丫鬟得宠也很偶然。比如说红玉，那个小红本来没有人知道她，正好赶上一个巧合的机会：王熙凤要传个话找不着人，一看小红来了，问两句话，她嘴皮子还挺利索，就说你去给我找谁谁谁——找你蓉大奶奶，就是贾蓉的家里边，传一个什么话给她，她传得很好，回来以后报告得清清晰晰。就这么一件事，凤姐说：好，以后你留在我这儿使用。录用了，有了工作了，就这么着得到了一个 job（差事）。这个也是宠，但是这种宠有非常令人感到悲凉的一面，就是那么偶然的、被动的、不能自主选择的，而且不一定是最有道理的，因为你不可能先来一个演讲比赛，再录用一个口齿伶俐的人。

辱也一样，我们看晴雯，一般认为晴雯是比较讲情性的，是不会搞奉承拍马这一套的，但是晴雯同样的在客观上需要得到宠爱。她为什么在病中冒着危险给贾宝玉夜补孔雀裘，就是为了能够得到贾宝玉的宠爱。当然我们现在没法做这个化学实验，说这里有多少是一个少女对一个靓仔的爱，有多少是一个下人对主子的取宠，这些都有。她又无端地受辱，实际上她什么问题都没有，但是她被王夫人、被王善保家里的侮辱一通，赶回家去，她就死了。所以说宠辱这一关是非常难过的。

谁能做到宠辱无惊

我年轻的时候特别佩服这几个字——宠辱无惊。那个时候我谈不到有太多的宠和辱，但是也免不了有顺心的时候，也有不顺心的时候。那时候我是做团里工作的干部，所以我老想“宠辱无惊”简直太好了，要是能够做到宠辱不惊，这个人会显得多么沉稳、多么高尚，而一宠一辱，一惊一乍，又有多么丢脸！

宠辱无惊的状态对我们现实生活当中的人也是非常有意义的，尤其是中国人比较在乎面子，在西方的文化当中面子的说法淡一点儿，相对这么一回事，就是实事求是，是怎么回事，就是怎么回事。而我们可能就比较在乎自己在别人心目当中是一个什么样的位置，或者别人对我的评价是什么样的。太在意了，才会产生这样极端的情形。有些当干部的，非常在意排名字的顺序，所以有时候我们只能够按姓氏笔画排，万一不按姓氏笔画排的话就很别扭，有时候排的就靠前，有时候排的就靠后，这些做排名工作的人也很难，因为有的人可能差不多，你到底把谁放在前面谁放在后面？人家说这叫名单学。

所以大家都觉得宠辱无惊这个境界特别好，一个人能做到宠辱无惊：他很镇定，他有定力，他有静力，我自岿然不动。不管你对我今天都说好啊好啊，我还是这样，说他不行了，不行就不行了，我还是我。要是做到这一点是太理想了，几乎没有什么人能完全做到这一点。能够控制得稍微好一点儿就已经是不错了。为什么做不到这一点？都知道宠辱无惊好，没有一个人说：宠应惊，辱应大惊，宠应歇斯底里，辱应满地打滚。没有人发表这样的理论，可是就是做不到宠辱无惊。

大患若身

老子对这个也有一个看法，他说为什么宠辱有惊呢？就是“贵大患若身，吾所以有大患者，为吾有身，及吾无身，吾有何患”。他说为什么宠辱你都会惊呢，你把宠辱看得和你自己的身家性命一样重要，把宠辱就看成了你的身、你的生命的全部，你把什么事都想到自己的身上，这样的话你就是宠也惊辱也惊。如果你能够不想自己，能够忘我，能够不考虑自身，那你还有什么可惊的呢？

老子这话说得特别漂亮、特别精彩，而且还说得特别彻底。你想一想，没有我这一身存在，根本就没有这个王某人存在，这样的话谁还宠他呢？谁还辱他呢？可是它漂亮得也让你感到有一点儿难受，它做不到。他说到终极了：“为吾有身”，当然没身就没我，我的身是我生命的下载载体、是我生命的家园、是我生命的依靠，你要把我这个身体给灭了，你上哪儿去找我这个王某人，你找不着了，当然也就既无宠也无辱，其他问题也都没有了，饥饱的问题也没有了，工资的问题也没有了，路线问题也没有了，什么问题都没有了。

这是不是老子的荒谬

关于这个又有一段名言，也是中国人，尤其是中国的读书人相当熟悉的一句话，叫作“人之大患，在有吾身，及吾无身，何患之有”，这个话大概在中国读过一点儿书的、高中以上的都知道，但是对这个话的理解就有很多不同。自古以来就有一些大知识分子、大学问家说老子说得太荒谬了，说你讲得好是好，但是这是荒谬的。为什么是荒谬的？因为这个人的存在是以身的形式而存在的，他不可能无身，你丢了一条胳膊还有身体，你丢了四肢还有躯干，你不可能完全无身，所以认为这个话是荒谬的。包括钱锺书大师，都曾经在他的笔记当中，引用历代的名家对老子的“大患在有吾身”的批评质疑。

但是我很喜欢琢磨这个话，我总觉得这个话有一点儿弦外之音。因为老子说得很简单，因为“人之大患在有吾身”对于我一个写小说和读小说的人来说，我觉得这句话相当沉痛，你有没有这个感觉？“人之大患在有吾身”，就是我这个生命——因为身就是生命，我的生命、我的身体给我带来的痛苦太多了，佛家认为人生的痛苦是生老病死，这也是身的痛苦。出生会给你的母亲带来痛苦，你自己一生下来有很多的危险，这是你的痛苦。老了老了，首先你的身体老了，疾病带来痛苦，还有死亡。所以这里头本来是包含着几分沉痛的。在文学当中引用这句话或者表达这一类思想，都是以一种痛苦的呼号这样一种性质来讲这句话。并不是说通过这个话号召大家：忘了你们自己吧！佛家有，佛家是另外的，要求你忘掉你自己，道家也有，但是文学里也喜欢引用这个话，把它当作一段痛苦的话来引用。

五四以后，比如说在郁达夫的作品里边，甚至于在鲁迅的作品里面，尤其是描写一些知识分子的时候都有这样的心情，就是我之所以倒霉，谁让我有这一百多斤呢，这个我也给它弄不好，那个我也给它弄不好，我这么样做也不对，我那么样做也不对，饿了我闹腾得慌，饱了我也撑得难受，我有女朋友，或者一个女生有男朋友，我们之间会发生各种问题，如果我什么朋友都没有，孤独一个人，也都是问题，总有一种沉痛的心情，甚至于是悲观的心态。

消化痛苦，提高人格

最近还有一些文学杂志刊登这一方面的评论，说这叫作中国作家的灵魂突围，说这个“为有吾身”，要考虑找到一个解决的办法。但是我们再进一步想老子的意思，还真不是，至少不完全是要在这儿长叹一口气，更不是想在这儿表示：我的妈哟，人生太痛苦了！不是这个，老子不是这种人，这种人可以是小说家，可以是诗人，但老子他不是这样的。老子说这个话的意思是什么呢？他承认人的存在，人的自我意识、人的身体的存在带来了许许多多的人生的苦恼，其中很突出的表现就是宠辱有惊：宠亦惊、辱亦惊，这是人生一个很大的苦恼。但是老子的特点——不仅仅是老子的特点，是中华文化的特色之一，就是在承认这许许多多的问题以后，有一种方法把它消化掉。问题很多，生老病死、宠辱、饥饱顺逆，他希望你能把这些问题都消化掉，来提高自己的人格，用提高自己的人格，提高自己的境界、自己的智慧的这种方法把这些问题消化掉，消化掉以后你就达到了一个超凡脱俗的高度。

那么怎么消化掉呢？我们来探讨这个问题，彻底的没有吾身，这是做不到的，除非自杀，自杀以后还得火化，要不火化的话，你那个身还在那儿，还得存在一个时期，腐烂一个时期，所以你不能用那种方法。但是我们对老子很多的主张，可以慢慢地、逐步地、降格以求地、一点儿一点儿地去理解，你要一上来就较劲：请问李耳先生，怎么样能够无吾身呢？你给我一把刀，还是一个绳，还是自焚的工具啊？不是这个意思，起码你把你自己的小我看得稍微轻一点儿，不要看得那么大。

老子后边又有话“故贵以身为天下，若可寄天下，爱以身为天下，若可托天下”，老子提倡什么呢？就是说如果你把天下看成你的身，在我们今天来说，就是和社会——那时候大概还没有社会这个词，如果你把天下看成你的身，因为你活在这儿，不是你一个人在这儿活着，当时的天下——也还没有国际世界的意思，当时认为就是中国，有这么一个国家，周围有一点儿番邦，再不然就是海，四海之内皆兄弟——当时是这样一个看法，无非就是说，你把这个小我跟大我要结合起来，不光把它看成你个人的事情，不光把它看成你自己这一百多斤、这五尺高的事情，而是把他看作一个众人的事情、看作一个大我的事情，你的境界就会恢弘得多。

我们可以从老子谈的这些问题里头知道，要想宠辱少惊——完全无惊你可能做不到，我也没做到，我说老实话：我受到表扬、我得了奖我高兴，我受到误解，在网上被人骂一段，我不是那么高兴——生气也不见得，我要真为这生气早就没有我了，但是我不高兴。可是你少一点儿惊可不可以？可以，怎么做到呢？增加你自己的尊严，提高你的人格，增强你的自信，就是说我对我自己是有一个了解的，我自己要做出最大的努力，这样不管是宠是辱，我还是我，我有一定的自信，我不会跟着别人的话走。在过去的政治运动当中，我也翻过车，我也没过顶，如果要跟着别人说的走，把自己说成大坏蛋，你就真觉得自个儿是大坏蛋，觉得：算了，这么大的坏蛋，你把他灭了算了，为社会除一害，为国家除一害，那你就完了，你就惨了。

另外，你某个时候符合工作的需要，或者符合社会的需要，符合领导的需要，或者是符合老百姓的需要，这个宠还不要光看成从上头宠，也还有社会和群众的宠爱。这个方面是演艺人员最多，演艺人员有时候摸不清原因，他忽然就受到宠爱了，他并没有觉得他那次演出特别好，但是他就受到了宠爱了。也有时候被喜欢了几次，忽然他也没有觉得自己演得特别差，结果就被骂上了，三年翻不过身来。也有这种事。

以尊严和信心对待宠辱

这个时候，碰到这种无端走运、无故得宠，忽而又是无理受辱、无由倒霉的情况。你如果自己有尊严，自己有信心，就能够做到像《岳阳楼记》中范仲淹所说的“不以物喜，不以己悲”，就是不因为外界都说你好——外界，这个“物”指的是外界，不因为外界都说你好，你自个儿就真是乐滋滋的，就飘飘然，你真以为自个儿在天上飞呢，你化成大鸟了。不是！同样也不因为自己受到一些什么议论，甚至于被误解、被冤枉或者被别人给栽了赃，也不因为这个你就显得非常的悲伤。在中国，不管哪一家，不管儒家道家，中华文化非常提倡一个人的始终如一，一个人能够稳住自己。我们经常讲稳定稳定，要想稳定首先您自个儿得稳定，您要自个儿一惊一乍、一东一西、忽左忽右，早晨这么说，晚上又那么说，听到一句好话，立刻就恨不得跟人亲密无间；听到一句坏话，立刻就翻脸、就恨不得跟人家动刀。如果你是这样的一种人，就成就不了什么大事。所以人就是要增加自信和增加尊严。

谦卑与钝感

但是老子也有另一面，整个《老子》五千言里，提倡你要自尊自信的话并不多，相反，是提倡你要谦虚，你要卑下，你要和最底层的人保持同样的水平。这个事很有意思，你提高自尊可以宠辱无惊，你要是加深你的谦虚，也可以做到宠辱无惊。我在“文革”当中在新疆农村里劳动，我就发现农民是最坦诚的，因为他觉得他没有什么面子可以丢失的。我在新疆的农村里头，见到的农民是各式各样的，有世世代代的农民，有的是当了干部，后来在政治运动当中或者是经济问题上犯了某种错误，甚至于是被开除了公职的，有被关过三年五年的、十年的十五年的，我都见过。他们说出来都特别坦然：我当过科长，我就当了三年科长，就给抹下来了，抹下来以后，后来还在哪个劳改队待了六年，回来了，现在我踏实了。他是这么说的。这个一般的知识分子或者干部很难做到。我们会觉得一个人受处分了，或者是人家别人都升了，你没升，你都觉得是很丢面子的事，可是在我接触到的那些农民当中，他们完全没有这个意思。他们觉得人世中，就是有这种起伏，有这种升降，有这种荣辱，这都是人生所无法完全避免的。至少他有这一面，是不是这一面就完全好——您什么都不在乎了，如果说得难听的话：都没皮没脸了，好像也不算是一个很完整的、很理想的人格。但是你要是什么事在乎得太过分，所谓“心细如发”，如果一句话、领导的一个眼色，可以让你高兴得半夜睡不着。或者又有哪个领导传来的一句话，让你恐惧得连着三宿不睡觉，那你很快就要发作疾病了。所以我们也需要有这一面，这一面是什么呢？就是我们应该有很好的心理素质。

最近有一个日本人写的书用了一个词，这个词比较新，内容意思并不新，这个词叫“钝感力”，和“敏感”相对应的，就是你对有些东西不要太敏感。中国古代有一个说法：明察秋毫，秋毫就是秋天动物身上刚刚长出来的特别细的毛。如果这个毛你都看得清清楚楚，这是不吉祥的，因为“水至清则无鱼，人至察则无徒”（《大戴礼记·子张问入官》），什么一点一滴的屁事，你都看得清清楚楚，长着一副X光一样的眼睛，你说这个人谁还愿意跟他合伙，谁能跟他一块儿说话啊？这个钝感力，实际上就是有些东西要能放下，有些东西能够视而不见，你只能抓大放小，你不可能什么东西都亲自过问。

这个意思老子是有的，所以他讲恍惚，就是有些事你不要太清晰。

多几个世界

加强心理素质，我觉得还有一点非常重要，就是说一个人应该多有几个世界。你有你的工作，你还有你的业余爱好，你还有你自己的探索和学习，你还有你自己的家庭、自己的亲人，你还有自己的朋友，你还有自己的娱乐、社会交往等。这样的人也比较经得住宠辱，比如说我在我们本单位宠辱无惊，实际上这个偏正词组侧重的还不是宠，侧重的是辱，因为宠了以后您再惊吧，找你丈人打两个嘴巴，你也就治过来了。可是辱了以后你要惊得太大了，你就会想不开，你可能上吊，你可能像晴雯那样得病死亡，所以它更侧重的是辱。但是你要多有几个世界呢，工作上没戏了、评级没戏了，但是我还有另外的世界啊，我家庭生活仍然幸福，不是每一个人都有幸福的家庭啊！你经过那么多曲曲折折、反反复复，但是我的家庭充满了温馨、充满了幸福、充满了关爱，这难道不是人生最大的福气吗？而且我还要读书啊，我可以是做——比如是做经济工作的，我读书探索思考，这没人限制你。我可以研究老子，我可以研究庄子，我可以研究孔子孟子，我可以研究苏格拉底、柏拉图、海德格尔。在读书的精神交流当中，我得到了无限的快乐，扩大了我的心胸，增长了我的才干，在各种知识当中——北极南极太空行星以至于动物植物、古代现代当中，我享受着知识的快乐。你再剥夺你剥夺不了我这个知识的快乐。我的职位很容易就剥夺掉了，不担任这个职位就不当嘛，但是我有这种知识的快乐。再说得干吗一点儿，你别的都没有了，起码你还有一点儿个人的爱好吧，你喜欢下象棋，你好好下两盘象棋也能够让你增加钝感力，两盘棋你都赢了，你挑战一个对手，很高的一个对手，你把他赢了。你打桥牌，你喜欢体育，你喜欢打球——这个“宠辱无惊”从积极的方面来想，一个人是完全可以做到的。

对于宠辱都要有准备

要想做到宠辱无惊，还要更深一步地了解老子辩证的思想，用一种智慧来对待宠辱，这更是非常难得的。从老子的学说来说，他认为世界上的事情都不是单方面的，有宠就会有辱，宠了你，在某种意义上就冷淡了另外几个没有得宠的，宠了另外的人很可能就冷淡了你，这是无法两全的、是无法什么都照顾到的。因此，逆、顺、兴、衰、宠、辱、通、蹇——那个字念“jiǎn”，像“赛”字似的，底下变成一个“足”字——这些都是不可避免的。

如果有智慧，你就不管做什么事永远有两手的准备，一种是成了，一种是败了，又一种情况可能是大部分成了小部分败了，因为你照顾不完全的。做一个讲座也一样，你讲得非常的通俗，可要是遇到研究生遇到博导，他就会说你讲这些太普通、太一般了。如果你讲的到处是引文，还不断地有中文的引文、英文的引文，还有拉丁文的引文，您这学问上去了，可是没人听了。所以说做任何事情的时候都要有这两手的准备，尤其是在你成功的时候、胜利的时候，你要想：做不好怎么办？用现在股市上的语言就是有风险的准备，那你的智慧和没有风险准备者就应该有很大的不同。这个辩证法一直是贯穿在老子整个的思想当中的，包括之前我们讲到的“无中生有”“道法自然”，其实都是说事物有自己的规律，你不要一惊一乍的，看着是这样了就认为永远是这样，它是有变化的，它是永远在运动过程当中的。

所以老子这个“宠辱无惊”，你要单独拿出来说，这个问题也许不好解决，但是你要和整个老子相辅相成，和物极必反的这样一个世界观联系起来，你就会觉得这个事情不单纯是一个心态的调整问题，“无惊”是一个心态问题，也是一个世界观的问题。

宠辱无惊与物极必反

老子的这些想法实际上在中华文化中源远流长，甚至于到了《红楼梦》里头，《红楼梦》刚开始不是太久就写秦可卿死了。秦可卿死以前给王熙凤托梦说，世界上的事情都是月满则亏、水满则溢——月亮太圆了它也就到了头了，十五十六了，十五的月亮十六圆或者是十五圆，那么十六十七以后它就开始往下亏了。水太满了本来很好，但河水太满成了水灾，流出来失去了很多水，很多水利失去了甚至于变成水害了。秦可卿在梦中——这是小说家的写法了——说了一句话：自古荣辱周而复始，原来这个秦可卿也是一个哲学家，曹雪芹是哲学家，可惜我们没有把秦可卿或者是曹雪芹请来参加咱们这个《中华文明大讲堂》。秦可卿也有这个观念，她不谈宠辱，因为秦可卿既不是大臣也不是丫鬟，所以她不好说宠不宠的问题。但是她说荣辱，这个就更有意思，就是有荣有辱，这些东西，往往是互相经常变化的。一个人一个家庭，荣华富贵再加荣华富贵，不可能全是荣华富贵，他或者他们也会碰到屈辱损害，会碰到天生的祸事，俗话叫作“天有不测风云，人有旦夕祸福”。佛家的说法叫作无常，没有永远的胜利，没有千年的荣华。这点辩证法都没有，他只能是自取灭亡。

宠与辱的两面性

然后我们再讨论一个问题，大家都喜荣喜宠，拒辱厌辱，这是当然的，很自然的。如果不是这样的话，这个国家也没法运转了，如果越光荣我越不干，越可耻我越干，这个国家就完蛋了。但是又能够有一个适当的掌握，就是我们仔细分析一下，宠荣对一个人有多大的好处，有多大的危险：枉、辱——冤枉，辱、耻，对一个人有多大的好处有多大的危险。这个世界上的事还真是很难说，宠和荣对人的好处是鼓励他的信心，使他心情愉快、趾高气扬、得意扬扬、满面笑容、两眼放光，这些当然都是很好。甚至于在这种情况之下，他的地位越来越高、待遇越来越高，在这种情况之下，连择偶征婚对他都有好处。但是它也带来风险，就是你实际上没有达到那一步，一下子各种荣誉、各种宠爱集于你一身，这种情况下，第一有很多人不忿，也有很多人盯着你，找你的毛病。再一个你自己可能有骄傲的情绪，你可能有浮躁的情绪，你可能不愿意细听别人的意见，不同的意见，甚至于你会变得非常的忙碌，你整天的不是在这儿所谓的曝（暴）光，或者是用台湾的念法曝（普）光，不是在这边曝光，就是在那边接受献花，然后还得参加什么社区——新的社区、小区开幕仪式。你会丢掉你的业务，把特长丢掉。有很多很多这样的危险。我们看到许多许多这样的例子，就是一旦出名以后，一旦得宠得荣以后，生活反倒被打乱了，没法过非常正常非常平和的日子了。

那么辱呢，辱好不好呢？当然不好，辱会使你抬不起头来，会使你灰心丧气，特别是对于软弱的人来说，你辱他两次他就得病了，他的细胞开始恶化、癌化。他自己把自己的正事、正经的业务丢掉了，这种可能性都有。可是反过来说，辱的时候，一个人失败的时候，遇到挫折的时候，他反倒能够踏下心来，能够好好总结自己的经验。我个人就深深地感觉到，逆境当中是学习的最好机会。一个人在逆境当中，很多事都不能做了，但是他还能够学习。在我处于逆境的时候，有朋友给我一首诗看，这是当年黄山谷的一首诗，他说“外物攻伐人”，就是外界有一种对立面，这种对立面攻击你：“外物攻伐人，钟鼓做声气”，又敲锣又打鼓，也搞得有一套气势，也有跟着上的，也有不知就里的，就跟着一块儿来找你的麻烦，叫作落井下石，叫作墙倒众人推。“待渠弓箭尽”，这“渠”是渠水的渠，但是这个“渠”是代名词，不是说渠水，说等着这些攻罚你的人又开枪又放炮又射箭又打弹弓又扔石头的时候——它有打光的时候，他打光了他的弓箭了，他的喷头的狗血、他的抹黑的狗屎都用完了，“我自味无味”，这个时候我自己来体会来咀嚼这件事的味道——无味，就是没有味，就是我要吃那个没有什么滋味的东西。

宠辱的不可预见性

这是老子的一个观点，我们后边还可以讲，就是我不追求厚味，而追求无味，“道”本身是无味的，既不甜也不酸也不咸，所以我等这个过程，它总会过去。“外物攻伐人，钟鼓做声气”，现在锣也不敲了，鼓也不敲了，弓箭石子都用完了，沙土都用完了，然后我自己看看，我觉得挺可笑的。我品品这滋味，人生原来如此，原来坏人也还有一点儿表演，原来傻子也还有一点儿表现，原来跟着起哄的也有一点儿闹腾。因为我就有这样的经验啊，有这样的人跟着起哄，既可厌，更可怜。他们会在关键时刻说一点儿对你非常不利的话。做一点儿操作你的事情，但是他们实际上又嘛目的也没有达到。

你可以说你得到了宠、你得到了荣、你得到了爱护，你得到了支持，但是如果你发展得太快了，或者是膨胀得太过分了，或者是时过境迁了，这种时候你又会感觉到，怎么当年的风光不在了，怎么好日子不来了，也会有这种情形。对于我们一般的人来说，其实我们都有这样的经验。但是还有一些行业，就幅度特别大，而且来得特别快，一个是运动员，一个是演艺人员。您说运动员吧——当然我们都是从新闻报道——我们舆论导向强调的就是他得金牌不是偶然的，是他从小就有大志，父母就关心他，党和政府又给了他什么样的条件，然后教练又怎么好，多少勤学苦练，经过了十几年的努力，达到了今天这个成绩。这个话说得对不对呢？当然对，你不可能生下来就是冠军。但是反过来我也要问一个问题：辛辛苦苦锻炼的可不止你一个人，可是金牌就一个啊！好教练也不止一个，党和政府也不是就关心你一个人。一个少年体校里边学员多了、有前途的多了、身体素质好的多了。他上来得这么快，常常是自己没想到的，有时候也是教练没有想到的，甚至于“有意栽花花不活，无心插柳柳成荫”。原来体委、体育协会押好了说他可能得金牌，他要得不上，另有两人也可能得银牌得铜牌。对不起，结果你定好计划的那个人，没得到金牌，没想到的一个人、勉勉强强上了名单的这个人，他得了金牌了。所以有时候人上来得非常快，一快，一取胜，马上就成了榜样，成了典型，成了人物，一切都不一样了。又是奖金，又是奖牌，又是新的身份身价称号头衔地位，怎么得了！相反的，如果他有几次成绩下降，再赶上什么药检，出一点儿什么问题，一下子就完了。

有时候群众对一个演艺人的宠，也是很有趣的一个现象。我知道，因为我也接触一些艺术家，有一些演艺人员，无法具体地分析，用一个词叫台缘，就是他有人缘，他一上去，别人不服也不行。如果有人说，他的嗓子，他能唱 C、升 C3，唱到什么程度，我比他嗓子还高呢！没用，你没这个缘，观众一瞅着你那种趾高气扬的样子，他烦你。有这种事。所以这种宠辱，实际上对于一个人的影响是非常大的。

零心态与从零做起

我们的运动员每次参加比赛的时候，领导都要反复地说，不要背包袱，不要心情紧张，一定要把自己调整在最佳状态，忘掉你过去的成绩，从零做起，等等。这可以说是对运动员、对演艺人员的一个宠辱无惊的教导、一个希望。对运动员来说可能更难，因为他毕竟是在运动场上，处于一种高度紧张的竞技状态，所以对运动员的心理素质要求可能要比演艺人员还要高一些，他的成败有时候就是这一瞬间。篮球队赛那么半天，最后差一分半个球，有时候能让你活活窝囊死，你要高兴呢也能让你活活高兴死。在运动的竞技当中，你处在一个兴奋激动的状态，肾上腺激素大量分泌、进行超水平发挥的状态，这是很正常的，但是你对于胜败得失要能够看得很开，看得很豁达，这是我们最提倡的。你做到这一点，不但能做好的运动员，说不定将来还可以当好的体育总局的局长，或者你将来不管是经商或者是做什么事，你都比别人更沉稳，都比别人更理性，有更好的思考。

老子的“宠辱无惊”不容易，即使不容易，我们还得信它，我们还要向往它，它给咱们立了一个目标。

我这一辈子各种宠辱经历得多了，我今天不在这儿说，我并没有做到绝对的宠辱无惊，但是我早就知道，我从十几岁就知道“宠辱无惊”这四个字，我早就喜欢这四个字，我崇拜这四个字，我向往这四个字。这四个字对于我来说，比美女还美丽。遇到我惊了的时候，我怎么办呢？我对自己念几句：宠辱无惊，我已经有一点儿惊了，但是我宠辱无惊、宠辱无惊。我念到第三遍的时候，就比刚上来那么惊的时候，稍微好了一点儿，不信你们试一试。你们都是宠辱有惊的人，我不相信在座的就已经做到宠辱无惊了，我不相信，但是你知道这四个字，你把它当作一个信念，多读它几遍，多念它几遍，甚至于您给自己写上“宠辱无惊”四个字，像我说的那个老作家，在这个桌子上，摆在这儿：宠辱无惊。您瞧瞧：您的心态、您的境界可能会跟原来有所不同了。

当然，有时候这个语言本身是有一种局限性的，用我们的说法，语言有时候给人留下陷阱，因为任何一种说法，在表达某方面意思时不太可能兼顾到其他的方面。比如说宠辱无惊这个话好不好？我说很好，我刚才讲了，我很喜欢这个话，我很佩服这个话，很多人在自己的家里边做所谓座右铭，在自己的案头都写着这一句话。但是另外也有话，也很好，叫“士可杀而不可辱”，就是你作为一个堂堂的读书明理的人、一个准知识分子或知识分子，杀头是可以的，侮辱我是不可以的，爱荣誉胜过生命，为了荣誉我可以不要生命。为什么呢？因为我要：我爱吾师，我更爱真理，我不能够向强权低头，叫作“富贵不能淫，贫贱不能移，威武不能屈”。我想上述所说的这些都是这样。那么遇到外敌入侵的时候，说我宠辱不惊，你谁来谁就来吧，谁愿意统治就统治吧，我到时候听喝就行了。那就太没有出息了，那甚至于会变成坏人了，所以老子所说的宠辱无惊有特定的所指，他指的就是春秋战国那个时代，尤其是士人——准知识分子或知识分子，他受到了君王、受到了权力的宠或者辱，我觉得他指得非常清楚，他讲吾身也是这样，他讲的是小我的那点宠和辱，他并不是说为了一个民族的尊严，并不是说为了捍卫真理，为了捍卫自己的理念而做出的斗争和牺牲。我觉得这一点我们与其去抠他的字眼儿，然后挑他这个字眼儿的毛病，不如从他的所指，从他说话当时的环境，来体会他这些思想当中可供参考的部分、对我们有所帮助的部分。

当然这也是事实，整个通篇的《老子》讲辩证讲得多，讲“退缩”讲得多，讲“无”讲得多，讲奋力拼搏讲得少。他讲“不争”，不争就是咱们——比如说朋友之间或者一些所谓烦琐的、无所谓的、意气用事的争论，你应该不争，但是你要是上竞技场你不争行吗？更高、更快、更强，如果说在奥运会上，因为咱们是产生过老子这么伟大的哲学、作家的国家，那你们谁爱得什么牌就得什么牌吧，上我这儿领来就行了，我们“不争，莫能与之争”。那就成了笑话了。比如说韩复渠——山东的国民党军阀韩复渠看打篮球，说几个人就争一个球，这么可怜，多买几个球给他们就不争了——我想当然不是这个意思，老子在“不争”里要求一个更高的境界，要求一个所谓的“不争一日之短长”。

论万世、高境界

在《汉语辞典》里收了“宠辱无惊”四个字，它是怎么解释的？就是不要计较个人得失。这个解释很容易理解，不要过分地计较个人得失，而不是说一概不许计较，会计给你发工资，少发了二十块，那你该计较就要去计较。你买东西找钱，多找给你你也要计较，赶快还给人家，别揣兜里带走了，那对不起自己的良心，也对不起售货员。所以我说他都是有他的针对性的。老子的“宠辱无惊”还让我特别想起中国一句很有名的话，这句话是宋末元初的学者谢叠山的，但是后来被很多人引用过，他说：“大丈夫行事，论是非，不论利害；论顺逆，不论成败；论万世，不论一生。”就是我考虑一个事，我做一件事情，我不在乎这一时的得失成败，我不在乎这一时的收益或损失，我不是做小买卖的，赚两毛我就干。我要考虑万世，就是永远的，我这事做的是顺还是逆，是合乎大道还是大逆不道。他这个气魄太高了，操作起来也难。我老琢磨这个“万世”，万世有多少？一万年还不够一万世呢。要是“一代”，按照西方的说法是把三十年说成一代，那得三十万年。我现在实在无法想象三十万年以后的事，三年以后的事我还敢想，三十年以后的事，我就拒绝多想了，如果三十万年以后的事，我更想不了了。但是他的这个气魄，他这个含义还是很好。后人还有一个解释，说你如果是论一时的，只是论当时的那点得失、成败，那么孔子孟子这一辈子都过得寒寒酸酸，他们不是成功者。按现在所谓的成功者的标准，孔子有什么成功的？教了一点儿学生，人家送他一点儿腊肉，然后他到处——

所以为什么出一本书，有一本书从负面来说——当然也有争论，说“丧家狗”，说孔子不过是一个丧家之犬。他没地方待，谁也不听他的，那些君王、那些权力的拥有者都不听他的，孟子也一样。所以说要论万世的话，孔子孟子都是万世之师表，永远有他的精神的光辉，他的精神的资源永远对我们有好处。老子也一样，老子你要论当时他算什么呢？管一点儿图书馆，图书馆那时候都还是竹简，拿竹子在上头刻着，搬着还挺费劲。后来他提倡一些比较奇怪的理论，没有几个人真听他的，然后骑着一头青牛就出关了，而且被——你们看鲁迅的小说《出关》，那个老子的形象甚至带几分滑稽，既可怜又滑稽。但是，万世也还没到，两千多年以后，现在的——因为查不出来，就说两千五六百年的事——两千多年以后，在社会主义的中华人民共和国的首都，我们仍然津津有味地来讨论老子的这些表面看来稀奇古怪，实际上又对人很有助益的学说。所以你如果有了“论万世”这样一个心胸，说做不到也没关系，你打个折论五千世，你有一个论五千世的这么一个心胸，那你当然宠辱就无惊了。你惊什么啊，你今天宠我，你明天还能宠我吗，你能宠我一百年，你宠我一百年你也没了，我也没了，谁也宠不了谁了。你今天能辱我，你永远能辱我吗？所以他这样一种心胸、这样一种气魄、这样一种针对性，对我们还是非常有启发意义。

第五
力挽狂澜，治大国若烹小鲜

中山服与西服并不截然对立

今天我的衣服换成了中山装，有人管它叫立领，有的叫青年服，这衣服算西式的算中式的呢？其实比较早我看到的是印度人与日本人穿它。按说是与中式的中山装也很接近。但是我有一个发现，您把这领子翻过来看看，成西装了。下回您再穿中山装的时候，也可以一衣两穿。我说这个话是什么意思呢？中国传统文化也是这样，有的你可以从正面看，有的可以从侧面看，有的可以倒着看，有的可以给它窝过来看，你都会有各种各样的发现。有些表面上不一样的东西实际上是一样的，譬如西服和立领中山服，它们是一样的。有些表面上一样的东西它又是不一样的。如果我们学习用这么一个方法的话，就能够学到更多的东西。

观众朋友当中要说人人都读过老子的《道德经》，这个也不太现实，但是对于老子《道德经》当中一些名言警句，大家可能比较耳熟能详，这应该是现实的，像其中的一句“治大国若烹小鲜”，老子真的不愧为中华文明智慧的最高代表，他的学说当中不仅有很多人生哲理，同时也富含着许多精辟的治国理论。

老子的立言无与伦比

今天我们讨论一个非常有趣的问题，就是“治大国若烹小鲜”。烹小鲜就是熬小鱼，用天津话就是熬（读闹，阴平）小鱼，它叫“熬”小鱼。这个话它非常奇特，在我年轻的时候，一看这句话我一惊：哪有这么说话的，怎么治大国成了熬小鱼了——一喜：觉得他说得太好玩了，感觉治大国就跟烹小鱼一样——一愣：不知道什么意思——一赞：觉得这人可真会说话，他怎么琢磨出这么一个话来。中国人讲立言，你有那么大的学问，你写过五千万字也好、一千万字也好、二十万字也好，老子只写过五千字，五千字也好，但是你能留下一句话，这句话让人一惊一喜一愣一赞，让你永远地去回味它、去品尝它、去琢磨它。可以说，老子的“治大国若烹小鲜”，留下了一个立言的范例，至今人们喜欢这句话，有了这一句就可以名垂史册的，有的人写了一辈子书，他还留不下这么一句话。

“治大国若烹小鲜”，我们想一想他是在什么样的背景下提出来的：在那个时期，治国的事情是一个非常严重的事情，是一个非常凶险的事情，是一个非常操劳的事情，甚至于是一件非常血腥的事情。因为春秋战国天下大乱、你争我讨，这是外部，每一个诸侯国家的内部呢，又存在着夺权、丧失权力、政变、宫廷阴谋等各种危险。在那个时期，治国是相当阴谋化和血腥化的一种事情，没有谁治国能够如烹小鲜一样那么悠闲自在。那么老子为什么要说出这么一句话来呢？他的意义在哪儿呢？当然了，历史上也有不同的看法，因为对老子的年代有不同的看法，有的说老子年龄非常大，他是比孔子还要大二十多岁，这样的话老子在开始考虑这些思想的时候，可能还没有赶上那种天下大乱的纷争局面。这个到底是怎么回事，我说不清楚，我可以说的是什么呢，到现在为止，古今中外我们找不到一个治大国如烹小鲜的范例。现在也是一样，不管是美国还是俄国，中国还是法国、德国，哪一个人能治大国若烹小鲜一样？他很辛苦，也有风险，金融海啸能烹小鲜吗？反恐能烹小鲜吗？反对三种势力能烹小鲜吗？都烹不了小鲜。

他要力挽狂澜

我认为老子这样提出来，可以说是他的一个治国的理想，还可以说是什么呢？我用四个字来形容老子的治国理政观念，叫作“力挽狂澜”。他就是觉得他所设想的治国，应该是舒舒服服的，应该是按照大道来治，应该是顺顺当当的，大家都应该过和平的幸福的生活，而不应该是你争我抢、兵戎相见，甚至于白刀子进红刀子出，以至于还有在宫廷内部父子反目、夫妻仇杀、兄弟屠戮，这样的事情对于老子来说太刺激了，所以他要力挽狂澜。

他提出来“治大国若烹小鲜”：你不要把这个治国治得神神经经，你应该放松心态，你应该与大道同在，你应该把这个治国的事看得举重若轻，你应该充满信心，你应该按照客观的规律运作，你不要把这个治国的事弄得是一惊一乍，《红楼梦》有一个词叫“蝎蝎螫螫”，《红楼梦》描写这赵姨娘不管碰到什么事都蝎蝎螫螫，就好像让蝎子给螫了一下一样，她老那么闹腾。赵姨娘是一个很好的反面教员。

谁能举重若轻

这是老子的一个——可以说是理想。老子还有一种非常辩证的观念，就是说把大事不妨当小事。做大事也罢，小事也罢，它的道理是一样的。小事有时候也需要当大事做，这样的故事也非常的多。完全“治大国若烹小鲜”做不到，但是举重若轻，降低这个紧张程度，用一种比较从容、比较自然、比较自信的状态来稳定人心、稳定民心，这样的事是做得到的。譬如说李白的诗里边就有：“但用东山谢安石，为君谈笑静胡沙。”就是晋朝时候的谢安，他的字叫谢安石，他和他的弟弟还有他的侄子、他们谢家军有“淝水之战”，淝水之战中谢安石运筹帷幄，他的弟弟和侄子在前线带兵，打败苻坚，有“风声鹤唳，草木皆兵”的典故，把苻坚打得是一塌糊涂——苻坚是北方少数民族，有说是匈奴的，有说是叫前秦，它那个国号、朝廷的号叫前秦的。苻坚带着很多军队，一直打到了现今的安徽这边，最后彻底地败在了谢安石的手下。而这个谢安石呢，他当时在下着棋，下着棋时向他报告，他已经都部署好了，他心情很安静，找个棋友下棋——我考证不出来，恐怕下的还是围棋，比较早的棋，不一定是象棋——下着棋他听说这仗打胜了，他笑着说很好嘛、好嘛。他这样一种精神状态，有点“治大国若烹小鲜”的味道。

解放战争当中，咱们也有一位高级的将领，由于我没有找到证实的依据，所以我不提他的名字，据说他也是一个棋迷，也有这样的类似的故事：那边打响了，他说下完这盘再说，因为他很有把握，他一切都了如指掌。我说这个话的意思，不是提倡咱们凡是高级领导、高级将领，仗打起来了你先摆一盘棋，你先别管这战争的事，我不是提倡这个。我们说明什么呢，一个人的精神状态要有节奏，一张一弛，有放松的时候，有紧张起来的时候，这个时候他判断问题比较容易有把握。相反你没有节奏，你总是很着急，那么你可能是没有把握。

似曾相识燕归来

其实毛泽东主席也有这一手，越是紧张的时候、越是严重的事，他越喜欢用一种相对轻松的语言来说。譬如说二十世纪六十年代初期的中苏论战，那个时候世界上还分社会主义阵营、资本主义阵营，而在社会主义这边，苏联等于是一个头儿，前苏联和中国是最大的两个社会主义国家，这两个国家论战交恶，这是一件有风险的事，但是毛主席怎么说呢？他说这就叫“无可奈何花落去，似曾相识燕归来”，这是宋词上就有的话。世界的规律就是这样，前苏联就好比是那个花，无可奈何花落去，它变成了修正主义了——当然政治上我们不去评价他说得对不对，那是另外的事，我们讲这个风格、境界——他说这个就是无可奈何，苏联不行了，“似曾相识燕归来”，真正在国际共产主义运动中执牛耳举大旗的燕子又回来了，他指的就是中国。当然现在我们也不提这些事了，这些事本身不必提了，但是毛泽东的这种境界、这些风格、这种潇洒、这种风流一定要提——他是一代的伟人。

譬如像林彪出逃，逃到温都尔汗，然后他那三叉戟飞机，掉到沙漠里头，这个实际上也是一个很大的事情，而且事实证明这件事情对于毛主席在内的不少人，影响还是很大的。但是毛主席当时把它说得很轻松。他说“折戟沉沙铁未销”，这是杜牧的诗，本来说的折戟沉沙和林彪毫无关系，但是毛主席就联想到那里去了，不沾边儿的一个事：“折戟”，三叉戟折了，“沉沙”，它沉到沙漠里去了，不沾边儿的事让他一说，好像这冥冥中已经注定，林彪这飞机非出事不可，非折戟沉沙不可。然后他又说——

这都正式传达过的——说毛主席指示说：林彪跑了，天要下雨，鸟要飞，娘要嫁人，随他去吧。这话本身并没有分析这件事情，但是他把它看得自自然然，你要出门可是天下雨怎么办？下吧，你也不能不让它下；鸟要飞：你养了一个鸟，这鸟不愿意在你这儿，它飞了，飞了就飞了吧；娘要嫁人——这还有点中国大众的幽默：本来你这母子相依为命，现在你娘要往前走了，孩子也不好拦着，你就让人家往前走吧。他这么一分析，实际上什么问题都没有说，但是全国的老百姓听了以后，心里头就会好一点儿。

所以一个领导人、一个大的政治家，你如果是蝎蝎蜇蜇，你这一国都会跟着蝎蝎蜇蜇；你如果是歇斯底里，你这一国都会是歇斯底里；你如果是举重若轻、不在话下、信心十足、从容镇定，那么你这一国做什么事，都可以做到这一步。这太理想了，这简直是一种无法企及的境界。

小事有时候要当大事来做

把小事当大事来做，这个也有：我们看过电影《巴顿将军》，《巴顿将军》最精彩的是指挥交通，那个战车都乱成一团了，他把交通警轰走，他下去当交通警，他拿着个棍这样一下、那样一下。所以现在我们在北京行车的时候，有时候看着太乱了，指挥无方，司机同志经常说，北京来俩巴顿就好了，就能把这个交通指挥得更好。

我还知道在解放战争当中，我们有一个野战军的司令过河的时候，前边的参谋报告说河水深、过不去，他不信，他拄着一根棍子，自己下去量这个河，然后他就这么一拐弯、一拐弯，摸着石头过了河，然后回过头他说了一句话，叫“粗枝大叶害死人”。就是大事不一定准往大了做，小事也不一定准往小里边看，大和小之间，是互相可以沟通、可以转化的。所以《老子》的第六十三章中提到：“是以圣人终不为大，故能成其大。”

就是圣人——治国平天下的人，他们并不觉得自己办的事有多么大、多么装不下，哪都装不下了，没那事！他觉得这很普通，小菜一碟、小碗两个，正是因为这样，他们才能完成大事业。如果他完成一个大事业以前已经紧张得不得了了，他已经血压升高、心跳加速了，您说他能办得成吗？

下面说的和治大国没有关系，但是让我联想到了一个人，就是北京奥运会上牙买加的短跑名将博尔特，博尔特一个人得了多少块金牌，好几块，好像一百米、二百米，还有接力都有他。博尔特就是艺高人胆大，他比赛等着起跑的时候，脸上显得特别放松，甚至还做一个鬼脸。相反如果你过分紧张，反而发挥得不好。

下知有之最好

所以我说老子是力挽狂澜，他希望在当时你争我夺、你死我活的这种气氛当中，一些君王一些大臣能够有一种相对放松的、相对正常的心态。这里的关键还是老子的无为而治的理想，他设想的就是：你说最少的话、管最少的事、干预最少的过程，然后让个人、万物都按照自己的规律正常地发展。老子在第十七章里讲到，一个治国理政的人什么情况下是最理想的呢？他说“太上，下知有之”，什么是最高？上上、太上——最高最高，就是老百姓知道，有你这么一个君王、有这么一个机构、有这么一个各种大臣、各种的部门，但是跟你关系并不大——这个我们底下再说，这里很多是老子的幻想，但是他这个思路挺好玩。

他说“其次亲而誉之”，那么二等好、二等理想、中上等，是什么情况呢？就是你这个君王、你这个大臣跟老百姓的关系不错，老百姓愿意和你亲近，而且对你有很多的夸奖，有很多的赞誉，有很多的赞美之词，他认为这是第二等。老百姓亲切，要我们看我们认为这是最好的了，又亲切又赞美。

但老子认为这是第二等。为什么？老子没有说，我个人认为：第一，亲而誉之里头可能包含着作伪，亲誉的结果变成阿谀奉承。第二，过分亲而誉之的结果是上面不了解真实情况。第三，亲誉的结果是下面的期望值过高，期望过高过大了反而容易失望。等等。

“其次畏之”，再往下的情况也就是第三等，就是怕你，这个怕也是不可避免的，老子的很多话里都有，这点他很实际，譬如说他在有一章里说“民不畏威，则大威至”——如果你这个管理机构、你这个统治者一点儿威信都没有，一点儿威风都没有，那底下就不知道出什么大事，所以他说怕你，这是第三等的——我开玩笑：我说这就像开车的人看交通警似的，对交通警，你说我不知道他有，那不行，我需要知道他有；亲而誉之也不行，你跟他又是哥们儿又是什么，那都不行；你必须怕他，你不怕他，你不好好地遵守交通规则，你怕他又能罚你还能吊销你的本子，起码扣你的本子又能罚款，再不行还能把你拘留。没有严厉的规则，交通警是无法工作的，所以这是畏之。

他说再“其次侮之”，最坏的情况呢，是管事的人你瞧不起老百姓、你轻视老百姓、你说话难听、你污辱老百姓，老百姓也根本不信你那一套，反过来骂你，还想各种的办法出你的洋相。这个侮之我认为是互相污辱，是管理的失败。

大道乌托邦

老子他所设想的理想是什么情况呢？设想的情况就是：管理政权机构是存在的，但同时又不让人过分感觉到它的存在。我称老子这样的理想叫作大道乌托邦主义，这实际是一种乌托邦，你不可能完全做到，但是它仍然有启发，从思路上有启发，就是说能够把事干得好到什么程度？好到让人都觉不出好来，这进入了化境，中华文化特别喜欢这一点，不管什么事，让它进入了化境。

我不知道大家去没去过重庆那个大足石刻，那大足石刻里头有一幅很有名的画，它是佛教的石刻，但是它吸收了很多中华文化的东西，譬如说尽孝，佛教里没有尽孝这个说法，佛教出家看破红尘，父母妻子都是红尘，都应该看破，但那里要讲尽孝。那一幅很有名的画就是说一个人应该怎么样学佛。怎么学佛呢？这是一个石刻的连环画，四幅画：第一幅就是一头牛，牛脖子上，或者鼻子上——我记不清了——拴着一根绳子，一个人拽着牛，这头牛不肯来，非得让它来不可，这就是说通过强制、通过较劲让它皈依佛法。第二第三幅图我已经记不太清了，第二幅譬如说把牛圈到一间屋里，你想跑，我不让你跑，把你押在里头；第三幅，牛开始在这屋里又吃草料又喝水了——我就说这大概的意思，这第二、第三图，我说得都不准确——到了第四图，是什么时候呢？明月清风：就在旷野上、就在田地之间，一轮明月在那儿照着，这牛悠闲自在地在那儿吃草，它也不跑了、它也不闹了、它也不跟人斗了、它也不跟人较劲了。就是说它已经学佛法、已经进入了化境。

治国的化境

老子的思想也是这样，说“治大国若烹小鲜”是什么意思呢？就是我的这个治理已经进入了化境，使大家都接受，符合大家的利益，你都觉不出来我在那儿治理，用不着我耳提面命、用不着我用刑、用处罚条例来吓唬你。当然这是一种乌托邦，完全做到这一点并不容易。在这样的管理之下，老百姓自觉、乐于接受这种观点，所以他不自知，他就觉得这是我应该做的，或者说这样做是非常正常的，不是被动的、被强迫的。这作为一个标准，或者作为一个理想，还是非常可爱的。

烹小鲜论

往下咱们再进一步把“烹小鲜”的含义研究一下。自古以来注视老子的人非常多，很多学者，其中有一个河上公，他是非常有名的，他给“烹小鲜”做了一些具体的说明，原文大概的意思就是说：烹小鲜是什么意思呢？他说第一勿挠，“挠”是什么呢，就是对一条鱼，你不要在鱼身子上使劲儿再摩擦它了，因为这本来就一条小鱼，你要在上头刮过来——现在说法就是刮，你要再在它身上刮过来刮过去，给它刮烂了、刮成鱼粥了；第二勿去鳞，不用去它的鱼鳞；第三就是在炉火上你不要折腾它，不要来回地翻、别烙饼，本来这一条鱼，很容易热就传过去，它是小鲜不是大鱼，大鱼你烤烤这边再烤烤那边，它是一个小鲜，那水咕嘟咕嘟一开——而且是烹不是烤——咕嘟咕嘟一开，热就传得很均匀了，所以用不着来回翻动。一个是勿挠、一个是勿去鳞、一个是勿频频地动，好像还有什么不去肠呀什么的。这个意思说得好不好呢？非常的好！我觉得对，其中确实有一个不要频频翻动的意思，也就是现在说的不折腾的意思。这里显现了“治大国若烹小鲜”的另一面。前边我讲了小菜一碟、举重若轻、充满信心、顺其自然，这是讲的一面，它还有另一面，什么呢？小心谨慎，不要搞太大的动作，因为国家本来就很大，你一动作太大了以后，一个传一个、一个传一个、一个传一个，这个国家很容易乱，乱了以后你很难管住。

所以说“治大国如烹小鲜”，就是你要掌握力度、掌握火候，不要搞过大的动作、不要弄得这小鱼受不了，你那一铲子下去，啪，一使劲儿，碎了！你如果不是烹小鲜，是炒南瓜，这个事好办，一下子下去，啪，就给它翻起来了，可是烹小鲜这样用力就稍微大了一点儿。还有一条，现在也有人研究出来了，我也非常赞成这个说法，而且我也早想到这个，简单地说：烹小鲜不要大火。您不是烤全羊更不是烤全牛，也不是蒸牛头，您是烹小鲜，就几条小鱼，也就是一揸这么大，即使是烤全羊、烤牛什么的也不能火大了，否则就表面糊了里边还生着呢。所以就是要掌握火候。

本来老子的话不是关于烹调的，他是一个特别形象的比喻，如果我们理解了他这种比喻，我们就知道他说的是什么，知道怎样拿捏这个分寸了。我们想一想“烹”，起码在北京烹不是炒，煎炒烹炸，用不着加很多的佐料，它也不是炖，我们一般是指时间比较长的叫炖，要到广东叫煲、煲汤，广东人最喜欢煲汤，跟炼丹似的，汤给我喝的时候，说这个汤已经是煲了七个小时 ——当然这也是一种文化。烹，相对时间要短很多，它不是炖、不是煲，也不是炸，它不加那么多的佐料，就是要用相对简朴的方法、相对不那么费时的方法来推行一个政策。我觉得老子的“烹小鲜”里还有这一面的意思：掌握分寸、掌握节奏。比如说一个国家或者一个社会，政府不提出点儿任务、不提出什么问题来是不可能的，也是不可行的，但你不断提出新口号、新任务、新方向也让人晕，所以要掌握分寸、掌握节奏、掌握力度、掌握火候。

烹小鲜的美感

我觉得老子用了这个比喻而没有用别的比喻，实在是很有意思的，和老子无为而治的思想是一脉相承的。为什么你力量不用特别大呢？因为你在最好的办法之下，可说可不说的话你不要说，你可以不提新的东西——实际上他是倾向于他的无为而治，虽然这个无为而治有空想的成分。我再说一遍，因为我无意认为我们当今能够执行这种方法，说领导人一句话都不用说，每天下棋，你不可能把政府交给棋协来代行职权，不是这个意思。

治大国若烹小鲜，还有一个非常好的地方，就是它有美的感染力，你可以懂这句话，可以不懂这句话，治大国若烹小鲜，把“治国”和“烹小鲜”，这两个最不沾边的事用智慧连接起来，表现出一种把握、一种心胸，这本身就是一种美。我曾经有幸多次到农村劳动，我在劳动当中发现，凡是我们北京的——例如我在北京门头沟斋堂地区桑峪村劳动过——人家说劳动好的人叫把式，就是师傅，把式就是师傅的意思。凡是把式，他的劳动姿势相对比较好看，也比较省力，不管是在割麦子、是在用铁锨在翻土、是在植树、是在装车卸车，他的各种动作比较匀，他的重心也比较稳，人家一看这姿势就说你是把式、会干活。相反那些下放干部、那些年轻的又要表达自己非常积极，又要表达自己卖力气，这些人干活那都是瞪着眼、撅着腚、一脑门子的汗、伸着脖子、嘴都累歪了，都是那样子。你一看那么干活的人，你就知道了：行，他态度挺好。你写鉴定的时候就说劳动努力、学习认真、拥护党的政策，也行了，但是干活的质量较差。“治大国若烹小鲜”也有这个意思在里头。马克思说：世界要按照美的原则来构建。我们想一想，世界上一切的好东西都是美的，在某种意义上说是这样的，一条河如果它流得很好，它是美丽的，一座山是美丽的，各种学问都是美丽的，高级的数学公式、高级的数学原理，如果你把它画成图、画成几何图形，它太美丽了！就最简单的一个道理都非常的美丽。所以“治大国若烹小鲜”，它本身就让你把治国理政变成美的享受。

我就这么想，譬如说如果一个政治家、一个掌权的政治家，用不着他研读老子，用不着他去整天地讨论“勿挠、勿去鳞、勿频频翻动”，用不着，他只要在他客厅里头挂一幅字，上边写着“治大国若烹小鲜”，如果你要是到他家里头去，被他接见的话，一看这几个字的时候，你有一种轻松感，你有一种得道感，你有一种亲切感。这个“治大国若烹小鲜”，我们要善于用审美的角度来看它。

刚才说到劳动是这样，体育我觉得也特别明显。我当然体育上什么都不行，但是有时候我也打乒乓球，也打羽毛球，也打保龄球。我就奇怪为什么人家那些乒乓球的运动员，打起球来就显得那么美，不管他是打攻球还是打守球，不管他是横拍还是直拍，起码他的姿势最合理，他的肩、大臂、小臂、手掌、腕子，他的用力是最合理的，他的步伐是最均匀的，其中很大一条：为什么他不难看呢？他重心掌握得好，为抢一个球——羽毛球里最多，有时候都劈叉过去了，有时候人都扑到地上，叫作鱼跃，就在地上这么扑着滑过去，把这个球接过去以后，立刻一跃而起；掌握重心，成为一种美的享受。

连鬼神都不闹腾了

所以我觉得“治大国若烹小鲜”和我们中华文明对于美的追求、对于把式的追求、对于老练的追求、对于这样一种风度的追求是结合起来的。老子在这一章里讲到“治大国若烹小鲜”的时候，底下还有一句话，这几句话你觉得有点愣，也是让你有点愣神，一下子你不太明白它是什么意思。他说什么呢？讲完了“治大国若烹小鲜”以后，他有一个说法，说如果你做到这一步的话，“其鬼不神。非其鬼不神，其神不伤人。非其神不伤人，圣人亦不伤人，夫两不相伤，故德交归焉”。是什么意思呢？就是如果你这个国家、你这个诸侯、你这个地区，治理得比较好，你这儿乱七八糟的邪事就少，遇到这些地方，闹鬼的事都没有。在老子那个时期，鬼神的事是很多很多的。你也不能说一定是有这么回事，你也不能说它没有这么回事，他说遇到这些地方，遇到你能做到“治大国若烹小鲜”了、能做到“无为而治”了、能做到按照大道来治国了，你这个地方既不闹鬼也不闹神，而且鬼神从来不害人，为什么他不害人呢，圣人不害人。圣人不害人是什么意思呢？就是协助君王来管理这个国家的管理层，他从来没有任何伤害人民利益的事情。既然这个管理层没有伤害人民利益的事情，这个地方也就不会说闹出个神来、闹出个鬼来、闹出个女巫来、闹出个神汉来、闹出个跳大神的来、闹出来一个鬼神附体的人来在这儿捣乱，在这儿破坏你的社会安宁、破坏人们正常的幸福。

反过来说，如果一个社会上频频发生闹神闹鬼、害人害己，甚至祸乱人心、捣乱人心的事件，那么我们应该从管理层上考虑，管理层本身素素净净——北京人爱说你过得素素净净，贵州人喜欢说（因为我看过贵州人写的小说）平平淡淡，我们写文章的人把平淡当作是一个不好的话，说你文章写得太平淡，本刊不拟用，退稿的时候这样说。但贵州人把平平淡淡作为生活的一个最高的理想，如果你能做到素素净净、平平淡淡，那么你管辖的这个范围之内就较少出现闹鬼闹神，迷信、恐怖、坏人坏事就比较少。老子这个体会应该说也是有他的见识的，也就是说老子提倡在管理、治理一个诸侯国家的时候，能够营造一种邪不压正、戾不侵和——就是乖戾不会压住侵犯和气——假不乱真，这样一种气氛。这样的话才能够达到畅通和正常。

那么老子是不是只有这一面说得好听：你说得多好！“若烹小鲜”，小鱼得熬好了，鬼神也不伤人，谁都碍不着谁的事，该下棋的下棋，该睡觉的睡觉，自个儿过着好日子。这种生活确实很理想，中国的古诗就有这个说法，所谓“日出而作，日落而息。凿井而饮，耕田而食，帝力于我何有哉”。据说唐尧的时候——当然现在我们无从查证了——就有这样的民歌，说太阳出来了，一切遵循大自然的规律，我也就起来了，太阳落下了我就去休息了，渴了我就凿个井，饿了我该去种田，收获了庄稼我好吃，唐尧不唐尧，跟我没什么多大关系， 我自个儿过我自个儿的快乐生活。老子这样一种想法，应该说都是非常美好的。

老子对不良政治的抨击

老子这人并不是光说这些玄妙的事，他也有另一面，他看到了各个诸侯国家许许多多反面的、失败的，所谓逆天道而行的事，所以老子有些很激烈的话。在他的《道德经》里边最激烈的话，就是说“民不畏死，奈何以死惧之”，这是革命的话，包括我们中国共产党在抗日的时候、在号召起义的时候，都提过这样的话。这话很厉害，说老百姓不怕死，你不要老拿死来吓唬我。这个话可是够可以的，你不是最多把我杀头吗，但是你如果压迫太深，杀头都不在乎，我都不怕，咱们《革命烈士诗钞》里就有这个话。夏明翰说是：“砍头不要紧，只要主义真。杀了夏明翰，还有后来人。”这是《革命烈士诗钞》里比较脍炙人口的四句诗。“砍头不要紧”，老子说“民不畏死，奈何以死惧之”，你不要以为你掌握了生杀予夺的权力，就可以让人家永远怕你。老子这话可是够厉害的。

老子还有一段话那也非常厉害，在深度上比这个话还厉害。他说“天之道，其犹张弓欤”，“天之道”是什么意思呢？就好像拔弓射箭一样，“高者抑之，低者举之”，他的意思是说，拉弓最重要的就是力量要平衡，你要左手高了，左手要往下一点儿，右手低了，右手就往上一点儿，手指头用的高了，你就往下降一点儿，手指头用的劲小了，你就增加一点儿。因此让它圆圆满满、力量均匀，非常地平衡，老子认为张弓应该是这样，这就叫“天道”。尤其他说要“损有余而补不足”，你这边的力量太大了，譬如说你右手往上拉的力太大了，就要减少，损就是减少，把你的这部分力量，分到你的左手上，让你左手往前拉的力量再大一点儿，然后让它均匀一点儿，他是这意思。关键在“损有余而补不足”底下有一句话相当的尖锐、相当的硌硬、相当的造反，他说“人之道”则相反，“损不足以奉有余”，他看到了在当时的人间，这个方式恰恰相反，“人间之道”是什么呢？北京有句俗话叫：越穷越吃亏。“人间”就是这些为富不仁的人，老子那个时候的为富不仁的人要从人身上压榨，你越穷越要把你的劳动的所得献给富人。这是非常厉害的话，就是说“天道是损有余而补不足”，而人间有这么一种人“是损不足以奉有余”，本来就穷，你还要从我这儿刮民脂民膏，他本来就阔，还得往他那儿奉献。老子表达的是对当时社会状态的一种不满，我们自古以来有农民起义，老子并不赞成这种斗争，老子可不是斗争的哲学，但是老子的这段话常常被农民起义者所使用，他们的词就叫“替天行道”。什么叫替天行道呢？就是太不公了，我要实行的是：损有余而补不足，是什么呢？就是要打土豪分田地、杀富济贫。他有这个意思。

而且老子认为，如果诸侯国——当时说的诸侯国，和我们现在说的中华人民共和国的“中国”不是一个概念——说那个诸侯国如果治理得不好，不是“若烹小鲜”，而是如乱打架、如屠宰场，你这个治国治成屠宰场了，那么这种情况之下，他认为这个责任是应该由管理层负、应该由诸侯负、应该由他的臣子负。

他在第七十五章里特别讲这个，他说“民之饥，以其上食税之多”，老百姓为什么饥饿呢？因为管理层收税收的太多了，吃得太多了，为什么经济搞得不好，因为税太多，因为上边从老百姓那儿搜刮的钱财太多了。这个老子，他替诸侯大臣——所谓圣人——替他们设想应该怎么样管理，但是他也替老百姓说话，说“民之饥，以其上食税之多，是以饥”，所以他就饥饿了，他匮乏、他不足；“民之难治，以其上之有为”，为什么老百姓很难治理，不听你的话呢？因为上边干的事太多，他曾说你“为”的太多了，你的威信反倒下降了，说“多言数穷，不如守中”，如果管理层说的话太多，就会感到理屈词穷，你还不如把有些话先留着点，含蓄着点，以后有机会再说，他说“民之难治，以其上之有为”，你上边太有作为了，一会儿一个主意，今天要这样明天要那样，今天这么号召明天那么号召，今天这么一个口号明天那么一个口号，这样的话，老百姓越弄越难治：“是以难治”。“民之轻死，以其上求生之厚”，“求生之厚”这话就更厉害了，老百姓为什么连死都不放在眼里了、不畏死了，因为你活的太厚了、你太奢侈了，这些诸侯、这些大臣，你在那儿挥霍享受、吃喝玩乐，老百姓一看，你是那么活着，你那么活着我这么活着，我还不如死了呢。

你看这老子还有这一面呢，这一面还有点革命性，当然他得的结论绝对不是让你革命，他得的结论是让你踏实下来。实际上他是希望诸侯国能够汲取国家混乱、政权被推翻，或者被外敌打倒的经验，对待老百姓应该好一点儿。如果对老百姓不好，结果适得其反，你作为越多，老百姓越难治，你吃的越好，老百姓就越没饭吃。应该说还是很有警示的作用的。我开玩笑：老子对治国有一种诸侯君王问责制的思想萌芽，就是说如果国家治不好，不是老百姓的事，是你的事。

民本思想的萌芽

有的地方说得挺具体，在另外一章里，他说“朝甚除”，这个朝廷一切弄得都挺好——“甚除”，除就是除法的除，有的解释成朝廷弄得干干净净，我也不明白它是不是当干干净净讲，有的甚至认为“朝甚除”是指朝廷挺腐化、太过于讲究，朝廷的事弄得挺讲究，咱们就用一个稍微中性一点儿词——弄得挺讲究叫“朝甚除”；“田甚芜”，说田野里头一片荒芜，为什么一片荒芜他没讲，应是因为徭役太多，老百姓整天出工，没法给自己种地，也可能由于连年战争，也可能由于天灾人祸，所以田地甚芜；“仓甚虚”，仓库里头都空了，后备的预备的粮食、财产都没有了。可是他说：

在这种情况之下，还有的君王“佩利剑”，还要佩上利剑，还要吃香的喝辣的，还要到处耀武扬威，摆自己的威风。他说，这样的话就离大道太远了，这个诸侯国是非乱不可。

还有好多这一类的话，他讲“圣人常心”或者“常无心，以百姓之心为心”，就是说不管怎么样，治国是要以——现在的话就是以民为本、民本。老子的“治大国若烹小鲜”既有和“无为而治”思想相沟通相一致的地方，也有和儒家的要以德治国、以道治国，要实行仁政，而且要“以民为本”这方面的思想相贴近相一致的地方。所以我说“治大国若烹小鲜”是老子的一个亮点、一个精彩之处，虽然不可能完全这么操作，但是从里边可以得出许多有益的借鉴和参考。

老子的三宝

对“治大国若烹小鲜”的理解，还可以从另外一个角度。我们以老子来解释老子，老子在另外一章里曾经提出了这么一个观念，他说我有三样法宝：第一样是慈，就是慈爱，我有爱心，第一要慈，慈祥的慈；第二样叫作俭，俭省的俭；第三样叫作“不为天下先”，就是我不走在天下人前头。这话实际上就是对“治大国若烹小鲜”的一个解释。其中的第三个法宝最容易引起争论，尤其是以我们今天建设有中国特色的社会主义的观点来看，会对这个话非常的反感，说怎么“不为天下先”呢？不为天下先，还能有发明创造吗？对我们写小说的人来说，你不为天下先，你抄天下的小说，你变成抄袭了，那你还有什么好的作品呢？舞台艺术也一样，不为天下先，怎么会有艺术的发展？自古以来，尤其是在中国进入了社会主义以来，我们经常提口号，叫作“敢为天下先”就是全世界哪里都没有呢，我有这么一招，我敢于用这种方法，我敢于走在大家的前头，我敢探这个路。

用鲁迅的话说，就是要赞美、要学习那第一个吃螃蟹的人。他认为谁敢吃螃蟹，这个太了不得了，因为你要没吃过螃蟹的话，看到螃蟹——它还不像别的，不像花生豆、不像麦粒，你拿过来嘴里嚼一嚼还挺好，煮熟了更好吃——螃蟹那个样子挺可怕的，那么多腿，上面那壳子也不好看，所以鲁迅说了，要佩服第一个吃螃蟹的人。解放以后很多的运动当中，经常各级党委也提一个口号：要做那个吃螃蟹的人，就是你敢做实验。我们对“不为天下先”这个话非常容易反感，正因为反感，我就先从这里说起：老子那个时候指的“不为天下先”，他指的不是科学研究，指的不是文学创作，他指的不是书籍出版，他指的也不是艺术表演，他指的也不是一个学派的建立。老子讲的“不为天下先”，仍然讲的是治国理政，他讲的是怎么样把一个诸侯国家治理好，进而取得当时所说的天下——就是其他的国家、诸侯国家——能够取得他们的信赖，叫作“治国平天下”。“不为天下先”的说法，我们很容易反感，很容易把它当作一个负面的命题：这老子太没出息了，而且没有创造性，韩国那个最有名的钢铁企业就写：创新是一个企业的灵魂，我们国家也是非常提倡创新，我们甚至提出来过：创新是一个民族的灵魂。没有创新，你还怎么往前发展呢？

但是我给你翻译一下，把他这个“不为天下先”我给翻译一下，就跟刚才我把中式衣服翻成西服一样。他所说的治国理政“不为天下先”的含义，就是别出幺蛾子，一切都正常地进行：春种夏耘秋收冬藏，他说的就是不要——这说的有一点儿现代话了，加上我的解释——不要破坏环境，不要干力所不能及的事情。尤其是管理者，因为管理者和一个研究者、和一个著书者确实还不一样。研究者著书者可以超前一点儿，可以把没有把握的东西先写出来，都等着有了把握、人家都做成了再写，你的书就没人看了。你敢于提新见解、新设计、新思路，这个是对研究者著书者思想者们的要求。可是管理者呢，要求你慎重、要求你负责，您别老出幺蛾子。这样的经验教训非常之多，有些已经是几千年几百年形成的一种生活的方式、一种工作的方式，即使要改你慢慢地改。这个“不为天下先”如果从这一点来理解的话，就会非常好理解了，因为治国的事责任太大、影响太大、易放难收，而且很不容易让它有条不紊地进行，所以他提出来“不为天下先”。

湖南唐浩明写的历史小说，有三部曲，一个是曾国藩，一个是杨度，还有一个是张之洞。张之洞是我的同乡，他是河北省南皮人，叫南皮张氏。他赶考的时候，据说主考官给他出一个上联：南皮县男童九岁——九岁就来考试，然后张之洞做下联说：北京城天子万年。当然这是民间传说，就说他一下子把这个主考官给震住了。唐浩明的《张之洞》里头就写到张之洞受到西太后的信任，担任了两湖总督，后来又担任了两广总督。他的职位非常高了，这时候他请教他的一个亲戚，好像就是他的大舅子、他夫人的哥哥，那个人很有学问，但是一生仕途困顿，没当上大官。他就送给张之洞四句话，我不全说了，他后边有两句话让你也是一愣，让你觉得中华文化绝了：力行新政——因为张之洞也是改革者啊，起码他是洋务派，被称为中国近代冶金工业的奠基人。我们拍过电视连续剧《张之洞》，就讲他在建立汉冶萍钢铁厂的时候，对我们国家工业发展的贡献——所以要“力行新政”。可是后边的一句话，我说得夸张一点儿：你打死我我也想不出来，这四个字您猜是什么：不悖旧章，说你又要力行新政，又要不悖旧章，他这个辩证得也可以，他这个大舅子道行也够深的了。你要力行新政，你要推动你的新政，但是你改旧的东西，要很小心，因为你改旧的东西，它会出现振荡，会出现反抗，会出现阻力，会把好事让你干不成，所以既要力行新政，又不悖旧章。“不悖旧章”是什么意思？“不为天下先”，我即使已经为“天下先了”，我都还要用旧的语言、旧的章程来加以包装，来加以解释，说我这么干是符合老祖宗的遗训的、是符合周公孔圣人的指导的、是符合中华民族——有说四千年的、五千年的、六千年、八千年的历史的——我都没违背，你就这么干就好了。所以这确实是中国的一种为政的思想——不为天下先。

咱们倒着解释，倒数第二就是俭，俭省的俭，这个俭指的是一个全面的俭，而不光是金钱上、财富上、资源上的俭，你话也要俭——我就很抱歉，因为我在这儿讲话，时间不够我还得往上补，我想俭也俭不了——你要俭，你说话要俭，你行政要俭，你条文要俭，你会议要俭，你能俭的你就不往上再摞、往上再增加，简单回过头来，还是精兵简政那句话，要精简，所以俭。老子在另外的地方说“道莫若啬”，啬就是吝啬的啬，也是简单的意思，就是他要求的政治是含蓄的政治、是精简的政治，是节省时间、节省民力的政治，不要搞劳民伤财的政治。

要这么解释，我想我们对这个俭字也会有一个好感，甚至于我们对啬字也会有好感，还有慈，慈就很简单了：你要爱民，仁者爱人，你要实行仁政，你对于你所有治下的、在你的权力之下的这些人，要爱护他们，你要心疼他们、你要怜惜他们。你不能够对他们的痛苦、民间疾苦不闻不问，你更不能在“朝甚除，田甚芜，仓甚虚”的情况下养尊处优、耀武扬威、奢侈浪费，他说这是三个法宝，这三个法宝做到了，就能做到“治大国若烹小鲜”了。

第六
老子的养生之道

中华文化中的养生问题

今天讨论一个和每个人都最有关系的问题，就是老子的摄生。摄生，在庄子那里就是养生，现在“养生”这个词，已经被普遍地接受了，但是摄生是老子最早提出来的，要是查《词源》，它解释“摄生”就是“养生”，但是我觉得从词义上，略略有一点儿不同。摄生的“摄”有汲取的意思：摄取、提取；还有聚拢、凝聚、聚集的意思；还有珍重、保护的意思：善自珍摄。所以在重点上有点不太一样。

我们现在很讲究养生，书店里也出了好多这类书，但有一段时期，我们把养生当一个反面的词嘲笑它。现在年轻人不知道了，在“文化大革命”当中，有一个电影叫《春苗》，是写一个赤脚医生的故事，它写医院里有一个修正主义分子，他怎么修正主义呢？就是整天弄一帮人在那里研究“养身疗法”，他倒没说是“养生”，他说是“养身”，把身体养起来。从某种极端意义上来说，养身就是养尊处优，就是不去奉献，不思进取，整天养着，您说这不是剥削阶级，不是坏蛋，不是周扒皮？要不就是南霸天——从那个角度来说。可是老子与庄子非常注重摄生、养生。我还要说，道家、道教讲究摄生养生，正是这一派一教的一个亮点，是他们的魅力所在之一。

有趣的是，摄生也好、养生也好，爱护自己的生命、延长自己的生命、维持健康也好，在西方绝对是一个生理卫生学的问题，是一个医学的问题，是一个和营养、医药、居住、环境、空气、睡眠、心肝脾胃肾、细胞——这些东西联系起来的，属于科学范畴的问题。

但是在中国呢——也不是没有道理——把它看成一个修养的东西，一个修身的问题，一个精神的境界的问题，一个道行的问题。或者说得俗一点儿，如果你很有道行，你很有道性，你的境界很高、学问很深，那么你这套方法就干什么都行：你可以治国平天下，你也可以用来调理你个人的生命现象、生命体征。这个是非常有趣的非常中国式的思想方法，也是典型的老子式的思维方式。

中国人、中国的传统文化老追求最根本的最整体的东西，我称之为整体主义。最好是一通百通、一顺百顺，掌握这个以后干什么都行，放之四海而皆准。中国还有一个说法，说“不为良相便为良医”，因为这都是救人。你不当总理、当不了好总理、没有机会去当总理，你就好好地当一个好医生，你好好地去救那些病人。你要当总理，你救一国的人，你要当医生呢，你救上你这里来门诊的病人。

这种思路外国人无法理解，因为良相和良医是两码事。良相，你得学政治、公共管理、法律；你要是当良医呢，医学那得啃，六年七年八年的都有，把人啃老了的都有，要啃生理、病理、解剖、细菌、病毒、遗传、药理、药物、有机无机化学还有各种检验仪器……是非常专门的学问。它与中国人的修身养生是两种思路。但是中国要求统一性，所以底下讲的老子对摄生的理论，我们会觉得很有意思，他也不给你讲维生素，也不给你讲睡眠几小时，也不讲你爱护心脏、注意血压，这些东西他都不讲，相反，他讲的是一个大概念、讲的是一个整体的人的境界。

生命与大道合一

按照老子的理论，生的要义就在于：使个体的生命与大道能够连接起来、能够合二为一，叫作“与天地同在、与日月齐辉”，这样的话就没有死地了。具体的、个人的、我们平常日常说的：谁出生了，或者谁去世了，这只是一个具体的表现。老子认为：如果和大道放在一块儿，那么你的出生也只是大道的一个表象；大道——我说是一个下载，就是大道是总的数据库，而且是总的驱动程序，你出生了只是一个下载，你死亡了，也只不过是对这个具体文件的一个关闭，大道本身并没有变化。

所以从根本上来说，人是没有死地的。这个说得是相当的玄了。老子在另外的一个地方讲到“死而不亡者寿”，就是这人虽然死了，但是他的一切并没有从此消失，所以是真正的长寿。这些话说得稍微空了一点儿，我们再往下说。生和死的问题，可以说是人的精神上的一个死结，因为讨论这个你不好办，起码你找不着一个死过几次的人来给你谈谈死后他有什么体会、有什么感觉；人最多是假死，这有可能，或者说是心脏停了几秒钟又救回来了，这个是有的，但死后到底怎么样，你无从论证，除了宗教可以给你一个说法，那就是你信就信，你不信，那个说法对你也没有约束的力量。所以可以说，这是人的精神、生活、学问、哲学、艺术当中的一个死结。越是死结人越追求，越想给它一个说法，越想能使自己心安一点儿，所以自古以来就有各种各样对于生和死的说法，比如说希腊的哲学家伊壁鸠鲁就说死的问题不存在，死了的人不可能再关心这个问题，而活着的人也无需关心死不死，活着的人应该关心的是如何活，这说得也很合乎逻辑，与孔子讲的“未知生焉知死”道理相通。但是人类仍然惦记这个事：一个人去世了，是不是他就什么都不知道了，是不是就没有任何痕迹了？这在今天仍然有各种不同的理解。

达·芬奇论生与死

达·芬奇我们都知道，是意大利文艺复兴时期的代表人物，还有一个电影叫《达·芬奇密码》，《蒙娜丽莎》是他画的。达·芬奇说：就像劳累的一天带来愉快的睡眠一样，勤劳的生命带来愉快的死亡。说得非常感人，你只要勤劳——用勤劳来解释一切——只要你的一生都是非常勤劳的，那么你该休息了、你该长眠了，所以仍然是愉快的。当然这愉快——真做到愉快地死亡也非常难，你让他的家属、让他的朋友那么愉快地接受他的死亡也不是很容易的事。有些人无法从生理学上解释生和死的问题，但是他可以从艺术上、从文学上、从语言上——譬如说一篇很好的悼词，从政治上或者从文学上，可以起一个什么作用呢？就是把死亡看得更大而化之，能够从整体上看你的一生对社会对人群所做的贡献。我就常常想，比如说柴可夫斯基的第六交响乐，就是《悲怆》，它的主题就是死亡，而且在《悲怆》演出以后不久，柴可夫斯基就去世了。对他的去世，有各种八卦的说法，我在这儿就不谈了——当人们不能够用逻辑、用知识、用学问来解释死亡的时候，还可以用感情，可以用艺术、用精神的向上升华和逼近的情感，来体验一下死亡对人生的意义。用艺术用交响乐来解释死亡、来探讨死亡，应该说这也是人们给自己的精神找一个出路。

苏东坡话生死与寿命

文学里当然就更有，譬如说我们耳熟能详的苏东坡的《赤壁赋》，实际上也谈到这个问题，他在《前赤壁赋》里讲到“驾一叶之扁舟，举匏樽以相属，寄蜉蝣与天地，渺沧海之一粟”，我不仔细念了，就说他想到了，天地是怎么样的宏大永久，而自己像蜉蝣一样，像一个小虫一样，像水上能飞的小飞虫一样，小飞虫大概就是两三天、四五天的寿命，它当幼虫的时候，寿命还有好几年，变成了成虫，像咱们养蚕似的，变成了蛾子，几天就死了——这里他表示的是对人生的悲哀。

但是苏东坡又说：苏子曰“客亦知夫水与月乎？逝者如斯，而未尝往也；盈虚者如彼，而卒莫消长也。”就是说：你像水整天在那里流，水流了半天还有水，这水仍然存在，水并没有走，水永远在我们的面前；月亮有时候是圆的，有时候是亏的、是缺的、是剩的，有时候就剩一牙儿，可月亮也并没有增长，也并没有消失。水虽然流，但是水永在；月亮虽然一会儿亏了，一会儿圆了，但是月亮永在。他用这个来比喻自然是无穷的、大道是无穷的。

所以苏东坡说“自其变者而观之，则天地曾不能以一瞬”，就是一切都在变化，天地也不过是瞬间的事——现在的银河系也有自己的寿命，虽然我们说不清，它到底有多少这样的寿命。可是“自其不变者而观之”，就是从大道来看，我们每一个人的人生，“物与我皆无尽也”，就是说这个世界永远是无尽的，因为任何东西，都不可能绝对地消失，作为总的存在，它的能量、它的元素都不可能消失，同时它也不可能增长。恩格斯也说过类似的话：世界以铁的必然性会毁灭，同时又以铁的必然性会产生。所以这都是从最根本上来讨论人生、讨论生死。为什么要先讲一些很抽象的大道理呢？有这样一些大道理做参考，你的心情会豁达得多，你不会老抠那一点儿，说谁谁谁死了怎么办、我爹死了怎么办、我死了怎么办？他不会抠字眼，而是看到了这是一个总的、由大道来主宰的宇宙生生灭灭的过程。

三个十有三

我们再稍微具体点：老子谈到生和死，最主要的是他的第五十章，他说“出生入死。生之徒十有三，死之徒十有三，人之生，动之于死地亦十有三”，就是十分之三、百分之三十。很多老师学者解释说“生之徒十有三”，就是长寿的人有百分之三十；“死之徒十有三”，就是短命的人有百分之三十。我这方面的学问并不行，但是我不太能接受这种观点，这比例有点高了，尤其是在老子当年那种医疗条件、那种卫生、营养的条件、年年的战乱，长寿的不可能有百分之三十，长寿的不会有那么高的比例，夭折的倒可能比例高，因为越是到古代，妇产科的医疗条件就越差，看过去的小说，把女性生育是看作鬼门关的，弄不好的话连孩子带母亲全都会出事。

所以我愿意把它解释一下——我无法寻找一个确切的证据，只是我个人的愿望，我个人的解释——就是在宇宙当中，有利于生的元素、有利于生的因子有百分之三十，会促使你提前死亡的这种因子、这种元素也有百分之三十；老子最有趣的说法，说由于“人之生，动之死地亦十有三”，你特别希望自己活得长，你特别给自己效劳，想让自己活得好，其结果是你没有变成生的因素，而变成了死的因素了，这还有百分之三十，就是适得其反的也有百分之三十。这可就了不得了，死的因素有百分之三十，想生，最后把自己搞死了的因素又有百分之三十，那成百分之六十了，要是按百分比，三十三十三十，这三三制，是百分之九十了。还有百分之十老子没说，也可能就是这百分之十是看你怎么办了，如果要是把它办坏了、要是演变成死的因素了，就是百分之六十再加百分之十，百分七十要玩完。这情况就更严重了。相反的，如果把这百分之十的个人的人生的安排、人生的处理，包括你的社会生活、你的家庭生活能够做得合理，使这百分之十变成生的因素，那就是有前边那个生的因素三十，这边又加一个十，就变成百分之四十了。您如果有百分之四十的生的因素，那再处理得好一点儿，应该说还是有点希望的。

日月之精华

但是你要很警惕，其中最警惕的应该就是：生，反倒进入了死地。下边我们再说说这三成生的因素。按照我的理解，咱们既然三就三它一下，咱们试着这么说说、姑妄言之——这个符合老子通篇的精神，但是老子并没有这么具体说过——三成生的因素，我觉得第一个因素就是自然，因为生命本身就是从自然产生的，而且“道法自然”，自然世界本身就提供着生的因素，它给你提供了植物，经过种植可以变成粮食、蔬菜、水果，提供了食品。外国有感恩节，感恩节就是当年新的移民到了美洲，没吃没喝了，结果看到了野生的火鸡，他们认为这是上天给他们的食品，所以永远要感恩，要在这一天吃火鸡。大自然的日月——日给你能量，月亮在夜间可以给你照明，而且日月的循环才造成了植物生长、动物成长，等等。大自然又给你各种的东西，使你有栖息的地点，等等。所以第一个生的因素，应该是自然。

凡是中国的，甚至于外国的重视养生的人都注意把自己放在大自然里面。我们中国很好玩，我小时候特别有兴趣看练功，练各种的功，书中甚至说狐狸也练功、蛇也练功，练什么功呢？叫吸日月之精华。我当年上小学的时候，受这影响，月亮圆的时候我就要上院里头去，看着月亮练蹲裆骑马步，就半蹲在那里，当然没有坚持下来，要坚持下来，我现在也不知道是什么情景。我最感兴趣的就是“吸日月之精华”，太阳你不敢看它，你可以晒太阳、日光浴，我们现在也都懂这个，但是照得太厉害了也不好，还能造成皮肤癌，这是新的观念；那么月亮呢，如果你对着月亮练功，你能够吸收日月之精华，其实这也是一种比喻的说法，但是这是一个很美的说法，认为生命能够从日月中吸收到精华，您说这个有多牛，说我身上有日月之精华，就这个话一说出去，自个儿连活的信心都增加了，哪怕查出来你有这病那病，你都增加信心。我们看《白蛇传》，说白蛇也是吸收日月之精华，她变成美女了；《聊斋》里那些狐狸为什么那么可爱？它吸收日月之精华了，狐狸变成情人，情人节咱们都去给狐狸献花，这也是非常可爱的一种想法。所以生的第一个因素是自然。

循大道而养生

第二个因素就比自然更升华一步、更抽象一步，就是大道，你相信道、你理解道、你感受到道——说不太清楚没关系，但是你感受“道”；比世界更永久、比世界更抽象、比世界更概括的是什么呢？是“道”。有了道以后，就有了无穷的广大，也有了无限的永恒，人应该为自己的智力、为自己的悟性而感到骄傲，虽然你摸不着，你也看不见，你也不能装在口袋、你也不能打包，但是你感觉到这个世界上，除了这些零零碎碎的小的利益、小的道理、小的规律以外，还有一个无所不包无所不能无所不有的大道；你虽然很渺小，就跟苏东坡说的一样，你虽然往小了看只不过是一个蜉蝣，只是一个小虫，只有三五天的寿命，但是往大了看呢，不管以什么方式，你都是大道里的一个因子，你都是大道的一个下载，你都是大道的一个表现，你都是大道的一个证明。老子的《道德经》本身，就说明人的智力能够达到那么一个超乎一般的阶段，所以一个人和大道能够结合在一块儿，他就可以做到我们前边所说的宠辱无惊，他就可以做到无为而无不为，他就可以做到永远的存在和永远的胜利。

生命的自我调整

第三个生的因素我认为仍然是自然的观点，就是生命，自然具有的维护生命的能力，生命自己就能调整自己的问题、就能解决自己的问题。这和中医的观点也特别接近，中医认为主要就是要扶正祛邪。“正”是什么呢？就是生命本身有一种来治疗疾病、来克服困难的能力，能够自我调整、自愈——这说起来其实也很简单，比如你有两三天睡得不好，在正常情况之下，几天睡得不好以后一定会有一两天睡得特别香，因为你已经很疲倦了，你那个抑制作用已经起来了；譬如说你感冒了，你好好睡两觉、喝点水，衣服穿合适了，你就会好——要相信生命本身有这样一种自我调整的力量。

我老说老子的很多说法带有理想主义，因为他鼓吹道，所以他就认为道可以解决一切问题，但是实际上道归道，各种具体的技术、具体的规律、具体的科学——它还要解决各种具体问题。比如你头发有问题，用道来解决隔得实在是太远，你不如用假发也好，还是染发也好，还是吃什么药也好，你只能够用具体的方法去解决。但是老子所设想的这里头有信仰的成分，也可以说有空想的成分，他希望通过“道”把什么问题都解决了。老子的魅力也在这里，老子的说法有时候缺乏可操作性也在这里，譬如说你现在闹寄生虫，你可以吃点药，把寄生虫打下去就好了，你不给他吃药，让他学习《道德经》，这对他解决寄生虫的问题很难发挥具体的作用，但是对他也没有坏处，他多知道一些事、他的精神境界高一点儿，起码他心情好一点儿。

西方有这种心理疗法，把维护好自己的心态当作养生，当作长寿，当作治病的头一条。我最近还看到一些这样的材料，在美国在欧洲都有这种理论。中国的这些理论实际上源远流长，中国人相对来讲，重视人和自然的协调，譬如说我们到一个什么地方去，回来以后闹点小病，就说这是水土不服，“自然”无非天地和四时、四季，水土不服是从地理上来说，从天时来说呢，有时候说时令杂症，就是说到了春天了容易有春瘟，到了秋天了会有秋燥等。这样的思路都是非常东方化的。

日本人注意人事与季节的配合

日本比这个还厉害，日本吃饭都特别注意和季节配合。春天，草发芽的时候他就要“浅草”，这个汉字是非常美的一个词，叫浅草，有时候你要吃它，最后那小点心叫小不点、小点，它是浅绿色；等到各种花开的时候吃的那点心，是粉红色的，等等。他非常注意，人的一切——起、居、作、息、饮、食、行、止，都要和地点、和季节、和自然的条件有一种呼应、有一种配合，这作为一种思路，我觉得非常可爱。虽然我们无法证明早春的时候吃绿色食品——这个绿色不是指自然了，是指那颜色发绿的——是不是对人有很大的好处，或者是开花季节，桃花、樱花，花都开的时候，吃那小点心染成粉红色，是不是对你有多大的好处，我不知道，但是他这种思路非常可爱的，至少是很和谐的，反正你不讨厌它，它不会让你烦。

贪欲、有为与宠辱催人灭亡

再说死的因素，这三成死的因素，我们也从三方面来分析，一个就是贪欲，老子有许多地方讲这个，他说你越贪欲你就越容易走向死地。最近我看到咱们一位医师、也就是洪昭光先生，有一个很好玩的说法，他说贪官都短命，不是说抓起来枪毙——那当然更短命了——他说的就是由于这种贪欲之心，时时刻刻处在一种焦虑之中、处在一种恐惧之中，而且又永远处在不满足之中，不满足加焦虑再加恐惧，您还想好好地活着？太难了。所以这是老子的观点，他说“祸莫大于不知足”，他认为贪欲就是把生往死上推。

老子还有一个观点，就是“有为”，过分的有为——你想做的事情太多，也是一个死亡的因素，你太累了，你做许许多多平庸的、无效的、穷折腾的、自己跟自己过不去的、既不利于别人也不利于自己的事情。当然这个观点，我们今天不可能完全接受，他说的“有为”也不是我们所说的“青年有为”有作为的意思——我们当然要提倡有为、有作为——老子说的这个“有为”是那种刻意的、过分的，甚至于可以说是胡作非为、不自量力、达不到目的的，或者是蝇营狗苟的、追名逐利的、低级下流的、假冒伪劣的这样一些“为”，这样的“为”只能给自己带来最消极最负面的后果。

《老子》里反复讲的死的因素，实际上就是“宠辱”——是人对宠辱的计较。一个人把自己看得很低下，因而把宠辱看得非常重要，一点儿小事，被抚摸了一下或者被青睐了一下，就忘乎所以；一点儿小事：自以为是被冷淡了一下，或者是一个什么浮名浮利没有得到，有些只是鼠目寸光，眼皮子底下的那点蝇头小利没有得到，就感到受辱、就感觉受不了了——我不愿意说了，因为我有很好的朋友，最后不能说完全是这个原因，但是和这个有关系，譬如说他希望评一个什么职称，没有评上，结果因为这个心情越来越坏，以至于得了不治之症，去世了。去世后他的家属就来说：我的先生因为没有得到职称，忧郁成疾去世了，有关领导或者有关的机构能不能追认我先生这个职称？哎呀，我听了以后真是非常地难过，我觉得这人跟自个儿太过不去了——咱活着的时候，想得一个什么头衔没得到、想当博士没当上、有个博士论文没通过，后来因为这个得病死了，那么他的弟弟妹妹来了，说你们这么残酷啊，人都死了，你们还不承认他是博士，您说这个事怎么办呢？

所以老子非常强调人对宠辱应该置之度外，人对宠辱应该用一种更高的眼光来看它。那么，三成因为生而促进了死亡的这个因素——我觉得这个讲得太好了，因为所有的人都是珍惜自己的生命的，没有说是盼着自个儿早点死的，所以人往往会采取许多措施，希望自个儿能活得好活得长，但是有很多措施也会变成了一种过犹不及，过分了以后，生的因素变成了死的因素。

过度的营养、医疗与锻炼修为

什么叫过分或者过度呢？我指的就是过度的营养、过度的医疗保健、过度的锻炼修为。这样的事情我见到的也太多了，我们是个伟大的、历史古老的民族，但我们又是一个饥饿的民族。我们长期、有很多年代处于饥饿或者半饥饿状态，现在情况好一些了，温饱问题绝大多数地方都解决了，甚至于进入全面小康的程度了，可是这种情况之下，营养过剩、营养过度非常的严重。我有一个同学做内科大夫，他也叹息说，从前他看病经常看的是贫血、肝炎、缺钙、佝偻症，都跟营养不足有关，当然更严重的还有浮肿，营养不够会产生浮肿、免疫力减退，等等；他说现在最多的问题是血压高、血脂高、脂肪肝、肥胖，就是吃太多、吃太好。

我有一个玩笑的话，不知道能不能够拿到台面上来说，我说人生有时候面临两个大问题，一个问题是由于吃不饱产生的，还有一个问题，因为吃得过饱产生的。吃不饱的时候、饥饿的状态下，容易产生愚昧、犯罪、绝望、极端的行为；而在吃得过饱的情况下，容易产生颓废、奢侈、吸毒、麻醉等这一类的问题。所以说，由于保养而把自己往死路上推这样的傻事，我们人类实在是做了很多。

过分的医疗也是这样，任何病——对于有些人来说，看病的条件比较方便、比较不错，有时候我就觉得，真是不知道这是一个什么标准：我也有很好的朋友拿了药跟我说，今天我这药可是好药，这是中央领导用的药。我说吃药应该在乎药本身，而不是在乎它的成本价钱，或者它的级别。药本身没有级别，对症就好。如果两毛钱的药就能治好病，您别买两块钱的药。这种过度的医疗和自我保护，有时候违反医学的规则。现在讲医疗改革，我有些从事医药工作的朋友也说，强调服务意识、服务精神，他们非常的赞成，但是他们又害怕有时候一些患者没有医学方面的知识，他就会去求你给开好药、开贵药，有这样对自己不利的行为。

再比如说由于企图养生而练各种邪门歪道的，有人练功练得进了精神病院，叫作走火入魔。我的好朋友里有不止一个人锻炼过度，每天早晨跑长跑，至少我有两个朋友，都是在跑了十五圈以后，突然心脏病犯了，结果就这么不幸去世了，这样的事情也有。由于太重视养生，反倒走向反面。

养生的诀窍在于不养生

我想起二十世纪八十年代，那时候我有机会见到全国人大的副委员长，也是一个学者、复旦大学的教授，好像还做过毛泽东主席的老师，就是周谷城。周谷城那时候已经九十多岁了，我说您给我介绍一下您的养生之道，他说：王蒙，我要给你讲这养生之道，好多人不相信。他说“我就三个字——‘不养生’”。他说“我从来不专门考虑：吃这顿饭我能多活两年，吃那顿饭就能少活两年，我自自然然饿了自然要吃，饱了我自然就要放下。有病就看，小病能忍的我就忍了，有大病我看，看了医生，吃了药有效我继续吃，无效我请他再给我换一样药，累了我休息。”我觉得他的说法很高级，有点沾老子的意思了。

无死地最重要

今天我们说的老子关于生与死的论述，是不是也可以总结为三三论，因为刚才说三成这样三成那样，其实他说的也不仅仅是具体如何生活、如何养生，他说的还是一种精神境界，只不过是用这样的阐述方式，帮助我们来理解关于大道的境界。他说“无死地”，我觉得最重要的是两个方面，一个方面就是你把自己跟大道放在一块儿，你不必那么去焦虑和惧怕死亡，因为那是大自然的规律、是一个过程，这个过程也不归你管、也不归任何一个人间的机构来管，这是大道在那里做主的，大道该怎么样，自有道理。既然你已经出生了，你已经存在了，你已经做了一些自己认为应该做的事情了，你已经来过北京电视台了，你已经说过话了，说明你活得很好，因此在你来说“无死地”，用不着考虑死地不死地的问题，那些东西大道自有道理。

更重要的是，“死地”指的就是你的弱点，一个没有弱点的人怎么会有死地呢？为什么我说它是指弱点呢？因为《老子》的第五十章里有这么一段话，这段话也特别好玩，说“盖闻善摄生者”，听说真正能够善于自己聚拢和爱护自己的生命的人，“陆行不遇兕虎”，走到路上不会碰到犀牛——这说明中国当年还有很多犀牛呢，那时候气候跟现在也不一样，现在是非洲有犀牛，我去喀麦隆的时候看到犀牛、看到河马在水里边，野生的——他说“陆行不遇兕虎，入军不被甲兵”，参加战斗，那些武器跟你没关系，刀枪不入，刀也砍不到你身上，枪也刺不到你身上，说“兕无所投其角”，就是犀牛见了你，它没有地儿下犄角，犀牛是独角，那个独角估计谁也受不了，要是挨一犄角，那是可以刺穿你的心脏，但是它无所投其角，它不知道把犄角往哪儿顶；“虎无所用其爪”，虎老是靠爪子搏斗的，但是由于你是一个无死地的人、你是一个通了大道的人，老虎见了你它没地儿动爪子，爪子不知往哪儿拍；“兵无所容其刃”，“利刃”，一把尖刀，尖刀没地儿可扎；他说“夫何故”，什么原因。犀牛见了你犄角无处顶、老虎见了你爪子无处拍、士兵见了你拿着小刀没地儿捅，这什么原因呢？因为你无死地（以其无死地），你没有弱点，你没有软肋骨，你没有可以下刀下爪子下犄角的地方。他说得多好，就跟我小时候看武侠小说的金钟罩、铁布衫，一枪扎过去扎不动，当年义和团也想练这个，就是有点像硬气功，但是它是在很多条件下的，您到处乱扎那受不了，真正实战也不行。

咱不讨论气功了，回过头来说，老子说的这个是什么意思呢？他是不是要提倡你去练某种功，或者身上带某种盔甲，购买某种作战的服装、战袍呢？我想不是这个意思，老子所说的“无死地”，就是你没有那种致命的弱点——小弱点你有，有时候也吹吹牛，有时候喝点酒，有时候也发发牢骚，但是你没有致命的弱点；致命的弱点是什么？像贪官就有致命的弱点。再譬如说骄傲有时候就变成致命的弱点，可以回过头来看历史上的一些例子，有很多人的下场非常悲惨。譬如说商鞅曾帮助秦孝公变法，把秦国搞得很强盛，但是他就有死地，他为什么有死地呢？因为他太严厉了，而且他仗着秦孝公对他的宠爱，要处罚秦孝公的太子，认为太子违背了他的变法，非给他治罪不可，这样就叫作结怨甚多，也是死地。譬如韩信那么大的功劳，但是最后的下场非常的惨，因为韩信的才智非常高，曾经跟刘邦讨论，说你能指挥多少人：刘邦你不过是指挥那么数量有限的几百个人几千个人，我是多多益善——“多多益善”这词就从这儿来的——就是说打起仗来，他的指挥能力是无限的。但是刘邦也会问，说既然你指挥比我指挥得好，为什么现在你接受我的指挥？韩信也很会回答，说得刘邦也很舒服的，就是说：因为我能指挥的是兵，您能指挥的是将，所以将得听您的、兵听我的。这是智者的对话。但是韩信有另一面，他喜欢出风头、他喜欢得益，而且他犹豫不决，他既跟随着刘邦，有时候又对刘邦有所不满、又有不忠的想法，甚至有造反叛乱的想法，他又不敢真造反真叛乱，就这么犹豫不决、左右摇摆，又不断地小有成就得意的不得了，又整天在那儿吹乎；就是好出风头，出到了极点，这也是死地。

贪官就更甭说了，那种贪欲，不管是从科学的角度、道德的角度、法律的角度、纪律的角度、管理学的角度，这种贪渎之人、这种贪污渎职的人，浑身都是死地，你抓住他一条辫子，他就没有活路。老子提出了一个非常有趣的标准，尤其是给那些大官、那些所谓有大智的人，甚至是给君王给侯王、诸侯们讲的：你们都愿意、都愿意活得好、都愿意摄生、都愿意养生、都愿意长命百岁，那么你们想一想，你们自己有哪些弱点？有哪些致命弱点？如果每个人能够认真地想一想自己有些什么致命的弱点，然后对自己这个致命弱点有所控制、有所克服、有所减弱，哪怕说好出风头人人都有——这不可能没有，这我不可能完全做到，但是至少你能够掌控一下，你不要让它恶性爆发了，你不要做到天怒人怨、结怨甚多、死地到处都是，你别到这个程度应该是可以的、是做得到的。老子的这个说法说起来好像很严重，但是实际上启发还非常的大，应该说多少做到一些是不难的。

以恬淡养生

老子底下又有一个说法，用恬淡来求摄生。他提出“要味无味”，就是要吃那些——这也是一个比喻——吃那些味道并不太过于吸引人的东西、要吃那些比较平淡的东西、要过那种比较平淡的生活。他还说“多藏必厚亡。知足不辱，知止不殆”，说你收集的东西、得到的东西越多，你离死或离丢失那些东西就越快；他说你知足就不会受侮辱，因为你没有那些贪欲。

与摄生有关的是老子讲功遂身退，《老子》第九章说得好："持而盈之，不如其已；揣而锐之，不可长保；金玉满堂，莫之能守；富贵而骄，自遗其咎。功遂身退，天之道也。"这就叫作急流勇退的道理。保持一个满满堂堂，且赶不上早早罢手。揣在怀里，锋芒毕露，气焰嚣张，这样的事情是长久不了的。金玉满堂，谁也守护不住，早晚归了旁人。因为富贵荣华就猖狂万状，您那是自找倒霉！事情办成了，赶紧退下来，这才是符合大道的最高明的选择啊！

《史记》上讲了不少功遂身退（现在一般讲功成身退）、急流勇退的道理。为什么又叫急流勇退呢？因为社会生活、政治生活就像急流猛浪，它推着你卷着你滚滚向前，你常常会感到身不由己，想脱身退下，谈何容易！《史记》中尤其是蔡泽动员范雎下台那一段话，讲得极漂亮。讲这个讲出了很多故事，一看就是司马迁的文风，讲得洋洋洒洒，就是讲这些例子：到时候该退他不退，造成了一个不好的干脆说是惨烈已极的下场。

当然也有好的例子，最好的功成身退的模范就是范蠡。范蠡当年辅佐越王勾践，把西施送给吴王夫差的美人计都是范蠡的主意。但越王勾践战胜了吴王夫差以后，范蠡马上就把西施带上经商去了，最后他的名字叫陶朱公。旧社会，我小时候每到春节前夕，就有送财神爷的，财神爷就是范蠡的标准像。范蠡功成以后不恋栈不掌权，进入民间系统，当了财神爷、当了陶朱公，经商有极好的效益，还把西施接收了，他的生活多么聪明、多么愉快，当然这只是传说而已。还有张良，没有范蠡这么浪漫，又是美女又是到湖上遨游，远洋大概没有去过，但是起码是水乡，经常在船上生活，挺有趣的——张良也是比较能够保护自己，他虽然出了那么多的主意、立了那么大的功，成功以后他就不问政事、他不揽权、他不到处伸手。

我觉得中国人的这种思想也是非常有趣的，也有很惨烈的教训在里边，当然现在解决这个问题，不是说用你学老子的方法，现在有任期制，您到时候恋栈也不让你恋栈了，您该退就退，现在有制度保障，这是非常合理的。功成身退作为一种精神境界来说，说得俗一点儿，就是四个字：见好就收——在你最好的情况之下，你最好申请退役，留下一个永远美好的印象；别等到你已经都很吃力了，甚至于走到反面了，不要到那个时候再狼狈地下来。老子的这些想法虽然不完全是讲养生的，但是和前边讲的养生的道理也是相通的。当然老子讲的是一面的理，我多次说过：不是世界上只有这么一个道理，也有另外的许多说法，譬如说鞠躬尽瘁、死而后已，譬如说发挥余热、譬如说小车不倒只管推，等等的这一类说法，表达一种“知其不可而为之”，表达一种完全忘我的奉献精神，我们也应该给它很高的评价。但是老子说的功成身退，并不是指从这种精神上“身退”，而主要的是从名、利、权上退下来，我们要那么理解就更全面了。

第七
不见而明，不为而成

为什么老子喜欢愚

在老子的《道德经》中有很多涉及求愚思想的论述，也就是大智若愚或者是反智主义。这是今天的人们比较难接受的一个观点，但在老子的书里反复出现。

他把“愚”，就是我们现在说的愚蠢、愚傻当作一个非常正面的词来解释，最突出的是在第六十五章里，他说“古之善为道者”，古代的这些能够掌握了大道的人，“非以明民”，并不是教导老百姓越来越聪明，而是“将以愚之”，是要让老百姓愚傻一点儿才好。“民之难治，以其智多”，老百姓智谋太多就不好管了、管不好了、不听你的话了，故“以知治国，国之贼”，如果要是用智谋来治理国家，你就是自己要把自己的国家搞垮，你等于是这个国家的一个蟊贼，你破坏了这个国家。“不以智治国，国之福”，你不以智谋来治国，才是国之福。像这样的话让人非常反感，尤其是在我们现在提倡开启民智、提倡人民当家做主的情况下，说把老百姓弄得都傻傻的、呆呆的，这个简直太反动了、太不能够解释了。所以自古以来就有对老子这个方面非常激烈的批判，因为他提倡愚民。

但还有一些学者解释说，老子那个时候讲的“愚”跟今天说的愚蠢和傻、愚傻，并不完全一样。那时候的“愚”实际上主要是“朴素”的意思，就是提倡人要淳朴。因为我也没有在几千前生活过，所以我也判断不出来这样说对不对，可是我觉得因为老子另外还在大量的地方讲“朴”，所以“朴”和“愚”并不完全一样，要是完全一样，他讲“朴实”就完了，但他讲的是“愚”，所以这个愚的问题还是值得我们来考虑的。但有一条我觉得容易判断：你让老百姓愚，我认为这是不可原谅的、不可接受的，但是对老百姓你别耍心眼、你别耍花招，对老百姓你不要弄很多的智谋来，让老百姓摸不着你的底、让老百姓永远处于一个被动的地位，我觉得这个道理是对的。

因为各国都是上行下效，如果你上边空谈，这一国都喜欢空谈。这我可是见过。如果你上边喜欢锻炼身体，这一国就都喜欢锻炼身体。比如拉美国家喜欢踢足球，有的拉美国家甚至规定竞选总统的候选人必须踢过足球、当过足球运动员，证明你的品质、你的身体健康、你的气概够得上总统。就像吴王好细腰，宫中女子就喜欢减肥，为了减肥都一个个饿死了一样。上边喜欢空谈，底下全都空谈，这样的例子太多了。当年苏联的时候，我到乌兹别克斯坦，到塔什干参观一个博物馆，那儿有看车的，有两个看车的小伙子，因为没有几辆车在那儿，所以他很寂寞，我因为在新疆学会维语——维语和乌兹别克语就像天津话和北京话一样接近，我就跟他们聊了两句，我一聊他可来精神了，不让走了，他跟我聊、跟我谈起世界形势了：我们热爱和平，我们不喜欢战争，但是美国要把战争加在我们身上。我心想他一个看车的，跟我聊这个干吗？这是一个风气。所以上边不要好智谋，什么事本来能够两句话实话实说，就可以办完的事，你弄很多的花招，这样的话，你的老百姓也会变成这样。从这个意义上说，老子讲的我们今天的人容易接受。

还有一个问题就比较复杂，他说“民之难治，以其智多”，就是说老百姓的智谋越多，你越难以管住。有这种想法的人还不仅仅是老子，全世界古今中外都有这样的想法，愚民的思想也是源远流长的。民国时期有一个军阀，他治军的主要的经验就是不能够让兵闲着，没事你就给我跑步，没事你就给我正步走。为什么？一闲着就容易出思想问题了。

我去过南非，我见过黑人领袖纳尔逊·曼德拉，他坐过监狱，他在监狱里头每天做一件很重要的事，就是来回地搬石头，今天要你把石头搬到那儿去，搬了仨月搬过去了，然后从第四个月开始，让你把石头再从那儿搬回来。你说是为了锻炼身体吗？客观上起锻炼身体的作用——放风、锻炼身体，但是其中有一条就是不让你闲着，让你头脑越简单越好，所以说这种愚民思想确实是有它的道理。但是愚民思想也给很多社会、很多民族带来许多不幸的教训，因为愚民的结果是各个方面，尤其是科学技术上、国防技术上、生产管理上、企业管理上，都跟不上人家，你老处在一个落后的地步。

我们本来是不能够接受这种愚民的说法的，但是我们可以讨论一个问题，这个问题在老子那边更麻烦，因为古代中国这个“智”字，就是矢、口、日，和“知”字，矢、口，不带日的，是同一个字，所以有的时候它是讲“智”，有的时候它是讲“知”。老子主张你不要把过多的力量放在求知上，更不要用过多的力量去玩弄手段，而回过头来还是让老百姓自自然然地生活，该打鱼的打鱼、该捉虾的捉虾、该种瓜的种瓜、该养牛的养牛，他认为这个是最理想的生活。相反，如果你在国内要很多的智谋，然后整天把大家教得都在那儿动心眼，这个不是好事。你不能说这话完全没有道理，看你怎么掌握这个分寸了。

可是现在又有这么一种说法：中国的哲学——中华的文明，它的特点是比较早熟，就在欧洲和美国当时的文明还没有怎么形成的时候，中国的文明已经形成了自己的一套，所以非智或者反智，从后现代的观点来看，多少沾点边叫“文化批判主义”的这种“后现代”思潮，就是文化给人带来的是不是都是幸福？文明给人带来的是不是都是幸福？

现在有一批学者从负面的观点上来看文化带来的东西，这种说法已经很普遍，在座的一些朋友也许都听到过，说现在的人身体健康已经不如古人了，因为现在生活条件太好了，尤其家里有空调冬天不冷、夏天不热，适应自然环境的能力大大不如古人。在无菌少菌的环境下生活习惯了，人的免疫力会大大降低，我们有时候碰到这种情况，在某一个卫生条件特别好的地方生活了三年五年，等到回到故乡那个卫生条件稍微差一点儿的地方，很快就得病了，确实免疫力不如过去了。另外城市的生活、高科技含量的生活也带来了各种各样的污染，这种精打细算的生活也对人的思想品质带来了某种负面的东西。甚至于还有这种数字：我看一个材料说，英国由于电脑的流行，很多儿童缺少户外活动、缺少阳光照射，因为阳光照射可以帮助人把胆固醇分解成维生素 D，缺少维生素 D，身体、四肢的锻炼也不够，许多病就此产生，这个数字触目惊心。还有研究人员说由于城市生活的各种条件和由于竞争激烈紧张，现在许多男性的精液里边精子的含量已经越来越低了，要这样下去再过个三五十年，人类就快绝种了。

这可能是比较夸张的一种说法，但说明我们看到了生产力的发展、科技的发展、文明的发展、文化的发展，给我们带来了无限的可能性，同时我们也看到发展、技术、科学会不会也带来一些麻烦、带来污染？再譬如说像“克隆”这样的知识，有一些人文学者对“克隆”就深恶痛绝。当然这个问题我们无法在这里讲清楚，这也不是我的知识所能达到的。有一些人认为克隆的结果就是知识发展的结果——“国之贼”也！这种克隆的技术将来会带来不知道多少问题，会带来伦理上的问题、会带来生命上的问题。所以有时候大家又觉得老子的说法有道理，看从什么角度上讲，如果说你已经非常现代化了，你的科技知识普及得不得了，你什么事都用电脑，那么你要回过头来反思一下这些科学、这些技术、这些工具、这些电脑，对人类造成了哪些损伤、哪些伤害？我们应该怎么样留其利而防其害？也许这样的反思是必要的，是对人类有益处的。

至于说批评电脑，到现在对电脑的争论仍然非常多，当然这是一个教训，当年美国开始研究电脑的时候，当时前苏联说这是伪科学、是反动，说是因为用机械来模仿人脑的思维活动，从理论上说就是资产阶级反动派的主张。这个说法显然是站不住的，是把科学技术意识形态化了，是自己封闭了自己。所以前苏联当时不允许研究电脑，这是当年前苏联办的傻事，我们不能够赞成这个。但是至今电脑对人是有好处还是有坏处，仍然有争执。在美国有一些左翼朋友就告诉我，一见着电脑就说“我最恨它们，我最讨厌的就是电脑”。他认为电脑把人的生活弄得非常的无趣。中国的电脑科学技术发展是比较晚的，但是中国的写作人用电脑的比例非常大，相反日本的电脑非常发达，有一次有一批日本的作家——日中文化交流协会的，像什么井上靖、水上勉等一大批人，我们一块儿聚会说起电脑来，他们就说日本是电脑很发达的一个国家，但是他们这批作家谁都不用电脑，这是对电脑争论的一个例子。

对汽车的争论也是，西方世界至今都有人反汽车。我还认识一位很有名的学者，他因为前两年批评中国的文学都是垃圾而著名，就是德国汉学家顾彬，他不开车，他到哪儿都尽量步行。有一次他邀请我们到他家里去吃饭，在波恩，他步行我还凑合小跑能跟上，我老伴简直已经快不行了。那次走的距离我想起码有八站到十几站地。如果要按老子的思路，跟这些思想就暗合，就是发展那么多技术干什么？掌握那么多知识干什么？人本来在天地之中是生活得非常愉快的，你搞那么多新鲜花招干吗？

有些人嘲笑科学和技术，认为这些科学和技术的发达从另一面来说减少了人的身体功能。毛泽东主席年轻的时候信奉一个口号，就是“文明其头脑，野蛮其体魄”——头脑应该文明，但是体魄——您的胳膊腿应该向野蛮人看齐：你敢于跳到冰水里头，你也不怕冷，大太阳底下你也不怕热，找着好吃的了你吃足，饿三天也不害怕。毛主席年轻的时候信这个。所以老子对愚和智的问题虽然有许多论断不可接受，但是我们还是感觉到他有他的那一部分道理。这一部分道理如果我们能掌握，对于我们今天正确地对待现代化、正确地对待科学和技术、重视我们自身体能和体质的锻炼，重视那些最原生、最朴素的文化成果，是有好处的。

不出户，知天下

《老子》里有一段话，引起的争议会更大。《老子》第四十七章里说得非常玄乎：“不出户，知天下”，就是你连门都不用出，就在屋里头，天下事就都知道了。“不窥牖”——牖就是窗户——“见天道”，我连窗户都不打开，我不从窗户里头看天，但是我就知道天、知道天道，我就知道“天道”是什么，用不着我打开窗户去看，我有直觉的视觉的反应。“其出弥远”，出门你走得越远，“其知”或者是“其智弥少”，你走得越远，你见的东西越多，你就越傻。“是以圣人不行而知，不见而明，不为而成”，又是一种极端理想主义的玄妙，圣人不亲自去看，我们说耳闻不如目见，他说用不着，不用亲自去看，你就知道了或者你就有智慧了。“不见而明”，我眼睛并没有看见，但是我就明白你是怎么回事。“不为而成”，我也没说我一定要干什么，但是这事办成了。

这个说法是不是有点神乎其神？有点难以接受？和常人、常识、常理是相违背的，所以更看到了这种反智主义或者非智主义的源远流长。要从表面上看，这些话我们就可以很快把它否定掉，因为不符合唯物主义，唯物主义认为人的认识是对客观世界的反映，你越了解这个客观世界，越介入这个客观世界，你对这个客观世界知道的也就越多，你也就更聪明更明白，你也更有见识。我们说见多识广，读万卷书行万里路，而你把自己绑在一个房间里头，连窗户都不开，这样的人他能有什么知识呢？

但是我们要细细地想老子那个时代，他立论的那个时候诸子百家、治国平天下，讲的都是舌灿莲花、天花乱坠。这个时候老子要立论也要讲点绝门，要讲点与众不同，要讲点刺激的，所以他这话说得非常极端。但是从这个最极端的说法里他涉及到一个问题，就是智慧和知识并不完全是一回事，智慧是一个综合的能力，知识是可以量化的。比如说：我知道这个、我知道那个——这只是知识，智慧是一个综合的处理。你知识越多你智慧就越高吗？你知识多，你走了万里路，你知道很多远处的知识，你拿来能被本土所消化、所使用吗？究竟是从万里之外趸来的知识有用，还是你当地的土法上马更有用呢？这个问题可就深了。

人常常会在常识上犯错误

有些大人物之所以犯错误，恰恰不是由于哪个稀奇古怪的知识他没有，或者哪个最高深的知识、哪个离他最远的知识他没有，恰恰是那个最简单、最常识、最大实话的知识他没有。我们知道当年毛泽东主席对王明有许多的批评，对所谓“左”倾机会主义，这些党的活动家到底怎么评价是另外的问题。但是毛泽东当时批评王明讲得很有趣，我找不出原文来念，大概的意思是说王明其实也没有什么，就是有三件事他不知道，第一个事他不知道打仗会死人，第二个他不知道人要吃饭，第三个他不知道要是转移阵地的话要行军、要走路。因为相对毛泽东来说，王明接受了更多的苏式教育，王明看列宁的著作都是从俄文、从原文来看的，所以他是非常苏式的，他是按苏联、共产国际的那一套来要求中国共产党。而毛泽东主席跟他相比，是更多的根据中国的实际情况。跟毛泽东相比，王明是非常洋的，是非常地苏式，而毛泽东更多的是按照中国的实际情况来弄，所以王明闹了半天和中国的实际情况并不一致。

毛泽东主席在二十世纪五十年代的时候还曾经和一部分年轻人讲话，他问年轻人什么叫经济、什么叫政治、什么叫军事？年轻人当然不敢在毛泽东面前妄言了，就说我们说不好，请主席给讲一讲。毛主席怎么讲经济我忘了，但他说：什么叫政治，政治就是你团结的人越多越好，让反对你的人越少越好。什么叫军事，他回答的更是大实话，他说军事很简单，简单说起来就是打得赢就打、打不赢就跑。都是大实话。当然了，你别说军事，就是街上打架也是一样，一个坏人你明明打不过，让你去打你要牺牲，所以他说打得赢我就打，打不赢我就跑，吃亏的事我不干，这才是军事。

要本土化而不能过分远洋化

他就是用这种土的道理、用这种人民群众的经验、用本地的这些经验来取代那些大的来自远方的进口原则。毛泽东在延安许许多多次讲这个，他讽刺那些言必称希腊的教条主义者。

这里是有这个问题，比如说我们中国确实有许许多多名人不但出了户——那些人当然也有他们的可爱之处，到了国外有的变成了苏联派，有的变成了美国派，认为把苏联的那一套或者把美国的那一套拿到中国来一实行，中国就会强盛起来，人民就会幸福起来，中国就能做到现代化。但是事实证明真理恰恰要在本地做起，关键是要把你的学问实际化、本土化。所以老子的话表面上看非常的荒谬：“不出户，知天下。不窥牖，见天道。

其出弥远，其知弥少。”“不行而知，不见而明，不为而成。”这个道理就是说：我们一切的知识、一切的智慧，要从你脚下的土地做起，要从常识做起，要从最实际的长短利害得失考虑起，所以毛泽东把军事解释成打得赢就打，打不赢就走。

我觉得老子话里的意思要从这方面理解，他是有他的可贵之处的。老子的这些话就是让我们不要被洋教条唬住，你不要被一个万里之外的十万里之外的一个什么新鲜的说法吓到，你要把它消化，要讲本土化、民族化。

不应该是无知的本土化而是学贯中西又立足本土。

如果从这个角度上来考虑问题，老子一点儿也不过时，但是他说得太夸张了，我们今天希望的是一个人既能够对世界高端的知识有所了解，不但要知道几大洋几大洲而且要知道外层空间，还要知道上古、知道白垩纪、奥陶纪，你还要知道海水的深处，知识越多越好。同时操作任何事，要实事求是，要从脚底下的土地做起，要三贴近：贴近生活、贴近实际、贴近群众。要是我们这样来理解，就不会简单地把老子这段话当作一段胡说，或者把这段话当作是纯然的反动。

我们平常的一些常识和老子非智、反智的某些说法是有共鸣的，起码不是完全相违背的。当然我可以再次强调我们不全面接受老子的非智思想，相反我们还要说科技兴国，还要重视教育，要启迪民智。我们中国人绝不是嫌自己太聪明了，而是嫌自己的知识还不够，还不符合现代化的要求。

牛顿挖两个猫洞

我们平常说“大智若愚”，在老子的书里没有这四个字，但是它有另外的一些词，非常像“大智若愚”。他讲“大成若缺”，就是大的完成、大的成果，好像总缺点儿什么。“其用不弊”，虽然它若缺，但是你用起来它是没有完的，它永远能够对你有意义，永远能发挥它的生命力。“大盈若冲，其用不穷”，大的充实反倒显得虚空，反倒这也空了、那也空了。“大直若屈”，你最大的直爽、直率、道德——直字在古文里头和“德”字是相通的——反而显得有点曲里拐弯，显得还有点不够耿直。“大巧若拙”，大得巧好像是笨。“大辩若讷”，特别善于辩论的人，别人听起来他的口才并不好。

然后就有了我们今天所说的“大智若愚”，要想找大智若愚的例子特别的多，这也怪了！连牛顿都流传说他养了两只猫，一只大猫一只小猫，他就在窗户上给猫挖猫洞，咱们养猫的人都干过这个，他挖了一个大洞挖了一个小洞，他的朋友来了说：你这干吗呢？他说，我这挖猫洞呢。朋友问：你干吗挖俩洞？他说大猫走大洞小猫走小洞。朋友说一个洞不就行了嘛。他说大猫走小洞它过不去。他就忘了这小猫可以走大洞，他只是想到大猫不能走小洞了。这我听着都有点不信，好像就连我三五岁的孙子都不会犯这个错误，这牛顿真大智若愚了。

还有一个牛顿大智若愚的例子，那个时候可能还没有这种什么瑞士表、日本精工，没有这些东西，那时候是用怀表，据说牛顿煮鸡蛋，把怀表当鸡蛋放在锅里头，当然这表也就坏了。这个例子容易理解，他太专心了，在研究什么问题，恰恰鸡蛋旁边有一个怀表，怀表捏起来也是圆形的，他以为这是鸡蛋，就给煮到锅里去了。前一个例子，我觉得从这个意义上来理解，正好“大智若愚”就是“大成若缺”，牛顿的智慧是“大成”，他研究的是宇宙的几个定律，关于运动的定律、关于惯性的定律、关于作用与反作用的定律，他的脑子在这儿呢。至于挖俩猫洞，是不是还有什么审美的因素？或者他习惯于秩序，认为这是车行车的道、人行人的道，各行其道，按照交通警的那个规则：大猫你走这洞，小猫你走那洞，省得它们俩挤在那儿怎么办呢？牛顿一定有特别可爱的思想，他认为就应该给猫挖两个洞。

反过来我要是跟牛顿套套磁，我说他老人家好奇我这里挖俩洞，我这个窗户大，我挖八个洞都没关系，我再弄两个更小的洞给黄鼠狼留着，这就没有大的关系。其实很多大学者、大学问家、大科学家，他们在日常生活琐事当中都不是太灵光的，有很多这类的故事，说爱因斯坦吃完饭打的，人家问他：您上哪儿啊？他不知道他家的住址是什么，他说这我得问问，他赶紧借一个电话，那时候还没手机，他借一个电话找着了自己的秘书，说你告诉我爱因斯坦的家在哪儿？那个秘书说：对不起先生，爱因斯坦家保密。他说我就是爱因斯坦，你不知道吗，你跟我还要保密。这种事并不新鲜，我看过很多这样的人，一个人说不准自己的楼号和层号还有地址号，甚至于说不准自己的电话号码，而且表示因为我很少给我自己打电话，我都是给别人打电话。

智者的放弃

所以这种大智若愚和大成若缺的人，一定要有所放弃，不能大事小事一律精明，一律门清，不要认为人什么都能明白。从这个意义上，老子讲的非智、反智又有他的好处，就是在知识和智力的问题上永远要谦虚，哪怕是爱因斯坦、哪怕是牛顿也有犯迷糊、犯糊涂的时候，也有无知的时候。

“大成若缺”还有另一面的道理就是小的成果，越小的成果越容易完美无缺。比如说做一个日本人最喜欢的俳句，它是五七五 ，十七个字，噔噔噔噔噔，噔噔噔噔噔噔噔，噔噔噔噔噔，它就十七个字，你可以做得完美无缺。有许多著名的俳句诗人，现在日本有些地方还专门有一个邮箱，这个邮箱就是让你把你写的俳句放进去，然后每个月评奖，评奖以后弄好了你还能得个几万日元奖品或者奖金。这个你可以做到完美无缺。但是一个几百万字的长篇小说，就不可能完美无缺了，就是《红楼梦》也有许多所谓硬伤，有人统计过，譬如说书里边的年龄不对，生日不对，这样的例子也非常的多。所以老子讲知识永远不是完全的，也不是万能的，智慧也永远不是完全的，你必然会有顾此失彼，所谓抓了东边就误了西边的这种现象。这也是我们理解老子关于非智思想的一个途径。

学然后知不足

老子在第四十一章里头还说“明道若昧，进道若退，夷道若颣，上德若谷”，我就不一一念了，因为它太多了，这一类同样的造句的方式，他说的是什么意思呢？就是你越明白，越显得有点昏暗，学问特别大的人，就不会显出你学问特别大，你知道的事越多，就越知道你所不知道的东西很多，那么当你认为自己有许许多多的东西不知道的时候，你就牛不起来了，你就不会到处显摆你自己了。这样的论点对人的意义也非常大，而且古今中外都有过这一类的论点，这也有一种辩证的思想在里边。

在《礼记》上就已经有这话，“是故学然后知不足”，现在在我们这里也变成一句成语了，我们说“学而后知不足”，《礼记》上的原文是说“学然后知不足”，因为你越学就越知道知识的大海有多么广大，而你知道的那点东西实际上微乎其微。

孔子也有类似的论述，都是我们耳熟能详的，孔子说“知之为知之，不知为不知，是知也”。这个话要说起来也很简单，就是您不知道的事千万别冒充内行，您千万别冒充知道，您冒充知道您就开始丢人，您的公信力就会降低，您办的事就可能办砸，您如果是在封建社会给皇上当差的话，您不知道却说知道，这就叫“欺君之罪”，耽误事弄不好能掉脑袋。

所以最知道的人、真正有知识的人，就是我知道什么就是知道什么，我不知道什么就是不知道什么，尤其是承认自己有所不知。

同样的话，到了老子这儿又有另外的一些说法，他说“知不知上，不知知病”，什么叫“知不知”，就是知道许多东西自己并不行，自己并没有那个知识，千万不要以为自己什么都懂，这是不可能的。这样是最上等的选择，这是一个人的精神境界比较靠上、比较高尚的一种表现，就是知道自己有许多东西不知道。而“不知知病”，是你没有知道多少，我们所说的一瓶子不满半瓶子晃荡，这种情况之下您还要表示您什么都知道，这是一种病、是性格上的弱点，甚至于是你身上的一个病灶，弄不好变成一个致命的弱点、变成一个死地，这都有可能。

老子始终反对一个人什么事都往前冲，他是主张该退的时候退、该收缩的时候收缩、该低调的时候低调，所以也可以说老子的哲学在很多地方是一个低调的哲学。在知的问题上他也是特别提倡低调，他认为过于高调的人很可能要自取其辱、很可能要自找倒霉。

以啬治天下

老子在第五十六章里还说“知者”或者是“智者不言”，就是我知道的事我就不多说了，我越是知道就越不多说了。“言者不智”，说的过多的人不够聪明、不够智慧，或者是说的过多的人对所说的事其实不懂，他并不知道。这个说法也很有意思，这里不但对人的“知”或“智”希望有所控制、有所低调，希望适当泼一点儿冷水：你千万别以为你什么都知道，他对“言”也控制，就是你说话、你讲话、你发表见解应该保持慎重的态度，越是有知识有智慧的人越不会过于随便地胡说八道，你应该把你的话语减少到最少的程度。

老子在另外一个地方讲“治天下莫若啬”，“啬”就是吝啬，所以在说话这个问题上也应该比较吝啬。在英语语言文化里边也有类似的说法，比如说“沉默是金”，这个也是指在许多情况之下多言是不智的。

所以在第五十二章里老子又讲一个道理说：“塞其兑，闭其门，终身不勤。开其兑，济其事，终身不救。”“兑”就是指人的五官，他说得又非常夸张，让我们不见得那么容易接受，他说你把你的五官带口的地方都堵上，然后把你的门户闭上，这个门户你可以解释为心灵的门户，就是说我不随便地接受外界的有害信息，我自我进行封闭式管理，这样的话“终身不勤”，这个“勤”不是勤奋而是不尽的意思，你的精力你的学问就永远用不完，因为你不滥用，你自我进行封闭管理，你把眼睛闭上了，你把耳朵堵上了，即使不堵也不那么用心去收听外界的信号。这个在特定的情况下也是有意义的，比如说非典流行那时候，我们戴口罩这也是“塞其兑”，把嘴和鼻子起码先堵上点，让它隔离一点儿，所以“塞其兑，闭其门，终身不勤”，这个在特定的情况也有它的道理。“开其兑，济其事，终身不救”，你什么信息都接收，什么刺激都吸取，然后你办什么事还要往上加码，这种情况之下“终身不救”，反而不可救药了。

抵御有害信息

我想在老子那个时代，虽然既没有网上也没有电脑也没有很多现在这些信息的来源，但是那个时候天下大乱，诸子百家谈什么的，提倡什么的都有，每个人都在那儿吹，就跟一个小市一样，就跟一个自由市场一样，都在那儿兜售自己的货色，如果你什么都听，什么都信，你就变成了大傻子了。

所以自古以来，我们有一种像老子这样虽然偏向于消极，虽然不能够全部地接受下来，但是有这么一种类型让你保护自己，让你少接受有害信息，让你不要随随便便地跟着别人的屁股走，让你能够把什么事从常识从实际的脚下做起，让你低调地处理一些问题，让你说话也少说一点儿，我觉得这毕竟是老子的一种智慧，也是老子大智若愚的地方。

当我们谈到老子有的时候对智力、对知识有一些贬低的时候，这个问题和我们国人及中国的古人对待问题的思路是有关系的。我们的文化传统比较重视的是整体、是根本、是本质、是品质——有的叫素质，重视的是品格，相对来说，我们不太重视具体的、分科的东西，这点和西方的文化非常不一样。西方文化喜欢的就是把什么事弄得非常具体非常明确，譬如说医学，西医分得非常清楚，不但有内科、外科，然后内科里头现在还又分了属于泌尿系统的、属于循环系统的，就是心脏还专门有看血液科的大夫……分得非常的复杂非常的具体。而中医更喜欢说阴阳二气，阴阳五行的相生相克，所谓从根本上解决问题，强调全身调理，不是说你头疼了就给你吃点去痛片。

传统文化中的非智基因

对知识的问题也是这样，我们民间也有这种东西，一个就是把知识看得比较具体，所谓什么演算、农桑都是非常具体的东西，认为知识多一点儿少一点儿不影响这个大局，而人的精神境界、人的品质、人的和大道融通的程度，这个是解决根本问题的，如果你掌握了大道，这点事自然迎刃而解。所以这种求学的思路确实也非常有趣，我们今天只能说各有长处，各有各的优点。

我们有一种把智力和人的德行、人的品格对立起来的情形，我们在民间故事里头也常常听到这种故事。比如说一家有两个儿子，老大傻、老二坏。傻人都是好人，傻人都是不会说瞎话、不算计别人、不会动心眼儿的，老吃亏，又肯吃亏又诚实，这样的人当然就是好人。而那个老二心眼儿特别多，什么好处他都想揽到自己的手里，这样的老二结果聪明反被聪明误。这也是非常有中国特色的一种故事，虽然在国外也不见得没有，就是把智力和智慧、品质在某些时候对立起来。

但是反过来说这个话，又说不通了，因为老子五千年前写的《道德经》就是大智的产物，当我们说大智若愚的时候，可是没有说只有、必须愚，方为大智。大智若愚表面上看，有大智慧的不会事事显出自己的精明，甚至于有些时候他宁可放弃，宁可不过问，宁可退让，这个是可能的，大智若愚不是愚了才能大智，不是这个意思，那么解释不行。

这种只抓根本的思路有很大的好处，起码在思维上能给你一种满足感，就是说我通过研究大道，研究大德，研究什么“修齐治平”，我找到了，我抓到了牛鼻子，我能够解决世界上的一切问题。它给你一种非常大的满足感，但是也耽误事，因为有些事情是很具体的事情，用抽象的笼统的道理解决不了。

你把智用到了什么地方

老子那个时候所以提倡“愚”，老是讥笑嘲笑甚至于贬低“智”，还有一个原因就是由于当时春秋战国互相争霸的局面，使老百姓没法过上正常的日子，也就是说离和谐越来越远，离纷争越来越近。所以他看到人的智力都用在什么地方上了呢？都是用到了纷争上，我要害你，你要害我；我要骗你，你要骗我；我要让你上我的当，你要让我上你的当。老子看到的太实际了，他觉得还不如人傻一点儿呢，你说一就是一，说二就是二；说吃咱就吃，说喝就是喝。如果是一个和谐的正常的社会，大家安居乐业，而且大家为了追求更好的生活而去想一些好的技巧，想多得到一点儿知识，把知识和技巧放到发展生产上，放到改善生活上，放到提高人民的生活质量上，那个时候这个“智”就是非常可贵的。

在中国的古代历史上，“智”往往会和阴谋混淆起来，这其实不是一般的“智”，他所说的这个智那个智就是阴谋，相反他没有别的智。我们在历史上看到的是：我们缺少那种真正为老百姓谋福利的“智”，怎么样发展生产的“智”，怎样改良人们的医疗状况为人治病的那个“智”，这种“智”不被提倡，而提倡的是一种阴谋的“智”。老子对这种带有阴谋家色彩的“智”深恶痛绝，他简直是愤怒极了，所以他为了和这种阴谋家的“智”作对，就提出一个相反的概念“愚”，但是实际上有许多地方又不是用愚能够解释的，譬如他说的“大成”，他说的“大直”，还说了一个“大巧”。大巧跟愚是完全矛盾的，说“大巧”反倒显得像拙笨——平常我们说的词有“小巧玲珑”，小的东西我们容易说它巧，我们说一个人长得个儿不太高也说小巧玲珑，这个是可以的；相反的我们没有“大巧”这个词，好像大了就应该笨一点儿才显得有大气。大了又非常巧，显然你就并不大。

中国是一个喜欢大的民族，我们是泱泱大国，我们讲究大方、大气、大度，所以我们对这种巧的东西有时候抱怀疑的态度，但是老子承认“大巧若拙”，说明他并不一味地提倡“愚”。

第八
人生路上的得与失

关于私利

在老子的学说当中有一个很有趣的问题，就是他对人的私利，人的名声，对人的个人所得的看法。其实在各种不同社会的不同思想家那里，都很有兴趣研究这个“私”的问题。比如说有一些国家最侧重的是研究从法律上怎么界定利益，哪些是属于社会的、属于集团的，哪些是属于个人的，应该得到保护、得到关注的。也有些国家甚至于规定了男性和女性在私利上、在自己的权益上是不一样的；或者由于种姓的不同，比如说王室和平民又是不一样的，高级的种姓在私利上比低级的种姓要多得多。我们的社会主义是强调集体主义的，我们曾经把这个“私”字都是当作一个比较坏的东西来看，“文革”当中提出来过“破私立公”的说法，还提出来过“狠斗私字一闪念”。

但是老子的想法有些不一样，他说的最流行的一句话就是“非以其无私邪？故能成其私”，就是正因为你不太计较自己私人的利益，所以你个人的很多的利益反倒得到了保证。这句话会引起很多的争议，因为有人会想到这不是玩假招子吗？我表面上无私，这样的话，我的私人的利益还最多，我得到的最多。这也是一种理解，但是我们研究一下老子，他既不是从法律上来划分，也不是从道德上或者从意识形态上要求你灭一个私存一个公，他所希望的就是私的问题的解决要和道和自然的品格相一致。

不有、不恃、不宰

老子在第五十一章有一段非常有名的话说："道生之，德畜之，物形之，势成之。""生而不有，为而不恃，长而不宰，是谓玄德。"他说"道生之"，就是天下的规律、法则与起源本身，大道本身就决定了生生不已。早在《周易》里边中国人就相信"生生之谓易"，就是世界上不断地产生各种新的事物，新陈代谢，这就叫"易"，也就是老子所讲的大道。或者说"天地之大德曰生"，天跟地配到一块儿了，于是就有各种各样的物质、各种各样的生命出现了，所以他说是"道生之"。

我们举一个例子，比如说电脑，电脑首先是电脑本身，作为一个工具，一个大受欢迎，销量、用量极大的新产品，这只不过是这几十年的事情，是二十世纪的七十年代末到八十年代中才产生了大量的电脑。但是电脑本身所具有的道性，就是说这样一个用电子从事计算的原理，这样一种二进位的可能，这样一种数字化来组合各种各样信息的可能，正是这种可能性，加上人们寻求更方便地进行运算、储存、检索输送的必要性，使电脑得以产生。也就是说原理和可能性产生了电脑，这就叫电脑之道、电脑之法则、电脑之必要使唤电脑生之。

"德畜之"，德是什么呢？老子在有些地方是批判"德"的，但是在这个地方他讲到的"德"，以电脑作比喻，就好比是科学家，就好比是人类的智慧、勤奋、创造性、进取心、团队精神和种种卓越不凡的品质。有了科学家，有了人类的智慧，电脑就能够慢慢地吸收进来各式各样的营养，它就可以发展了。

“物形之”，当然还得有材料，电脑本身得有硬件，有各种各样的材料，有一些金属，有一些非金属，有一些导体，有一些半导体，还有一些非导体，所以各种不同的物质形成了。“势成之”，“势”就是有驱动。

道性非私

老子讲这个的目的是什么呢？他说这些东西的产生并不是任何一个人可以占有、可以私有的。你发明的电脑不错，你可以去登记你的发明权，但是你想想电脑所以能产生的道理不是你发明的，是客观存在的；你制造电脑的这些材料不可能都是你自己在家里制造出来的，是社会所提供的，是许许多多科学家和技术工人的智慧，不是你一个人的事情。你发明出来了，你做出电脑来了，各种各样的软件、各种各样新的硬件不断地出现，也不是你一个人的事情。

所以老子的“道”具有这种特性——什么特性呢？就是“生而不有”，我可以生产它，我可以产生它，但是我不能占有它，我没有权利占有它，这个境界应该说还是非常好的。而老子说这是大道的精神，这不光是你个人读书、修身或者上课的结果，而是道本身就有这个特点。“为而不恃”，你制造了它，可以说是操作了或者制造了它，但是你没有什么可倚仗的，也不可以拿它来作为你个人的资本，因为和我上述的那些原因一样。“长而不宰”，你可以帮助它，慢慢地利用它，慢慢地有所发展、有所获益，但是你并不企图控制它，就拿电脑来说，这个信息业不是任何一个人所能够控制的，如果你去垄断，你去控制，你还要被起诉。

所以老子从大道的品德上实际提出了一个疑问，就是很多人都有“私”的观念，人有对自己个人的关注，有想多得到一点儿东西或者满足欲望的一种冲动，这也是人的天性。老子提出这个问题来，是说你这个私到底来自何方，你有多少根据，你能不能把你自己所谓的这一切的一切 ，都看成归你个人所有。应该说老子是从根本上提出来这么一个疑问。相反的，他希望人和大道一样，就是能做到“生而不有，为而不恃，长而不宰”。

把私摆在哪里

老子在第七章里头又讲“天长地久。天地所以能长且久者，以其不自生”， 就是天和地也并不在乎自己生不生，天和地从来不着急，该怎么样就是怎么样，自然而然地在那儿发展，“故能长生”。正因为天和地并不在乎自己生不生，所以它是恒久的，是比较恒久的。“是以圣人后其身而身先”，得道之人，有学问之人，有境界之人，什么事都把自己摆在后头，越把自己摆在后头，结果他的思想、他的行为反倒起了一个带头作用。如果他什么事都把私利先往自个儿家里头、先往自个儿口袋里装，那么他就不可能走在大众的前头了，他反倒会被大众所轻视、所瞧不起。

“外其身而身存”，就是他考虑什么事，常常把自己置之度外，或者把私利置之度外，就是说我们常常会想到群体的利益，想到大的方面，而忘掉了这件事对私人是有好处还是有赖处。你越是忘掉了自己，结果反倒由于大道的关系你得到了各方面的欢迎，你反倒能够存在。

“非以其无私邪？” 就是刚才说的那句话，你的无私的结果反倒成就了你的私。老子的这个说法就和完全不准说私，或者见私就狠斗不一样，但是他的想法又把私人利益提倡成一个核心、一个基础、拔一毛而利天下不为也——我不管别人，我就管我自己——这种想法又不一样。

他让你克制你的私心，他让你能够从更高更远更大的方向上把自己的私看得小一点儿。但是他又认为在这种情况之下，有可能由于客观力量的作用，当然老子那时代不叫客观力量了，就是由于道的作用，你在这种情况之下相反相成，反倒使你能够得到自己应有的那些获益，应有的那些收获，你都能够得到。应该说老子这个对私的看法还有他的合情合理之处，他是抑制私的，但是他并不是要消灭私，所以我们下面就讨论一下这个问题。

对于私的实事求是的讨论

第一个问题就是一个人能不能把私放在第一位，把你的利益放在第一位？你当然有你的利益，我也有我的利益。比如说我有工资的收入，譬如说我有自己的财产，譬如说我对我个人的身体健康或者对我的家庭的生存状况都挺关心。但是，是不是我这一生就光顾这点事儿呢？要光有这点事儿我怎么活下来的呢？你必然有比你的私更重要的事儿。你关心你的利益，但是你更关心群体的利益，你要关心事业的发展，你还得关心你的工作。比如说主持人的工作，你只有把主持人的工作做好了，为广大的观众、听众、受众服务，领导对你提的要求你都能够达到了，把整个电视台的工作做好了，你才能得到你自己的利益。相反，如果你一心只有自己的利益，你肯定什么利益都得不到。这个说起来其实也挺简单。

争取私利的代价及其他

第二，求私也是要付出代价的，争私付出的代价就更大。有时候我们就要想一想，一个过于计较私利的人会不会得不偿失，甚至于是适得其反。因为你太计较私利了，你经常盯着那些所谓斤斤计较的东西，这样的话会影响你的事业，影响你的专业，影响你的读书，影响你的求学，影响你的群众形象公共形象，影响别人对你的看法，你可能损失得更多，所以我觉得这也是一个问题。即使仅仅对于私来说，有求就有付出，有得就有失去，没有单向的私利运作。

第三个尤其好玩，我也爱研究这个，因为我写小说，我接触各式各样的人，我就发现有些私利特别重的人很好笑。我们讨论这一点：因为你私利重，你应该盯着自个儿的口袋，你应该盯着自己的钱包，他不，他老盯着人家的口袋、人家的钱包。就是他并不是要求自己得到收益，得到发展，得到幸福，而是老怕别人比他幸福，这就特别可笑。这可以说是人类某些人的一个非常可笑的弱点，可能也是我们所说的“不患寡而患不均，不患贫而患不安”。要光“患不均”还有点道理，但是他怕什么呢？怕别人超过他。这种心情有人达到非常极端的地步，有例子，印度有一个寓言故事，这个故事挺刺激的，说是有一个私心特别重特别重的人，有一天上帝问这个老艾鲁说：由于你这一辈子没做什么坏事，我现在要答应你的一个要求，但条件就是我要给你的邻居两倍你要的东西，譬如说你的要求是十万块钱，那可以，我给你十万，然后我给你邻居二十万；你的要求是一间房子，可以，你得了一间房子，你邻居是两间房子——甚至于咱们说个笑话了，说你的要求是一个美女，这都行，你一个美女，他俩美女。这个人就煞费苦心想了半天，一咬牙说：上帝你挖掉我一个眼珠子吧。他想的是什么呢？哎，就是他最不能接受的就是邻居超过他自己，就是你挖掉我一个眼珠子，那行了，邻居你挖他俩眼珠子，我一个眼珠子还看得见。

这当然是非常好笑的，这也是人的一面镜子，就是有时候我们要考虑考虑自己的眼珠子安全不安全。你不要老盯着别人，老不服别人。

大处不算小处算是人类通病

我还有一个发现，没人说过，私心太过重的人往往还有一点，就是大事他不计较，专计较小事；越是想大事他越有大的气魄，他从大的事情上来考虑，他反倒考虑问题境界好一点儿；越是鸡毛蒜皮的小事越计较。

我在二十世纪八十年代看英国一个著名作家帕金斯写的书叫《官场病》，这书曾经在中国畅销一时，《官场病》里头说到这么一个定律，就是越是数额高的预算在议会里越容易通过，为什么？第一，数额太大，那都是大事，例如航天经费——我已经记不清原文了——假设说二十亿英镑，谁也没有二十亿英镑的概念，二十万英镑可能还有，那些人也挺阔，但二十亿英镑他也不知道是什么价了；第二，他不懂航天；第三，他知道航天非常重要，和综合国力有关系，和科学有关系，所以二十亿英镑这笔预算十五分钟到二十分钟通过了。

预算里头有一项，英国人讲这个“tea break”或者“coffee break”——茶歇，就像我们工间操似的，比如下午两点到六点上班，中间四点的时候有十五分钟喝下午茶，而且英国人喝下午茶一定要加饼干、小点心，那么应该提供什么样的饼干、什么标准，这个人人有发言权，这里利益很多、众口难调，而且谁都懂。讨论了两天没通过，那个说标准太高了，说怎么能够三英镑一包的饼干呢，只能够一英镑或者两英镑一包的饼干才能够给公款报销，超过三英镑自己得花钱；有的说连这么好一点儿的饼干都不给，都用垃圾式的饼干给公务员吃，影响我们公务员办公的效率和形象。可以争论很多。

我看这个觉得特可乐，后来我慢慢地发现其实不光是官场，所有的人都有这一点。讨论一件大事，比如说这家要买房子或者买汽车反倒容易解决，不那么死抠，买一所房子假设一二百万块钱，他的底数是上百万或数百万，那么他就要求就从宏观的地方来考虑，他的参照系是大家伙，他必须从大处着眼，大处落墨，他知道买房子不可抠抠搜搜。可是如果买一根黄瓜呢，他发现某个超市里是一块钱可以买两根黄瓜，而他自己买了一块一毛五分定价的两根黄瓜，他回来以后心里可不高兴了，他可以别扭半天：怎么这个超市这样呢，明天我得上那边去。

我说这些话的目的在哪儿呢？就是你对你自己的那些所谓“私”的考虑别太相信，你别以为你自己能最好地照顾你的私利，还是大道能照顾好你的私利，你还是得符合自然、符合大道、符合社会的发展，才能够对自己的私利相对来说有比较聪明的也比较明白的比较合理的一种照顾。

过分自私只能适得其反

所以老子就说“不自见，故明”，你自己不去表现自己，所以你就比别人明白。“不自是，故彰”，你自己不自以为是，反倒比较彰显，比如：别人能看得见。“不自伐，故有功”， 这个“伐”在这儿就当吹牛讲，你不是老在那儿吹的话，你的成绩别人反倒会替你说：他这方面还是有成绩的！相反你的成绩假设是六十，你把它吹成七十了，那别人就要给你的六十里头再减十，认为你最多只有五十的功绩。在某种意义上说，你太过了也不行。你有六十的功绩但你自己只按二十的功绩在考虑，那么别人呢，或者群体呢，反倒会觉得还应该给你的估计再好一点儿、再高一点儿，所以他说“不自矜”，不那么骄傲矜持、那么拔份，不那么威风，“故能长”，所以你的形象反倒比较高，你自己越摆架子，人家别人越瞧不上你，或者表面上应付着你，心里想：这是干吗呢？他会有这样的一些想法。

“夫唯不争，故天下莫能与之争”，“古之所谓：曲则全者，岂虚言哉！”就是说你能够在适当的时候委屈一下自己，有些事不那么膨胀、不那么直截了当地什么东西都要求自己的利益，你反倒比别人做事情会更周全一点儿。如果你一味地膨胀、一味地扩张，你很可能会走向自己的反面。所以我们也可以想一想。生活中这样的例子非常多，就是越是自私的人越是老受挫折，什么都争的人结果得到的非常少，你牛吹得多，反倒多丢几次脸。人家让你随便地吹过几次，说不定你就受到讽刺或者受到批驳。这样的故事非常多。

所谓“私”，同样是个人的利益、个人的愿望，同样我们会有个人的奋斗，今天我们的社会也不能否认个人奋斗。集体的奋斗、民族的奋斗、人民的斗争，它是通过每一个个人来实现的。但是我们起码可以看得出来，有一种奋斗只是盯着自己、只是盯着自己的那点蝇头小利，而另一种奋斗是盯着事业、盯着学问、盯着群体，那么这种奋斗就比较更符合大道，更符合那种“生而不有，为而不恃，长而不宰”的大道。

拉弓的启示

老子在第七十七章里还有一个说法，也是很有启发意义的。他说“天之道，其犹张弓与？”说天道好像拉弓，当然我也不会拉弓，他说“高者抑之”，如果你弓拉得过高了，你瞄准那个地方需要往下走一走。“下者举之”，如果你前手太高后手太低了，前手要往下一点儿，后手要往前一点儿。或者是由于重心的关系或者是由于瞄准的关系，总而言之你高的地方要往下压一压，低的地方要往上举一举，简单地说就是你得找齐，你得要注意到它的平衡，不管是在重心上、用力点上、还是在瞄准上，都要让它平衡，让它平稳。

“有余者损之，不足者补之”，你这个地方劲儿使得太大了，结果使这个弓弦——射箭运动我是不太明白，那个意思就是如果你的力量很不均匀的话，那么劲儿大的地方应该减少一点儿，劲儿小的地方应该增加一点儿。他是什么意思呢？他说天道是找平衡的、是找齐的，天道不会畸形地让某一方面或者某一点特别地发展，天道是要求均衡要求稳定要求平稳的，因此高的地方下一点儿，下的地方高一点儿，劲儿大的地方减少点劲儿，劲儿不够的地方加个油，他是这么一个意思。他说“人之道则不然”——他批评，甚至于是很严厉地指责：当时在东周的社会里，越是有能耐的人，越欺负弱小的人；越是强势者，越欺负弱势者甚至于损害弱势者。

老子说“天之道损有余而补不足”，减少有余的帮助不足的，但是“人之道则不然——损不足以奉有余”，封建社会、混乱的社会，谁越老实谁越受欺负，你本来穷，他还要压榨你，损害你的利益，“奉献”给剥削阶级、给对于群众对于人民毫无责任观念的一些人。所以他提出一个非常重要的命题：“孰能有余以奉天下？惟有道者。”说谁要是能做到，你感觉到自己某些地方有余了，你就想到我比较富足比较有余，我应该去帮助社会，这就是有了道了。

奉天下才是大道

他非常看重的这个提法，实在是非常重要，尤其是对于今天来说，就是所谓的成功者，越成功越应该想到奉献，请看老子在两千几百年以前就说：“有余以奉天下”，“奉”是什么？现在“奉献”俩字讲得非常多，奉献的精神，奉献社会，早在两千几百年以前老子已经说了“有余以奉天下”。他说得也很合理，如果你现在温饱还成问题，我就要求你奉献天下，这唱高调不符合实际，但是你有余了还不想着奉献给别人，你还不想对社会做点贡献，你太差了，太无道了。

在全世界的文明国家里，越有地位有成就、拥有大量财富的人越注意要做慈善事业，要奉献天下。好像是去年吧，比尔·盖茨就从微软企业里退下来了，而他把他的全部财产都用来做慈善事业，就因为他认为他从社会上得到的东西够多的了，他成功了以后要回报社会。

所以这和我们今天的思想是可以找到衔接点的，我们讲要帮助弱势群体，我们讲要回报社会，我们讲要做公益事业。比较起来我们国家的慈善事业还不是非常发达，当然我们国家也有一些非常鼓舞人心的事情。比如在汶川地震之后，我们可以看到各界，不管是企业界、演艺界、文艺界都有那么多的相对比较成功的人士慷慨解囊，奉献天下，当然更不要说还有很多普通人，更不要说其他的公职人员、解放军，他们也都是用奉献的精神去帮助那些灾民，帮助那些受害者。要用老子的说法，这才是天道，这符合天道，这才符合“高者抑之，下者举之，有余者损之，不足者补之”。

不要太膨胀

他又说“是以圣人为而不恃”，他在好几个地方说到“为而不恃”，他说天是“为而不恃”，圣人也是“为而不恃”的，就是你永远不会觉得我了不起，永远不会觉得我已经做够了，永远不觉得我已经可以吹一番了。而且时时觉得自己做得不够——“功成而不处”，“不处”就是处理的“处”，“功成而不处”就是说有个很好的成果吧，我不跑到这个成果前头照相，我不跑到这个成果前头插一个牌子，说这是我的成果。因为我知道这是大家的成果，不是我个人的成果，这是大道的成果。我们今天不说“大道”，我们可以说这是历史发展规律的成果，不把它看成一种东西来炫耀，不用这个东西来膨胀。我觉得这些地方他都讲得特别好。

老子在第四十四章里又讲“名与身孰亲？”进一步来讨论“私”的问题，讨论你自己私的问题。你自己要有一个掂量、要有一个分析，不是说一念叨你就什么事都好，同样属于你的，你的私，中间还要分一分轻重缓急。

老子为什么提出问题来说“名与身孰亲”呢？就是因为他看到了在当时的社会上，有一些人为了追求虚名而把自己的身体、自己的生命都丢了。从老子的观点来说，他认为这个不值得。你不能为了虚名就过于轻生，这是老子的观点。“身与货孰多？”他又看到一些人为了货，就是物质利益，或者今天来说就是商品吧，那个时候可能还没有商品这个词，因为他已经提到了“难得之货”，所以当时虽然没有很发达的商品经济，但是也有货物，还有哪些货物是要珍惜的，哪些货物是一般的这样一个差别了——但是老子提出来：货再多，你的财富、货物，所谓难得之货、令人珍惜的商品再多，也没有你自己的生命更重要。我们也可以举这样的例子，很容易举，就拿贪官来说，你贪了很多具体的物品钱财，贪了金条、贪了首饰、贪了值钱的东西、贪了文物字画，最后受到了法律的惩处，那时候你就明白了，货对你来说意义非常之小，远远不如身体和生命对你更重要。

“得与亡孰病？”这是老子比较独特的说法，因为老子特别爱从反面做文章。“得”，你获得，“亡”，是丢弃的意思，这个亡不是当死亡讲，就是你获得与丢失哪个给你带来的害处更大？一般的人都认为获得是好的，我得了一千块钱跟丢了一千块钱，那肯定是得那一千块钱高兴，不会因为丢失了一千块钱或者多花了一千块钱而高兴。但是老子说不一定，如果你获得的不是你应该得的东西，如果你获得的这些东西引起了别人的不满、引起了社会的不满，如果你获得的这些东西是违反了法律和社会的道德标准，如果你获得的这些东西勾引了引诱了盗贼抢劫、各种形式的人身的侵犯，你还不如不获得呢。这样的故事也非常的多，民间也有很多这样的故事。比如说你中了彩了，你得了什么特等奖了，结果把自己的生活全部破坏了，自己的平安、自己生活的享受反倒都丢失了，这样的例子也非常多。

“是故甚爱必大费”， 对一个东西喜爱得过分了、要求得过分了、追求得过分了，那么付出的代价就超出了那个东西本来所有的价值。它的价值不那么高，但是由于你过分的喜爱、过分的追求，使你过多的付出、使你得不偿失。“多藏必厚亡”，就是你保存的东西越多，你丢的就越多，起码丢失的危险就大得多。

说起来，老子这个说法也是一面理，比如你家里有很多收藏，你有很多的财富，我家里没有，你的东西又都是合法获得的，都是靠你的创造、你的劳动所得到的，我会说：哎呀他可真有本事，你看他的家里那些书画、那些文物都是好东西，都是真家伙。那还是被人羡慕的。不是说你藏着就一定丢，如果你的保安做得好，你自己也很谨慎，你可以不丢。他提出的“多藏必厚亡”是从一个更远的、更宏观的角度来说的，他说的是对的。因为我有很多在国外旅行的经验，我就发现越是最豪华的——皇帝也好、贵族也好、富商也好，有许多许多都在战乱之中仓促逃跑，最后他的这些东西也只不过就是供大众或者是供旅游者、供游客来看看热闹而已，他当时收藏的目的什么都没达到。我在波兰看过一个马车博物馆，那个马车收藏的呀，那比现在的什么雪佛兰啊，什么宝马啊，比那些车漂亮太多了，全都是一个大贵族的马车，但是最后他能得到什么呢？你藏的越多你告别的就越多。

不要说战乱了，就是疾病和死亡使你离开这个世界的时候，你不也是“厚亡”吗？你有多少东西又有什么用呢？所以他从这个角度上来说，你藏多少你最后就得丢多少，你手里头攥着多少，你最后就要松手松掉多少。这话也是有他的道理的。

知足与知止

所以他说“故知足不辱”，你自己知道什么事到时候行了，别再有那么多的收益了，你收益已经不少了。这样的话你就不会使自己走到被轻视、被非议那种相对比较耻辱的地步了，用现在的话来说，就是“见好就收”。你能不能到时候适可而止，不使自己过分到成为一个被议论、被批评甚至于被查处的对象？我相信，我们国家现今因为贪渎罪行而受到查处、受到制裁的那些人，他们最后会非常后悔，他们会想到既有今日何必当初，他本来就应该知足。

“知止不殆”，知道到什么地方就该停止了，但是这个“止”也还可以做另外的意思，就是目的，就是我知道目的，我不是一味地恶性膨胀，我既知道适可而止的这个点和这个必要性，我也知道我是要做到什么，我既然达到了这个目的，就不必再延伸了。“知止不殆”是老子的话，但是和儒家的说法又是完全一致的，在四书五经中有，《大学》一上来就提出“大学之道，在明明德，在亲民，在止于至善。知止而后有定”，也提出来“知止”，就是“知止而后有定”。就是你知道你到什么地方就应该停止，或者你到了什么地方就到达了那个目的地了，就到了你所要到的那个地方了，这个时候你就知道该停一停。这样的话你就有定，你就有主心骨了，你就有准了。所以我就开玩笑说，“有定”的反义词什么意思呢？就是“没准儿”，你老没个准头，不管干什么事，写作也好、从政也好、经商也好、搞科研也好，你没个准头，东一榔头西一棒子，你什么事也干不成，甚至于还会陷入泥坑、误入歧途。儒家的说法是“知止而后有定”，道家的说法是“知止不殆”，“不殆”就是你不会把自己陷入泥坑、进入陷阱。

我们这个社会上有许许多多这样的例子，就是各种各样的骗子骗人钱财等，所有的受骗的人往往——当然我们同情这些受骗的人——但是有许许多多这样的故事，我们在媒体上也会看到，就是受骗的人为什么会受骗呢？贪小便宜！骗子给你说一个什么很稀奇古怪的事，就把你骗了。而如果你没有这种贪小便宜的心，你从来不相信天上能掉馅饼，不相信不费力就可以有所获得、就可以发展自己的私利，这个受骗上当的可能性就比别人小得多。所以老子为我们讲的这些也算是一个警示吧。

他说“知止不殆”，他又说“可以长久”，就是你能做到这一步你就长久，用现在的语言来说：你就可以可持续发展了，你就可以保持长期稳定了，你就可以长治久安了。为什么我用这些政治术语呢？因为我们要记住，老子的许多话是给老百姓讲的，但首先他是给掌权的人讲的，是针对当时的统治者的：一、君侯，二、大臣，三、士。“士”就是候补大臣，有志于当大臣的人、有志于来协助所谓治国平天下的这些人。

你不可能得到所有的“点儿”

我觉得这些地方老子讲得都挺有意思。西方也有一个说法，就是：你不可能得到所有的点，“点”也可以说分数，就是说你做任何事情在有收获的同时要考虑到付出，在有成就的同时要考虑到你还要继续付出代价，你在扩张的同时应该考虑到有些事情上要收缩，你再趾高气扬也应该想到有很多地方你应该谦卑，必要的时候还要低声下气。西方有这个说法，就是说你得不到所有的点，总是有得有失、有进有退、有上有下。你要是能懂这个道理，你离大道就近得多，你就不会经常处在一种焦躁之下，处在一种怨恨之下。也就是说你要相信：大道本身就具备一种调剂和平衡的能力，具有调剂和平衡的特点，什么好事都让你一个人碰上这是不可能的。如果反过来你抱怨你这一辈子什么坏事都碰上了，这种可能性也比较少，当然有特殊情况，比如说得了 H1N1 型流感死亡了，那别人也就没法替你说大道怎么能够帮助你了，这是很特殊的情况；你出交通事故死亡了，这别人也帮不上忙了。但是一般地说，大道有一种调剂和平衡的能力。

老子在第三十章里又讲到类似的问题，他是从战争来说的，他说“大军之后，必有凶年”，由于战争会造成生产力的破坏——当然古人还有一种类似天人感应的想法，你说他是迷信吧，又很难说完全是迷信，他认为大兵之后就会出现洪涝或者干旱或者虫子之类的天灾人祸。我为什么说他不完全是迷信呢？因为战争会对社会的生产力、对社会的正常秩序造成负面的影响、造成破坏，所以大兵之后紧接着有各种各样的灾荒，这完全是合情合理的、是可能的。“以道佐人主者，不以兵强天下”，这当然是老子的乌托邦了，带有空想的成分。但是作为一篇文章，作为一个书生论战，这意思还是好的。他反战，他认为你真正掌握了大道，你不要靠武装力量靠武力去逞强，然后他又说“善有果而已，不敢以取强”，你如果用兵，如果搞政治斗争，你得到了成果，达到了你的目的，行了。“而已”这个“已”是当停止讲，你不是胜利了吗？行了！“不敢以取强”，你用不着因为这个胜利就耀武扬威起来，你不敢因为这个就自以为永远处于强势，实际上没有这样的事。

物壮则老

我们看历史，有很多的强国、有很多的大国，并不是强国永远强，并不是大国永远大，所以不要取强。“果而勿矜，果而勿伐”，这又和前面说的那些“不自矜”“不自伐”呼应——你看《老子》是五千字，这五千字里有许多非常一致的思想，甚至于有重复，但是这个重复对于老子来说是必要的。因为他要强调说，你不能因为有成果，因为战事的胜利或者因为事业的成功，就自吹自擂、骄傲自大。“果而勿骄”， 你也不要因为这个就骄傲。

老子还喜欢宣传的一个观点是：“物壮则老，是谓不道。不道早已。”“物壮则老”，他说一个东西发展到最强壮的时候也就开始衰老了，这都是实话，你想一个人达到了最高峰的时候，他之后就肯定要走下坡路。“是谓不道”也就违背了大道。“不道早已”，你要违反了道，你完蛋得就快，你死亡得就快，你走下坡路就快，所以要警惕自己，不要达到这个巅峰。当然这个话我们两说着，说“物壮则老”，有时候我也想跟老子抬杠：你说“物壮则老”，可物弱的话老得更快是不是？你病病歪歪一辈子没壮过，你的人生不是更可悲吗？小时候你先缺钙，得佝偻症，大了以后你得肺结核，到了中年的时候又是肝炎，你老得更快了，四十多岁就变成小老头了。这个也是可能的。但是老子讲这个话，尤其是为那些统治者讲，就是你不要急于称霸天下，那些诸侯国家——当时说天下，其实也就是中国这个范围——你不要把自己发展到顶端，发展到顶端反倒是危险的。

付出必须超前，收益往往滞后

老子讲的“夫惟无私故能成其私”，对于我来说还有一个很特殊的感受。就是说这不仅仅是讲你应该怎么样做人，不仅仅是讲怎么样使你的做人符合大道的原则，他这个“惟无私故能成其私”，我老觉得这里头还有一种人生的况味，有一种人生的感受，有一种人生的感想。

要知道这个人啊，往往是在年轻的时候做事特别的急，他特别觉得自己什么都需要，因为年轻的时候他拥有的成绩，所谓“果”，那个果实的“果”，他最少，所以那个时候他最急于求成，那个时候他如果有私心，表现出来的也比别人更明显。可是越是在那个时候他越得不到私。什么原因呢？我们想一想，这个人生啊，付出需要超前，收益往往滞后，你想想谁不是这样？年轻的时候，你要学习，你有很多东西不懂，别人对你也不了解，社会对你也不承认，所以你的付出要非常的超前。一个运动员也是这样，他从小就上体校，我们现在有一些奥运会的金牌获得者几乎很少有别的儿童少年的娱乐，很少在自己父母的跟前得到家人的宠爱，而是从很小就开始练上了，那不得了啊！很辛苦啊！所以付出永远是超前的，而这个收益往往是滞后的。你付出最多的时候——对不起，那时候没有见成绩，相反，这个收益是一个长期积累的过程，你已经积累了很多很多了，已经不是像当初那样地拼命了，你比较得心应手了，你也不像原来那么紧张了，你的私心杂念比任何时候都少了，这个时候有了收益了。你“成其私了”。

“夫惟无私”，你这时候的私心杂念少多了，因为你也成长了，可是这时候“成其私”，应该得冠军的得冠军了，该得奖金的得奖金了，该受表扬的受表扬了，该得到提拔的得到提拔了。这样的例子不计其数。

牙与花生的人生况味

所以我有时候非常感慨老舍先生在《茶馆》中写过的一句话，后来又被很多相声演员所引用。说什么呢？说：您有牙的时候没有花生豆，等您有了花生豆了可是又没牙了！这个话的意义非常多，它是讲人的衰老的，你年轻的时候——花生豆就指财富，或者是指本事，用今天的话来解释，就是“私”——你那时候成不了私，你有牙但是你成不了私。后来你没有牙了，你已经没有原来那些最好的条件了，这个牙就是“私欲”，就是争夺心，就是希望得到私的那个愿望和手段。等到你没有什么牙了，没有那么大的私欲与争夺心了，叫“夫惟无私”，您现在反倒有了花生豆了，反倒有了收益。

搞写作的人也是这样，越年轻时候越是浑身长牙，看不起已有的一切，看不起前人，坚信天降大任于自身，文学将从自身开始。现在有些“80后”就是这样，一身的牙，花生豆、花生仁（作品、知识、经验）都有限，但牙很厉害。其实我当年也是这样，我是“50后”，我也认定自己应该吃掉、将会吃掉与消化所有的花生仁。

这是一种人生的况味。我觉得我们与其把这个“夫惟无私故能成其私”仅仅是当作一个道德教训来讲，不如把它当作一个大道本身的特色来讲，也不如把它当作一个人生的况味来加以咀嚼，来加以叹息：您太私了，您牙齿太尖利了，对不起，你达不到目的；你只有好好地付出，付出一定要超前，收益滞后；但是真正有了收益了，花生豆挺多了，您牙口也就不行了。所以人生不要太自私，花生豆大家吃，不要光想着自个儿吃花生豆。

第九
我独昏昏，得道者的风度

风度与举止

有一个非常有趣的问题，就是老子在他的《道德经》当中是怎样论述一个得道的人的：他的举止、他的风度、他的风采。其实不仅仅是中国，古今中外都很重视个人的风度风采，像魏晋南北朝的时候，说一个真正的高人就说他站在那里玉树临风，非常之美。外国人也非常重视这点，用很多的词，比如马克思说：风格就是人。英语叫作 Style，也是风度也是风格，还可以用 Mode，叫作范式，还可以用 Manner，叫作举止，还可以用 Fashion，叫作风尚。英语里用一系列的词，说一个人怎么样，就是说你远远地一看，或者从外面一看，怎么样可以看出来这个人是一个有学问的人，是一个文明的人，是一个有知识的人，是一个令人尊敬的人。他们也很重视这个。

《老子》第十五章说“古之善为士者”——有的版本说“古之善为道者”，但是我觉得这个问题并不大，因为老子所讲的“善为士者”并不是说你能够出谋划策，伎俩特别多，鬼东西特别多，他说的不是这个意思。他说的“善为士者”正是那个得了道的人，所以“善为道者”“善为士者”，我们不必在这上面使太大的劲儿——“微妙玄通，深不可识”，这个可是有点意思。微妙，我们现在还用这个词，这是一个很现代的词，说真微妙啊，却原来老子在那么恒久的两千多年以前已经用过这个词。“微”就是精微、就是细、就是精、就是明察秋毫，就是这个道理，本身又相当的巧，所以才叫微妙。实际上我觉得应该解释成“智慧”，这种智慧令人赞叹、令人叫绝、令人五体投地。

“玄”是指它的概括力，庞朴先生考证这个“玄”字在古代实际说的是水在打漩，它是象形的，因为古代在创造每一个抽象的字的时候，往往都是有大自然的一个具体的现象作为它的参照物。我们今天说的“玄”是带有一种概括性、抽象性，一种弹性，一种在智力上能够给你很大启发而又不是日常生活中所有的东西，叫“玄通”，它又很明白很通达。你有了大道以后，第一你很精微，第二你很智慧，第三你很独特、你很概括，别人还不容易摸清你的底细，第四你什么都明白，你该上哪儿就上哪儿，可以什么都是，变成古人叫“通人”的智者。通人就是很多知识他都有，他都能读得通，能想得通，能说得通，这样人的叫“微妙玄通”。

深不可识

底下的一句话是“深不可识”，得道的人，别人一下子还摸不到他的底细，还了解不到他的这个道，因为这个道太深奥了，不是一般人能够理解的。这个说法，必须承认我至今并没有完全弄明白，因为老子在另外的一些地方又讲知白守黑，又讲和光同尘，又讲“朴”，“镇之以无名之朴”，就是一个人应该很朴素，应该很原生态，但是他为什么同时又说他是深不可识的呢？这一点我不能解释得非常周全，我自己还不能做到深不可识，但是我愿意试着解释一下深不可识是什么意思。在东周的时候，在春秋战国的时候，“道”的思想还没有成为共识，因此你不容易被理解，相反那些纵横家，那些阴谋家，那些兵法家，那些整天游说于各诸侯国之间，搞富国强兵、统一天下的这样一些人，他们容易被识，而你主张“道”，主张自然而然，主张无为而无不为，你不容易被识。有这方面的含义，我也希望听众当中，或者专家当中，对我有所指教。

他这个说法还有一条，老子在另外的地方又讲过“国之利器，不可以示人”，就是真正的“道”，真正的最伟大、最玄虚又是最巧妙、最自然的“道”，你不必急着给别人讲，你讲他也听不明白，老子也有这个意思在这里。特别我们要考虑到，老子的许多说法是讲给侯王们、执政者们、有野心取天下者们听的，他们当然必须深不可识，不可被百姓、更不可令敌国盟国邻国一眼看穿。

那么这些话对人有些什么启发呢？就是说：你不要认为非得要求别人了解你，非得让别人也和你的“道”采取共识，采取相同的认识。因为你掌握的“道”越深奥，别人对你的了解、对“道”的了解越有限，越会显出差距来，对此你不必怨天尤人，对此你也不要摆出一副自己是什么样的瑰宝，别人不识货的样子。你不要有这种思想，既然你掌握了“道”，你就深不可识，别人一时半会儿弄不清你的学问。甚至于，只有深不可识你才能在取天下的斗争中取胜。我觉得他讲的从这个意义上，也许对人还会有启发。

勉为其难的形容

然后老子接着说“夫惟不可识，故强为之容”，正因为不可识，我很勉强地把他描绘一下，“容”就是形容一下。在《老子》当中，起码他是第二次用相同的方式，他说过“道常无名”，“道”本来是没有名称的，没有一个概念能表达，“强为之字曰道”——这次他说一个真正的掌握了道的人深不可识，是他戴了面具？他不是，他穿了隐身衣？他也不是。怎么形容呢？他用的是文学的说法，他用的是比喻的说法，他不是靠命题、靠概念，而是用文学的说法。

他说什么样呢？“豫兮若冬涉川”，“豫”是小心谨慎，他小心谨慎得就像冬天过河一样。他说的是冬天过河，为什么是冬天过河呢？一个是有冰，一个是水太冷，如果要是掉在水里头的话，你受不了。夏天过河你可能不那么谨慎，如果你游泳，古代叫凫水，你凫水凫得好，你就不谨慎了。你是阮小五，你是阮小七，你是浪里白条张顺，那你就没有那么谨慎了。可是他提到冬天过河，他没提冻冰不冻冰，你都得小心谨慎，碰到冰也不行，冻死了，不行，淹在里头，也不行。

“犹兮若畏四邻”，你有点拿不定主意，就好像你害怕你的邻国——这个四邻不一定是邻居——害怕你周围的环境对你有什么威胁。因为春秋战国的时候，谁对谁那么铁啊，那都是各争各的利益，叫春秋无义战。所以你做什么事拿不定主意，你要多考虑考虑、多琢磨琢磨，要慎重决策，就好像你受到了邻国不良的对待，甚至于攻击一样。

“俨兮其若客”，“俨兮”也就是说你还得正正经经的，你得自己有所控制，就像去做客或待客。这里老子说的也很实在，人家家里要没人，你当然相对比较放肆，穿衣服也不用很在乎，说话或有时候你咳嗽一声、打个喷嚏都没有关系。但是你去做客或待客就应该比较严整，对自己的举止行为应该有所控制。这些地方的说法有些和儒家相像，儒家就说一个人做事要战战兢兢，“如临深渊”，就好像你前面就是一个深渊，你一步走错掉进去了，对不起，一失足成千古恨。“如履薄冰”，你得试探着走，你如果不试探可能掉冰窟窿里头了。所以这里也讲究小心谨慎。

其实在老子通篇的论述当中，和儒家的思想并不是有很多相同的语言或相近的地方，他总是比较另类，或者逆反，但是在这一章里面却有一些相近的地方。这些地方我觉得也挺奇怪，因为别的时候他没有说过这些话，说你要小心谨慎，相反他都说大道之行，自然而然，都是讲“道”一曰大，二曰逝，三曰远，四曰反，他都是讲得非常大的，偏偏这个地方他讲要小心谨慎。

解冻说的滥觞

但是底下有些话就有点不一样了，他说“涣兮其若凌释”，“涣”，在现在是个坏话，就是涣散，是一个贬义词，但在这里是慢慢地放松，慢慢地松散，就像冰开始化一样。这个词也挺好玩，因为当年，二十世纪五十年代中后期，苏共二十大以后，赫鲁晓夫上台，对斯大林有所指责、有所批评，然后苏联的社会生活就有一些稍微放松的迹象，当时就被西方世界甚至于也被苏联的知识分子称之为“解冻时期”，而且爱伦堡——他是一个前苏联国籍的犹太作家，他很有名，他写了一个中篇小说，这个中篇小说就叫《解冻》。过去我们认为解冻这个词是指苏联的那个特定的时期，我重温《老子》，忽然发现老子早就说过解冻，说“其若凌释”，就是冰凌快融化了，这不就是解冻吗？这是很好玩的一个说法。

“敦兮其若朴”，他厚墩墩的还挺实在，就像原生的木头一样。这个形容也特别好，我底下还要专门讲这个事情。“旷兮其若谷”，他很开阔，就像山谷一样，他能够容纳各种各样的东西，山是很高的，但是他胸怀开阔。

下面又有一个我们今天不常用的词，他说“混兮其若浊”，他是混杂的，他是包容的，所以他好像并不那么干净。混浊，我们一般是把干净看成一种美德，把混浊看成不好的贬词。但是你想一想，这个世界是很复杂的，用黑格尔的说法：世界是杂多的统一。如果一个人太纯了，纯而又纯，这个从生理上也不是好的。比如吃东西，应该是杂食最好，比偏食偏饮要好得多。接触的知识也一样，你的知识越杂越好，当然可以有你的专业，但是你除了专业其他的什么也不知道，你相对就比较幼稚，就比较容易会有错误的判断。你在社会上的经历，实际上也是一个越来越复杂的过程。水至清则无鱼，人至察则无徒，要知道世界上的人是各式各样的，你不能要求别人都跟你一样。所以他就说一个真正得道的人，从大道的观点鸟瞰这个世界，或者说他是“欲穷千里目，更上一层楼”，他的印象是杂七杂八的，是混浊的，而不是单一的，不是一个单调的、单色的，或者只有两种颜色黑白分明的，他未必，这些地方他说得都很有意思。

温温恭人

他前面说得小心翼翼的那一面，让我想起了《诗经》里面的一个形容：“温温恭人，如集于木”，说鸟“集”——在古代这个字是什么意思呢？就说像水的旋转一样，“集”就是一群鸟停在一个树枝上，这个“集”的上半拉就是那个鸟字的表现，过去写集也是这样，下面是个木，也很形象。这个形象在哪里？第一，这些鸟互相都很客气，第二，都很小，因为如果就这么长一根树枝，停了八个鸟，你要是不讲理，一挤你可能把人家给挤走，也可能自己就站不住了。所以这个形容太好了，这是《诗经》里面的话，“温温恭人”，互相之间和和气气，而且互相尊重，谁也别动谁的地盘，别乱挤，你一乱挤，咱们谁都没有好处，谁也不能在这个树枝上停留了。

“温温恭人”为什么特别吸引我呢？就是它把谨慎小心、慎重与温和、亲和、客气结合起来了，它不是光让你小心。这话就不比“如临深渊，如履薄冰”那样有点恐惧感：这个社会怎么了？一步走不对就掉进去了，掉进坑里了。那个说法显得太危险了，而这个说得特别可爱，一群小鸟在一个树枝上，在这个树枝上我们不要损害别人，不要损害别的鸟，你损害了别的鸟，你自己也没有待的地儿了。哎呀，这个实在是说得非常好，从诗教的传统，这是儒家最喜欢的。

《诗经》的总编辑是孔丘，孔子的学说追求一种什么样的风度呢？是一种合情合理的规范、义务、秩序和自控，孔子讲许许多多的让人不要这样、不要那样，注意这个、注意那个。但是从孔子本身来说，他追求的是那种合情合理的东西，后人有人把他搞得太过分了是另外的事情。所以朱熹怎么解释孔子的？他说读孔子如沐春风，就像在春风里面、沐浴着春风一样，因为他讲得都很合乎道理，就像刚才说的一群小鸟“温温恭人，如集于木”，这不是如沐春风吗？而且《论语》里头就讲“暮春者，春服既成，冠者五六人，童子六七人，浴乎沂，风乎舞雩，咏而归”，到了暮春了，拿北方来说，就是四五月份的天气了，这个时候二十岁以上的有那么五六个人，还带着几个小童，然后大家有点像春游一样踏青去了，“沂”是沂水，在水里头浴，在水里头洗了洗脸。游泳，我觉得还有困难，要看什么地方了，暮春就下水游泳啊？反正就是在水上洗了洗，然后跳舞，“舞雩”就是一种求雨的舞蹈，简单地说是在外头又唱又跳，然后“咏而归”，“咏”也是歌咏的意思，唱着歌就回来了，有点像春游的意思。这是孔子追求的一种生活，他并不是一个道学先生，让你天天规规矩矩立正，连稍息都没有的这样一种人。

孔老的风度说比较

孔子对人的风度也有很多说法。老子对人的理想就是得道，成为一个有道德的人，成为一个圣人。孔子的说法是他一上来就说的“人不知而不愠，不亦君子乎”，别人不是故意来损害你，你不要生气；别人由于没想到，说了一句你不爱听的话，或者碰坏了你一件东西，你不要生气。遇到这种事能不生气的人，这就是君子了。不是说一损害我，我就跟别人急，他不是这样的人。他说的其实特别简单，容易接受。孔子的主张，儒家的主张里讲“君子坦荡荡，小人长戚戚”。这个和老子说的又有点接近：说“旷兮其若谷”，胸怀就像山谷一样，里面有那么多的包容；这和老子也比较一致：说“小人”——只有斤斤计较私利的、没受过教育的、目光短浅的、品行比较差的这些人，他们才整天忧心忡忡，嘀嘀咕咕。儒家还讲“己欲立而立人，己欲达而达人”，就是说他也考虑到旁人的利益，互相尊重，因而自己的利益也得到维护，这一点是和老子起码可以互相并行不悖的。

但是老子更强调的是自自然然的淳朴，这里面他说的这么一大堆，我最想多讨论的是“敦兮其若朴”。因为老子在其他地方又讲人有很多欲望，有了这些欲望，就会有一些不适当的行为，遇到这种情况“镇之”，我要把他镇住，怎么镇住呢？就是要提倡朴，提倡朴实，提倡朴素，提倡淳朴，提倡朴厚。古人认为人越朴实越接近原生态，他就越厚道，越不那么斤斤计较，更不是那么钩心斗角。所以对“朴”的提倡也是老子学说中非常重要的一个概念，是仅次于“道”的一个概念。什么是“道”呢？就是能做到“朴”。有时候我还想用我们今天非常喜欢讲的一个词，就是诚信，就是说我们感觉到在市场经济当中，如果一个人、一个企业、一个公司、一个团体失去了诚信，如果变成了“三鹿奶粉”，那种情况下你简直就变成了一个公敌，变成了大家所不齿的一种人物。但是怎么样才能做到诚信呢？诚信的人的风度应该是什么样的呢？应该是比较朴素的，不搞那么多曲里拐弯。老子这种对朴的提倡，是值得深思的。

森吉德玛与兰花花

作为一个文学艺术的从业人员，我还特别觉得感动的是，我想了想，世界各个民族和我们中国的各个民族里，都有一种最动人的民歌，这种民歌歌颂一种原生态，用最简单的语法、不加任何装饰地来树立一个非常朴素的、非常淳朴的少女的形象，作为爱情之神，作为爱情的象征。譬如说蒙古族，我最喜欢的歌是《森吉德玛》，它一上来就唱：碧绿的湖水，明亮的蓝天，比不上你的纯洁——它是树立的这个；维吾尔族《阿拉木汗》：阿拉木汗什么样，长得不肥也不瘦——它说的更朴素、更简单了，阿拉木汗什么样，他也没说她是明星，他也没说她有多大的收入，也没说她有多高的学历，她就是长得也不肥也不瘦；汉族《兰花花》：青线线那个蓝线线，蓝格英英彩，生下一个兰花花，实实的爱死人。这不是偶然的，为什么各个民族，外国也一样，我就不一一唱了，变成个人演唱会了——都要树立一个非常纯洁的、非常天真的、非常朴素的、没有经过任何的装扮和矫饰的、不带任何伪装的这样一个美的形象，这样一个任何人都能接受的、都无法轻视的一种好的形象。它暗合于——我不是说创造这些民歌的人都学过《老子》，没有这个意思，我这个说法可能有点匪夷所思：从阿拉木汗身上想到老子讲的得道者的风度了——它暗合。说明天下有一些道理是一致的，是相通的，而且包容。

旷兮混兮还意味着包容，包容的思想对我们来说也有很大的好处，对有些东西，我们在没有熟悉它、没有弄清楚以前，我们可以有所观察，可以有所期待，可以有所分辨，不要急着去排斥。在改革开放的年代，这样的思想更有意思。一般的情况下，我觉得这种包容，这种假以时日慢慢弄清它对人到底有好有利，还是有害有损伤，比我们见到不熟悉的东西立即予以排斥要好很多。

我们现在想，如果有了老子这些东西：既有小心谨慎的一面，又有很温和、很包容的一面；既有该紧张的时候紧张的一面，也有该解冻的时候放松的那一面，这样的话你的风度是不是就比较好了，你的人格会是一个完整的人格。如果你只有紧张谨慎小心恐惧防备这一面，别人怎么跟你接近呢，没有办法接近。或者你只有大大咧咧随随便便马马虎虎这一面，那你也办不成任何的事了。

所以老子说的这些形容，“豫兮若冬涉川”，该小心的时候咱们就像过河一样，现在不说“冬涉川”，说摸着石头过河，那个地方深一脚浅一脚，您把您的脚掌握好了。“犹兮若畏四邻”，你做什么事情要考虑到四邻的反应，而且你还要有一定的警惕性，您不能够对自己的利益漠不关心，您不能丧失警惕，您还得有忧患意识。“俨兮其若客”，你不要太放肆，对自己有所控制。“涣兮其若凌释”，你该放松的时候就放松，该轻松愉快就轻松愉快，你不能老是那么紧紧张张。“敦兮其若朴”，你又很诚实很朴厚，就像那原生的木头一样，这个朴字最早时指原生的木头，木头没有经过砍啊削啊锯啊刨啊凿啊，没经过这些，就是该什么样就是什么样。“旷兮其若谷”，你就应该很豁达，胸怀豁达，宰相肚子里能撑船。“混兮其若浊”，你对于比较杂的东西可以先都掺和着，先考虑考虑、消化消化，先不必急于把它排除出去。如果做到这一步，这个人格应该说算是相当的完整了。

动静与浊清

再底下有一句话“孰能浊以止？静之徐清。孰能安以久？动之徐生”，就是遇到这种情况：有点太混浊了，太脏了，你静一静，沉淀一下，它也就清爽了。不能说因为它混浊，你就把这个水给倒了；或者因为混浊就视这个水为敌，拿刀去砍，或枪毙这个水，或冲它放枪扔炸弹都不行。你保持平静，平静以后它就会有所沉淀，它就慢慢地清了。

你为了保持安稳还要“动之徐生”，你要太平静、太死板、太板结了也不行，这个时候就要适当地运动一下，适当地动一下，让它焕发出生气来。古人对这个解释有的把第二句话当坏话来解释，说本来“静之徐清”挺好，但是你没事找事，一动就生事了。这样的解释也都是名家的解释，我对此不便于发表什么意见，但是我个人感觉不出是批判的意思，我觉得这两句话起码对我来说都挺好：有点混浊了，你等一等，所谓混浊就是有点乱了，你就稍微静一静；讲话也一样，或者话说得有点乱，稍微把节奏放慢一点儿、静一静、调理一下；如果讲得太呆板了，那咱们就“动之徐生”，可以动一动，可以加一点儿肢体动作，可以说两句笑话，可以让它变得生动一些。

风格是可以自我调节的

我觉得人生就是这样，这个是什么意思呢？就是说风格本身并不是僵死的，不是一成不变的，而是可以自我调节的。这两天您过得太静了、太安稳了，您想办法活动活动，看看朋友，该旅行旅行，该上哪儿走一趟就走一趟。如果你跑得太多了，脑子里乱七八糟，书也看不下去了，那你就好好休息一下。所以这种所谓完全的人格包含着一个内容，就是自我调节，就是说不让他偏重于某一方面。我觉得这个意思也是一个非常好的意思，所以要有一种自我调节的能力。

我常常喜欢讲：对于一个人来说，不管他是行政，是从政，是为文，是经商，是居家过日子，有两个能力是最可贵的，有两种感觉是最可贵的，一个是分寸感，一个是节奏感。分寸感就是你做任何一件事也不要劲儿使得不够，也不要偷奸耍滑，不要偷懒，不要老想着坐享其成，该使的劲儿你都要使上，但也不要太过。使了一段劲儿了，收效如果不是很理想，你稍微停一停，看看是不是用力太过了，过于偏执了，或者话说得太过了。

再有一种就是有节奏感，一张一弛、有紧有松、有进有退，我觉得老子理想的这种人格，如果做到了前面所说的这些东西，他就是有了自我调剂的可能。

老子又说“保此道者，不欲盈。夫唯不盈，故能敝而新成”，所谓自我调剂是什么意思呢？就是不管什么时候，你都不要把你的状态当成是一种最佳状态；是一种盈满的状态；是一种到了头的状态，不！什么叫到了头了？完蛋了才是到了头了，你只要没完蛋，你还在学习；还在工作；还在生活，那你就有调整的空间，有调整的可能性，认识到自己的举止、自己的方法、自己的行为、自己的言辞都有调整的空间，可以说你就有一种生机，你就有一种矫正自己、自我矫正、自我控制、自我调整、有所前进的这种可能，反过来说你自己把自己的路都封死了。所以他在讲到这些以后，说你要能够真正按“道”作为，你不要盈满，你不要把自己搞死，不要把自己搞僵，不要就这么两三句话来回地说，再没有别的学问，什么新东西都接受不进去。这个提的也可以说是非常的好。

踮着脚站不稳

还有一些地方，老子不是专门讲风度，但是我们今天拿过来讲风度特别合适，而且讲得非常好玩，讲得非常生动，就是老子第二十四章，他说：“企者不立，跨者不行；自见者不明，自是者不彰；自伐者无功，自矜者不长。”他一上来说的“企者不立”是什么意思呢？就是你站起来有多高就是多高，你别老欠着脚，你很难用欠着脚的方式来站立，这样站不长久，是这个意思。当然老子那个时候没有芭蕾舞，芭蕾舞有足尖舞，足尖舞也是表演的时候才用，不是说芭蕾舞演员回家或者上街都用足尖走路，那也不可能。所以他的意思是不要勉强，不要作秀，不要做自己实际上做不到的事，应该自自然然的，应该承认现实。你一米八当然很好，你用不着欠脚了；你一米七也很正常，你一米六那也没辙。你拼命欠脚、欠半天人家一看也不认为你是个大高个儿，也不会因为你欠脚就把你选到篮球队里去。所以这里他讲了一句非常好玩的话，说“企者不立，跨者不行”，你走路不想一步一步地走，你老想连蹦带跳，一步就走别人十步八步的路，反倒走不远。

中国有一句话叫作“欲速则不达”——当然如果从历史上从政治上说，也有一种超阶段的跨越、超阶段的跃进，但是超阶段的跨越和超阶段的跃进，也是在有了一定的条件之后，有了一定的客观规律之后，按照这个规律可以做到某种跨越。还有一条就是跨越了以后，还要在后面接着补课，把你原来没有完全做到的那些事情，进入新阶段以后补课。所以他说的“跨者不行”，我想我们应该这么理解，就是任何事物还要有自己的步骤，有自己的过程。然后他说这些东西就像“企者”“跨者”，就是老想着靠欠脚尖能超过姚明，或者你老想着不用正常的一步一步的步子，能够比火车跑得还快。如果这样的话，这叫作“余食赘形，物或恶之”，“恶”在这里是厌恶的意思，“故有道者不处”，“余食”，就好像剩饭，是你所不需要的。比如说一米六是你的饭，你欠脚以后变成一米六一、变成一米六一点五了，那一点五是你的剩饭，是“赘形”，就好像你脸上长出一个瘊子，或者本来五个手指头，这又出来一个叉，出来一个六指，这些东西是多余的，别人会讨厌。

这里老子说得非常实在，我又觉得不是深不可识了，浅显明白、通俗易懂，凡是自己身上没有的东西，你用一种勉强的方法，用一种不肯承认现实的方法，给自己往脸上贴金，只能引起别人的厌恶。所以老子在这里又非常的通俗：你的风度、你的风采，你想不想玉树临风不要紧，你是不是让别人一看到你就如沐春风，这也不要紧，但是起码有一条，别惹人讨厌。

起码不要惹人讨厌

我觉得“恶之”“君子不处”，要给它一个最通俗的解答，就是不要惹人讨厌。老子对风度的这些说法，我觉得挺好，因为它既有大道的高度，又有一种亲和力，让你不觉得人掌握了“道”以后了就不得了，跟神仙似的，你走过去以后都害怕、都哆嗦。他没有这种感觉，他让人觉得是很普普通通自自然然平平常常。同样我们也可以从反面、从我们的生活当中或者在小说的人物当中，找到这种“余食赘形”，令人讨厌的这种人这种事。譬如说喜欢挑拨是非的人，喜欢找事的人，喜欢老是跟人别扭的人。

就说《红楼梦》里，别的人物写得都立体，但是有几个人物曹雪芹特别不喜欢，那人物一出来就招人讨厌，赵姨娘是一个，还有一个就是邢夫人——贾赦的夫人。小说里特别说了邢夫人有一种左性子，这个左性子跟现在说政治上的“左”没有关系，跟说谁是“左爷”也没有关系。他的意思是什么呢？就是她老跟别人拧着，干什么事都找别人的碴儿，什么时候她都制造事端。所以，作为人，我们除了讲应该有什么样的风度以外，我们还要想一想人不应该有什么样的风度，不应该有“余食赘形”，不应该在那儿制造是非，不应该在那儿没事找事，老是和别人闹别扭，制造不团结。

风度表现了人的生活质量

这些地方，老子所说的可以说也是一种帮助吧，从这里我们可以想到什么叫作风度。风度就是人的风度，就是你得道的程度，风度就是生活的质量，风度就是又伟大又亲和，风度就是人格的魅力。能做到像老子所说的这样的人，他又好接近，又互相没有任何的伤害，你跟他在一块儿会很舒服，他形容的风度确实也很理想。

老子在第二十章里还讲到——这个和风度也有关系——他说“唯之与阿，相去几何？善之与恶，相去若何？”“唯”就是——我老开玩笑说“唯”是法语，就是 yes ，就是“是”，法语是“唯”，我说“阿”是斥责。你对事对人点头称是和被人斥责相去几何？对老子来说，被人称赞和被人贬斥、被人驳斥，他不认为这是多了不起的事，这不过是外界的反应。我说的话对就是对，错就是错。你同意，我是对的；你反对，我还是对的。除非我自己说错了，你同意也没有用。

他说“善之与恶，相去若何”，有人说这个东西很善，有人说这个东西并不善，有时候这之间相差也未必是像俗人所想象的那么远。但是“人之所畏，不可不畏”，老子又说了点儿老百姓的话，有点像小人物的话，他说：可是别人都怕的呀，我也不能不怕，人家都躲的事，我也要躲着点。整个《老子》里，这样的话也非常少，就跟前面说要小心的话一样。遇到这些，老子那个普通人的劲儿、老百姓那个劲儿就出来了。他说“人之所畏，不可不畏”，如果大家都烦，这样算了，我也别挨这骂去了，我也别找枪口撞去了！“荒兮，其未央哉”：这种情况是很荒唐的啊！你不许说这个话，我也不敢说，这是很荒唐的。但是这种荒唐现在还是正甚。

提倡淡泊

“众人熙熙，如享太牢”，人很多，熙熙攘攘，“享太牢”是去宴会，好像是大家都到那儿撮去了；“如春登台。我独泊兮，其未兆”，而我呢，我很淡淡的。他又讲了风度的一个特点，泊就是淡泊的意思，就是淡，就是我对什么事都不是那么热衷。他说我不显出对各种事有多热衷：我也非得跟着吃去、非得跟着玩去，我没有那个劲儿，我把这个事情看得比较淡泊。这个也是老子的特点，老子在其他的地方也讲过很多这一类的话，他要求的是一个“淡”，要求“淡泊”，不要求很强的刺激，也不表示过多的情绪化；如“婴儿之未孩”，古人解释说“孩”这里指的“笑”，就好像这个婴儿还不会笑。可能该这么解释：婴儿小到什么程度呢，就是连笑都不会笑；“儽儽兮，若无所归”，甚至于我还有点潦倒，有点孤独，过去说“儽儽兮，如丧家之犬”，就是说我还有点孤独，我还有点潦倒，好像我找不到回家的路；说“俗人昭昭，我独昏昏”，越是俗人越明白，什么他都知道，可是我呢，我对很多事昏昏。昏昏是什么意思呢？我不认为世界上的各种事情都是可以一眼看穿的，都是可以做出黑白分明的论断的，所以别人看出来了，我还有点糊涂；“俗人察察，我独闷闷”，就是说越是俗人，越是没有多大学问的人，什么事他看得明白着呢，他自以为是明察秋毫；可是我呢，我没有什么把握——这个地方我也可以念闷（第四声），但是我愿意把它念成闷（第一声），说你闷着吧，因为这个事你还没有把它弄清楚，你还不够清楚。

“众人皆有以”“而我独顽似鄙”，“有以”就是有原因，每个人做每件事都认为自己是有原有因、有根有据：应该给我提级，因为我已经参加工作多少年了。他都觉得说什么话、干什么事都有把握，可是我自己呢，我自己“顽似鄙”，不把自己估计得那么高；“我独异于人，而贵食母”，我为什么和别人不一样呢，就是因为什么事我都要往终极考虑，都要从根源里考虑，我都要从它的缘起来考虑。当我对什么事都从缘起来考虑的时候，我没有那么有把握。我不是说我说什么就是什么，不见得，我抱着一种求知的态度，我抱着一种探讨的态度，我抱着一种探索的态度，所以我宁可认为自己有点糊涂，宁可认为自己有点傻，宁可认为自己有些事没有那么清楚。

这段话，我认为既有老子的自嘲，也有老子的不满，但同时也有老子对一个得道者的风度的刻画。就是不应该跟俗人相比：我没有他们厉害，他们多明白啊，他们什么事都知道，他们想干什么就干什么，他们是又吃又喝又热闹；我冷冷清清。这里他又说到了所谓得道者的风度的另一面，哪一面呢？就是要有自己的特立独行。你说和光同尘，不随和是不行的，但是你全都随和了，什么都跟着大伙儿走了，你自个儿没有见地，甚至于当大家对于一件事情的认识并不正确的时候，你也跟着起哄，那你还有人格，还有令别人赞服的优点、长处吗？你没有了！

老子有时会说反话

所以老子这段话是他内心最复杂的地方，他是说反话，“众人昭昭，我独昏昏”，这是反话；“众人皆有以”“而我独顽似鄙”，这也是反话。老子经常是反话正说、正话反说，你看他嘲笑了自己，但你又觉得他挺骄傲的，为什么呢？他敢说我跟众人不一样，我和俗人不一样，我和那个见着好吃的赶紧去撮、有玩的机会赶紧去玩的人不一样。老子还是非常自信的，不但非常自信，甚至他还挺牛，所以他又有这一面。

至柔为上

老子在第四十三章里讲了一段话，这段话可以从兵法上讲、可以从军事上讲、可以从政治上讲，但是也可以从风度上讲。他说什么呢？“天下之至柔，驰骋天下之至坚”，天下最柔弱的东西、最柔软的东西，可以去主宰、可以去运作那个最坚硬的东西，可以去运动那个最坚硬的东西，让那个最坚硬的东西跟着你跑；“无有入无间。吾是以知无为之有益”，并不存在的、你看不到的东西可以进入那个无间的东西——没有任何缝隙的东西，但是我进的去。什么叫“至柔能驰骋至坚”呢？你最坚硬的东西，但是我靠我的没有什么反而能够影响你这个最坚硬的东西。他说这样的话，就知道“无为”的好处：“不言之教，无为之益，天下希及之”，不言而能够教化别人，能够感染别人，你不做，但是你能够产生效益，产生好处，产生成果，这是任何其他的东西，是有言有为所达不到的效果，谁也赶不上。这个很好玩，老子当然说的是事物的道理，但是他让我联想到现在物理学，认为各种的物质实际上都是有空隙的，并不存在一个完全无间的物质，任何物质你要是往深里看，都有它的空隙。所以老子认为“无有”还可以“入无间”，虽然这是他在古代说的，但是他又和现代物理学的发现吻合。

这样的一些说法，它又符合我们中国自古以来传统文化里面讲的以逸待劳、以弱胜强、以柔克刚、先礼后兵。我们有很多这一类的说法，就是说我们保持自己的一种弱势，保持着自己的一种和平、退让、谦卑的姿势，反倒使我们能够进入你那个防线，反倒能够进入你那个无坚不摧的、攻无不克的防线。

其实刚才说到物理学在数学当中也有这样的概念，因为“无”就是“有”的一种形式，现在H1N1流感要求“零报告”，什么是零报告？零就是“无”，但是你要报告，报告就是“有”，你是“无”，但是你要有“无”的报告。所以老子的这些道理是非常深刻的。

风度与软实力

他的“无有入无间”还让我想到风度，风度就是“无有”，你能够说风度几斤几两？这不是物质的东西，也不是能够量化的东西，但是风度的魅力就能够有利于一件事情的办成。相反，你的风度恶劣，你的风度不成样子会反过来变成办成一件事情的阻力，这样的事情也特别的多。学习《老子》时，我从风度上又想到了文化，我们常常说软实力，软实力指的是什么呢？就是指的这种看不见的，不是飞机、不是大炮、不是集团军、不是坦克、不是航空母舰，也不是巡航导弹，它是什么呢？恰恰是你思想的深邃、你风度的美好、你的亲和力、你文化的力量及影响力、你的说服力、你的感染力。这些东西它能够使“无间”的地方，本来在那提防着就好像是马其诺防线一样，它能够攻破马其诺防线。这其实也是一个例子，马其诺防线本来是固若金汤，谁也打不过，但最后希特勒根本不从那个方向进攻，就等于在战略上把防线变成了一条废的防线，而从另外的方向展开攻势，所以这也是一种战略选择的力量、军事的力量，它不是完全表现在那些坚硬的、坚固的、可以量化的、可以在地图上标出来的东西上。同样，这里我们所说的文化、我们所说的智慧或者是智谋、我们所说的风度、我们所说的战略思考等这些东西，对这个世界仍然是非常有意义的。

第十
大仁若伪，大智若妖

为什么老子喜欢反着说话

我们看《老子》的时候，会发现他特别喜欢用相反的概念来说明要达到的目的：大成若缺、大直若曲、大盈若冲、大巧若拙、大辩若讷。他还说过“曲则全”，弯曲了就能够成全。“枉则直”，弄得弯了，它反倒是一条直路，“洼则盈”，比较低洼的地方反倒容易满；“敝则新”，旧的东西实际上最新；“少则得”，你占有的越少得到的就会越多；“多则惑”，多了反倒麻烦了，等等。通篇里好多这一类的说法。这些说法的目的很少是专门讲做人处世，也没有这个词，这是我说的，他更多的是说治国，他说到过用兵，说到过善为，说过到取天下这些词。既然他讲到了这些普遍性的规律，那么对于今天的我们做人处事有没有一些启发，一些帮助呢？

大成就必然带着遗憾

先说“大成若缺”，就是大的完美总是有缺陷的。对此我深有体会，确实如此，历史上越是大人物，不管是秦始皇也好，凯撒大帝也好，拿破仑也好，一直到一些革命家、一些革命领袖、一些大国领导人也好，往往正因为干的事情太大了，他在完成某件事情的时候有可能会伤害另一部分人，他在在意某些方面的时候会忽略了另一些方面，他在取得巨大成功的同时会付出一定的代价，乃至犯下严重的错误。因此对他们的批评就会非常地多。

做事业也是这样，例如绣花，苏绣、杭绣、湘绣，完全可以做到完美无缺。一座别墅也可以建筑得无懈可击。而一个大的水利工程、军事工程，肯定会争执不休。就一个国家大剧院，一个鸟巢奥运体育场，也是一定会若缺、有缺、多缺，现在与今后都肯定会争议不休。

在文学当中也是这样，越是大家越是争议多。比如说爱尔兰的詹姆斯·乔伊斯写的《尤利西斯》，他写的这本书被认为有伤风化，两次被传到法庭受审，他死后此书却被越捧越高，但是即使到今天为止，仍然有人说《尤利西斯》是一部乱七八糟的作品，说他实际是一个骗子。我到过都柏林，都柏林有一个纪念馆，那里卖文化衫，他说——这是詹姆斯·乔伊斯的原话——他说对待这个世界我有三个办法，第一个办法是沉默：silence，第二个办法是逃避：exile，第三个是要点花招诡计：cunning。看明白了后我一愣，我以为他学过《老子》呢，因为沉默符合老子的不争不言的教导，“大音希声”，把他的声音控制住，没有什么声音。逃避，是自我放逐，正符合老子说的“不敢进寸”但是“敢退尺”，我勇于“不敢”。什么叫勇敢呢？就是我勇于去“不敢”，我不跟你较劲。

也可以从反面来想，比如像日本的俳句是五、五、七，它总共十七个字，就这十七个字，怎么要求它都可以符合要求，做到这样的能算是小成，小成则可做得完美无缺，不是若缺，而是无缺。相反，《红楼梦》就做不到如此之精致完美，不是若缺，而是干脆缺了后四十回。

为什么“大直若屈”“大盈若冲”

“大直若屈”或者“大直若曲”，这个“直”，我想在古代的文字里和道德的“德”字是相通的，所以可以把它解释成是一条很直的路，也可以把它解释成坚持原则、坚持道德的原则。但是要真正坚持道德的原则，你就必须照顾到各个方面，不是只照顾到一面。你必然不可能让每一方面都特别满意，所以你又要照顾这边，又要照顾那边，又要使它平衡，这样的话可不是看着反倒觉得你弯弯曲曲的。你怎么不能说一个很简单、很痛快的话：好，就好死了，坏，坏给宰了！他不会这么说话，所以他说“大直若屈”，不可能都是正面，就像打仗一样，不可能都是强攻。

“大盈若冲”这个说法比较好玩，“冲”就是空虚，就是你越有东西，学问也好、财富也好、成就也好，你越有东西，你就越谦虚，就越显得空虚，好像你并不知道多少东西一样。这个话不是绝对的，但是这样的例子非常多，我们随便举几个例子，比如说西方发达国家，从头到脚都穿名牌，开的车也是最新名牌的，那都不是真正的有钱人，那是 salesman 推销员。推销员必须从头到脚穿最好的，而真正的大企业家，很可能就是穿纯棉的，穿很普通的服装。香港也这样，我认识一个香港企业家，他说他的这一生每天中午就是一边办着公、开着会、办着事，一边吃着三明治，从来没有改变过。最近还报道香港那个女百万富翁龚如心的官司，龚如心她经常是坐公交车，自己连小车都不坐。我想她并不是吝啬，也不是故意在作秀，因为对于她来说财富已经成为她事业的一个象征，她个人的消费根本提不到议事日程上，她的脑子根本就没有往这方面使过劲儿，没有往这方面琢磨过。相反，她所追求的财富是她一生的一个事业，一个社会活动。

巧要靠拙功夫积累

“大巧若拙”，这话有点不太好举例子，因为好多情况下“大巧若巧”。比如说变魔术的台湾明星刘谦，他怎么会“若拙”啊，他就是大巧若巧；比如说一个功夫演员做的那些高难度动作，他也就是大巧若巧。但是要分析一下，也可以从另一个意义上来说，就是达到“巧”的这个过程，有时候是非常拙的。比如说现代化的交通工具飞机，这可以说是非常巧了，带上几百人能够飞那么高，飞那么快，而且尽量给你提供舒适的环境，还要保证安全。有时候我都觉得不可思议，一个飞机从这儿起飞，十几个小时以后就到了地球的那一面了、到了纽约了，你都不能相信是不是真的纽约。我头两次去美国的时候都有一种被骗了的感觉，我说怎么把我封到一个小屋里头，封了十几个小时下来一看：纽约，这不是骗人嘛！我不敢相信这个事。你说它非常的“巧”，可是恰恰是由于有这样一种很先进的工具，带来了多少麻烦，带来了多少手续，带来了多少啰唆。不论是制造飞机、驾驶飞机、乘坐飞机，都要有一套相当费劲的过程。当然它也带来了一定的风险。

最近因为讲《老子》到咱们BTV来录像，我有了这个体会，电视技术这也是“大巧”，这都是古人所不能想象的，千里眼、顺风耳。我小时候看电影就觉得够神的了，弄出来一个画面会说话、会走动，电视当然更不用说了——电视是建筑在不知道多少人的、有些甚至于是别人看来很啰唆的工作上面的。为了录一段有价值的节目，需要做多少看来拙笨至极的准备与后续工作。走路是最简单的事，人的衣食住行，“行”最简单，只要你两条腿完整。可是走路又是最慢的，从简便上说，走路最轻巧，从速度效率上说，现代化交通工具才是可取的。所以这个“巧”和“拙”之间是有一些微妙的关系的。

老子喜欢把什么事都往反方面说，他说“大巧若拙”，然后说“大辩若讷”，也有这个问题：会辩论的人都是结结巴巴的，凡是结巴嗑子都会辩论，都善于言辞？这个也说不通。相反有许许多多外交家、政治家在讨论政治问题时，讲话巧妙同时又很有说服力，有这样的例子。但是有一种情况是：善于言辞的人并不急于、起码是不事事表现自己。这种言论上的能力，说服别人的能力，他不急于表现，对自己不舒服的东西就愿意听别人说，一个聪明的人他不但能够做到表达，而且能做到倾听。倾听的时候不是说很冲动地马上就要发表演说，我想他不是这样的。所以要是从这些方面理解呢，倒是也有一些道理，他承认自己有所不知，他承认即使是擅长的东西，也有有把握的时候，有没有把握的时候。没有把握的时候，他就要回答说：这个事情也可能这样，但是也可能有一种不确定性。别人听着就觉得他这人没有什么本事啊，他不能够预言这个事怎么发展——我想有可能有这方面的一些理解一些想法。同时那些一言九鼎的人，他们对自己的话是负有重大责任的，他们要求自己的话说得准确准确再准确，他们说起话来，当然不如“名嘴”们巧。

曲则全，枉则直

再比如说“屈”或者“曲”，就是弯曲的“曲”——“曲则全”，你能够懂得弯曲，你就能够顾全大局，这样的例子也太多了。我们所说的“全”就是能够顾全大局，为了顾全大局你个人受一点儿委屈，你少说一点儿话，你做一些让步，这样的故事太多太多了。这些故事就发生在每天，就发生在我们的身边，我用不着举例子。

“枉则直”，好像是屈枉了，但正是因为你能够理解，能够接受这种有些时候会过度、会过分，有些时候会有曲折的过程，这条路反倒是最直的。这个很简单，开车也一样，你要求往哪里去都走直路，这是不可能的，从 BTV——通惠河北路上天安门，你要求直线走，这当然不可能，该拐弯的地方都要拐弯，这个也容易理解。

“洼则盈”，这是老子始终的主张，你把自己放在一个相对低下的位置，就好像一个大坑似的，这样的话各种东西才能往你这儿流，如果你是一个鼓包，那你这儿一切的东西就只能往人家那里流。

“敝则新”，这个稍微费一点儿解，为什么越是老的东西，越是旧的东西，它有可能反倒是新的呢？他说的也是很有趣的东西，电脑的例子也是这样。

我想这个也不是绝对的，你不能说越老的东西，比如电脑软件，现在叫 XP，说这个 XP 不行了，说我还得必须用 286、用 386 那样的电脑才行，我想他不是这个意思，这只能在一定的条件下：第一，时尚未必是靠得住的。第二，有一些原理，比如说像“道”，像老子所主张的许多东西——要谦虚，必要的时候要退让，这些道理永远是新的，虽然它是很老的道理。老子离现在已经两千几百年了，他不是新出现的一个思想家，也不是 80 后 90 后，他是公元前，还不知道“前”多少年的人，但是他有他的智慧，他仍然时刻给人新的启发，新的滋养。但是“敝则新”就不能够绝对地说了。

“少则得”，这话说得挺好，遇到什么事，你不能把那个最多的揽在你自己的怀里，少一点儿说不定你还能够有获取更多成就的空间。如果一上来把金牌、铜牌、银牌全归你了，世界纪录、奥运纪录、亚洲纪录、中国纪录全归你了，你底下怎么办呢？他说“少则得，多则惑”，太多了你反倒迷惑了，挑花眼了，这些都比较容易理解。

悖论的分析

现在我们来探讨一下老子的这些说法。我们可以很简单地说这是老子的辩证法，这对不对呢？这当然是对的，老子在中国古代是非常讲辩证法的，但是他这个辩证法是怎么来的，他是怎么回事？也许探讨一下这个对我们不无启发，还是挺有趣的一个问题。我觉得老子特别喜欢做这种悖论，就是本来说了A，他偏偏说A不是A，A是B。他本来说了B，他说B不是B，B其实是A。他最喜欢做这种互相对立的悖论，从老子的整本书里，我们都会想到这个悖论在世界上是无处不在的。

为什么我们的生活里，在老子的论述中，到处是大A若非A，或者非A则A这样的互相矛盾的命题——悖论呢？我把它简单分了一下。

一种我说它是结构性悖论，就是世界上任何一种事物，任何一种特性的表述，都是既包含着正面的因素，也包含着反面的因素。我们盖大楼，大楼越高，它往下压的就越大，它的风险也就越大，对地基的要求也就越深，所以一边是越来越高，一边是越来越深，这已经是一个悖论，这是结构上的悖论。我们用电，电里有天线，有地线，有火线，如果是静电的话还有阴电和阳电，有正极和负极，这也是结构性的悖论。我们病了吃药，药能治病，然而，同时是药三分毒，药理中有副作用的部分。迅捷的交通工具，带来了速度、效率，但是也带来了危险，越是迅捷，出点事故就更加不得了。

还有一种我称之为发展性的悖论，就是每一事物，它都有可能向着它的反面发展。毛泽东最喜欢讲这个，他说：世界上一切事物无不在一定的条件下转向自己的反面。这样的故事也太多了，比如说一个很强的国家，在历史上耀武扬威几十年上百年，最后衰弱了，变成不怎么样甚至于灭亡了，这样的故事是有的。人也是这样，从出生、成长、有所成就到衰老，最后当然还会死亡，所以这是一种发展性的悖论。一个体育冠军，总会有从非冠军到冠军的发展过程，当上了冠军，无一例外还有一个丢失冠军地位的过程。老子讲的“物壮则老”，说明了壮与老也构成了发展性悖论。

还有一些值得我们研究的，我称之为价值性的悖论，就是你从这个观点上看，是有价值的，是非常正面的价值，从另一个观点上来看，你可能觉得它这个价值又是可疑的。比如说周朝的初年，武王伐纣成功以后，当时商朝有两个臣子伯夷、叔齐，这两人耻食周粟，就是不愿意领周朝的俸禄。我是商朝的臣子，好女不嫁二夫，良臣不事二主，我伺候的我服务的是商朝，甚至于是商纣王，所以他们就上了首阳山，最后饿死在山上了。他们“采薇”而食，有人告诉我说，经过考证“薇”就是云南菜里经常有的蕨菜，说伯夷、叔齐就是吃的这个。对伯夷、叔齐，从价值上就有一个悖论，他们能够这么忠于自己的原则，活活饿死了都绝对不改变自己的原则，这让人肃然起敬，说明他们有气节。可是另外一方面，从新兴的周朝来说，商纣王无道，他是一个暴君，他的罪行罄竹难书，他有炮烙之刑，他挖了他叔叔比干的心，这样的人你还对他忠实干吗？再有，我们中国传统的道德里，一个是讲忠，一个是讲孝，还有一个是要讲义——忠孝节义。忠孝节义在一定的条件下会相互打架，比如说朋友之间、同事之间，应该有义，但是有时候你要是对皇帝忠、对你的老板忠的话，那么你的同事、你的朋友做的不利于皇帝的事情，或者是不利于老板的事情，你应该报告给皇帝、报告给你的老板吗？报告了，你不义；不报告，你不忠。还有孝，孝顺，过去就连唱戏的都说“忠孝不能两全”，你忠实地为皇上当差去了，你就无法承欢尽孝于双亲面前。这就是某些时候价值上的悖论。这种价值上的悖论，让你感觉到“这样好还是那样好”这种选择上的大问题。

一生真伪有谁知

再一种我称之为社会的悖论，就是对于做人处事上面的一种选择，你自己对自己的要求是不是被社会所承认呢？你觉得你非常的忠，但是有关的人士承认不承认你忠呢？这就很难说。这样的例子非常多。比如说不管是孔子还是先秦诸子，都特别佩服周公，孔子甚至于做梦都梦见周公了，可见他对周公的崇拜。但是周公有这么一个经历：他是周文王的小儿子，他哥哥是周武王，他对辅佐他的哥哥来取得天下，治理周朝这个国家不遗余力。他的哥哥曾经得过病，在得病的时候——当然这是有一些迷信——他写了正式的文书向老天乞求说，把我的寿命减掉给我的哥哥，让他多活几年。古人认为寿命是有定数，写在生死簿上，他说我把我的阳寿一半给我哥哥算了，我明天死我也认了，他写了这个而且封到一个金属的容器里边，以示郑重。后来他哥哥死了，他把他哥哥的小儿子、幼子，大概非常小，应该继承王位的——他把这个小儿子抱在腿上来执政，做事一丝不苟，得罪了不少权贵。结果出现了许多的流言，特别是有两个坏小子，一个叫管叔、一个叫蔡叔——这个“叔”我想它可能不是名字，是对男子的一种称呼——一个姓管的一个姓蔡的，就造出谣言说周公一直抱着这个小孩执政，说他最后要把他侄子废了，他要当国王。他侄子也就不喜欢他了，他自己也很胆小很害怕，听到这些流言就辞职了。辞职以后朝廷对他的舆论很不利，说哪有把侄子抱到腿上在这儿指挥一切，说你肯定有野心。结果赶上雷雨把那个金属的匣子给打破了，然后看到当年周武王生病的时候，他怎么样向上天乞求把自己的阳寿都给自己的哥哥，大家才知道他是真正的忠臣。

后来白居易有一首诗说“赠君一法决狐疑”，我有一种方法可以帮助你来判断不能判断的东西，后边接着说“试玉要烧三日满，辨材须待七年期”，玉是真正的玉还是石头，放在火里烧，当然这个方法现在好像不太使用，你得连烧三天三夜，如果它没坏，说明它是真正的玉。要是考察一个人是不是人才需要七年，这个说得也玄点儿，你要是想任用一个人先考察七年，什么事都耽误了。他底下又说“周公恐惧流言日”，就连周公他也有害怕的时候，他大忠若奸，反倒像奸臣一样。“王莽谦恭未篡时”，跟周公相反的例子就是西汉末年的王莽，当年他非常谦恭下士，但是最后他篡夺汉朝的王位自立为新朝，又被刘秀给灭了。“倘使当时身便死，一生真伪有谁知”，你要死得早些呢，你是真是假也就无人知道了。我说它是社会性的悖论就在这儿，有时候一个特别好的人，社会上不认可，就像周公似的，周公他是一个非常好的人，但是朝廷里不认可他，反倒是认可管叔、蔡叔所散布的那些流言蜚语。王莽本来是一个大坏人，但是由于他谦恭下士，所以就说这个人好得不得了。还有伪君子，还有被屈枉的人，这种事情就更复杂了。

还有比说周公、说王莽更接近一点儿的例子，就是明末的袁崇焕。有许多学者研究这个问题，在姚雪垠先生的《李自成》里，他描绘了这个事件；在金庸的小说里，他也运用了这个素材。袁崇焕当时替明朝抗清，他屡有战功，但是最后据说被陷害，宣布说他是明奸，这个情况现在听起来是非常刺激的，说本来已经确定了对他要“夷三族”，倒不是“九族”，就是他的亲戚朋友什么的全都要杀，最后又决定“凌迟”，就是千刀万剐，拿小刀一点儿一点儿地割——这当然是在中国古代，现在判处死刑绝对不允许用这种方法，非常不人道的。但是当宣传他是汉奸以后，群众老百姓恨得不得了，说是他把清朝军队引到北京来的，上去一大堆人咬他。

你的判断——像刚才我们说的成和缺、直和曲、盈和冲、巧和拙、辩和讷，这判断的过程不是直线进行的，不是说就像选择题似的ABCD，哪一个对，电脑就能判断：你选的对就是对，错就是错，不是！而是会有是非莫辨、真假莫名的情况。也就是说，一个人的实际情况，或者一个人的成就和周围的环境对他的印象、对他的评价，可能一致也可能不一致。

不能急于求成一条筋

所以我觉得老子的这些理论里包含着这么一部分内容，就是一个人不要急于求成，你不能单线思维，就一条筋，一个人尤其不要表现得自我膨胀、太过分。他老是提醒你“大成若缺”，如果你做了很多的事情，肯定还会有很多缺点，你有很好的辩才，你肯定也有话说得不利索、打磕巴，甚至自相矛盾的时候，你是一个极其聪明的人，但是你也肯定有办傻事的时候。我们这老百姓也都懂这个，所谓“智者千虑，必有一失”，你什么都想得周周到到，但是肯定某些事你会想不到；“愚者千虑，必有一得”，一个愚傻的人，他比你傻，但是他在一千条意见里边九百九十九条都错了，也有一条硬是比你好。

这个说法也非常有趣，我愿意从这一点顺便说一下，我谈老子，当然毫无疑问我要努力地去理解、去领会、去消化老子的这些主张。但是我聊老子呢，又是如我一开始所说的，是用我自己的生活经验，用我自己对问题的思考，对老子做一个补充、做一个讨论。最近冯其庸先生还给我打过一个电话，说他因为眼睛不好，书看了一点儿，没怎么看。但是咱们这节目他每到礼拜天都会非常认真地听，他就觉得许多许多人解释老子都是“以老解老”，但是你王蒙解释老子是“以王解老”，你用你的生活经验解，就有某些比较新的发现。

我就从这个“大成若缺”“大直若曲”，还有“曲则全，枉则直，洼则盈，敝则新，少则得，多则惑”研究，从这里我又很喜欢研究一个问题，就是为什么一个人即使做出了许多好事，但是有时候周围环境对他的评价往往会有些距离，这种原因在哪儿，特别是如果他的主张就像老子这样，其实很难被大众所接受，这又是怎么回事儿？所谓的社会性悖论，其关键在什么地方呢？

论臭皮匠与诸葛亮关系的多种可能性

我想到一个很有趣的话题，老百姓常常说“三个臭皮匠，凑成一个诸葛亮”，这话的用意极好，就是说我们要集思广益，群言堂，不要搞一言堂，不要成霸王别姬——你一个人说了算，最后你孤家寡人，剩下只能“别姬”，没有别的办法了。这用意非常好，但是我们分析一下，是不是三个臭皮匠准能凑成一个诸葛亮？我觉得这里头起码有这么六七种、七八种情况。

第一种情况，就是三个臭皮匠确实比诸葛亮聪明，这个完全可能，因为臭皮匠生活经验多啊。上次我们讲“知白守黑”的时候讲过“卑贱者最聪明”，最起码在怎么做鞋做皮包上，他们肯定比诸葛亮强。诸葛亮在三分天下、打仗上，可能比那皮匠有经验，但给他一个刚宰完牛的生皮子，让他鞣皮子、让他做一双靴子，他做得了吗？肯定做不了，所以这是一种情况。

第二种情况就是臭皮匠和诸葛亮各有各的长短，寸有所长、尺有所短。诸葛亮不见得什么都成，臭皮匠也不见得什么都差。皮匠中隐藏着大量人才，当然可能，英雄造时势，时势造英雄，时势来了，某皮匠成了诸葛亮；时势去了，诸葛亮能踏踏实实地一边去当皮匠做箱包鞋靴，也就不错了。

第三种情况是，这三个臭皮匠凑到一块还是一个臭皮匠，他们没有那些知识，光数量相加是没有用的。别说三个臭皮匠，你三百个臭皮匠也凑不成诸葛亮，三百个臭皮匠打起来了，对事情的看法各不一样。

我还要说句不好听的话，有第四种可能：三个臭皮匠灭了一个诸葛亮，这也很难讲。三个臭皮匠一举手，说这个诸葛亮，他那主意都不行，他根本连做鞋都不会，他能干什么啊，我们把他解雇了算了。那他就被解雇了，这也是一种情况。

还有第五种情况：一个伪诸葛亮欺骗了三个臭皮匠。伪诸葛亮他本身是个坏人，他骗人，他是会道门，他是邪教，很容易就骗了三个臭皮匠，最后三个臭皮匠说，哎哟，我们找着诸葛亮了，结果那假诸葛亮是骗人的。所以一个坏的诸葛亮，在最坏的情况下骗了三个或更多的臭皮匠，毁灭了三个真正的能凑成诸葛亮的聪明的好皮匠，这可能吧，是不是？我是一个伪诸葛亮坏诸葛亮，我是一个邪教头子，我凑了三百个人，我把那个真正能凑成诸葛亮的三个好皮匠给排除掉了。

第六种情况：许多个自称诸葛亮，各拉了一批臭皮匠，或许多拨臭皮匠，各拉各树一个诸葛亮，搞得天下大乱，群雄并起，争权夺利，莫辨真伪……

所以在我们谈到什么"大成若缺，大直若曲，大盈若冲，大巧若拙，大辩若讷"，说到什么"曲则全，枉则直"这些的时候，还要想到我们的判断，像我们这种臭皮匠的判断到底是不是绝对的可靠，到底是不是一定能够道出巧与拙、辩与讷，或者是盈与冲或者成与缺的这个界限？不一定！

所以我们从老子的相反相成学到聪明——他就好像故意跟你作对似的。实际上我们要知道人的认识过程本身就是有矛盾的，就是有悖论的。老子所说的巧、拙，都是人的一个认识，这个认识想一下子就让它符合客观规律，一下子就能够让它分辨清晰，并不是那么容易的。所以这就又总结到什么上来呢？这个悖论——这个逻辑本身就是有悖论的，世界上的事儿这就是一种认识论上的悖论。为什么必须讲辩证呢？或者用我们中国的传统说法，不叫辩证，而叫机变，随机应变，与时俱化。

因为任何的全称肯定和全称否定本身都含着否定自己的因素。在数学里有一些非常有趣的悖论，有一种叫"谎言悖论"，说一个说谎者宣称：我所说的话全部都是谎话。这种情况下怎么办？你认为他是正在说谎还是在说实话？至少这句话他说的是实话，如果他说的是实话，说明他不是说谎。这叫“说谎人悖论”，就是把自己全否定了，那这个否定本身能不能否定？如果也否定了，那等于我说的全是实话，你如果说不否定，那等于我是就连这个说自己说谎的话也变成了谎话，负负得正，这么一个道理。所以这个逻辑上就是有悖论的。还有一个很有名的悖论叫“理发师悖论”——昨天我刚刚也剪了一下头发——什么叫理发师悖论？说一个理发师宣布他只给“不给自己理发的人理发”，就是说我给谁理发呢？我只给不给自己理发的人理发，比如说你自己不会给自己剃头、剪头发，那我给你剃、给你剪。这里就产生了一个问题，你这个理发师给不给自个儿理发？你要给自己理发，你就违背了“你不给自己理发的人理发”这样一个原则，你要不理发呢，你又违背了给“不给自己理发的人”——说绕口令呢——理发的这个原则。这是非常有名的悖论、数学悖论，这是罗素提出来的找别扭的数学。

所以事情本身已经包含着一种自相矛盾的因素，巧和拙、直和曲、辩和不善言辞，这中间已经包含了许多的矛盾了，再加上社会上的复杂性，社会人际关系的复杂性，利益关系的复杂性，所以就让人有时候摸不清了。这些故事更说明既有逻辑上的悖论，又有价值上的悖论，又有结构上的悖论，又有发展当中的悖论，又有认识论上的悖论。在这种情况之下，老子提出一大堆相反相成的例子，在某种意义上是他在教人聪明：你不要把任何一件事做死做绝，你要留有余地，你要可以经得起来回地折腾，可以来回地分析。基本上是让人能够走得比较正常、走得比较好。老子有这样的意思在里头。

为什么A常常不像A

老子底下又说了一些话，也是这么相反相成的，他说“故建言有之”——这是在第四十一章，他说现在已经有这样的一个说法了：建言，就是已经有这样的言论，已经有这么一个说法了。“明道若昧”，非常光明正大的道理，但是听起来还有点昏暗。“昧”就是不明朗，就像我刚才讲的三个臭皮匠，为什么有时候能灭一个诸葛亮呢？三个臭皮匠他要求你对事物做最简单化的判断：好人、坏人，拥护还是反对，往前走还是往后走，是杀了他还是放了他？要求这种最简单的判断。但是世界上有许多事是不能做出这种最简单的判断的，你对他稍微具体分析一下，说这个事儿是对、是不对，是应该怎么做、是不应该怎么做的时候，他马上觉得你不明朗，他觉得你昏暗、觉得你糊涂，或者觉得你装糊涂，或者觉得你用这个糊涂的方法来骗我，你心里面本来非常明白，但是你为了骗我故意把它说得不那么明朗、不那么明确。所以老子说“明道若昧，进道若退”，本来我目的是往前进的，但是我“进道若退”，有时候我为了避免冒进把这个事儿反倒办砸了，把这个事儿反倒弄坏了。在这种情况之下我稍微往后退缩一点儿，或者说要有一个反作用力，我的目的是为了向前冲，我先往后使劲，我先得脚踩着起跑器往后用力蹬，这就是“进道若退”。

“夷道若颣”，“夷”就是平的，本来是很平直的道路，平坦大道，当年有个歌叫《我们走在大路上》，我们走在一条平坦的大路上，“颣”就是小路，弯弯曲曲的小路，它没做任何的解释，一条大路怎么会变成了弯弯曲曲的小路了呢？就因为世界上的许多事情曲折，甚至走一条环形的道路实际上是必要的，所以说“夷道若颣”。本来是一条最平坦最平直的道路，但是由于你的不理解，你觉得我好像在里头使了什么花招，朱熹说：

老子心最毒，老子把事情的真相告诉你了，朱熹说他的心太毒了，说他怎么这么辩证啊，辩证起来害起人来，这还了得！

“夷道若纇，上德若谷”，最高的德行显得非常低下，因为他不拔份、不吹嘘、不给自己经营头脑上的光环，也不耀武扬威，所以他“上德若谷”，他好像是比较卑下的、比较谦卑的一个山谷一样。“大白若辱”，你最纯洁、你最干净、你这一辈子没干过肮脏的事情、你没有干过丢人的事情。可是你要是真做到这一步，反倒有人怀疑，说怎么别人都有这毛病，他怎么没这毛病呢？别人都蝇营狗苟，他怎么不蝇营狗苟啊？别人有便宜肯定就占，他怎么有便宜不占他躲开走啊？他要花招啊！说这小子更坏、更阴，他会引起这种看法。

大仁若伪，大智若妖

当然这是另外一个复杂的问题，鲁迅就说过《三国演义》里写的刘备特别希望表现仁义，比如说他撤退的时候，为了维护老百姓，走得非常慢，结果自己遭受了很大的损失。可是他过于仁义了就若伪，大仁若伪，就是别人看着他觉得假，所以到现在民间还流行认为刘备这个人假、刘备摔孩子邀买人心。赵云为了夺这个阿斗，几乎牺牲了自己的性命才把阿斗救回来——不过这里的描写是有点过分了，过犹不及——刘备反倒把这个孩子往地上一扔，说为了这个小兔崽子，把我这个大将都差点给搭上。这里他就显得伪。鲁迅说书里面还要表现诸葛亮的大智，但是这个智也太过，似妖，觉得像妖精了，他不像一个活人了是不是？又能够看北斗七星，又是穿上八卦衣，披着头发，拿着七星剑冲天一指，然后东风就刮起来了，那是法术，也成了邪教了。

在这里老子讲的就是：你如果达到了超常的纯洁——“大白若辱”，

你反倒好像有污点，这里也许不需要很多的例子，咱们去琢磨吧，慢慢体会。他说“广德若不足”，你的德行太广了，你人人都帮助，你见一个帮助一个，好人你也帮助，坏人你也帮助，上级你也帮助，下级你也帮助。这样的话大家觉得他更不够了：一开头他帮助我，我很高兴——我用最粗俗的说法：他帮助我一百块钱我很高兴，后来我一听他昨天帮助了姜华一千块钱，我又不高兴，变成对他的埋怨了；我比姜华困难多了，你帮助她一千，起码你帮助我一千五，我这就不说你坏话了。所以，“广德”——你要广施恩德，你照顾不过来，你反倒就“不足”。“建德若偷”，“偷”就是你鬼鬼祟祟的，有些不那么光明正大，你本来是很建设性的、很光明正大的、很利他的为别人着想的，但是你这样做的多了以后，别人就老觉得你有阴谋诡计，说你一天勤快也行，你天天这么勤快——我怎么就那么懒呢？你天天这么勤快，你一定是有什么所图，你一定有自己的小算盘、小九九。

“质真若渝”，你是货真价实的，你是实话实说的，但是别人做不到，你太超前了，你太突出了，你鹤立鸡群，那大家谁还信服你啊，谁还听你的？所以老子他简直什么都讲到了，他讲如果什么事你做得太好了，做得太使劲了，反倒变得不好了。当然，该怎么办？他也没说，这本身就又是一个悖论，这是一个什么悖论呢？这是一个利益的悖论。本来是你事情做得最好是最符合你的利益的，但是你做得最好了以后，反倒不能取信于人，至少是不能取信于臭皮匠，这种情况之下，反倒损害了你的利益。我们能得出一个什么结论呢：既然这样了，那你是什么水平，我也就是什么水平不就得了，我别要求自己高了！我想老子也不是这个意思，世态人情有这一面。他讲得让你觉得老子不愧是老子，他挺老到、挺老谋深算，他看到了事情的这一面。

大方无隅还是外圆内方

所以底下就说“大方无隅”，特别方正它没有角。这个“大方无隅”我说数学上好解释，因为你是一个无穷大的正方形，和圆形一样，圆形、正方形、五边形、六边形没有区别，直线和圆弧也没有区别，因为你已经到了无穷大了。当然老子不太可能在那时候从数学、从微积分、从极限的原理上来考虑“大方无隅”，但是我们可以明白地判定，一个胸怀广大、包容性极强的人，显得圆滑而不够方正。可以想一想，我们中国人在方和圆这个问题上，还有许多好的说法。比如说为人方正，这是一个好话，也有一个说法叫“外圆内方”，就是内心里非常方正、非常有原则，但是我处事、接触一般的人，尽量用一种相对不和人发生冲突的、发生对立的、比较随和的态度来处事。但是心里是有底线的，有些事是打死我也不能做的，违法乱纪是不能做的，贪污公款是不能做的，欺压百姓是不能做的，但是一般的情况之下，我不显得走到哪儿都那么“事儿”，或者走到哪儿都显得那么强硬，或者走到哪儿都显得那么“个”，我不这样。我“大方无隅”，“隅”就是角。

晚成还是免成

“大器晚成”，要成为一个大的材料，成为一个有大用的人，你别着急，你慢慢来，马王堆版《老子》上把“大器晚成”干脆写成是“大器免成”，就是你追求那个最大的材料是永远不会成功的，你只有一个过程。这个解释也很好，晚成、免成都可以。

“大音希声”，我现在一下子还不能很好地理解，但是我们可以说“大音希声”和后来庄子对天籁的想法是一样的。天籁，你可以听不见，但是在整个世界的运行当中，就像交响乐一样，它永远在那里运行着。“大象无形”，这有点抽象，它不是具象的东西，但是它表达了人的思想，表达了人的感情。“无形”，你还可以理解成你所追求的那个大道，那个大的成果，这不是在表面上就给你，可以像一个工艺品一样摆在桌子上，说这就是我的成绩！我没有这种成绩，但是我的成绩是更大的。

“道隐无名”，这个话是非常好的，真正的大道，它是隐藏在、埋没在各种事物发展的后边，你一下子看不出来。这对我们是一个启发，要做一个符合大道的人，就不能追求自己的名声，不能追求自己的利益，要做符合大道的事情。“夫惟道，善贷且成”，只有“道”能够真正帮助别人，而且能成就许多的事业。

第十一
知白守黑

黑格尔盛赞“知白守黑”

老子有许多名言，我们讲过了“宠辱不惊”，同样“知白守黑”也是一句名言。这句名言的普及程度不如宠辱不惊，但是它发挥的影响，它在老子语言的魅力方面处在特别突出的地位。为什么呢？我们可以看到，例如欧洲的哲学家，尤其是黑格尔，他非常陶醉于老子的这句话。他不懂中文，但是他理解什么叫“知白守黑”，就是说把自己沉浸在无边的黑暗当中，然后去寻求、去注视光明。这个实在是一种很美的境界，它让我们想起一个青年诗人诗里的名句：“黑夜给了我黑色的眼睛，我却用它来寻找光明。”它也有一种美，当然这个诗人后来自己的经历有许多令人遗憾的地方，让人感觉他找了半天，还是没有找到这样一种光明，而是永远沉默在黑暗之中了。

保持温和

老子的原话说“知其雄，守其雌”，就是我知道什么样是强有力——过去认为这个“雄”指的是一种非常强有力的雄强——“守其雌”，可是我保持温和。在各种典籍当中，我只有在《老子》里看到这一个说法。他在另外一章里，说坚强是死的特点，而柔弱是活的特点。他说草木死了以后很坚强，一撅就折，它不能弯的；一根树枝、一棵树都不能弯，但是它活着的时候是能够弯的。老子的思路真是非常奇怪，因为坚强——我们认为这是一个非常美好的品质，非常正面的一个品质，但是老子说坚强——我查了许多辞源与字典，我们现代的汉语把“坚强”完全是当作一个正面的品质来说的，这原因与我们经历过长期的民族斗争和阶级斗争有关。我们提倡的是一种坚强不屈，一个务求彻底胜利的品质。但是在古代的汉语词典里，“坚强”里已经包含了某些强硬，或者是不肯打弯、不肯回旋的意思。另外我又查了英语，英语里的坚强是既包含着很坚决、很强盛，也包含着比较执拗、比较偏执这个意思。老子说“知其雄，守其雌”，就是我知道怎么样才能表现出我的强烈、厉害，但是我经常不那么强有力，我比较温和。

绅士的风度

有时候我想这是一种风度，温和是一种风度。在英美的语言里，说一个男士很文明很好，说的是 gentleman，那么 gentle 是什么意思呢？就是温和的、轻柔的。我二十世纪八十年代第一次去美国，在一个写作中心里碰到几个法国作家，我当时一下子还不容易接受，因为他说话老是那么细声细气的。我说怎么这法国男人一有学问都跟大姑娘似的。他给你这种感觉，他提倡轻柔。

老子说“知其雄，守其雌，为天下谿”，就是像溪水一样，在低处悄悄地流着，它不是大河，不是大河滔滔，更不是海啸。“知其白，守其黑，为天下式”，就是什么事，我心里都跟明镜似的，但是我自己不必急于跳出来，把什么真相都跟你们揭露、都告诉你们：我可是什么都明白，我告诉你们：他们什么事我可都知道！他不，他不这样。这个“知其白，守其黑”是最抽象的，还不像“知其雄，守其雌”。

摄像镜头的启示

我在这儿做节目，我还抓住了一个“知其白，守其黑”的典型例子，是什么？就是咱们的摄像机，您看那摄像机它对着咱们，对着的是白，咱们在灯底下，咱们要是沉浸在黑暗当中呢，那这节目它没法做。但是摄像机必须放在黑的地方，它要放在亮的地方——我这是班门弄斧，孔夫子门前卖三字经——实际上常常还把摄像机藏在观众的座位后头，让大家看不见，你越看不见它，它越把你看得清楚，您说这逗不逗。如果它露在外面，大家都看到它——当然这里头许多理论，有光学的问题，有摄影材料的问题，有数码录像的问题，或者还怕影响大家的情绪——如果这不是“知其白，守其黑”，我就找不着一个“知其白，守其黑”的例子了。下次如果我再出书，我希望能够把这个摄像机的例子弄一个图片，让它黑乎乎的，露出一个摄影机来，对着挺亮的地方，这就叫“知其白，守其黑”。

这句话它还有一个意思，这个白和黑是什么意思？就是把你自己、把认识的和行为的主体置放在一个不太有知识的位置：我这儿没什么光，我这儿没有多少知识，我从头学起，我看你们各位、我听你们各位的。这个摄像机为什么能够有很好的摄像的效果？因为它本身并不想介入我们的讲座，它无意进入讨论。如果这摄像机认为它自身对于讲老子有自己的看法，而这看法又跟我不一样，摄像机就有可能与我们的讲座打上架了。

这个“知其白，守其黑”，我觉得还有一个意思就是苏格拉底所说的：我唯一知道的就是我什么都不知道。这话说的有点艺术化了，有点文学化了。你说苏格拉底什么都不知道？这你也别抬杠：苏格拉底什么都不知道，你不知道你爸爸是谁吗？你肚子饿了不知道吃饭吗？你渴了不喝水吗？那就是故意抬杠，故意抬杠苏格拉底也没辙，他也得认输、投降：行了，我不说话了。完了！但是他说的这个意思是什么呢？就是你面对世界的时候，不要把自己当作什么都知道，你什么都知道，你就无法接受信息了。你面对这个世界的时候，我不能说你是一个电脑第一次初始化，但是起码你是关机以后重启。您不能说已经是三年半不关机，您这儿在接受各种的信息、在上网、在下载多媒体图片音乐，内存饱和，那就太困难了。“知其白，守其黑”里包含着这样的意思。它有很多其他的意思，我底下再说。

老子为什么提倡低调

同样在这里还有什么呢？有“知其荣，守其辱，为天下谷”，前边已经说了“宠辱无惊”，但是他又说“知其荣”，就是我知道什么叫出风头，我知道什么叫荣华富贵，我知道什么叫衣锦还乡。但是我“守其辱”，我宁愿把自己放在一个比较卑下的地方，一个比较谦卑的地位，我并不觉得我比你们更能出风头，我也并不觉得我跟你们比，我一定是金牌选手，不一定，也许在座的很多朋友，他们将来得的牌比我还多。他有这么一种心理，有这么一种认识，宁可做天下空空洞洞的、而且是最底下的那个山谷，我不是山峰。也就是用一种低调的方式处理人生的各种问题。这是不是人生的唯一方式呢？不一定！人生，尤其是西方世界讲竞争，它讲一个人应该彰显自己的本领，应该张扬自己的个性，你应该走到哪儿去都说：我是最好的。这也是事物的一个方面，而且也很应该提倡这种进取精神、创造精神、拼搏精神。

为什么老子偏偏要这样消极地讲说呢？我觉得这有几个原因：一个是老子是生活在春秋战国时期，一片混战、危机四伏、胜负难定，叫春秋无义战，都在那儿争权夺利，没有谁是正义的谁是不正义的区别。所以在这种情况之下，老子看惯了有许多人由于过分地追求、过分地表现自己、过分的高调，最后都没有好下场。商鞅变法那么厉害，最后什么下场？吴起打仗那么厉害，什么下场？太多了这样的故事，庞涓原来压倒孙膑，最后是什么下场？可以找无数的故事，说明越高调你的危险性越大，你越是什么都知道，最后证明你是什么都不知道。所以老子强调这一面比较多，但是我们今人用不着，我讲老子不等于我是老子这一派，我不是这样，我只是从老子那儿得到我能够得到的东西，该争的时候还要争，该明的时候还要明，该痛快淋漓的时候还要痛快淋漓。你想一辈子老是“知其白，守其黑”，那到处都是白就您一个人黑，两眼一抹黑，你心情也是黑的，这一辈子也太窝囊了，该亮堂一回咱们也亮堂一回，该痛快淋漓一番我也挥洒自如一番。也有这一面，可以“勿谓言之不预”，把这话先说到这儿，免得咱们再抬杠，说老是“知其白，守其黑”。

知与守并不统一

这个知什么守什么：知雄守雌、知白守黑、知荣守辱，里边还有一点儿小小的提醒，也可以说是人生的一个小小的悲哀，就是你的知和你的守，并不能达到统一的水准。你知道的是一切心明眼亮，什么叫“知白”？我心明眼亮，我有各种各样的信息；什么叫“守黑”？我能做的是有限度、受很多条件限制的，因此我用不着到处做一切皆知状，我用不着到处做心明眼亮状，我更不要到处做——毛泽东在《实践论》里边批评过——叫知识里手，就是你什么事都内行、万事懂、无所不知。你不要做这种状态，这种状态人家别人很烦、很讨厌你，你更不容易把事弄成功，所以就要懂得知和守的区分与距离。

同样的，“知雄守雌”也是这样，我知道怎么去争第一，但是我用不着什么事都争第一。比如赛球，我代表我们单位去赛球，我争一次第一，这我好好争；说吃饭我也争第一，涨工资我也非得争第一不可，抬杠非得把别人压倒，损的别人一句话都不能说了，面红耳赤恨你一辈子，恨你八辈才好，你不要这样。相反你该退让的时候退让，该谦虚的时候谦虚。

“知荣守辱”更是这样，好事多了能让你全占上吗？你已经得过一个奖状了，行了，第二个、第三个奖状让人家得吧，你再没完没了的，是奖状都归你，是好事都归你，这样最后的结果常常是不妙的、适得其反的。老子这一点看得比许多人都高，看得比许多人都深，就是“知”可以走在前头，可以超前，但是你做事情，你把握自己——所谓“守”就是把握自己——把握自己你稍微滞后一点儿、稍微靠后一点儿，这是老子的人情战略，这就是一个人生战略。你如果说这是处事权术，是老子的处事权术，当然也不能绝对化，也有到时候“行不行先冲上去”的这个时候。你要打仗的时候“知白守黑”，我明明能胜我不往前冲了，我一边找个土丘我趴那儿得了，那当逃兵弄不好给枪毙了，更守不住了，连命都守不住了。所以这个知什么守什么既令人赞叹又令人叹息。

知白守黑的延伸

“知白守黑”的说法对我们后世的中国人，以至于对于今人都有很大的影响，许多说法都与知白守黑有道理情理相通的地方。为什么呢？我们现在有许许多多的对政治、对社会、对人生的说法，这些说法我们都可以往“知白守黑”上挂靠一下。我举例来说，譬如说毛主席有一句有名的话叫作“卑贱者最聪明，高贵者最愚蠢”，这句话是毛主席为辽宁省安东市安东机械厂——它自力更生研制出我国第一台轮式拖拉机——而做出的批示。毛主席说这句话是什么意思呢？就是说——当然这个和毛主席的意识形态有关，毛主席这一生提倡的就是要站在大多数的受压迫、受欺负、受剥削的工人、贫下中农一边，来和老财、地主、资产阶级，甚至于是和资产阶级知识分子精英们做斗争，这是他的一个意识形态的表示。但同时他讲的也很有道理——有些事就是卑贱者聪明，因为卑贱者比较实际，卑贱者都是直接从事体力劳动的，都是脚踏实地，他没有忽悠的余地，所以农民是最不信忽悠的，是最能够什么事都从实际上来考虑的。

一九五八年“大跃进”的时候，当时我们有一些急性病，农业上要放卫星，某地就报道白薯，说一亩地出了八十万斤白薯。当时我已经在运动里自个儿出事了，我就在农村劳动，虽然在农村劳动，这些大跃进的喜讯，我还得给农民念报，还得帮着扫盲，还给宣讲。我就给他们宣讲，我说现在一亩地能打八十万斤的白薯。农民听着不言语，然后他自个儿在那儿算，算半天告诉我说：老王——其实我当时并不老，人家叫老也是表示客气吧——说老王你知道什么叫八十万斤白薯吗？他说一亩地这白薯每一块都跟您一样大，排队，挤在那儿，站在那儿，跟列队一样，都挤在这一亩地里，都不到八十万斤。当然我没去做过实验，它到也好不到也好，反正农民他不信。

相反，大知识分子信、大科学家信，怎么信呢？我就不提了，因为大家都是好心。大领导也有信的，还有写文章的，还有论述为什么能够放卫星的。

卑贱者他比较实际，所谓卑贱者他也比较谨慎，为什么？因为他没有什么本钱，他输不起，如果这个事我要做坏了的话，我家底就这么一点点——当时来说，有的时候一年的结算才几十块钱，那还算不错的，要上百块钱就算不错了，当时当然物价也不一样，我二十世纪五十年代后期在北京郊区劳动的时候，农村的食堂每个月的伙食费是三块六毛钱，下放干部多交，交七块二毛钱，这跟现在的物价当然不一样了。现在你三块六毛钱、七块二毛钱吃一顿都不行，那时能吃一个月——所以说农民他没有什么本钱，他不敢胡作非为、胡思乱想，只能够实实在在地一件事一件事往下办。

还有一个，卑贱者也有点“知白守黑”的意思：我这儿的资讯非常少，也没有多少大道理，我这儿既不举行讲座，也不举行研讨会，我这儿既没有博士、硕士，也没有教授、副教授，因此我看什么东西眼见为实、耳听是虚，而且我是从下往上看，我从最底层的，要现在来说更有新的词了：我是弱势群体，我站在弱势群体这一边来看待那些大的人物、大的事情、大的口号，判断哪件事、哪个口号是好的，是干得通的，是能够给老百姓带来利益的；还有哪些口号、哪些说法，那纯粹是忽悠是知识分子哄知识分子，你朗诵诗行，真正这么办事不行。我觉得农民有这么一种观点，这在今天来说，就是说我们事事要照顾到大多数，要注意人民的大多数，要注意弱势群体，和这样一个观点也是一致的。

韬光养晦

其次还有一个说法，还有一个思想，这个思想在我们中国也非常重要，就是“韬光养晦”，“韬”是剑套，把剑放在套里，不要让它光芒四射、锋芒毕露；“养晦”，“晦”就是一个相对模糊的状态，“养”是保养也是保持，你保持一个不特别扎眼的状态，你不要做人做得太扎眼，做人做得太刺激了，他就是这么一个意思。当然这个意思我们也可以抬杠：我这一辈子就不兴扎两次眼了？我穿件衣服谁也没有穿过，吸引一回人家的眼球就不行啦？这是另说。我们先研究老子他是怎么想的。韬光养晦这个词不是出自老子，它是后来的故事，我就说老子的这个思想：知雄守雌、知白守黑、知荣守辱，特别符合韬光养晦的这个原则。比较著名的韬光养晦的故事，其实还是三国的时候，曹操请刘备吃饭，吃饭的时候问刘备，现在天下有什么英雄——煮酒论英雄——刘备就给他胡扯，刘备就是在韬光养晦、知荣守辱、知雄守雌，他专门说那个不成样子的人：袁绍、袁术，凡是真正的英雄他绝对不提，他提那些最平庸最不成事的人，按照我们老百姓的话说就是揣着明白装糊涂，刘备他就是装糊涂。为什么呢？他怕引起曹操的注意。曹操跟他说，你说的那些都是不值一提的废物，真正英雄就俩人，一个是你一个是我。刘备一听吓得筷子掉地下。曹操说你怎么了？赶得巧正好天上要下雨，反正不是人工增雨，打雷了，刘备趁机说：刚才雷声一响，我害怕了。曹操就想怎么这么胆小怕事，原来说他是个英雄，看来不是，就把他放过了。所以这是最有名的韬光养晦的故事。

另外我们知道在一九八九年底，所谓“苏东波”，一波事件是前苏联东欧解体的时候，邓小平讲过我们中国在国际上应该韬光养晦，我们不要做出头椽子，什么事我们不要挑头，自己的事情沉着应对，把自己的事情做好。

我跟几个懂英语的人商量，说这个韬光养晦翻译起来比较难，只能讲故事，让那些外国人从这个故事当中自己去领悟，而且韬光养晦讲解起来给人一种不良的印象，让人觉得你特别狡猾，觉得你特别阴，不是实实在在，不是有一说一。所以这个事物也有那一面。

但是中国人为什么有韬光养晦这样一种思想呢，这并不是由于中国人自来性格上有这方面的问题，或者我们的遗传基因、细胞，我们 DNA 里头有这个韬光养晦的元素。这主要是由于中国人口太多、政治斗争太复杂了，尤其在春秋战国的时候，各种的谋略、各种的招数，所谓声东击西、指桑骂槐、围魏救赵、欲擒先纵、调虎离山，等等，有无数的这种说法，在这种说法之下、在群雄并起的情况之下，你过早地暴露自己的力量，过早地暴露自己的光辉和锐利，往往对你做成一件事并没有什么好处，所以我们有了韬光养晦这种说法。

你想想“知其白而守其黑”难道不是韬光养晦吗？我明明心明眼亮，但是我走到哪儿都表现得是知之不多，这也是为了我真正要学习，另一方面也是为了我自己不成为一个目标。你什么都知道、你什么都懂，有时候我看到听到有些学者——收听或者是收视一些学者的讲话的时候，想给他出一个主意——但是我也不好意思——你千万别什么都知道，你哪怕有一次说：这个事我还闹不太清，我还没听说过。或者：对这个事我还没有什么把握。立马你的公信力就增加了。因为你只有在承认你有所不知的时候，别人才能相信你有所知。这个道理就跟假花一样，现在这假花越做越好，有好几次把我骗过去了，为什么？这个假花上它有枯叶，它有开败了的花朵、有长锈的花朵，我一看这觉得就是真的，它以假乱真了。如果花摆在这儿，全部叶倍儿鲜、倍儿绿，所有的花都开的一样大小，一点残的、坏的、损失的、招虫的或者枯萎的都没有，你肯定就不相信它是真花。

所以韬光养晦，你表面上看是低调，但是实际上确实是一种智慧是一种聪明，尤其是邓小平讲韬光养晦，当时有这样一种说法，认为苏联解体了，好像中国应该担负起把全世界社会主义的力量、工人运动的力量重整旗鼓，来当全世界的革命的头目。邓小平同志并不赞成这种主张，他认为中国现在不是这样一个时候，中国自己的任务非常严重，中国自己不能够提出一些自己做不到的目标，来耗费、来转移我们谋发展这样一个大的目标。

还有一个例子，就是现在全球经济危机，也有一种说法，说中国应该承担，我觉得在这个时候可能韬光养晦对我们也很重要，因为其实中国把自己的事情做好了，就是对世界最大的帮助。所以现在比较相对地来说，我们并不希望我们这牛吹的太大了，你牛吹的太大了，你的力量并没有达到，我们如果按人均收入来说，在世界仍然居于后列，虽然我们总体的经济总量有了非常伟大的发展。所以韬光养晦，这是中国的一个智慧，也是中国的不得已，因为你本来就没有那种雄视一切、普天之下我最牛那样的实力。这些都是很有意思的一些说法。

磨难是必要的

还有一个民间的说法也很符合“知其白，守其黑”这样一个原则。我们常常说：吃得苦中苦，方为人上人，过去我们常常批判这句话，因为我们把这个人上人，理解成是做官当老爷、当大款，要剥削别人甚至要压迫别人。这“人上人”就看你怎么理解，“人上人”——你的境界比别人更高，你的知识比别人更丰富，这完全是可能的。这种思想还不仅仅老子那儿有，孔孟同样有，孟子也喜欢，他就说“天将降大任于斯人也，必先苦其心志，劳其筋骨，饿其体肤”，就是要受很多的苦，才能有点成绩，有点模样。我想这个是符合人生的规律的，你先不必急着吹牛，你先把面对的挑战，能够解决一点儿算一点儿，你得积少成多，你得从低向高，你不要一步登天，你不要想不经过任何的奋斗，不承担任何的苦难，就能把一件事做成，就能做出成绩，甚至于就想超过别人，这是不可能的。

我觉得老子的“知其白，守其黑”还有一个意思：我从“黑”做起，我从“雌”从温柔做起。当然作为人来说，即使是已经很伟大的人物了，你也应该柔和一点儿，谦虚一点儿，请不要穷横，没有人喜欢穷横的，也就是现在我们说的——不论做什么事，都要有一种心态：从零做起。

难得糊涂与愚不可及

“知其荣，守其辱”，可以联想到解放以后我们常常有的一个说法，很理想化也并不容易做到：把荣誉让给他人，把困难留给自己。这一点是太难做到了，但是我们知道有这么一个老子的学说，也许碰到荣誉碰到困难的时候，我们在选择上会比别人更高尚一点儿。还有一个说法，我们中国的一个说法，也能够联系到知白守黑，就是揣着明白装糊涂，这“装”字比较难听，但是中国有一个说法叫“难得糊涂”，郑板桥特别写了这几个字。这个“难得糊涂”同样是看你掌握什么分寸，如果这个难得糊涂，你把它理解成什么事一问三不知，不负责任，那就成真糊涂了，成了傻子了，成了弱智了。但是他这个“难得糊涂”里我觉得包含着两个意思，一个意思就是大事聪明小事糊涂，你不可能什么事都聪明，什么事情都计较，你计较的完吗？每一个人，你的对方也好，你看到的人也好：你为什么瞪了我一眼？你为什么眼睛对我眨了一下？你为什么一见我嘴歪了一下？你为什么刚看见我就把脸转过去了？你如果这样一一地追究起来，这一天你跟别人吵架都吵不完，更不可能有什么成绩了。

难得糊涂，其实往更古代一点儿的时候来说，不是郑板桥时代，而同样是老子孔子的时代，还包含一个意思，就是根据社会的环境来确定自己的选择。在《论语》里边，孔子说过一个人，这个人叫甯武子，说甯武子“邦有道则智”，“邦”就是邦国，那个时候中国还没有统一，什么齐楚燕韩赵魏秦，就是这样一些国家，意思是说：赶上这个诸侯国有道，什么事都走上正规了，这个君王也比较讲道理了，比较懂得治国之道了，有点章法了，这种情况之下甯武子就很聪明。所谓聪明是什么意思呢？他可以帮助提出一些治国的策略，一些主意，可以建言献策。说“邦无道则愚”，如果“邦无道”，他一下傻了，什么话都没有了，什么都弄不清楚了。说“其智也可及，其愚也不可及”，就是你要学他那个聪明劲儿你能学到，什么事他有自己的看法，什么事他能够掂量掂量孰轻孰重，孰是孰非，这个你是可以学得到的；“其愚也不可及”是说：可他那个傻劲儿你学不像，你学了像假的，显得狡猾，你越想学这傻劲，你就越显得狡猾、大滑头，你学不了。本来这是孔子《论语》里边的话，后世给弄错了，我们在“文革”当中整天批林批孔的时候，说是孔子认为劳动人民愚不可及，“愚不可及”的意思就是：傻得都没办法了，傻得没救了，傻得没辙了，但这不是孔子的原意，他那“愚不可及”是认为：他的那个愚比他那个智还有境界，还高明，还难以企及。

你看为什么“邦无道则愚”呢？“邦无道”，你还那儿“智”个什么劲？你越智治不越找麻烦吗？这本来就是无道，本来就是他不讲道理不讲道德、治国无方，他又没事老来找你，说听说你很聪明，这事该怎么办好啊？你给他出了主意他又不听你的，这种情况下你要想保护自己，你要想踏踏实实过日子，只有一个方法；愚化、糊涂，而且这个糊涂是很自然的，一到这时候就糊涂。

当然这同样有中国社会的心计，中华文化对于心计的讲究，有一种心计在里头。这个是不是世界上最好的选择，我们另外说，因为我们还可以有另外的说法，就是说我为了国家的利益、为了人民的利益，不考虑个人的得失。“文死谏，武死战”，作为一个文官，我自个儿该说什么话就说什么话，我为这个付出生命都在所不惜，而作为一个武官，不惜在战争中献出生命。当然这是另外一种选择。

大智若愚

但是这里说的“难得糊涂”“邦无道则愚”真是妙极了，我觉得和“大智若愚”也有关系，就是你不那么轻易地来使用你的智慧，不那么轻易地表达你的见解。在很多情况之下不到时候不应该说，很多情况之下别人无法接受，你不必急着提，你要等到一个最合适的时间、地点、方式，既考虑到效果也考虑到实际运作的可能你再提。所以大智若愚就是：大智是不急于来表达自己。中国人的头脑长得真是挺有意思的，他在这种天下的纷乱和争夺之中，总结了许多的智慧。跟这个还有点类似的有一个中国的说法，叫作：名将不谈兵，名医不谈药，如果我是一个名将，我是元帅，我当过司令，我打过好几个胜仗，相反我不爱谈论军事的事。为什么呢？因为军事的胜负各种因素千变万化，谁也说不准。在春秋战国时期，有一个赵括谈兵的故事，就是这个人特别喜欢研究军事问题，而且讲得特别好，什么时候讲都头头是道。后来诸侯要任命赵括带兵，他妈妈就急了，说你可别任命他，任命他，他打了败仗你们可别杀我们这些亲属族人，我可是早说了他根本不行，我这小子我不知道吗，他哪里懂打仗，他会说打仗，不等于他能打仗。果然他去打仗，败了，大败，就由于他妈妈先说了这个话了，才不至于株连九族。他妈妈是什么意思呢？她说兵是凶事，是充满着凶险的事情，如果你谈得太多，把它看得太轻率，自以为读过几本书，读过几本兵法，跟什么人讨论过几次战例，你就以为自己当真懂得军事了，那是不行的。

同样名医不谈药，真正的医生，他不随便给人开药方，那是非常慎重的事情，你应该吃什么药，同样一种病，个人和个人情况都不一样——这个我说笑话了，因为我现在也有把年纪了，有些好朋友经常给我提各种养生延长寿命的方法，特点就是越不懂医学的人，越爱提各种方案：有告诉我应该捶腿的，有告诉我应该捶腰的、揉手指的，那招多极了。可是真正学医的人他不说这些，因为这些没经过鉴定、没经过考证，也没有什么临床记录，比如我先弄两万个人做实验，实验完了以后，说这有效还是无效甚至于反效果——他不说这个，这说明医生是本着高度负责任的态度。无知者无畏，所以不懂得医学的人，才可能可以出很多和这个医学有关的主意。

大雅若俗

为什么大智若愚呢？大智若愚和知白守黑是一样。我们还有类似的话，说大雅若俗：那酸溜溜的人雅不到哪儿去，一张嘴一闭嘴必然就是给你拽点文、拽点你不知道的名词，一张嘴一闭嘴他就是批评这个俗批评那个俗，全世界除了他以外都俗，这样的人你们不要相信他。相反大雅的人他更能够和俗人和百姓和人民通气，沟通、交流、交换信息。所以说大雅若俗。老子也是一个特别典型的例子，他的《道德经》里边，很多的论述其实都是大实话，这些话要是普通人乍一看：这不是废话吗？

我们现在还有一个说法，叫大洋若土，你如果要是像《阿Q正传》里那个钱秀才那样的假洋鬼子，越是真正——我可确实见识过这样的人，譬如说谢冰心她是最早的威奥斯里女子学校里毕业的人之一，她长期在国外生活，可你跟这个小老太太在一块，她最不喜欢表示自己有多么洋，相反她就非常是绝对的一个中国老太太。她热爱自己的祖国，她喜欢中国人的这一套生活的方式，但是她也完全了解世界，她不但懂英语，还懂一些其他的语言。其实越是在国外生活久了的人，他保持着中国的传统、生活传统，受到外国人欢迎的程度越高。

和光同尘

这些东西又牵扯到老子的一个命题，刚才从大智若愚、大雅若俗、大洋若土、难得糊涂这些说法当中又牵扯到老子的另一句名言，这句名言就叫“和光同尘”。“和光”是什么意思呢？就是把你身上的光辉柔和化、不要刺眼，“同尘’就是和世人和世俗和红尘贴近一点儿，现在不是讲三贴近嘛：贴近生活，贴近现实，贴近群众。其实老子他也是主张贴近生活、贴近实际，他提出一个什么样的口号呢？叫“挫其锐”，把你的锐气、把你那个针尖麦芒的劲儿磨得钝一点儿，弄个锉最好给锉两下，不要动不动一张嘴你就扎人、就伤人，别动不动剑拔弩张、动不动就伤人。“解其纷”，“纷”就是纷争，就是你别那么排他，一听到一句话跟你说得不一样，马上就跟人家争，马上就表达不同的意见。值得讨论的问题你讨论，不值得讨论的东西你不要讨论。“和其光”，把你身上的光芒——一个智者、一个道德高尚的人身上是有光芒的，你头顶上是有圆光的，但是你把它盖住，你不要走到哪里都装不下你，你不要走到哪里老是语出惊人，老是吓人一跳，老是让人恨不得趴下，老是放倒别人，不要这样。“同其尘”，能够和大众、和百姓、和尘世保持联系，因为不管多么伟大的道理，它都是生活的发现，不是脱离了生活自己面壁思考出来的。老子这些非常神奇的说法，也都是他看到了当时的社会上的各种沉浮、胜败、荣辱、进退后才得出来的结论。

“和光同尘”以后能做到什么呢？他底下说得更玄了，他说“不可得而亲”，你用不着跟谁特别的亲近；“不可得而疏”，你也用不着跟谁特别的疏远；“不可得而利”，你也不要希求从别人身上捞什么好处，别人也不要老是想着从你身上能捞到好处；“不可得而害”，你也不要想着能够害谁：你讨厌的人，你打击他一下子，你给他制造点障碍，用不着，不必要。反过来说也没有人能够害你，为什么呢？因为你不是一个惹是生非的人，你是一个凭自己的真本事在这儿劳动、在这儿工作、在这儿做事、在这儿为人的人，你该怎么办就怎么办，该尊敬的你当然都尊敬，该慈爱的你都慈爱，该干活该服务的，你就干活你就服务。他说“不可得而害，不可得而贵”，这样的人你没法再提拔他、再提升他了，他已经很好了，他自己又有理念又有信心，又有学问又有主心骨，不会因为荣辱得失激动，也不会跟别人争辩我白你黑、我是你非，所以“不可得而贵”，他既不可能把别人封官晋爵，也不可能被别人所宠幸而变成更高。他怎么更高？他就是他自己，他的学问就是这么些，他的知识就是这么些，他的为人就是比较清纯、比较朴素，所以“不可得而贵，不可得而贱”，你想再贬低他也不可能了。你怎么贬低他呢？他真本事在这儿呢，他的活儿在这儿呢，他练得出活儿来你练不出来，所以你也不可能贬低他。

这是老子对人的一个理想的境界：你的知识很高，你的学问很大，你的道理很深，同时你是和光同尘的，你和老百姓有共同的语言，你和弱势群体有共同的语言，你永远知道自己是老几，既不会过分膨胀，也不会哆哆嗦嗦、闪闪失失，你能够保持一个最稳定的状态。老子提出来的这样一种对人格、对人际关系、对人在社会中的地位的想象，要做到也非常不容易。正因为不容易，所以它有吸引力，如果人人都做得到，那用不着老子说了。老子并没有说，每天你们都要吃饭，这个大部分人能做到，当然还有饥饿者。老子提出了在我们看来比较神奇的境界，正是这种境界，非常有魅力，他让你想，做到了老子的说法，可真是理想。你想是不是？你知白守黑，你知雄守雌、知荣守辱，你能够挫其锐、解其纷或者是解（读泄）其纷、和其光、同其尘，而且你能够做到：不可得而亲，不可得而疏，不可得而利，不可得而害，不可得而贵，不可得而贱。

然后老子说——这个老子也很有意思，他说了这么一大堆了，最后说“故为天下贵”，这样的人你看着他很低调，你看着他和光同尘，你看着他丝毫不显摆自己，也不包装自己，可是这样的人才是天下最贵重的人。“贵”是什么意思？最高尚、受人尊敬、值得珍重、值得敬仰的人。老子树立了“天下之贵”这么一个目标，这个目标我们心向往之，虽不能至——我们不能说我们做到了这一步，在座的和收看这个讲座的人，我不相信有谁已经做到了这一步，但是同样我们有这样一个高级的目标，我们心里会更加畅快，我们做人会更加踏实，我们和大道离得更近了一步。

第十二
小国寡民的乌托邦

老子的非大国主义

今天我们讨论的问题在老子的书里也特别有名。“小国寡民”这四个字今天看来，有点出乎意外。因为今天我们不知不觉地趋向于追求大国、强国，追求进步、现代化、国际地位等等。小国寡民，岂不是国微言轻，自我贬损？尤其他后边说的“鸡犬相闻，老死不相往来”，就是我能听见你们家狗叫，你能听见我们家鸡打鸣，但是我们直到老死，互相没有什么来往。他这个说法挺有趣，也挺怪。怎么可能过互不往来的寂寞清冷的生活呢？

老子在第八十章里说“小国寡民，使有什伯之器而不用”，就是说我有各式各样的，成十成百的各种器具、各种机器，我不用。这一听又有点怪，这什么意思呀，不用工具、不用机器？这个在《老子》里写得不够充分。但是庄子编了一段故事：说子贡看见一个老头浇菜地，浇地的时候挖一条路，往下挖，他抱着一个大瓮，就是一大罐子，口大肚子小的罐子，下去打上一瓮水，然后抱上来浇在地里。子贡就说，你干吗不用桔槔？桔槔就是一个简单的杠杆，一头粗一头细，粗的这头很重，细的这头弄一个水桶，把它往下一拉，把水舀上来，然后一倒，最简单的一个机器；因为那边比较重，你一放手，它就轻轻地上来了，就这么个东西。这个老农就说，这个我知道，“吾闻之吾师”，我老师告诉我，这很容易做。但是你用了机械，就有个机事，比较动脑筋的一些事，有这机事，就必有机心，这样的话你心眼就复杂了，心眼要复杂了，“纯白不备”，你不纯洁了，你这人就不天真、不纯洁了。他说，我宁愿慢慢地就这么一瓮一瓮地、一罐子一罐子地浇水，也不用机械。

这个说法在今天看来是相当怪异的，也有的学者、有的朋友们说：中国为什么古代有很好的文明，但是咱们科学技术不发达，到了近代我们就显得非常落后，就因为我们有这个思想——说各种稀奇古怪的机器用多了，人的心眼越弄越多，社会就不纯朴了、就不天真可爱了。

效率与标准化的悖论

这个说法你今天会觉得它非常的荒谬，但是就是荒谬的东西当中，也有可以探讨的东西，今天仍然有，尤其是在西方发达国家，有新的左派、左翼，他们对现代化，对大规模的机械、机器的采用所产生的负面影响，仍然有考虑。

什么都用了机械以后，人就丧失了个性。譬如过去没电视，一台一台的节目都是活人在那儿演。现在有电视，一下子几十万人、几百万人、几千万人——我今儿早上还看新闻说，美国奥斯卡奖收视率统计，今年增加了百分之六，三千四百万人收看了奥斯卡颁奖典礼，加上外国那就更多，几千万人几亿人同时看一个节目，同时议论一个节目。一方面它是极其强有力的传播手段，另一方面它就好像丧失了好多的多样性。

类似的事情还非常多。我碰到过一个问题，就是在西方发达国家的超市里边，它那面包分得特别细，而且都是用电脑控制批量生产出来的，都是按最佳值：里边加水多少，加鸡蛋或者不加鸡蛋，面粉里头麸子含多少、面筋含多少、淀粉含多少，都是最佳值，各种配料极其精确，火候也是由电脑掌握烤多长时间，出来以后全是这一个味，如果说有四十五种面包，那就一共是四十五种味，再不会增加了。但是你要是个人自己烤面包呢，这次烤得多点，那次烤得火稍微大了点儿，四千五百种味都可能，有不确定性，火大了点儿有火大了点儿的滋味，您别太焦太煳，火浅一点儿有火浅一点儿的滋味。所以对机械机器的大规模使用，对最佳值，有些学者对它们抱质疑的态度。

但是你挡不住这个，我也明确地说，你质疑归你质疑，他这么干照旧这么干。因为对于经济来说，它又有效率又能够标准化，又能够生产出好产品来，又能节约大量的人力，所以任何人想阻挡也挡不住。但是提出这个问题来，说我有机器我不用，老子够超前的，他几千年以前就提出这么一个奇怪的论点，这个论点值得咱们琢磨。

老子的非发展观

你照搬不行，你别说老子不能照搬，搞什么都不能教条，革命导师教导你都不能教条，更不用说老子了。所以咱们就是琢磨他讲的这个道理。

老子下面接着说:“使民重死而不远徙；虽有舟舆，无所乘之；虽有甲兵，无所陈之。”他说老百姓“重死”，重死的意思就是对自己的生命特别能保护，所以他不愿意上远处去，你有船、有轿或者是有车，轿车——这舆我还没弄清楚一定是指轿还是指轿车——但是我不用，我坐车干嘛，挺远的地方，挺累得慌的，水土又不服；“虽有甲兵”，虽然有武器，我不把它拿出来，不把它陈列出来，那甲兵就是收在仓库里百年不用的东西。

这又是他的一个幻想，这个幻想里，咱们从缺点上来说，它显得咱们老祖宗也够保守的，他没有开拓精神了，他也不能发展生产了，他和咱们现在讲“发展是硬道理”就对不上茬儿了。但是咱们如果硬要从这里头找点儿好的地方，起码有一条，咱们中国自古没有殖民主义倾向，咱“安土重迁”，哪儿好？就是我家乡好。咱们中国人真是，现在你到任何地方，所有人都向我宣传“我这儿最好”，说是：老王你买个房，住在我那儿，不行我们给你买去都行。所以他不开拓，他不殖民，同时他也不打仗。这是理想的，其实在西方传统思想当中，也有类似的谚语，比如说“金窝银窝不如自家的草窝”。

老子又说“使人复结绳而用之”，我们知道古代没有文字的时候，是结绳记事，现在咱们回过头来提倡结绳，就走不通了。但是我们也想一想，因为现在西方尤其是发达国家，也在讨论一个问题：信息爆炸、知识爆炸，爆炸了以后你什么都知道了，最后就等于你什么都不知道。任何一件事都有一百六十七种，或者一千六百种看法、一千六百种说法，你知道得越多，你就越什么都不知道。

复杂能不能变成简单

所以让我们研究“结绳而用之”，现在要从社会管理上来说，这是荒谬绝伦的，说我们国家教育部发一通知，从今以后不用电脑了，不用毛笔了，也不用铅笔了，咱们大家上学就学系扣，一天多少事儿，咱们系几个大扣。这荒谬绝伦，但是你要从它的哲学意味上来说，你不能说它毫无可思考之处。什么意思呢？就是世界上最重要的东西是简单的、是朴素的，真正的学问在于把复杂的问题能够适当地简单化。也有一种学问，就是把简单的问题复杂化。我也常常想要把简单的问题复杂化，这可也真是学问，我们经常蒸馒头，馒头熟了，大家都知道什么叫“熟了”，没有一个人对这个有疑义，但是如果要一个学者定义什么叫熟了，他说馒头得吸收热度，吸收热量多少多少才算熟，咬的时候不粘牙，或者是一点儿牙也不粘也不可能，如果你唾液多了，在千分之一毫克唾液的情况下，它的黏合度低于多少多少度才算熟。你要那么一研究，最后你自个姓什么你都解释不了了。你怎么解释？我姓王，为什么我姓王？我爸爸姓王，爸爸为什么姓王？我也不知道了，我爷爷姓王，那么爷爷为什么姓王呢？他万一要是当时改一个别的姓呢？

老子提倡的不是把生活复杂化，不是把知识复杂化，而是提倡用最少的信息，来解决最多的问题；用最简单的思维方法，来解决你面对的那些复杂的挑战。这个想法至少有可爱之处，不见得都行得通，本来这事就挺复杂的，但有可借鉴的地方。

紧缩人际关系

老子底下又接着说：“甘其食，美其服，安其居，乐其俗，邻国相望，鸡犬之声相闻，民至老死，不相往来。”每个人安贫乐道，都对自个的生活挺满意，吃东西吃得挺香，穿衣服穿得挺美，住的那个地方住得挺踏实，从这些风俗里头都能得到快乐，这样的话，我互相往来什么呢？

说人和人之间不相往来，这又是一个荒谬的思想。怎么不相往来呢，不相往来社会怎么发展呢？不相往来的话，社会一切活动都没有了，教育没有了、经济没有了，公安也没有了，年代也没有了，嘛都没了。

但是人和人的关系怎么样能够保持一个最佳的状态，至少我们可以从另一个角度说：君子之交淡如水、亲戚远来香，国与国也是这样。国与国之间，譬如说中苏关系，像五十年代那样，简直就是——称前苏联我们都不称苏联，称老大哥，这准是好事吗？这国与国之间，该保持距离还得保持距离；人和人之间，该保持距离还得保持距离。老子他发现了这点，他提出了这么一些想法，虽然他说的方法比较极端，但是对我们仍然有启发。

当代的反全球化思潮

这里我稍微拉扯一点儿，因为老子的这些想法是几千年以前的，他是针对当时的情况，就是原来的西周到了东周，一个统一的国家，相对来说过着比较简朴的生活，后来诸侯坐大、天下纷争、莫衷一是，各种怪招迭起，诸子百家学问也越来越多。在这种情况之下，老子觉得还不如回去，还不如过得生活简单一点更好。老子是这么想，可是他这个思潮，和我们现今二十一世纪和二十世纪末的那个反全球化、反现代或者批判现代性的思潮，又有可以互相比衬的地方。我不能说老子反现代化，老子那时候哪有现代化这词儿呀！他没有这词，但是他这种思潮，说明不管怎么发展，怎么变化，人们老是遇到一些不变的问题：发展好还是不发展好？是增加智力好还是适当地适可而止好？是不断地满足欲望好，还是你把自个的欲望压着点，别太放肆了好？这种问题，古往今来永远存在着。所以现今也有这种思潮，就是：人是不是要不断地发展？但中国现在还没有权利谈这个问题，中国的发展程度远远还不够，我们还是发展中国家，但是西方已经有这样的思想家，有这样的学者提出这个问题。

我们也知道每年像开什么八国首脑会议、开一些大的会议的时候，甚至于是WTO会议的时候，都会遭到那些反全球化人士的反对，斗得凶着呢，意大利还死了一个人，有一年在意大利开八国、七国首脑会议，他们闹得特别厉害，还死了人。夸张一点儿说，如果世界上的大人物，多学一点儿老子，总的形势会不会好一些呢？

什么样的发展才算得上科学

另外，我们从一些小的问题上——“发展”我们现在说 GDP，它是不是就能解决一切的问题？现在有很多稀奇古怪的说法，我也没有能力来判断它。譬如说你要是单纯从人均的收入来说，那么最好的国家是海湾国家，石油太多了，阿联酋、卡达尔、沙特阿拉伯，它们是最好的，那么这些国家是不是发展的极致呢？

如果说不发达国家，在中国西藏的南部，从喜马拉雅山翻过去，有一个很小的国家，过去是印度的保护国，现在基本独立了，还没有完全独立，就是不丹。不丹的外交事务仍然由印度负责掌握。不丹的国民收入比中国低得多，可能是一半或者还低，但是它的幸福指数，有说是全世界第一的，也有的统计说它是全世界第二的。那个地方的老百姓生活得真是非常的自在，也没有什么其他的要求，那个地方连狗都绝对不咬人的，因为狗是公有化的狗，街上都是狗，从来不叫。狗怎么公有？就是没有任何人养狗，狗是全民都养，都喜欢狗，见了狗就给吃的，所以狗没有私有观念。你走到大街上——我都碰到这种情况，满街都是狗，我是非常小心，因为我小时候被狗咬过两次，我怕狗，但是我也没办法，大家都在那儿走，我一脚踩到狗尾巴尖了，它嗷这么一声，我赶紧把脚抬起来，它连睁眼都不睁，它对人没有任何的恶意。原来连狗叫、狗龇牙这个东西，都会跟着社会环境的变化而变化。所以有人说它那儿是全世界最幸福的。

或者还有人说：同样也不是特别大的国家瑞士是全世界最幸福国家——当然了什么叫幸福，什么叫幸福指数，幸福指数可靠不可靠，不能说大家都是同一个看法。

我们再拉扯一下——这个“小国寡民”的说法，帮助我们从一个侧面理解科学发展观，就是说发展不是单纯的看数字，你要单纯看数字，中国从人均收入上说，想赶上发达国家，在可以预见的未来看不见。但是我们不能因为这个就灰心丧气，因为毕竟我们还有我们自己的文化，有我们自己生活的方式。所以这“小国寡民”虽没有太足够的可操作性，但是有思辨的价值、有补充的价值。

人类能不能返璞归真

类似的这种对小国寡民的幻想，还不仅仅是在老子那个时代有，从来在中国，乃至于在外国都有这么一种想法，就叫作返璞归真，就是希望回到人类文明早期的那个状态，而不要弄得社会管理、科学技术、从住房到穿衣都这么复杂。其中比较有名的在中国就是对桃花源的幻想，晋朝的时候，大诗人，也是归隐田园的陶潜——陶渊明，他写的一篇《桃花源记》脍炙人口，至今人们仍然为之神往。他说一个武陵人捕鱼为业，顺着小溪走，忘了路之远近，看到了桃花林，看到地方这么漂亮，这么好，走进了桃花林以后，看到一个山，山有良田、美池、桑竹之属，阡陌交通、鸡犬相闻——这个很有意思，“鸡犬相闻”，陶渊明也用了鸡犬相闻这四个字，和老子说得一样，可能是受了老子的影响吧；男女衣着悉如古人，他们穿得还都是最古老的那种服装，见渔人大惊，说你是从哪儿来的？然后招待这个渔人，又杀鸡作食，设酒——酒宴，他们都是自己酿的酒了，绝对是不可能是XO，也不可能是茅台。然后告诉他，说他们是当时在战争中避秦时乱，就是为了躲避秦朝时候的乱局——他指的是秦始皇的暴政，还是秦朝统一中国所付出的那个代价，这我就说不清楚了——所以他们就跑到这儿来了。

“不知有汉”，他说不知道秦已经结束了，已经有了汉朝了，“何况魏晋”，更不知道还有什么魏晋南北朝这些东西了。渔人觉得这地方特别可爱，渔人离开了以后又有很多人去找，再也找不着了，所以有世外桃源之说。世外桃源令人向往。

譬如说我们现在都知道一个词“香格里拉”，现在北京阜成门再往西边走，海淀区有香格里拉饭店，世界各地都有香格里拉饭店。这香格里拉据考证说最早是藏语，它的含义好像是美丽的月亮，现在云南还有一个县正式申请而且得到国务院的批准——它也有它的根据——把它那儿命名为香格里拉县。这地方比较远，那儿的一些风俗习惯、衣食住行都保持着一个前现代的状况。现代人特别喜欢这种地方，而香格里拉这个词之所以能出来，是一九三六年一个英国人在小说中用了这个词。我们还知道有一首歌《那美丽的香格里拉》，就好像是世界上一个和这世界没有关系、和现代化没有关系、和全球化没有关系、和战争没有关系、和外交没有关系、和邪教没有关系、和金融海啸也没有关系的那么一个远远的山里边，那里的人就知道唱歌跳舞，树上结了果就吃，地里粮食收了就吃，男的女的一见面相爱就结合。多棒啊！有点像伊甸园。

我想起美国有一个作家叫梭罗，他写了《瓦尔登湖》，这《瓦尔登湖》迷住了许多许多的人。梭罗住到瓦尔登湖边上跨过了两个年头，他是夏、秋、冬、春整整四个季节，自己一个人在那儿生活。他提出来：人的欲望——我下边还要讲成为人的重负——他提出来对城市的批判，很有点跟老子也能对接得住，有点，“大道废，有仁义；六亲不和，有孝慈”的那个劲。他说城市到处都散发着一种恶劣的空气，他说人最可怜的就是自己活了一辈子都不知道什么叫活，他说他到了瓦尔登湖边上才开始明白什么叫活。中国有一个年轻的诗人海子还专门为《瓦尔登湖》的作者写过一首诗，这本书在中国也非常地畅销。所以说，这种对于小国寡民的幻想，它是不是也和对于世外桃源，对于古朴的生活的幻想是相通的？

不幸的是，也有人说梭罗是由于自己的行为惹上了清教徒道德上的麻烦，才躲到瓦尔登湖那边去的。

欲望的满足与控制

美国这个作家提出一个问题，这个问题实际上是中国的学者、中国的古人提的，就是欲望的问题，这个问题全世界的学者都研究：人是有欲望的，没有欲望，这人就死了。可是这些欲望到底带给他的是快乐多还是痛苦多？我们中国的传统文化倾向于对欲望多加批评、多加责备，希望每个人都控制自己的欲望，甚至于到宋朝还提出了“存天理，灭人欲”的主张。当然对“灭人欲”也有不同的解释，但是不管怎么解释，“灭人欲”这仨字让你一看也有点肝颤。因为你想吃好的，这是人欲；你见到了异性多看两眼，这也是人欲。所以人有欲望，好像是天性。但是宋儒就把天性和人欲对立起来，他说天理就是圣人讲的那些道理，那才是天性，而你的欲望是破坏天理的。

老子也讲了很多这方面的道理，他说“我无为而民自化，我好静而民自正，我无事而民自富，我无欲而民自朴”，就是我什么事都不干才好。这样的话，老百姓就自然而然走上被教化的、很自然而然的、纯朴可爱的道路。“我好静”，我不折腾，我不出事，老百姓就各归各位，该干什么干什么，我不去干预，老百姓自富，因为每个老百姓都愿意自己富足。这和前边说的又有点矛盾了，但是那意思是你管得越少就越富足。

“我无欲”，从圣人来说，从上边来说，你不要有很多的贪欲，这样民风会变得越来越淳朴。这也是老子的一个想法，他说“夫亦将无欲。不欲以静，天下将自定”，他在另一章里说如果你无欲，天下自然而然就比较安定；如果你又想干这个又想干那个，想很多你干不了的事，你这不是就乱起来了。这是他比较有名的一句话。

他在第十二章里说“五色令人目盲”，说人的眼睛是怎么瞎了的——目盲不一定指生理瞎了，就是你的视觉能力是怎么下降的？因为五彩缤纷的颜色太多了，晃来晃去，越晃越傻，越晃越糊涂，越晃越晕，你晕菜，挑花眼了，看东西太多了不知道选哪个。甭说看东西挑花眼了。

咱们在这儿做电视节目，我有时候会想，比如说我在新疆的时候，一九七五年我买的第一个电视机，那时全自治区就一套节目，那时候看什么都看的可有意思了。《春苗》我起码看过六遍，《决裂》看过八遍。《寂静的群山》要不就是《动荡的群山》，我已经忘了，看了也有个六七遍，而且我们那儿看着看着就停电了，过一会儿来电了，上边写上“停电”俩字。有时候看着看着忽然没了，又过上十分钟又出来了，写“故障”俩字。那时候我闺女还没上小学呢。她最早学会的四个字一个是停电、一个是故障。有时候想起来那么看电视，好像也有一种乐趣。现在电视好像六七十个频道，噼里啪啦在那儿找，最后这一晚上光剩下找电视了，没看电视。

遥控器是不是灾难

我们对这个还不认真，美国有专门研究这个的，研究这控制板、遥控器 Remote。美国人把这个上纲，他上得邪，他说这 Remote 使得一些青年人见异思迁，没有耐性，没有责任感，说这种 Remote 习惯甚至于影响到他不重视婚姻，不重视家庭，不重视父母，他什么都来回换，他一分钟可以换三次，回头找对象，也是一分钟——换不了三次，他三天换一次，这你也受不了。不仅如此，一个调查说：常看电视真的会影响小孩的注意力，因为即使你不来回换频道，就看一个频道，电视节目画面也是变化得太快。

你到了课堂上，看来看去就是老师一个人，对老师讲的东西就容易走神，影响注意力的集中。美国有的学者甚至认为控制板会毁坏一代人。

饶了吧，音乐

所以老子说“五色令人目盲，五音令人耳聋”，这种事现在更多，现在那什么MP3、MP4的，都有MP5了，你是骑着自行车也好、上了电车也好，甚至于开着车也好，随身听音量弄得非常之大，对耳朵确实有损伤。在最新的《读者》上，我看到台湾诗人余光中有一篇文章叫《饶了吧，音乐》，他也说台湾现在到处都是音乐，你上出租车，车上声音弄得非常大。他说台湾有一个著名的音乐家上去以后，就请出租车上的的哥把音乐音量给捻小一点儿，的哥就不屑地说：原来你不喜欢音乐。他是音乐家，是真正的音乐家，是作曲家，但是音乐变成了噪音。

“五味令人口爽”这个“爽”字好像不是按现在的意思，现在这个爽是褒义，是好，是舒服的意思，他说的“五味令人口爽”是不是让你长口疮？至少是让你味觉麻木，反正不是好事。

简朴永远是美德

老子讲了很多很多这一类的事，对于今天的人也是有意义的。因为你不要一味地追求起来没完没了，真正有文化、有身份、有地位的人，他们生活的另一方面是相当的俭朴。现在相反，要吃也得往邪了吃，往怪了吃；要听也要把声音、要把高音喇叭、要把那大贝斯（低音）都拧到最高处，要让人知道我们家就跟摇滚乐、迪厅一样，我们天天蹦迪，那绝对不是真正有地位的人——那是暴发户，那是要学问没学问、要资历没资历、要修养没修养的人——其实也像老子所说，这个也不可能长久。

所以老子就说“祸莫大于不知足，咎莫大于欲得”，最大的祸害就是你不知足，你最大的错处、你最大的毛病就是你老想得到什么东西。你本来挺好的一个人，你要一想得到什么东西，你就降低了你自己，你就要低三下四，你就要曲线地去逢迎别人，你就保持不住自己的纯真。

老子所以说“咎莫大于欲得，故知足之足，常足矣”。这些说法，我觉得在今天是有意义的，特别对于咱们进行反贪倡廉的教育，是有好处的。我们想想那些被枪决了的贪官，他们很多人本来是贫苦出身，在他们的少年时代、年轻时代受过清苦，经过苦学，也有相当好的表现。但是一旦升到一定的位置以后，他们可真是“五色令人目盲”，五色让他眼睛都瞎了；“五音令人耳聋”，各种视听的享受使他耳朵都聋了；“五味令人口爽”，各种的味道，让他吃什么都吃不出什么味儿来，都走了味儿了。这样的例子真是太多了。

学会掂量，学会舍弃

所以老子又说“名与身孰亲，身与货孰多，得与亡孰病”，他说你应该考虑考虑这个名和你自己的本身，究竟哪个更重要，哪个对你更亲，你不要太求名了，太求名了，否则你又丢人你又出事。你要想一想身与货，你自己的身体，你自己的人，跟那个物质财富，哪个对你来说更重要、更值钱、更有价值。“得与亡孰病”，你得到这一点，可是你为了得到这一点你丢掉了自己的人格，丢掉了自己的尊严，丢掉了自己的自由、乐趣、快乐，这样的得失相较，你自己为什么不考虑考虑呢？所以老子说的这些话，尤其这一段的话，给人一种历久弥新的感觉。

类似的话梭罗的书里边也有。另外印度在这方面也会给我们很多启发。

印度甘地的坟上有一个石碑，石碑上写着他的两句名言："high thinking simple living"——高深的思想，简朴的生活。甘地还有一句名言说得更好，他说：大自然能够满足人类的需要，但是不能满足人类的想要。你想要的东西多了，你需要的很简单，一个人能有多么了不起的需要？你一天吃的东西大约三千大卡，是不是？反正你吃太多太多，你就糖尿病了，总之就是三顿饭，一天也不能吃八顿。所以甘地本人是做到了这一点，当然印度有印度的条件，他身上真是就披个片儿，中国人叫片儿，连说是衣服都很难说，因为它也没领子没袖子，把这上身稍微挡了一下，下身该遮掩的地方遮住，印度暖和，什么都可以不要。

一个有名的故事

这样的哲人，当然我不能完全做得到，说我今天穿着甘地的服装来讲这一课，那也算一绝了，成新闻了，弄不好送安定医院去了。但是他这意思、这想法也是值得考虑的。当然东方的这种思想要发展得过梭儿了也要命、也麻烦。有一个故事，是当时还叫"西德"的大作家、诺贝尔文学奖得主海因里希·伯尔写的，这个小说挺奇怪，题目叫《一个关于劳动生产率下降的故事》，你以为是经济学论文呢。里头写的什么呢？写的是一个老头在那里辛辛苦苦地打鱼，旁边树底下一个小伙子枕着一个土疙瘩在那儿呼呼大睡，打呼噜。鱼那天特别多，老头忙不过来，就叫："小伙子醒醒，别睡懒觉，帮我打鱼，我给你钱。"小伙子说："我给你打鱼干什么？""我给你钱"，"你给钱干什么？""你有了钱，就可以过幸福的生活。"小伙子说："我告诉你大哥，我在这儿河边上，清风底下树荫里头睡觉就是我最大的幸福，何必帮你打了鱼挣了钱再去找幸福，用钱买不来幸福，我这才是幸福呢。"我看了这个故事不觉得特别的奇怪。后来过了十五六年，我去印度，印度人就跟我说，我们这儿有这么一个故事，一模一样，说我们印度人不着急。还有一个，也是德国的一个汉学家跟我说的，他说中国人搞现代化有紧迫感，可是他觉得在印度那儿没有这么紧迫：现代化就现代化，不现代化就不现代化，你挣得多，你就挣你的，我挣得少，我就挣我的完了。这和印度的种姓制度有关系，他们认命，他们出生就分三六九等，他说我就甘于是最下层的——也可能有这个关系。

后来我又去非洲，去喀麦隆，这是法属的一个殖民地。喀麦隆人给我讲故事，这仨故事一样，所以我觉得这绝了。我估计海因里希·伯尔可能也是从什么地方借鉴来的这故事，听起来真的很熟。我们中国肯定也有类似的故事。

但是我听了这个故事以后，觉得很庆幸，我觉得我们中国并不都是这种思想，我们中国毕竟还有儒家的思想，还有所谓“天行健，君子以自强不息”，我们还提“苟日新，日日新，又日新”，我们是让人奋进的、让人努力的，多亏还有这样的思想传统。那个天天睡觉，回去拿绳系扣、甭写字——那个思想成不了主流，咱们国家现代化了。但是我们也不能不认真地来面对：幸福并不完全是从生产力，从 GDP——不仅仅从这一方面得到，我们还要考虑到人民本身对幸福的感觉。

发展与幸福

还有一个说法，说近几十年来、二次世界大战以后，科技的发达简直是突飞猛进，可是人们的幸福指数并没有提高，或者说至少不以那样突飞猛进的速度提升。像类似的这些问题，解决不了也没关系，我们也想一想。想一想有什么好处？我们自己来一个互补：我们该努力的时候、该奋进的时候，我们多想想“天行健，君子以自强不息”，我们要与时俱进，我们不能安于现状，我们也不能懈怠、不能懒惰。但是我们奋进了半天，譬如说还不行，我们也得从另一方面看到：我尽了力了，我也很快乐，我很正直，我过着一种相对比较简单、比较纯洁的生活，我觉得我很满意于我的生活，我们从这个角度看也还不错。

至于其他谈论欲望的多了，佛教也讲：贪欲生嗔怨，嗔怨生烦恼。叔本华也讲：人的痛苦是由欲望而产生的，所以王国维解释《红楼梦》就是用叔本华的思想。他认为《红楼梦》写的就是欲望所带来的痛苦和烦恼。我们也不妨从另一面来考虑，因为我们中国也有这方面的问题，对于人的正当欲望，设立太多的一道一道的防线，非把它死死地给卡在那儿，这并不是一个最可取的办法。譬如说中国过去，尤其是对女子讲三从四德，寡妇都要守节，饿死事小、失节事大。这就是对人类正当欲望的一种挑战，是一种自戕行为，是自毁生机的一种行为。所以我们在批评欲望、克制欲望的同时，当然不是要自己把自己往死里整，不是那样一个态度。

向后看

老子还有一个有意思的想法：我说是历史上的“向后看”。人模模糊糊地会有一个想法，认为古代比现代好，越古越好，孔子也是一样。那个时候的人、春秋战国时候的人，认为周公的时代、西周的时代、武王伐纣刚刚成功以后的那个时代，是天下的黄金时代，所以他要进行道德的教训，就是希望国家能够回到周公的时代，甚至于做梦都梦见周公。这就是向后看，他老觉得太平盛世是什么时候？是过去、是从前。

我今年七十五岁了，我从小学就听见一个词，老师教给我们的，写在黑板上的，叫“世风日下，人心不古”，世风就是社会风气，是越来越坏；人心不古，现在哪像古人那么真诚，我们中国有个词叫“古道热肠”，古人、自然经济里的人是非常淳朴、心肠是非常热的，而随着生产的发展、社会的发展，古道热肠就没有了，老是这么说。我觉得对于文学家来说，这特别容易理解，为什么呢？文学家讲人的一种感情，讲主观心灵的一种反映。我有时候把一个问题说得可能过于简单了，我说人为什么喜欢怀旧，一个很简单的原因就是你旧时比现在更年轻，我们往往会认为童年时代是多么快乐啊！其实你童年时代准快乐吗？但是你想，童年你很天真，罗大佑的歌曲《童年》的歌词我不会背，但是他说得很好玩啊，什么“知了一声一声叫，盼望一个夏天”，多好啊！我们都知道在中国、在全世界都是很普遍的舒曼的《梦幻曲》，它原名不是《梦幻曲》，是（childhood）是《童年》，它是用这种梦幻一样的心情回忆童年。

相信在上古时期，有一种最幸福的生活，最美丽的生活，最单纯的生活，某种意义上我认为是一种文学性的想法。这种想法有没有一点点学理的或者科学的意义呢？我想有，还不止一点点，为什么呢？我们不能简单地用进化论的观点来看待社会、看待生活。比如现在科学技术发达了，生产效率也高了，但你能说现在人的手准比古时候巧吗？我们在马王堆发现的那些丝绸，我们在汉墓发现的那些壁画，还有什么金缕玉衣，还有在西安发现的铜车马，现在的人准能做得出来吗？尤其是有些纺织品，我请教过纺织专家，他们说做不出来，它是手工的，就是做不出来，机械是不能完成的。所以你不能简单地说，人就只能是往前走。第二个就是：你在发展、进步、向前走的过程中，要付出一些代价，你不要认为是没有代价的。你从童年变成少年，从少年变成青年，从青年变成壮年，从壮年变成老年——我也不提死亡，你以为就没有代价吗？你成了少年了，但是你童年、学龄前的那种快乐，那种除了玩以外什么别的事都没有、什么都不知道的那种快乐，是绝对没有了。我已经发现，比如说随着生活的提高，我的一些孩子，他们也在改善自己的居住条件，有的是分了，有的是购买了新的房子。但是我那些孙子们，他们对新房一点儿兴趣都没有，他们愿意在院子里疯跑，他觉得很好，他说我们在这儿很好，多少平方米跟我有什么关系。可是你要是一个青年，你要是一个成年，你就知道了，不但住房，还要住得舒服、还要跟人家比：他们家住一百五十平方米，我们家只六十平方米，我抬不起头来。你就有这种思想，所以什么东西都有代价。还有环境上的代价、趣味上的代价、手工上的代价、体力上的代价，如果人什么都靠机械了，原来很多最精密的工作，现在都在电脑上完成了，你的手艺不等于在往后退吗？

对于朴素的向往与怀念

我去访问伊朗的时候——伊朗是一个特别重视手工艺的国家，它做一些小铜器，它有些自己的很稀奇古怪的镶嵌的一些东西。据说当伊朗人将这样的工艺品赠送给一个西方大国的客人的时候，接收礼物的人说：我们国家不会有人干这种傻事的，我们要讲效率，我们要争分夺秒，我们要用最短的时间创造最高的价值。我确实觉得——我不是说西方发达国家就是这个 stupid——这是一种野蛮，如果说你不知道什么叫现代化，这叫野蛮，你自以为你现代化了，你不知道什么叫奉献，不知道什么叫手艺，不知道什么叫向往和追求，你说这人是不是也有点野了？缺点儿文化、缺点儿教育，让他多听两次咱们《中华文明大讲堂》，可能也对他有参考作用。

讲到这个问题，我就提到老子的一个概念，就是“朴”，朴素的朴，朴的原意是指木头，它是木字旁，就是原生的木头，可能也没去皮、也没加工的、未加工的木头，就叫作“朴”。老子给“道”不轻易下定义的，他说过“强名之曰”——大，同时可以管“道”叫“朴”。他还说过“天得一以清”“道生一”，有的地方又说“道”就是朴，道就是朴素，道就是原生状态，道就是你该什么样就什么样，道就是你别加工，你别包装，保持最早的那个原始状态。这个“朴”他讲得也是挺好的。在很多地方他都没完没了地讲“朴”，说人能够做到。这也是一种向后看。老子提出了最理想的状态是婴儿的状态，人就像婴儿一样没有坏心眼，饿了就哭，难受了发烧了就闹，没事你就好好睡觉，奶头来了你赶紧叼上。你要跟婴儿一样，没有粉饰、没有虚伪、没有恶意，也并不刻意对自己进行保护。我想这样一种对“朴”的理想也决定了老子向往“小国寡民”,小国寡民就“朴”。

我们为什么在这几年特别喜欢所谓原生态唱法，这原生态唱法既不必练成那种美声，也不必加上很多扭扭捏捏、嗲声嗲气；你就这样喊，你该哭就哭、该叫就叫，它比较贴近自然的状态。平时你去某个地方，也许走在路上就能听见当地人的这种演唱。朴的观念其实也是被国人所深深接受的。

老子对人生的这些体悟里头，包含着对朴的提倡。但是我要加一句，您也别太迷信“朴”了，“朴”的结果如果是太没有知识了、太没有文化了、太没有应有的现代科学和各种概念的武装，也会犯很多错误。我有长期在农村劳动的经验，我就知道，农民对事情的判断、一开头那个最朴的判断不一定是最正确的判断。现在啤酒、葡萄酒在农村里也非常流行，可是一九五八年“大跃进”的时候，我在咱们门头沟区斋堂军饷乡桑榆村劳动的时候，好几个农民就跟我说，你们怎么喝啤酒，那不就是马尿吗，说形状、味道都一样啊；说你怎么还喝葡萄酒，那是酸泔水。现在他已经不那么说了。

阿 Q 的经验与教训

《阿 Q 正传》也特别有意思，阿 Q 去了一趟城里，回来就嘲笑说城里人太可笑了，韦庄管长凳子叫长凳，城里人叫条凳。这说的是当时绍兴，但是条凳在北方，河北省我们家也说条凳，稍微长一点儿的是凳子。阿Q笑话说他们什么事儿都不懂，管那玩意叫条凳，那不是长凳吗！另外说炖鱼，炖鱼在未庄是切大葱段，说城里人——他说的“城里”是不是绍兴我也不知道——是切葱丝，又被阿Q笑话了。但是鲁迅很损了：阿Q一边笑话城里人，一方面又笑话未庄人，说你们连城里人管这个叫什么你们都不知道，城里人怎么吃鱼你们哪儿知道，我见过，你没见过，我没吃着，可是我见过，你们连见都没见过。所以阿Q就有点优越感了。

我们还可以找许许多多不雅的例子，我这儿就不一一列举了。由于无知，仅仅有一个“朴”字，你会对世界、对你的经验以外的东西，做出错误的、愚傻的甚至是搞笑的判断。所以一方面我们尊敬“朴”，喜欢原生态；另一方面我们该学还得学，该求知还得求知，该增加自己的见识还要增加自己的见识。

第十三
老子智慧的快乐与烦恼

老子的智慧无可争议

让我们谈谈老子智慧的快乐与烦恼。对于老子的学说虽然是自古以来就有赞成的，也有批评的，甚至于有痛斥的，像朱熹说“老子之心最毒”等给扣帽子的都有。但是把老子当作一个非常有智慧的人来看待，这几乎是没有什么争议的，而且他的智慧深不可测，就像《史记》上记述孔子对老子的印象——虽然这可能是传说——说老子像龙一样，永远见首不见尾、神秘莫测、变幻多端。老子的这种智慧不仅使他在中国影响了几千年，至今我们还有人在读老子，还有像我这样的业余的爱好者来探讨老子。就是在国外，老子可以说是中国的哲学家里影响最大的一个，可以说是我们中华文明的一个骄傲。他独树一帜，与众不同，言简意赅，他的理论真是高深莫测，你在别处找不着这样的理论，但是人们尤其是华人的思想观念中与老子相通的地方又很多。

像老子叙述得这么全面，这么成为一套，而且它又简短的不得了，只有五千多字，这样的哲学作品，简直不可思议。按现在我们做文学的人、吃文学饭的人来说，这五千多字只能算短篇小说，连中篇小说都不能算，要是遇到比较损的编辑或者出版单位的话，按一千字二十块钱来算的话，它这五千字只能得稿费一百元；如果要是现在稿费高的、有能到一千字百元左右的，他也不过是五百元。五百元是不是属于低保的范围？但是他的智慧又是那么高耸，那么概括，那么无所不包，你不能不佩服他。甚至于他的学说还影响了一个宗教，就是只有中国有的道教的兴起，所以他绝了。

通向终极的悟性

老子的智慧有一种什么样的快乐？关键就在于他的智慧是一种终极智慧，他所关心的问题是终极问题。所谓终极问题是什么呢？就是它不限制在你的生活经验的范围之内，而是到了你的经验之外。譬如说世界是怎么来的，世界会变成什么，一切的主宰是什么，一切的总的决定性的因素是什么，一切的基本规律是什么，基本的观念、基本的关键是什么。

中国人常常有一种想法，毛泽东主席也常常讲的，就是要抓住关键，要抓住牛鼻子，说你要是抓住牛鼻子，你把这牛一拉，牛就可以拉过来了，你要抓住牛尾巴是拉不过来的，弄不好还能让牛给踢了。所以终极的观念是什么呢？它往往是人类的那些最根本的问题，是无法用逻辑、经验、计算和实验室的实验来证明或者证伪——就是证明他错了——你无法证明的这些问题。世界各国都有所谓终极关怀、终极的讨论或者终极的学问这样的说法，西方把这种终极学很明确地定名为神学。

为什么呢？因为这个就是我刚才说的，既不是靠推理能推出来的，也不是靠实验能证明或者证伪的，还不能靠计算，它也不是计算出来的公式，所以说它是神学。怎么解决这个终极问题呢？靠的是信仰，譬如说我信主，我信佛，我信上帝，我信了以后我心里踏实多了，我得到了许多的安慰，尤其是遇到了困难、遇到了生老病死，我一想到这是主在召唤我呢，我踏实了。这个真伪对我来说是没有意义的，也是无法证明的，因为我也不可能死了以后回来，跟你们讲我这次死后见到上帝了，我没法说，没有人给你讲这个。

通过思辨与感悟走近终极

老子的独特之处是什么呢？他不是去创造这样一个像主人一样的神，也不是过分地强调信仰与崇拜，强调匍匐在地的激情，而是通过思辨创造一个比主人还主人的概念。他创造，或者是他致力去发现一个比主人还主人、比终极还终极、比天还高、比海还深、比宇宙还大的一个存在。既是存在又是本质，既是概念又是规律，既具有神性又具有理论性，他创造与发现的这个存在加本质的概念就是“道”。

所以我想，我们可以设想当老子论述这个“道”的时候，他心里多么有底气，他有主心骨，他有一种至上感、澄明感与优越感。就是：我明白了，我够得着了，我一通百通了。我讲的是最高的“道”，小道理很多，不一定什么都说。请注意，老子一书中根本不谈具体的人、地域、事件、业务。但是我说的是至上的“道”，抓住至上的道理了，小问题说不清楚没有关系。

这也是非常中国式的思维方式，外国人是你有一点儿错都不行，A 就是 A，B 就是 B，你的 A 错了，B 再伟大，无补于 A。你是拳王，但你有了刑事麻烦，照蹲班房。你是足球先生，但是拖欠了给前妻的赡养费用，照旧拘留。反过来说，你因为具体问题有过服刑或被拘留的记录，很少影响你今后的形象与前程。这方面的看法，在中国就会有很大不同。中国人认为我抓的是最根本、最高级、最上层至上，小问题没关系。

你能理解九方皋吗

所以中国有的这种故事，外国人是无法理解甚至于是无法原谅的，就是“九方皋相马”：伯乐老了，君王说你给我推荐一个能相马的人，会看马、会判断千里马的人。伯乐说，最好的、比我还强的是九方皋。于是穆公就让九方皋去找一匹千里马。九方皋回来了说：千里马我找着了。君王就问：什么颜色的？他说褐黄色。是母马是公马？他说是母马。等到马牵来以后，跟他说得相反，不是黄的是黑的，不是母马而是公马。秦穆公就很烦，说伯乐你弄这么一个粗枝大叶的马夫给我相马，他连最基本的情况都给我报告错了。伯乐说，真想不到他已经这样精深高明了，这正是他的伟大呀——这说得有点矫情——正是他的伟大，他注意的是它是不是千里马，毛色什么样，他管那个呢，他又不收购马毛，也不用马毛做纺织，管颜色干什么？公的母的也不管，因为并不是来搞配种，要的是千里马，你君王需要的是千里马，这个是千里马，他能忽略表层，专门判断是不是千里马。

大道的至上感与优越感

所以老子就有这点：大的道理我给你讲通了，我有一种至上感，有一种优越感，有一种万物皆备于我、一通百通、一顺百顺、无所不知、无所不能的感觉，这种感觉是研究别的学问不会有的。所以我们可以设想老子，他的“道”的提出，超越了宗教又包含着宗教，超越了哲学又包含着哲学。

如果用老子那一套理论的话，看许多问题会有所超越，有所新意。譬如说保罗·萨特在法国讲“存在先于本质”，对于老子来说，最根本的存在就等于本质，无需分辨孰先孰后。老子认为，“朴”就是本质、“朴”

就是原生态，原生态的存在就等于本质，而这个本质就是道。这是有些个道理的，比如研究好一个原生动物，一个单细胞生物，你就能够掌握生命生物的基本法则；研究好一个受精卵，你也就掌握了此后的变化与发展；研究一粒种子，你就能掌握大树、森林或者农田。按照老子的想法，世界的起源就是道，世界的惚兮恍兮状态，就是道。

而我们说的“得道”，就是找到了根本，找到了本源，我给你们全解决了，不用争。“道”就是悟，“道”就是心，“道”就是存在，“道”就是本质。所以你说它是哲学，它有的地方又超越了哲学，有些地方甚至是文学。

文学语言的道性

有很多话，如“上善若水”，这是文学的语言，这不是宗教的语言，甚至于不完全是哲学的语言。什么叫“上善若水”，什么意思？中国人也有另外的说法：水性杨花，是坏话；他说的“上善若水”指水的清澈，它的谦虚，它的所谓“处下”，它的低姿态，它的无私，它的坦荡，所以就“上善若水”。你愿意怎么解释你就怎么解释，我不给你仔细地说：说“上善若水”，水有三个特点，第一能喝，第二能洗脸，第三能洗脚，那有什么意思？我不给你解释！

所以他说得越少，越抽象，就越发有一种什么东西都掌握了的感觉。他掌握了文学，也掌握了伦理道德。他批判伦理道德，说是“大道废，有仁义”，他说仁义出来的越多，作伪就越多等等。“世人皆知美之为美，斯恶矣”，你都去追求美了，把人分成美丑两种类型了，里头再分成十八等，这个东西本身就不是好事。

但是从老子的另一方面，我们可以看到他这些基本的道德底线，譬如说他对生命的尊重，他对战争的厌弃，他对包括为政者——如果你不能够善待自己的百姓、自己的人民，那么老子有些地方说得还很尖锐，说得还挺刺激、挺厉害。所以他既超越了道德又包括了道德。

老子有多牛

“道”这个词不是老子一个人用，孔子也讲“朝闻道，夕死可矣”，《礼记》上就有“大道之行也，天下为公。选贤与能，讲信修睦……”，讲很多东西。但是老子把“道”提高到了一个概念之神、哲学之神、概念之巅、哲学之巅这样一种程度，所以老子在谈到道的时候，他的智慧就有了一种高峰体验，有了一种至上体验，有一种扩张性弥漫性体验，就和老子见到了世界的本源本质一样。我相信这样的人是太快乐、太满足了。

老子在第四章里有一句话，就这么几个字，但是你们可以听听老子有多牛。他说什么呢？“道冲，而用之或不盈”，我取之不尽，用之不竭。我懂得“道”之后，我对各种的事物都有自己的看法，不慌不忙、不急不躁、不窘不迫、从容有定、有主心骨。老子是这样的，所以老子一生并不忙碌，他做图书馆管理员，鲁迅还带点讽刺，说他骑着一个青牛要出关，等等。但是他说我“用之或不盈”，我是世界上最有财富的人，因为我有“道”，我的“道”永远用不完，永远没有赤字，永远不会发生危机，金融可以发生危机，“大道”不可能发生危机，因为大道它是本源的存在，它是本质也是规律，金融发生危机就是因为金融有些事情违反了“大道”，“大道”必然就会使你产生这种窘迫。反过来说，产生这种窘迫以后，你就会有调整，这个调整又符合了“大道”。所以老子说他的“大道”是用也用不完的，它是永远最充实最富有的。

他又说“渊兮，似万物之宗”，“渊”是什么？它太深刻了，它是万物之宗，是万物的本源，是万物的道理。人也是按照“大道”来生活的，是“大道”决定了你的生命，决定了你的死亡，决定了你的兴衰。一只鸟也有一只鸟的“道”，一粒沙子、一个小虫、一棵树、一根草、一块石头、一座山、一个大海，它都是按照一定的规律，按照一定的自然本性在那儿发展和运作，因此它“渊兮”——是多么深远啊，它是万物之宗。所以我就说，要能写出这两句话来，我们可以设想老子牛得可以了，他很自信了，他很有把握了，他已经觉得他比许多人都高明了，这是肯定的。

老子在第十五章里又提出一个命题来，他说“古之善为士者”，古代的——他老认为古代是现代的模范，说古代的一个善于做“士”——我们可以把他解释成读书人，可以解释成知识分子——那个时候的知识分子，也可以解释成一个准备参与国家运作的人。“古之善为士者，微妙玄通，深不可识”，“微”，精微，对什么事情的看法他都非常的精微，包括细小的地方他都懂；“妙”他掌握了大道以后，他的做法、他的说法跟别人不一样，让你不能不服，他非常的妙，他不按照常规，但是他做出来以后，别人干不成的事他就干成了，别人有危险的事，到他那里没危险，他能转危为安、能够逢凶化吉，它“妙”；“玄”的意思就是抽象，它非常的抽象，和“妙”也是分不开的，庞朴教授、哲学家，他考证中国这个“玄”字在古代的来源是水涡，水的那个涡流，水的旋转、漩涡。你看这个字本身像一个螺旋型在那儿转，他的认识也是像水一样地在那儿流转着，什么他都包括进去了，什么他都吸收进去了；“通”，又微妙又妙又玄了，你什么都能弄通，叫一通百通。他说“微妙玄通，深不可识”，他说“夫唯不可识，故强为之容”，这样的问题有时你都无法理解他，你没法判断他，他不像很简单的人，两下就可以判断出来：说这是一个暴发户，我们家乡叫“钱狠子”，见了钱就下狠心，说这家伙是一个钱狠子；这是一个吃货，就在乎吃；说这是一官迷。这都很容易判断出来。但是像老子这样的人，你判断不出来他到底追求的是什么，因为他追求的是“大道”，追求的是真理。他说“强为之容”，我很勉强地来形容一下。老子在这里讲了一大套，具体内容后面几讲里还要专门讲。我这里要说的是，从老子对于善为士者的论述当中，也可以看出老子的自信、自负、自乐来。

你们表面上看，他说的是“善为士者”，我就觉得老子要自己没有点对自己的理解，他是不会说这样的话的。他说这样的话实际是什么意思？就是我老子——当然他称自己是老子、是李耳，还是老聃还是老什么，这个我不知道了——我什么都有了，“万物皆备与我”，严肃的我有这一套，我像过冰河一样地小心翼翼，我像对待邻国一样地充满了警惕，我像待客一样地注意礼貌，我绝不敢轻忽。但是另一方面呢，另一方面我又是松松散散的，我不是那么紧紧张张，他说的是“善为士者”，从这话里我们都能够看出老子的骄傲、老子的牛。

为什么我说他牛呢？因为到现在为止，我们读老子、我们谈老子，仍然是快乐的，这是一种智慧的快乐，这是一种思想的享受。享受有各式各样的，吃好东西当然是享受，住好房子这也是享受，同时我们人人都还需要智力的享受，那是更加高级、更加丰富深厚的享受。

智慧令人快乐

为什么呢？你为什么喜欢下棋？下棋时你不断地想赢对方，如果你真赢他一盘、赢了两盘，或者本来你是经常败给他的，但是你忽然赢了他一盘，你很快乐，你享受的是你自己的智力：我也不是笨的那么一塌糊涂，不是那么不可救药，我也能赢你；甚至我输了，我毕竟还有几步好棋，我毕竟得到了经验教训，我毕竟有几手，对于对手的精彩也确实佩服，这仍然是享受。我们也可以打扑克，可以打桥牌，这都是一种很好的智力的游戏，智力的享受。

而智力的享受到了读老子这一步了，可以说你达到一个相当的层次了，你把这个概念和概念加以组合，把概念和概念与你的人生的经验结合起来，你从老子当中来发现世界，来发现人生。你又从你的人生当中，从你的世界当中去发现老子，去解读老子。这样的快乐比下象棋的时候给对方将死——来一个马后炮或者来一个双炮将，怎么一挂脚，比那个快乐还要高级。

老子不可摧毁

我们说，像老子这样的思想的人，他是快乐的，像老子这样的思想者，你无法摧毁他。为什么呢？你的智力不如他，对不起，你可以比他有钱、你可以比他地位高，但是实际上你处于劣势，你即使去侮辱老子，你即使去贬低老子，你唾到老子身上的唾沫，最后会落到自己的头上。老子无法贬低，他的智慧就是这么高，他就是表面上看着“道冲”，表面上看空洞空虚，“而用之不盈”，他就是非常的深厚，他“渊兮，似万物之宗”。我想如果我们在谈老子、读老子当中，能够体会到老子这样一种智慧和智慧的享受，我觉得这真是人生的一种幸福。

好箭也可保存欣赏

我这里顺便说一下，因为过去我们长期的——当然也是有道理的——我们强调的学习是为了实用，学以致用，这个是非常正确的。尤其在革命的时期，毛主席反复地讲，他说马列主义就好比一个箭，说是要用这个箭来射中国革命之的，这也叫有的放矢，说如果你拿了一个箭以后，说好箭好箭，然后把它束之高阁，这样的理论再好也是没有用的。那么我们可以设想，在革命时期对待革命的理论，如果我们不采取和实践相结合的态度，而是采取一个“好箭好箭，欣赏以后束之高阁”的态度，这革命还有戏吗，革命还能成功吗？当然不能成功。但是今天的情况又有一些不一样，今天的全面小康与市场经济下，好箭也可能是文物，是艺术品，它就是要束之高阁或展览室或拍卖室，供自己与旁人欣赏。

我们读老子，学老子，讨论老子，不是说用老子的学说解决就业问题，解决低保问题，解决金融问题，解决农民工的问题，解决春节期间春运问题，那你解决不了。我们在今天的情况下，在新的情况下，我们拿老子来看，看完了以后说好箭好箭，然后束之高阁，这也是一种享受。何况他不可能完全束之高阁，因为你多懂得一些道理，多懂得一些名词，你看什么问题看得更广泛更高大更深刻，你自己的精神境界也就不一样了，耳濡目染，你道行更深了一点儿，你知识更广了一点儿。所以我说老子这个智慧是一种快乐智慧，是一种享受。

智慧也是一种美

我还要说智慧是一种美，为什么呢？我们可以设想一下，如果我们接触到一种智慧的时候，你对它有没有一种向往的感觉、亲和的感觉、舒服的感觉，相反，如果我们看到一个人蛮不讲理，什么事不懂、糊里糊涂还又强硬的要死，你说你拿他有什么办法，你躲着点他就完了，也没有别的辙。所以智慧还是一种美，它使人沉醉，使人叹服，使愉悦升华。我还认为真正的智慧，和善和美都是相通的，因为真正的智慧，它和道德——他必然就能够知道自己在人间的地位，知道自己在人间应有的义务、应有的自律，知道自己有哪些坏事是不可以做的——真正的智者又非常没有道德，这几乎是很难办到的一件事。所以我说他和德行和审美都是相通的。

老子的苦恼与牢骚

但是老子也有苦恼，也有牢骚，这是什么意思？我们看到老子在许多章节里说的话，这些话表面上看是客观地讲一些道理，但是实际上老子也是一个人，他有一种情绪、有一种倾向、有一种心情流露出来了。

譬如说在第二十章，他说“绝学无忧”，就是说你不学习，你也就用不着忧愁了。这是一种解释，也可以解释为：你学到最高处，学到了绝顶、绝妙、绝高，就不用忧愁了。说“唯之与阿，相去几何”，世人说是或者说不是，说 Yes 还是说 No，认可还是不认可，这中间又相差多少呢？世人俗人认为对的，真的就是对的吗？世人俗人认为是错的，果真是错的吗？没有那回事的，没有什么意义。“善之与恶，相去若何”，这个人说这个人是好人，那个人说这个人是坏人，他们究竟相差多少呢？他们的判断值几个钱？他们把好人看成坏人，把坏人看成好人，把智者看成无用，把骗子看成大师的时候多着呢。

又说，“人之所畏，不可不畏”，大伙都害怕的事，我也害怕，怎么办呢，大家都这么说，就是我老子也怵他三分；“众人熙熙，如享太牢，如春登台。我独泊兮，其未兆，沌沌兮，如婴儿之未孩”，说是大伙儿一个个都还挺高兴，就跟在那儿吃大餐似的，就跟上了高台来享受春天一样。大家都是高高兴兴，可是我经常要思考一些终极的问题，我有时候脸上连笑容都不够；“婴儿之未孩”，有人考证说“孩”指的是笑容——这个当然不是我所擅长的，我姑且引用别的老师们的解释——这些地方一看很怪，老子到了这个地方，他忽然显出来、流露出来了跟大众不一样之处：你们都高兴，我不高兴，我没有那么高兴；“儽儽兮，若无所归”，“儽儽”，现在写就是一个单立人一个累字，也有的是写一个单立人三个田字，“儽儽兮”就是很沮丧的意思，“儽儽兮，若无所归”，无处可归。当时的人们嘲笑孔子，就用过这个“儽儽兮”，说孔子“儽儽兮若丧家之狗”，找不着家门了，可他要上不丹就好了，找不着家门没有关系，哪儿都是家。但是中国不行，中国你得找得着家门，否则你是丧家之犬。

说是“众人皆有余，而我独若遗”，大伙儿都觉得自个还挺富裕，可是我呢，好像我老缺点什么。这样的话在《老子》当中并不多，但是在第二十章里他说得挺厉害，他说“我愚人之心也哉”，看来我是最傻的了。是真的吗？这老子真认为他最傻吗，真的最傻你还写这五千字干什么，你一边待着去跟大伙一块吃大餐，一块去玩，别人怎么样你也怎么样不就完了？所以他不是真的，他说“我愚人之心也哉，俗人昭昭，我独昏昏”，越是俗人越明白，而我呢，我老糊里糊涂，你们都明白，就我一人糊涂。“俗人察察，我独闷闷”，俗人什么都看得见，“察察”，眼睛明察秋毫，“我独闷闷”，按现在的口语，我就说它是闷（第一声），就是我啥也看不见，闷在一边，我一声不吭。“众人皆有以，而我独顽且鄙”，“有以”就是众人什么事都有根据、都有理由、都有想法，越是愚蠢越觉得自己聪明，觉得自己办什么事都有根有据。“我独顽且鄙”，我是又顽固又低下，我找不着我要干什么事的理由、根据、基础，我找不着自己行动的基础。“我独异于人，而贵食母”，我跟大家都不一样，我“食母”，就是我老要找这个终极，我老要找这个原生，我光找着儿子了我还不踏实，我还要找他娘，我要找这个最早的、最初的、成为世界之本源的大道理。

你看老子的这一段，他有点气，就不像之前那么牛了，而且他反过来说，表面上看他是在嘲笑自己，不如说他是在发牢骚。

智慧的痛苦

所以这里就有一个命题，这自古以来、古今中外都有，叫作智慧的痛苦。我们刚才讲了智慧有快乐，智慧有享受，智慧有美，智慧有主心骨，但是智慧为什么还会有痛苦呢？因为智慧陷入自己本身的一个自我矛盾之中、一个悖论之中。

真正的智者他应该知道：应该跟大家合群，不要自己太特色，不要与众不同，尤其不要与群众为敌，不要你自己特立独行，老跟人对着干。真正的智者明白这个，真正的智者甚至于还懂得不要跟人瞎辩论，辩论有什么用，话跟话，话顶话，话激话，互相刺激，什么用处也没有。但有自己的不被理解的痛苦，更有面对庸众无法可想的悲哀。

国产最佳寓言：不争论

我接这茬说一下，中国的各种寓言故事当中，我最喜欢的就是那个不争论的故事，这我还是从张中行老师的文章里看到的：说俩人争论，一个说四七二十八，一个说四七二十七，俩人打得厉害。县官过来了，说你们争什么？“禀老爷，我说四七二十八，这小子非说四七二十七，你说这气人不气人？”县官一听乐了，“你认为四七二十七，过来过来，你跟我说说四七多少？”那人说：“二十七啊。”“你真认为四七二十七？”“是真认为四七二十七。”县官说：“赦你无罪，走吧！四七二十八跪下，屁股给我打三大板。”这个说：“老爷冤枉啊，你这么屈枉人，四七二十七无罪，四七二十八挨打？”这老爷说：“兄弟我告诉你，那人都认为四七二十七了，你还跟他争，他都四七二十七了，你打死他都没用了，你改不过他了，我打你两下，你就知道了，以后见着四七二十七的，你回头就走，你少招惹，你别招这个。”

只有中国人有这种故事，你现在讲给欧美人，他绝不接受，他说这是什么态度，四七二十八就是二十八，二十七就是二十七。欧美人就这一条筋，他绝不认你这个。外国的故事里头，全世界我认为最好的寓言就是印度佛教里边的“瞎子摸象”：几个瞎子在那儿摸象，然后说这象是什么样的，摸着象身子的说这个象就像一堵墙，摸着象尾巴说像一个刷子，摸着象牙说像硬棍，摸着象腿说象就是柱子，这几个瞎子在那儿争。有时候我们人类太多这种瞎子摸象的故事，以及四七二十八、四七二十七的故事。这是一方面，老子他看得很开，所以他也主张不争。

智商太高了太麻烦

但是另一方面呢，就是你有了老子的这个智力，你就跟群众摆不平，你的说法跟人老不一样，你老显得各。而且智力低的人对智力高的人有时候有一个怀疑，他不说你智力高，说怎么他看什么事老看得那么准呢，他是不是有什么，是不是他要我呢，他有时候会有这种思想。所以有时候他实际上又处在一个不被理解、不被接受、不被认同、不被珍重的这样一个地位。他超凡脱俗，他没法不倒霉。所以你说别人还都能够这里混个小官那里混个什么东西，他什么也混不上。所以他实际上又有一种不被理解、不被认同的悲哀。所以说他一方面什么都看得清清楚楚，另一方面他又是脱离群众，脱离主流，不为群众和主流所接受。这样的处境，能够是一味快乐的吗？

智慧的遭遇与命运

老子在第四十一章里又说“上士闻道，勤而行之；中士闻道，若存若亡；下士闻道，大而笑之。不笑不足以为道”，笑是哈哈大笑，不是孝顺的孝。他说上等的士人、读书人、具有高智商的知识分子，听到了我讲的“道”他就认真按这个道来实行，来实践，付诸实践，现在叫作践行。中等的人、中等的士闻道“若存若亡”，就是好像听见了，又好像没听见，或者左耳朵听见了，右耳朵又出去了：有这么个道不错，不错，挺好，挺好。说完就完了，跟他没关系。

那么下士呢？下士是最低一等的所谓士，本身学问又低，智商又低，他要听到关于“道”这个道理，他听完了以后哈哈大笑：说什么呢，忽悠什么呢？跟他毫无关系；“不笑”，他如果不嘲笑你，就说明你不是“道”。

他在这个地方突然出现了一个等于是智慧的孤独的写照，等于是叫作——过去也有过这种说法——他变成了伟大的少数，他变成了伟大的孤独者。

这是某种经验之谈。很可能老子在什么地方讲他这些道理的时候，被别人哈哈大笑，被别人嘲笑一番，认为这个空谈误国。又说“吾言甚易知，甚易行！而天下莫能知，莫能行”，我讲的这个自自然然的，尊重各种事物本身的规律，这既容易了解又容易实践，但是为什么你们“天下莫能知，莫能行”，整个的天下所有的这些诸侯的王国，没有一个按照我的这个理论来实现的。真是够惨的啦。

老子也俗了一把

“知我者希，则我者贵，是以圣人被褐而怀玉”，能够了解我的理论的人很稀罕，能够按照我的这一套做的人就更珍贵了，也就是更少了，更是稀世绝品了。

底下老子说：“是以圣人被褐而怀玉”，他说圣人穿的是粗布的衣服，但是兜里头是有玉的。这一点上我要大胆说一句，就是这一句话，老子说得稍微俗了一点。因为你老子那么伟大，你前边讲的那么多伟大的道理，你怀玉就行了，你穿的是粗布衣服、细布衣服，或是的确良衣服有什么关系？你不穿衣服，披一个麻袋片也可以，弄树叶挡一挡也可以。

所以这个地方我们可以看出，伟大如老子，就是我说的话——鹰能飞得非常的高，但是鹰有时候它也可以和鸡飞得一样低，或者比鸡飞得还低。他忽然发这么一句牢骚：你看我这怀着这么好的玉，可是我只能穿一身粗布衣服，只能穿一身带补丁的衣服。其实这用不着，这个不影响他的玉。

智慧之路是坎坷的

他底下又讲，说是“大道其夷”，在第五十三章——“而民好径”，“大道”，我本来是阳关道，大马路非常的平坦，“夷”就是平坦，“而民好径”，可众人偏偏喜欢小道，喜欢走后门、抄近道，大道他不走，他走害人害己之道，至少是歪门邪道。

从这些地方我们都可以看出，老子的学问等这些东西并不是很顺利的，我把它说成是什么呢？我说这叫三贴近与三超越的矛盾。老子他是智力超众，见解超前，论述超俗，甚至是论述令人吃惊。他不属于哪一个普通的学术派别，他行为脱俗，风度超群，言语一鸣惊人。这样的超智商者既受欢迎又受猜疑和嫉妒。古今中外，做官的人功高震主，反受排斥诬陷。做学问的人，智高震世，也无法令庸人接受，真是人类的悲剧呀。

从老子本身来说，他主张“和光同尘”，主张“三贴近”，主张让老百姓自然而然地生活，可以说他是最普通的。但是实际上他最普通的见解又变成了一个超越的见解，所以真是自相矛盾。你说你的见解非常的普通——既然是普通见解，你甭说了，大家都懂，都是常识，饿了该吃饭，累了要睡觉，吃饱了早上起来干活，这你还说什么，你不用说。你说你是高明的吗——既然是高明的，就必然有很多人不懂，要人人都懂，都是一加二等于三，那还用你说什么？

所以这种智慧的悖论可以说是智者的矛盾。像老子有这么高智慧的人，难道他不明白吗，说任何人读一遍《道德经》，就会立即清心寡欲起来，就开始践行大道？他其实应该非常清楚。

老子是怎样被中华民族所接受的

我们现在可以从老子被接受的情况来考虑考虑，老子高尚也好伟大也好，或者是别扭也好，第一，老子在世界上受到了极高的评价，这是事实，不管是黑格尔还是其他外国人，他们都很重视老子；第二，儒道互补是中国士人的一个普遍选择，甚至于是中国士人存活和不被消灭的一个关键所在。因为中国的士人几乎都是这样，如果条件顺利，如果你被明君所赏识——我说这都是历史上了——你被明君所赏识了，你应该像儒家一样的讲究忠孝、讲究仁义，你应该讲究为苍生谋福利，这是这一面。但是你遇到挫折了，遇到你不为所用，你不可能发挥更大的作用了，那你也应该有道家的那一套，应该去回归自然，应该听其自然。不要蝇营狗苟，不要做一些不量力的乃至于出丑的事情，更不要去投向龌龊和下流。所以儒道互补实际上也被许多的中国的士人所接受。我们去看苏东坡，我们去看李白，我们都会发现这样的事例；第三，同时我们也必须承认，并没有任何一个实践的过程能证明老子这一套，用在治国平天下上是有效的。

中国哪个朝代君主是用老子？他信道教，可能他炼丹，他希望长生不老，他练气功，这都行，可是说我治国的时候用老子这个方法，我无为而治、我不争——你跟人家不争，人家争你，人家把你吃下去了。所以在实践上来说，如果用老子的一套来治国理政，更不要说治国平天下了，这个成功的经验压根儿就没有。

今天我很有兴趣地和各位讨论老子，并不等于推翻这个事实——说老子太棒了，今后咱们大家都用老子这个方法治国理政，不行，用这个解决别的问题也很难，求职行吗？你用老子这一套求职，无为而无不为，你交一个求职的信，填表你一切都填上无，学历无、父母无、家庭住址无、户口无、身份证无、工作经历无，你肯定找不着工作。所以求职不行。

治病有一部分行，你别瞎治，不要一点儿小病吃很多药，这可以，但是你真有病了，该做手术就得做手术，该得干什么就得干什么。所以把它作为一种实践的指南，确实是有它的困难。

相反的例子反倒无其数，春秋战国时期有的是严刑峻法而能治国；有的是白脸黑脸，一会儿这样，一会儿那样，翻手为云、覆手为雨，用这种方法治国；也有的是励精图治、勤勤恳恳来治国的；也有强悍决断而治国的，但是恰恰没有用老子的方法来治国的。

所以我屡次说老子是我们的一个精神资源，甚至于也是精神食粮，但是这个精神食粮不能当饭吃，我们可以当茶喝，可以当药吃。尤其您虚火太大、贪欲太多、急于发财升官，这时候您读读老子，可能让你心情踏实一点儿，所以他可以当药吃，甚至可以当仙丹吃。你吃几次以后，觉得你境界高尚一点儿了,看什么问题看得开一点儿了,豁达一点儿了,这都可以,但是你拿这当饭吃,解决不了实际的问题。

老子还有另一方面,这应该说也是老子的一个特殊之处,我觉得这里头也同样既有快乐也有苦恼,就是老子的理论能够成为一个宗教的起源。因为它非常抽象,又太彻底、太理想,它离道观——它变成宗教——比离君王更近。你让君王把它拿回去,拿出来做治国的意识形态,这个太难。但是它被宗教拿过去,什么无呀、无中生有啊、有又生于无啊、有又变成无啊、“道生一,一生二,二生三,三生万物”呀,太虚呀、玄呀、“玄而又玄,众妙之门”,等等,所以它又能变成宗教。我就设想,如果老子知道他的身后创造了这么一个道教的话,可以说既是他的骄傲,也是他的悲哀。

因为道教的哲学学理水平,和老子的思维思辨水平并不是一回事。当然中国的道教也有它存在的意义,也有它的道理,也有很多故事。什么丘处机道长——尤其是你要看金庸小说的话,那里边讲到了许多道教的故事,也很可爱,但是这个跟老子并不一样。

精神上的巅峰体验

我想说我们读老子、我们讨论老子,我们要体会精神上的一种巅峰体验。平常很多具体的事我们都要管:下月工资给我涨不涨?当然你很关心;你家里电灯泡坏了你要换,这个你也很关心;但是这些都是具体对具体。而读老子呢,你是寻找至高至上至深至极,因此你读老子的体验是一种巅峰的体验,是一种确实跟大道相通的体验,是一种和无限大的宇宙和永恒的时间相通的一种体验。这种体验可以说是人类生存的一个极致,这个跟挣多少钱感觉不一样,升多大的官、出多大的名都比不上你这种精神上的体验。这种巅峰的体验，有时候一个人这一生当中他都没有得到过，也有的人他得到了这样一个巅峰的体验以后，他可以有所升华，他自个儿的生命就有了意义。

有各式各样的巅峰体验，比如说一个艺术家，当他真正创造出来他最喜爱的那个东西的时候，他会泪流满面，他可以满地打滚。人家说巴尔扎克写《高老头》时，他的仆人见巴尔扎克躺在地下，在那儿呻吟，“先生，您怎么了？”他说：“没事，高老头死了。”这就是他跟他的创造物完全合成一体，达到了这种巅峰的体验。有时候听音乐会有这个巅峰的体验，有时候感觉到音乐已经把人带到这样的一种境界，让人有这个巅峰的体验——我要是用比较普通的话还达不到这个高度，简单地说就是“沉醉”两个字。

所以如果要读老子，我就设想老子写《道德经》的时候，就五千多个字，他就沉醉在里头了，否则他怎么写？那时候要稿费没稿费，要职称没职称，而且他的这一套很多人还不接受，但是他把它写出来了，因为他沉醉在里边了。那些语言、那些字——我说老子的五千字，一字一坑，一字它砸一个坑，他用的那个文体，有时候不像咱们普通的说话的文体，它像是一种有神性的语言，因为我找不到好的词——这个词很容易被误解，有的地方像念咒一样，有的地方像预言一样，有的地方像譬喻一样，有的地方像算卦一样。所以在这里头他会有巅峰的体验，他会有一种沉醉。读老子，我说的沉醉，这是一种欣赏，这是一种体验，有这样一种体验，你就和老子相通了，你也会和大道相通了。当然了，不等于说你永远沉醉，你天天沉醉，你上班见了你老板，你还沉醉在老子里头呢；晚上回家见你孩子，你孩子功课两门不及格，你还沉醉在老子里头。那是不可能的，但起码你哪怕有这么几次对老子的沉醉，这是多么好啊！多么令人羡慕啊！这样的一种沉醉，不但在哲学当中，在文学当中，也在音乐当中，也在建筑当中——

有时候你看到一个特别宏伟的建筑，你傻了，你沉醉了，你感觉世界上怎么还有这样的建筑。比如说你上埃及，看古埃及的卡纳克神殿，你一看，你傻了，你有一种自己傻了的感觉，你有一种完全匍匐在它面前的感觉。

让老子来吧

研究科学、研究其他学问的人也会有这种最高层次的精神体验，这种体验和老子也是相通的，我想引用杨振宁博士——当然我们都知道他是非常有名的诺贝尔物理学奖金的获得者——他看了我发表在三联书店《读书》杂志上的文章——后来也收到我的《老子的帮助》这本书里头，就是讲老子和数学的这么一段文章——他看了以后很有兴趣，他就把他的一本书，他原来用英语写的，是由他的夫人翁帆女士从英语把它翻译成中文的，叫《曙光集》，里边收了一篇文章，叫《美与物理学》，是讲物理学的。杨振宁在这一篇文章里讲了一些物理的方程式，这个方程式是我所不懂的，我们可以先不说它，这些方程有一面是与诗有共同点，它们的内涵往往承受着物理学的发展而产生新的、当初完全没有想到的意义，他举出了一些……一些术语我就不引用了——像什么麦克斯韦方程，经过爱因斯坦才显现出它高度的对称性，成为二十世纪物理学的一个中心思想；狄拉克方程最初完全没有被数学家所注意，今天已成为热门话题——杨振宁说它们的极度浓缩性与包罗万象的特点只能够用诗来表明。他说他常常感觉自己是不能够全面地道出学物理的人面对这些方程的美的感受。杨博士说：我缺少的似乎是一种庄严感、一种神圣感、一种初窥宇宙奥秘的畏惧感。我想，我缺少的正是构建哥特式教堂的建筑师们所要歌颂的崇高美，宗教美，最终极的美。他特别给我写信说，你看一下两首他引用的英文诗，这个翁帆小姐并没有翻译，我试着把它翻译一下。一个是 w.blake 的诗，他说：

“To see a world in a Grain of Sand”（你看世界就从一粒沙子那里来看），

“And a Heaven in a Wild Flower”（然后你去体悟天堂——从一朵野花上）。

“Hold Infinity in the palm of your hand”（你把握无穷吧，就用你的手掌、就用你的手心），

“And Eternity in an hour”（然后你要了解永恒——用一个小时）。

他说什么呢？说你要看一个世界，从一粒沙子那里来看，你要从一朵野花上看到天堂，然后你用你的手去掌握永恒，然后你用一个小时去掌握无限，用一个小时来领会永恒。我们这里用一个小时来讨论老子，也是试图用一个小时领会永恒。

他引用的更精彩的诗是 A.Pope 的诗，就更激动人心了。他说什么呢？

Nature and nature' s law（自然和自然的规律），

lay hid in night（把自己隐藏在黑夜里）。

God said，let Newton be（上帝说，让牛顿去吧）！

“and all was light”（然后一切都照亮了）。

我们同样可以说：“大道”把自己隐藏在黑夜里，然后上苍说，让老子去吧，让他试着把一切照亮，还让二十一世纪那个小王老头到 BTV 试着把它讲一讲！

庄子篇

第一
突破自我，神旺九万里

“怒而飞”的雄壮追求

庄子是一个非常有特点的、与众不同的哲学家，古今中外独此一人。他最大的特点就是把非常深邃的思想变成了文学，变成了艺术，变成了神话、寓言、故事、传说。他的那些论述哲学问题的文字都是朗朗上口、比喻精当、辞藻华丽、文风开阔、见棱见角、妙不可言的，读起来你感到的是津津有味、心旷神怡。这就做到了深奥哲理的文学化与趣味化。

庄子还把文字变成了艺术，通过这些文字使他的思想变得非常好看、好听、好接受，让大家喜爱。这里还有一个问题：形象大于思想，你树立一个形象，讲述一个故事寓言，含义是什么，并不是绝对固定与有限的。同样一个形象一个故事，例如庄生梦蝶，它的解释发挥，从理论上说是无限的，原因在于一切解释都加上了解释者本身的经验与想象的补充。梦蝶，你可以做唯美的解释，可以做弗洛伊德性学理的解释，可以做人生无常、人生如梦的解释，还可以做现今十分风行的“认同危机”“身份困扰”的联想，甚至做游戏的解释，深了去啦，多了去啦。庄子使他自己的思想变成了一种几乎可以说是艺术的表演，换言之，他用一种艺术表演的方式来讲自己的思想，使之有魅力、潇洒，令人浮想联翩、引人入胜而且内涵深广、余音绕梁、三千年不绝。

当然，这种文学化的哲思文体，在逻辑性、科学性、系统性与鲜明性上，不像欧洲的那些大家，有另一面的不尽如人意处。接下来我们就从最具体、最平常、最浅显的故事与寓言说起。例如朝三暮四、呆若木鸡、螳臂当车、大而无当、姑妄言之、姑妄听之，螳螂捕蝉，黄雀在后……大多数是人们耳熟能详、张嘴就来的话。所以庄子又是一个已经被我们的民族、被我们一代又一代的人，耳传心授、口传心授地完全接受了的一个大哲学家、大文学家、大思想家。可以说，他是既高深又普及，既别开生面又言之成理，既奇思妙想、独树一帜，却又家喻户晓、影响广泛的人物，他的思想理论说法，同样是这样一个又深奥又“流行”的命运。

《庄子》刚开篇就很惊人：

> 北冥有鱼，其名为鲲。
> 鲲之大，不知其几千里也。
> 化而为鸟，其名为鹏。
> 鹏之背，不知其几千里也。

北冥，就是对于北边的北冰洋的假想，当然庄子那时不知道那是北极啊，他可能没有这个概念。北边有大海，有很深的水、很大的海，这里面有鱼，你一眼看过去，这个鱼几千里，他没有具体地说一定是长度几千里或者是宽度几千里，只是说大概几千里，给你一个概念。要说先秦、春秋战国时代，这几千里也不得了。这个鱼呢，能变成鹏，叫作大鹏鸟，光它的脊背，一看又是几千里，到底具体数字是多少也没说。因为对于我们来说，这不是进行一个动物学的传播讲授。从动物学上说，现在知道的恐龙是比较大的了，但是也没有大到几千里，几千里什么概念啊？就是脑袋在北京，龙尾在广州了，它整个儿就把中国国土的五分之四给占了，根本没法展览。

但是《庄子》的鲲鹏就有这么大，而且这个鹏还能飞，这一飞呢，就更厉害，叫“抟扶摇而上者九万里”。扶摇是说风，风是扶摇而上。这多少有点儿研究高空气流的意思。因为在空中飞行的时候它常常会碰到气流。扶，应该是空气浮力、升力，摇，有点儿像震荡，我们现在坐飞机也是扶摇而上。扶了、摇了就把你升上去了，这一飞就是九万里。所以毛泽东主席在他的词里面就引用了《庄子》的这个故事，他说：“鲲鹏展翅，九万里，翻动扶摇羊角。”这些全部出于《庄子》。扶摇就是指那个上升并且震荡的气流，羊角指的是旋风，还有可能是龙卷风。为什么羊角是指旋风呢？因为这个羊犄角像螺旋一样，它是这么转着，正好是龙卷风刮起来的姿势。一刮多远呢？九万里。这个太不得了了。我们现在一般的民航飞机的飞行高度大约是十公里。那么九万里就是四万五千公里，比现在飞机能飞的高度可大多了。当然我们还要考虑先秦时期的度量衡，过去的说法——“老秤”“老尺”；比现在的可能大多了。

这样的形象与叙述当然富有冲击力，让读者以渺小局促的主体来享受巨大宏伟的对象，以地面庸生享受北冥南冥的波涛汹涌、深不见底；又让双腿行路一天很难走完百里的人享受了九万里高空的勇敢与遥远；让五尺（有时小于五尺）高百十斤体重的人去享受几千里长与阔的身躯。好啊，读到此处，咱们自身似乎也往大里长，开始了一个从普通人向巨人发展的过程。

哈哈，读庄子就是要成为精神的巨人。那庄子讲这个东西究竟是什么意思？为什么他要讲这么一个并不存在的事情呢？当然他说，这个是从《齐谐》这本书里就有记载的，现在我们找不到《齐谐》这本书了。这本《齐谐》是实有其书还是庄子杜撰，是纪实还是街谈巷议、小道消息、小品段子，对于二十一世纪的我辈已经没有意义。我们可以假设当时已经有这本书，这个表达的是什么呢？是一种精神。什么精神呢？就是我们人其实是很渺小的，也许你的身高是很不错的，我们说“五尺高的汉子”。“老尺”可能比现在尺大，五尺高的汉子基本是山东人，他个儿高，个儿大，大块儿。但是即使这样的汉子对于宇宙来说、对于世界来说，也太渺小了。

我们说寿命，一百岁，这在人当中也已经是长寿的仙翁了。但是一百年对于中国、对于世界、对于地球、对于宇宙，也还是太短了。那么恰恰是渺小的个人，他有一种精神，他有一种气势，他有一种心胸，而中国人还喜欢说他有一个格局。这个格局是什么呢？是大，是宏伟，是几千里。背，它的脊背，几千里，一飞上天九万里。

所以人类的身躯可以渺小，但是他的精神是宏大的。他的思想是要不断地突破他身体的局限，突破他环境的局限。不管你的环境如何，不管你碰到什么艰窘、尴尬、困难，你要有一个宏大的精神，有一个伟大的气魄。

这个东西很有意思，就是人为什么需要一个大境界，需要一个大格局，需要一个大背景，需要一个大的参照物呢？那是因为，有了这个参照物和没有这个参照物有很大区别。

没有这样的参照，你的头脑的格局就是眼前一块儿，鼻子底下的那点儿事。所有的困难麻烦，不论是风雨雷电、饥渴寒暑、病伤疲累，还是狼虫虎豹、强盗窃贼、愚顽丑恶……都可以从精神上把你摧毁。而有了一个大格局、大参照，一切艰难困苦，一切得失计较，一切流言蜚语，根本就算不了什么，与大鲲大鹏相比，对于一个有志于抟扶摇直上九万里的人来说，人生中那些负面的东西，不过是鸡毛蒜皮罢了。

在庄子生活的两千年前，你可以身躯不高，也不强壮，力气也不算很大，你的见闻也很有限，但是你仍然有一种愿望，突破这种物质的经验和限制，达到一种精神的大解脱。为什么古今中外一些有识之士往往喜欢仰望星空，看到群星灿烂呢？我们中国也有这样的领导同志，仰望星空的时候发出赞叹。德国的哲学家康德也歌颂过星空，日本也有歌曲名叫《啊！星光灿烂》。当你在仰望星空的时候，你有一种感觉，就是把自己与无限雄伟、无限恒久的或者是阔大的这样一个世界、这样一个天体联系起来。那么庄子在《逍遥游》中，三次重复地用不同的方法讲述这个鲲是鱼，这个鱼变成了鹏，然后它能够展翅，叫作“怒而飞”，“怒”不一定当生气讲，它一激动就飞起来了。而且古人说庄子文章的特点就是“怒而飞”，他一激动，他写的文章也就飞翔起来了，他的词汇，他的造句，他的结构与论述，也就满天飞翔起来了。

庄子有各种新鲜的、与众不同的、给人以启发的或者是令人一愣、让人一下子摸不着底的思想，他究竟是一个怎样的思想家呢？我们说他是一个“怒而飞”的思想家。一个思想家怒而飞，有点儿意思。这里的“怒”应该作“激情”讲，一来情绪，一激动，一来想象力，伟大的庄子便鲲鹏展翅般地高飞入云了，你说棒不棒？

我们知道法国的美术家罗丹，他的一个很重要的作品就叫《思想者》，“思想者”描绘的是一个男性的身体，这个男性有一种非常凝重、非常沉潜的表情，你从他的面部和身体的姿态上可以看出一个人沉入思想时的那么一种紧张感，就是他的全部力量包括肌肉、骨骼、神经和筋脉都调动起来紧绷起来了。那么如果我们要塑造庄子的像，就不大可能会把他塑造成一个沉潜的极其吃力的思想者，即便他有沉潜的、凝重的、非常内敛的这一面，但是庄子毕竟还有另一面，怒而飞的一面。

《庄子》这本书里有许许多多消极的说法，因为生活在春秋战国，他没办法。

"春秋无义战"，每个人掌握不了自己的命运。这个阶段的庄子他没有办法，所以他提出很多消极的东西。但是庄子毕竟不一样，《逍遥游》开宗明义，先是讲北冥，北边的那个海洋——起码是那个水域、海域，有鲲、有鹏，所以这又是一个很奇特的东西，就是他消极都消极得这么牛，这么雄壮，这么有才气、有气魄、有力度！毛泽东主席的世界观、他一生的行为不是消极的，但是他就恰恰引用了这个很多时候发表消极见解的庄子关于鲲鹏展翅的追求，以此来表达他自己的这种心志、这种气势，充分体现了他气势极大，特别冲。

你是窝囊的腐鼠，还是自由的鹓鹐

庄子的话不是实用性的，他虽是在讲鲲鹏展翅，但是他的用意既不是通过对鲲的了解来开展渔业或者捕鲸作业，也不是通过鹏的道理来考虑如何飞行或者进入外层空间，他的话没有这个含义，他只是开阔你的心胸。所以到了庄子这儿你会感觉到，鲲鹏展翅未必是不可行，是你自己的心胸不够开阔，不能够接受这种宏伟的理念，不能够理解这种宏伟的存在。所以庄子一开始就先给我们写出了一个字，这个字就叫"大"。人要有大眼光、大气魄、大格局、大境界。

正如这鲲、鹏的形象。这个鲲是大几千里，这个鹏光是它的脊背也是大几千里，然后一飞就是九万里。这是凡人，所谓俗人很难想象到的东西。那么极言其大的目的是什么？他的目的起码有这么三方面：一是你拿鲲、拿鹏、拿北冥——就是北边的那个水域（因为那个时候他还没有明确地说是海洋，实际上应该说是海洋，非常深的一个水域），还有南边的一个水域等作参照系，你就会小化，就会藐视许多眼前鼻子底下的是是非非、恩恩怨怨。因为世界是如此之巨大，生命的力量是如此之威武雄壮，那么谁对你态度好一点儿、谁对你态度坏一点儿；该夸你的地方人家没有及时地夸你；或者本来不是你的毛病，别人误以为是你的毛病……这些零零碎碎的不高兴啊、喜怒哀乐啊、计较啊、埋怨啊，等等，又有什么呢？

如果你胸中有鲲、有鹏、有北冥、有南冥；如果用康德的主张和现代人喜欢讲的你心中有星空、有宇宙来念想，你就会觉得这些事情其实很小。哪怕你三年五年、十年八年受过一点儿误解、一点儿委屈，事情过去以后就可以不屑一顾，不必再谈它，即使谈的话就当个笑话说说罢了。这样可以小化你的很多不愉快、小化你的很多计较。这是一个作用。

“大”还有一个作用，大了就会高。由于这个鲲很大，这个鹏很大，那么它最大的特点就是：一飞就飞了九万里高。这远远地超过了波音747飞的高度，当然比现在的人造卫星还高。

庄子是怎么表现这个高度的呢？很重要的一条就是他在一个官本位的封建中国，却恰恰表达了对官本位的藐视。我们知道，春秋战国，那些诸侯君王和重臣追求的就是权力扩张。从正面来说，他们追求的是统一天下。那么对于更多的士人来说，他们追求的是出将入相、光宗耀祖、掌握权柄，有很高的社会地位，同时也拥有超乎常人的财产和物质手段。这个并不足为奇，因为中国封建社会的权力系统早在先秦，就已经被打造得相当完备。你进入这个权力系统，可以受到尊敬；可以发挥自己的才干、本事；可以享受远远高于普通人的物质生活和财富积累。这个享受特权、享受俸禄、享受一种地位的崇高所带来的得意和愉快，很明显地体现在苏秦的故事中。

苏秦第一次去周游列国，失败了。回来的时候他受到了全家人的嘲笑，尤其是受到了他嫂子的白眼。但是第二次呢，他被封了六国之相，除了秦以外，六个诸侯国家聘请他当相国，掌管着六国的大印。这个时候他再回到自己的家乡时，他嫂子是爬着过来的，爬着过来是对他施行跪式服务、伏地式服务。他就问他嫂子，你为什么前倨后恭啊？意思就是说你原来对我那么藐视，怎么现在对我这么恭敬了？苏秦嫂子说，哎呀，因为兄弟你现在贵而多金啊，又有钱官又大。他这嫂子倒挺实在，实话实说。说你原来周游列国，自费旅游恨不得把家里的钱全花光了，一点儿成就没有，回来还得让我们养着你，我当然对你态度不好了。现在你地位也上去了，钱也多了，我们跟着沾光，我对你态度当然就好了。

她这种态度是可以理解的。不光是为了地位高和多金，和这个权力系统结合起来，你才能够发挥你的聪明才智，现代语言叫“自我的实现”，你有多大本事你把它发挥出来，发挥出来了还没成功，那也只能认命了。要是你连发挥的可能都没有，会很窝囊！所以那时看《史记》、读《春秋》，人人都在那儿追求自己的所谓上进。

但是庄子在这个时候独树一帜，他表示瞧不起，他用一种很不屑的语言，“知效一官，行比一乡，德合一君，而徵一国”，他说，这样的人呢，不必太瞧得起他。“知效一官”，就是他的知识能够符合一个一官半职的要求。“行比一乡”，他干了点事，能被一个乡所承认。当然大家也弄不清春秋战国的时候一个乡有多大，可能人口还没有咱们公社时期一个大队多。“德合一君”，这里面的“德”包括了做人，也包括了你的能量、你的行为。你的行为、你的能量能符合一个诸侯的喜爱。“而徵一国”，而得到了这么一个小诸侯国家的信任。就是说你能混上个一官半职，能在某个诸侯国家混个人五人六的。简单地说，这个根本不值一提。庄子表达这么一个态度。

然后下面他反复地、无数次地表示，当官没意思。司马迁在《史记》里讲到，楚威王想请庄子去当相国，庄子怎么表示呢？说你看见过那牛吗？你给那牛穿上好衣服，打扮起来，你的目的是为什么呢？是要把它牵到太庙里去宰杀、牺牲，来祭奠神灵或者祭奠祖先。他说，如果我是一头牛的话，我不想穿那好衣裳，我宁愿就在泥里头打滚，我就过着半饥半饱的、肮脏的、不舒服的、不讲究的生活，我也不愿意你给我打扮好了，然后给我一刀，让我吃这一刀。他说的这个抓住了那个时候所谓一官半职的一个最大的软肋。庄子有时候说话很狠，抓住你一点就把你嘲笑得站不住。他的意思就是你当了这一官半职，你精神上就不自由了，你就不独立了。

《秋水》中有记载，说庄子到了魏国，魏国的相国是惠子，惠子以为庄子要来抢他的官位，就派人组织全国搜索，搜了三天三夜。后来庄子见到惠子，说你那个官位算什么呢？你知不知道有一种高级的鸟叫作鹓鶵，这鹓鶵是属于鸾凤之类，它一飞飞很久，“非梧桐不止”，只有见到了梧桐树才休息——国人一直认为梧桐这种树清洁挺拔，器宇轩昂，形状大气；“非练实不食”，只有竹子的果实它才吃——竹子当然也是高雅的植物，叫作“宁可食无肉，不可居无竹”；“非醴泉不饮”，只有那个最甘美的泉水它才喝。也就是说它住，要住梧桐树；吃，要吃竹子的食物，竹产品。他说的竹食，没有说竹笋，闹不清他这个“竹食”指的什么；喝呢，要喝矿泉水。我庄子就像这种鹓鶵一样，非常的高尚，而你那个相国的职位对我来说，是“腐鼠”一般，就跟一只腐烂了的死老鼠一样。你拿你那个相国、那只腐鼠来吓唬我吗？我会因为你那只腐鼠就放弃我清高伟大的人格、我的精神追求吗？这个庄子很厉害，他在语言上取得了绝对的优势。这个故事自古以来对中国人有着很深刻的影响，起码是对于那些追求一官半职的人，对于至今不能说“没有”的丑态百出的“官迷”们有很大的启发。请看，好多人追求了一辈子，无官无职，最后他一想，他为之煎熬的那顶乌纱帽，不过是腐鼠而已。那级别待遇，不过就是一个烂老鼠、死老鼠，我不追求了。无官无职，我相对自由一点儿，逍遥一点儿，自在一点儿。这么想想，舒服多了。精神胜利，自我安慰，这个对人也有必要，也有好处。

唐朝诗人李商隐本来是非常追求官职的，他由于不得志，心情非常不好，一辈子都窝窝囊囊，很抑郁。他年轻的时候有一次去参加考试不成功，就写过用词很重的诗，叫“忍剪凌云一寸心”，我有凌云之志，结果您拿把剪子在我的心尖子上“咔嚓”一下子就给我铰了，掐了我的心，很痛苦。

但是另一方面呢，他又在诗中表白：“永忆江湖归白发，欲回天地入扁舟。不知腐鼠成滋味，猜意鹓鸰竟未休。”他说我随时想着回到江湖里去，回到天地里去，回到大自然中去；我无意恋栈官场，我有出世之心、出世之志，我要到一个小船上去，过一种山林之中、湖海之中，这样一个以天与地为住室的开阔的、开放的、与大自然融为一体的生活。但是鸱鸮（鸱鸮指的就是猫头鹰）这一类生活在黑暗之中、上不得台面的东西，以为这个官职像它们酷爱而鹓鸰极端蔑视的死老鼠一样，多么有滋有味。它看到了我这只“非梧桐不止，非练实不食，非醴泉不饮”的鹓鸰，它变得很紧张，还老怕我会抢夺它所恋恋不舍的死老鼠。你那只死老鼠啊，白给我也不要！

庄子说得痛快淋漓，他老先生至少有这么一种精神，虽然这种精神的产生非常复杂。有一点儿清高的精神，有一点儿对于自我经营的蔑视，有一点儿对于蝇营狗苟——像苍蝇一样经营，像狗仔一样苟且下贱——的躲避，这是件好事。

《庄子》一上来极言鲲鹏之事还有第三重意义，对天地、对宇宙、对世界产生一种敬畏感。可能有人说，这里不应该说宇宙，因为宇是指空间，宙是指时间，庄子的年代还没有宇宙这样严整的概念。好的，没有关系，宇宙一词是什么时候出现的与什么是它的正解，我这里按下不表。我要说的是时间与空间并不是跟随你中文或外文的哪个名词才出现，才被某时某地某人打造出来的，宇宙是自来的存在，是先验即先于经验的。没有人类，没有地球，没有这个银河系它也存在，因此，我在这里不是讲名词，而是讲宇宙的绝对性。人类不可能不对天地、宇宙、世界、时间、空间，对无穷大的永恒与辽阔产生敬畏感，不管你是有神论也好，无神论也好。好的，你是无神论，你认为一切来自物质，那么你对物质也会虔敬与畏惧的，例如无神论者强调历史发展的规律，那也是一种敬畏。

我不在乎境遇与外界的态度，因为我是我自己的主人

一九四九年以后，我们常常说庄子是主观唯心主义。原因就在于，庄子的理论要点在于强调自己的主体性、主体思想，来拯救自身，来获得精神的自由与自主。庄子说的自由与自主状态，不是通向某种社会制度的保障，也不可能想象到那样一种保障，而是通向两个字：逍遥。

庄子一生论述的主旨就是指出通向逍遥之路，实现个人与内心世界的超脱解放。享受庄子，首先就是享受这个关于逍遥的思维与幻想体系的别具风姿。鲲鹏展翅正是庄子逍遥典型的注解，它带给我们的享受是浩瀚的海洋，是巡天的飞翔，是对于自身的突破，是灵魂突破肉身，是生命充溢宇宙，是思想突破实在，是无穷突破有限，是想象、扩展、尊严与力量突破人微言轻、身贱草芥、命薄如纸、被世俗看得扁扁的不可承受之轻。

这样的鲲鹏式的想象与传述其实充满了挑战，是惊世骇俗而不是韬光养晦，是气势逼人而不是随遇而安，是自我张扬而不是委曲求全。固然老庄并提已为历代读书人接受，但庄子的骄傲劲、潇洒劲、夸张劲、逍遥劲一呼便出，他可不是人往低处走（一位学人这样概括老子的思想）的主儿。

春秋战国那种恶斗不已的情势下，你可能不为世用，蹉跎一生；你也可能幸运一时，朝为座上客，你还可能旦夕祸福，突遭横祸，夕为阶下囚；你可能事与愿违，屡遭诬陷；你可能志大才疏，福薄运蹇，一辈子穷愁潦倒……再没有了绝对精神的绝对无条件的胜利，你还能有什么呢？精神胜利，不在精神上，你能在哪里得到有把握的与永远的胜利呢？

回到我们当下社会和生活中，许多人每天忙忙碌碌，辛辛苦苦，焦头烂额，四处碰壁，无非是为了争名夺利，最后是丧失自我也丧失寿命，这

是何等的荒谬，何等的自讨苦吃！因名利而有所快乐，有所忧愁，有所挫折，有所进取，那是舍本逐末的愚蠢，是自戕自毁的糊涂，是丧失自我的迷失。那么，什么是本，是贵，是重要的呢？是生命，是自我，是逍遥，是解脱，是与大道在一起，是处于道之枢纽、与一切等距离。反过来说，就是视名利为无物，视名利为粪土，摆脱名利的桎梏，拒绝名利的诱惑，绝对不为名利冒险，不为名利轻生丢命，也不会为名利而缴出自己的独立和自由自在的舒展。

名利愈多就愈不自由，就愈成为名利的祭品。说到底，名利不是心肺，不是肝肾，不是灵魂，也不是心地，名利是俗出来的，是俗人闹腾出来的泡沫与臭气，然后由更俗的人们人云亦云、鹦鹉学舌、以讹传讹的结果。我们有什么看不开放不下的呢？

当然，庄子讲得实在痛快，就像他写到的鲲鹏嘲笑那些小飞虫、小家雀一样。但也有一个问题，多数人很难做到像庄子那样的淡泊名利，超然物外。

让我们更平实地讨论一下名利的话题吧。我们需要承认，名是荣耀，也是方便，是生活质量的一个组成部分。用一个新词，名也是软实力，名大则路宽，你很难否定这方面的事实，哪怕这只是片面的肤浅的事实。确实很多人浪得虚名，其实只不过是哗众取宠的结果，是赶上了机会。如白岩松的名言，拉条狗上中央台，它也会成为全国最具知名度的狗。利就更不用说了，逐利者里什么样的乌龟王八蛋没有？这又如何呢？西方的说法，生活并不公正，但仍然可爱。

名利不公正，不公正又怎样？你能使全世界的名利都天公地道起来？名利仍然有一定的吸引力，名利至少是一种调味品，使平凡的生活增加了一点儿滋味，使冷漠的生活增加了一点儿温度。但我们要时刻警醒：这个滋味也许有毒，这个温度可能有假有害。对名利，我们不妨也有一点儿艳羡之意，不妨也偶一为之，看看名利离我们有多远。然而绝对不能听任名利异化，不能听任名利控制了我们自己。与我们自己的人格、生命、理念与逍遥相比，与大千世界的规律、本原、伟大相比，名利实在不值一说。名利如酒肉，见酒肉而想尝试尝试，非大罪也，但你的人格与目标毕竟比一盘肘子或者一盏二锅头高得多。名利如同搂草打兔子，如同读完报纸卖废纸，顺手一做就是了，不是目标，不足动心，更不值得为了名利而殉之。切记切记！

所以庄子通过他的这个鲲鹏的说法，起码给了我们一个可以说是自我调理和自我提升精神境界的参考和启示。让我们得以了解自古以来就有这么一种东西，通过这个东西可以表达一种精神的高超，一种精神的超越，一种精神的独立。我高于你们一般的人，你们最在乎的那个，我不在乎！为什么我不在乎？因为我有更高的境界，我有更高的快乐。在这个境界当中，我才是我自身的主人。

在这个境界当中，我不管遇到什么挫折，遇到什么不利的事情，我仍然保持一种自我的信心，仍然保持一种对自己实力的一个足够的掌握，尤其是保持一种逍遥自在，与万物同游、与天地同在、与大道同在的这样一种心态。

第二
无用之用，大于有用之用

一个可爱但不可信的故事

庄子这人太有意思了。惠子总是充当他的辩论方，然而惠子也很可爱，智商也非常高。庄子他不跟惠子辩论，他还精神不起来。

《逍遥游》里两人有这样一段对话：

> 惠子谓庄子曰："魏王贻我大瓠之种，我树之成，而实五石。以盛水浆，其坚不能自举也。剖之以为瓢，则瓠落无所容。非不呺然大也，吾为其无用而掊之。"

什么意思呢？惠子讽刺庄子。惠子说，我听说过这么一个故事：魏王得到了一粒种子，这种子长成了一个大葫芦，这葫芦大到什么程度呢？将这个葫芦的心挖空，可以装五石的容量。过去讲究石、斗、升、合，这都是容器，是度量衡的工具。可这葫芦长这么大你怎么用呢？在这葫芦里装水吧，葫芦很脆，一下就裂了缝，水哗啦流下来了。把它劈成两半吧，裂开后又不能当工具用了。若是这葫芦长得小点儿我们倒有法子，过去农村尤其是河北农村，包括新疆农村都很喜欢用葫芦做工具。因为过去没有自来水，得挑水，挑上两挑或三挑，把水缸装满。用水的时候，就用这轻巧的葫芦伸进水缸舀一瓢水，非常方便。如果是葫芦太小了不好用，那就拿来当玩具，这个倒简单。葫芦不大不小，正好用来舀水。那么这个特大的葫芦，用它干什么呢？当然，葫芦还可以当容器，用来装别的东西，或者是别的什么用途。庄子一听就笑了，说一看你就是只会往小了用，你就不懂得往大了用。

这个庄子说话啊，是故事里套故事，他马上就讲一个故事：

> 夫子固拙于用大矣。宋人有善为不龟手之药者，世世以洴澼絖为事。客闻之，请买其方百金。聚族而谋曰："我世世为洴澼絖，不过数金，今一朝而鬻技百金，请与之。"客得之。以说吴王。越有难，吴王使之将，冬，与越人水战，大败越人，裂地而封之。能不龟手一也，或以封，或不免于洴澼絖，则所用之异也。

庄子说，春秋战国时期，有一个地方，当地的人都是靠洗衣为生。以洗衣为生就要防止一件事——手皴裂，尤其是冬天的时候。所以当地人发明了一种擦手润肤的外用药，这个擦手药涂上后，手沾到水，风再一吹，不会皴裂。结果有一个高人，就来买这个药方。用现在的话说就是买这个知识产权，我不买药，只买药方，而且我一下给你们很多钱。当地的这些洗衣服的人心想，我们靠洗衣服挣得太少了。现在有人一下拿这么多钱来买这药方，卖给他！于是，这个人拿了药方以后跑去献给了吴王。

吴王（吴国即现在的江苏一带，越国是浙江一带）正要和越国打仗，越国的水多，吴国军队很怕到了越国沾了很多的水后，身上这儿长皴，那儿长皴，皮肤受不了，所以就把这个药方和制出来的药当作军需用品、军事物资。最后由于吴军使用了按照这个药方配制出的药，保障了他们皮肤不皴不裂，并且身体不生病，吴国一举大破越国，取得了战争的辉煌胜利。那么这个献药方的人因此被裂土封侯，成了贵族。（这个故事稍微玄乎点儿。）

庄子说这个药方在村里那些洗衣服人手里，它的最大作用就是让他们继续洗衣服。在高级宾馆，洗一件衬衫能够给你三四十块或者更多的钱，但那些洗衣妇是挣不上什么钱的。那个人买药方，假设用了五万元，让人觉得这了不得了。但他把这个献给吴王以后，瞬间变成了军需物资，支援了水战，军队以此取得了战争胜利。这个人也因此被裂土封侯，光宗耀祖。你看这不同的人对不同的事物有不同的用法，平常人就不会用。

再来说这个大葫芦，大葫芦很好办啊：

今子有五石之瓠，何不虑以为大樽，而浮乎江湖？而忧其瓠落无所容，则夫子犹有蓬之心也夫！

既然它不能舀水也不能用来做别的，干脆坐上这个葫芦，在江河湖海中游历、游玩，让它成为一种水上旅游或者个人逃避尘世、逃避朝廷、躲开公众、自我救赎、特立独行的新项目，用当代的说法，视之为体育活动或旅游新招也未尝不可。庄子的想象力当然远远超过了向他发难的惠施。惠施谈的是实用，是操作性掂量；而庄子谈的是想象，是浪漫性抒情。虽然此情阔大张扬、无边无际、优哉游哉，其乐何如，以浪漫辩务实，仍会有诡辩——即避实就虚，高空立论，以忽悠代替讨论，以艺术想象取代日常生活的嫌疑。浮于江湖，偶一为之或有可能，将之视为大瓠（瓠就是那个大葫芦）的用途，技术性问题恐怕太多。惠子已经预设，大瓠脆而不坚，舀不起那么多水，水往上一舀，它也“嘎巴”就裂纹，难道经得住一两个活人坐在上头航行？乘着这个在江河湖海中游玩，恐怕是只有“中国横渡第一人”张健才敢吧。

但是庄子这个心态让你觉得好的没有办法，你拿他没辙，大葫芦不能当工具用，我把它当旅游用品、交通用品，当水上五日游的用品，他是这样一种心态。而且这种思想一直影响着后世。我们知道，李白名诗：“弃我去者，昨日之日不可留。乱我心者，今日之日多烦忧。”然后底下他说道：“抽刀断水水更流，举杯消愁愁更愁。人生在世不称意，明朝散发弄扁舟。”既然人生有这么多让人不愉快的事情，一想到这些事情就会心乱，有很多的焦虑。那么怎么办呢？我们把这些东西全抛弃，把头发散开，也不拢头了，也不吹风了，也不用定型胶了，头发随便它什么样。然后坐一条小船，在水上，在洞庭湖，说老实话，古人讲海上的游玩少，喜欢讲的是江湖，乘瓠游于江湖。

李白的这首诗里头，尤其是谈到散发弄扁舟部分，我们可以看出庄子乘瓠而游于江湖的这样一个影响：自由、逍遥、孤独、空茫，接近于消失在地平线上。这又怎能不让人为庄周与李白感到悲凉呢？然而很美。用粉丝们对张爱玲的说法，叫作“凄美”。浮游江湖的阅读审美性能，大大超越了思辨功能，更不具备实践性。它同样是哲学为人类困境寻找答案的无力与美丽的空话果实。正如王国维感叹：“世上的哲学，可爱的多不可信，可信的多不可爱。”说大瓠无用，可信，但不可爱。乘瓠浮游也好，散发弄扁舟也好，可爱，但不可信。一切不是真实的月与花，只是想象中的水中月梦中花罢了。

无用之用，方为大用

那么到底什么东西是有用的呢？且看惠子与庄子这段更绝的对话：

惠子谓庄子曰：“吾有大树，人谓之樗。其大本拥肿而不中绳墨，其小枝卷曲而不中规矩。立之涂，匠者不顾。今子之言，大而无用，众所同去也。”

惠子说的是什么意思呢？说有一棵树叫作“大樗”，实际上指的就是大臭椿树，说这个树长得非常难看，盘根错节、歪七扭八、枝不像枝、干不像干、木头不像木头，没有任何用处。你砍了它当柴烧吧，它很难砍，你砍不动它；你把它当建筑材料吧，它没有一个东西可以当建筑材料的。细的地方当椽子，它不行；粗的地方当坨、当梁，它也不行。白白地挺立在大路上，没有哪个师傅会看中它。你庄子的言论就像那株大臭椿，不中规矩，不中绳墨，臃肿卷曲，都是没有用处的话，它是无法被人们的常识所认同的。

这样一个欲扬先抑的形象已经令人鼻酸：“大本拥肿”“不中绳墨”“小枝卷曲”“不中规矩”，呜呼！这究竟是绳墨出了问题，规矩出了问题，还是树出了问题？树大难为用，材大难用，材大难容，这样的故事在中国历史上岂是罕见？匠人不多看一眼，这样的大树姥姥不疼舅舅不爱，却又老大的块头儿，怎不令人扼腕！多少庸人宵小，冠盖京华，颐指气使，而斯树憔悴，用杜甫说李白的词就是“冠盖满京华，斯人独憔悴”：一群庸人跑到首都混成了 VIP（要人），而天才的李白，过着清贫、寂寞、潦倒、悲凉的生活。一棵过大而又突破了现有规格的树只能被抛弃，被蔑视，被嘲笑，悲乎中华！

还有，这里惠子有一点儿狭隘。为什么这么说呢？这就如同说话的作用不仅仅在于说出的话一定要有什么实际的用处。正如刘震云的小说中所讲，从有用的观点来看一个人一天所说的话，其中百分之九十都是废话。但语言还可以有别的目的，如示好或示恶，如说“我爱你”或者“我讨厌你”，有用还是没有用呢？再如抒情与发泄。还有说话本身能够疏解压力，改变心绪。如炫耀表演，目的在于被夸赞；如讽刺幽默，聊为一笑，在于解构那些装腔作势；如劝解宽慰，意在心理治疗；如插科打诨，解闷罢了……除此之外，说话还有利于增加肺活量。

庄子听了惠子的这番话，笑了：

> ……今子有大树，患其无用，何不树之于无何有之乡，广莫之野？彷徨乎无为其侧，逍遥乎寝卧其下。不夭斤斧，物无害者，无所可用，安所困苦哉！

庄子说，哎呀，有这样的大树多好啊，把它放到一个无人的广漠之处，让它自然生长，然后你逍遥自在地在这大树底下休息休息，好好睡个觉，又安全、又舒服。所以庄子认为，无用之用是最大的用处。这几句话浩浩茫茫、舒舒展展、大大咧咧，可以说是美妙至极、豁达至极、膨胀至极、华美至极、寒光闪闪，东方或寰宇不败了。

而且庄子还说，这棵大树为什么能长那么大，别的树长不了那么大？就因为它没用。它有用，它适合当柴火，一斧子早砍没了。它适合当木材，人家盖房啊、打家具啊、做舟车啊，早就把它砍了。正因为它什么用处都没有，别的树全砍了，唯独留下了它。它因为自己的无用而保全了自己。

有用你能保全吗？有用的话，这儿要用你，那儿也要用你。你在这儿被用，对于那个人来说是背叛；你在那儿被用，对于这边来说是背叛。春秋战国那个时候，你在这一代红火了，下一代君王一换，你完蛋了。所以无用之用才是大用。这里还有一个说法叫作大树底下好乘凉啊，当然在庄子之后出现的“大树底下好乘凉”这话也是讲大树之用的，这话又是别的含义了，有依靠、依托、寻找背景之意。但是庄子讲的“大树底下好乘凉”，没有任何背景色彩，没有任何权术色彩，没有任何心计，就是说有一个什么都无的广漠之乡，在这个地方有一棵大树，你可以在这棵树下好好乘凉、好好休息。

这里还有一种理解，树太大了显得张扬，不招人待见，但仍然可以供游人留影纪念，并为此购票，树大了至少能起到微薄创收的作用嘛，何必较真去讨论它到底有用没用呢？以旅游的观点，“类花瓶”的摆设，一切没有用说不定都有用呢。

所以，这里又讨论了一个问题，无用才是最有用。这话说得很俏皮，所以我们可以想象，这个庄子不得了，这个庄子说什么都有理，真是煤球也能说白了，而且你越是这么说，我就越偏从那一面说。说树有用，树有用，被砍啦；说牲口有用，牲口有用，脖子被套起来了，或者被宰了吃肉了；说大树没用，大树没用，它能享其天年。庄子挺能抬杠的，我们说孟子好辩，其实庄子更好辩，而且他张口就来，一点儿都不费劲，就把你驳得体无完肤。

但是让我们想一想，当一个社会要提倡无用之用，无用才保险，越窝囊您才越守得住自己，谁窝囊谁就幸福，谁白痴谁就能应对自如、自得其乐、消灾免祸、苟活一辈子……这个社会就有点不对劲儿了啊。所以庄子这些非常开阔、非常美好、非常巧妙的故事中，让你感觉到有时候他在说反话，有时候他还有点儿郁闷，他有点儿憋气，再往严重里说，这话说得好沉痛啊，这是控诉！这是血泪！痛哭流涕不见得是最悲伤，痛苦得只能哈哈大笑，只能嬉皮笑脸，只能找个没有人待见的大树底下乘凉睡觉了，天啊，这才是痛苦的极致。前面还提倡鲲鹏展翅九万里，还神气得不得了、牛气得不得了呢。紧跟着他一个跟头栽下来，变脸成没用才好嘛，没用死不了，谁有用谁先死。我们不能不惊叹庄子内心世界里那股“于无声处听惊雷”的不平或大平、太平，全齐了之气势。

庄子的这个说法后来也影响到大诗人李白，李白的诗里也有这方面的困惑和自慰，李白他要安慰自己，他说：“天生我材必有用，千金散尽还复来。”这首诗是李白在不为世人所用，那个世道、权力系统不把他当作一号材料来看的时候所作，所以他写了很牛的诗。如果李白已经被重用，如果李白当了宰相，如果李白当了兵部尚书，如果李白已经是一人之下，万人之上……那李白绝对不说这个了。他要再说“天生我材必有用”，人家就会说，那当然了，你这都兵部尚书了，你当然有用啊。我上哪儿去啊？谁用我啊？没人用我呢。所以李白也正是由于自己不被重用、不被看好，所以他才有这个说法，叫作“天生我材必有用，千金散尽还复来”。“千金散尽还复来”也是因为他没钱才这么写诗呢，如果他是世界首富，如果他是比尔·盖茨，他说“千金散尽还复来”，人家会说，你压根儿就没散过，你光攒了，是不是？你有这么高的利润，你独占鳌头，你别得了便宜卖乖了。恐怕是大家散尽了，你那儿复来了。那个时候，大家就会有另一种思想。

说了李白了，再说说杜甫，诗圣杜甫与诗仙李白一样，对于大材难用的现象有自己的思考与极痛苦的感受。他在《古柏行》一诗中写道：

> 孔明庙前有老柏，柯如青铜根如石。
> 霜皮溜雨四十围，黛色参天二千尺。
> ……
> 落落盘踞虽得地，冥冥孤高多烈风。
> ……

不露文章世已惊，未辞翦伐谁能送？

……

苦心岂免容蝼蚁，香叶终经宿鸾凤。

志士幽人莫怨嗟，古来材大难为用。

杜甫从武侯祠前的一棵老柏树身上慨叹诸葛亮的一生，也慨叹古往今来的人才悲剧。杜甫干脆点明：“古来材大难为用”，正因为是特大号的柏树，九头牛也拉不动它，它是无法被重用的，它只能闲置在那里，要“为世所用”其实就是为封建朝廷所用，您先得翦伐，一翦二伐，先得把你修理得光秃秃、顺溜溜、服服帖帖，一句话，“用”的前提是您要变成得心应手的封建奴才。这是封建体制下无法纾解的人才悲剧，有大才的人最后只能郁郁不得志。这反而没有什么难以理解，这已经成为常理、常识。

至于诸葛亮，他像大树一样伟大参天，不但根系如石头一样强壮，能接地气，而且由于它长得高，他也能参天，就是能接天气，天气指的是云龙之气，朝廷的名号与权力之气，汉皇叔之气。他得到了刘备的重用，叫作与时际会，不失时机地被蜀汉一号人物刘玄德所倚重与使用。这位诸葛武侯，虽然落落盘踞，有自己的地盘，有自己的职位，有自己的平台，而且如同在此树上栖息过鸾鸟凤鸟一样，他诸葛亮的存在与被重用，给蜀汉吸引来了不少贤臣名将，他的人才战略取得过不少成就，但仍然由于他的人格的孤高，材质的巨大而与现实拉开了距离，他招引了灾难性烈风，招引了蝼蚁小虫的困扰。

为什么材大难用呢？权力系统不见得欢迎材大之人，材大之人对于庸人——甚至于对于庸臣庸君，即对更多得多的资质一般的人客观上是十足的威胁，乃至可以说是伤害。真正的人才不想与谁争锋，却仍然会遍体鳞伤，直到树敌八面，原因就在于人才对于非人才的危险性即客观上的挑战性。

人才的光辉不免刺目，使庸人眼睛都睁不开了。庸众也不欢迎大材，大材一活跃，偷鸡摸狗、蝇营狗苟的鼠辈们还怎么样活下去？社会平均水平，容不下大材呀。所以杜甫最后也只能说几句空话解解心宽有志之人，特立独行的幽深幽渺之人，您也不必唉声叹气了。历史规律就是如此，从古至今，都是材大难用啊。

不唉声叹气，不怨天尤人，知道自古以来大材不被欢迎了，怎么办呢？杜甫没有说。李白说的则是“天生我材必有用”，您得耐心等待。但是等了半天没有等到皇恩浩荡，没有用成怎么办呢？其实李白一生的命运也充满坎坷，他也没有说出个“天生我材终无用”的实际遭遇下，您该如何是好！

倒是庄子给了个答案，早就给了答案：牛牛地苟活吧您老！像大椿树一样地荫庇着那些因材大而不招待见的李白杜甫之流睡大觉吧，或者有像懂得材大宜大睡而绝对不宜大干的庄周一类人物，找棵大臭椿遮挡太阳然后足睡吧。这像是绝无牢骚的牢骚，这像是心甘情愿的不情愿，这像是卑顺透顶的诅咒，这像是豁达得没法再豁达的伤肝郁肺、气炸了胸腔！

无论如何，庄周的意图是为千古士人寻找个自我拯救、自我解放的法子。据说，唐太宗（一说是宋太祖）见到应考者从科举考场走出来，得意地说，“天下英豪尽入我彀中矣”，几千年来，中国的读书人就是在这样一个圈套、这样一个痛苦之中煎熬着，挣扎着，闹哄着与出丑着。庄周也罢，魏晋名士也罢，当然他们不可能懂得反封建、社会分工、独立思考、公共空间、公民社会之类的范畴，他们至少是来一个“不入彀”主义，“无用才是大用”主义，“睡大觉主义”（有点儿像民国时期的“叉叉麻将国事管他娘”主义，“乘瓠而漂游”主义），消极中不无风雷，百无聊赖中不无惨烈！

横看成岭侧成峰，我们再从不同的角度来探讨一下庄子的对于有用无用的看法。庄子对这个用和无用或者不用，他很在乎。所以他要雄辩地论述无用说不定是大用，无用说不定更能够保护自己。这说明中国的历史，由于它权力系统的完善和绝对集中，由于社会资源的绝对集中，每一个读书人，我们称为士人也可以，用现代语言就是称为知识分子。每一个知识分子、每一个读书人、每一个士人，他都碰到一个问题，我如何为世人所用？如何能够得到一个很完善的、非常成熟的权力系统的认可、支持、鼓励？让自己的一辈子可以过得很好，不是说你个人吃香的喝辣的，那是很一般、很穷极无聊的事。这里追求的是能够真正实现自我、能发挥出自己的作用来也算不白活一辈子。

而庄子在这一点上，他恰恰很怪，他非常轻视这些，轻视这种孜孜以求，等着权力系统重用，等着被权力系统待为上宾的士大夫心理。这样的日子，庄子是瞧不起的。《史记》上都有这样的故事：当权力系统想让庄子当个什么官的时候，庄子是如何骄傲。他说他绝不为权力系统所用，他认为被权力系统所用非常危险。须知，中国人早有经验，伴君如伴虎，在权力系统的运作之中，你碰到一点儿倒霉事差不多你就完蛋了，到时候你是悔之莫及。他是这种想法。

怎么造成的这种想法呢？拥有这种想法不等于说，庄子从出生，他就是对这个社会地位啊、财富啊、权力啊，从来不放在眼里，不等于说他生下来就如此。

这个原因不太好解释，最有可能解释的理由就是在春秋战国的乱世中，庄子看到了投靠权力系统太危险、太卑下、太肮脏、太可耻。最好不要做那么有用的人，让几方面的势力都争取你，你不是给自己找麻烦吗？最后你是动辄得咎。庄子他很有经验，很老到。所以庄子就提出：无用才是大用。无用，我就不被任何的权力系统、任何的世俗舆论所注意与左右，绝对不要让自己位于聚光灯下照射，绝对不出风头，这是庄子的一个铁律，铁律没商量！

相反，庄子起码可以安慰自己，用现代语言来说，就是我起码可以拯救自我。这个社会很乱，春秋战国，光山东这儿就又是齐国又是鲁国，今天香了明天臭了。到河南那儿又是什么郑国、宋国了。到湖北那边是楚国。春秋无义战，没有正义的战争，都是为了争权夺利。所以庄子追求一种什么呢？他追求一种自己对自己的安慰，没用更好，我不求有用。而且，对于一些人拜倒在权力面前那种丑态百出的样子，庄子也看得太多了。不用说别人，就说那些大人物：苏秦、张仪……那些人为了权力出卖朋友，杀妻灭子，弑君犯上……这些事件太多了，为讲天良、讲品质、讲格调的人所不取。一个读书识字、追求高尚的人，怎么可以为了投靠、讨好权力系统而做那些肮脏龌龊的事情呢？如同手机段子里说的：你是风云人物，你或是经历了沧桑，或是经历了肮脏。既不愿意在沧桑中没顶，又不愿意在肮脏中变质，怎么办呢？庄子的一套在那里等着你。

庄子"无用之用"的理论，以及"大用你不懂"的理论让人联想到孔子。虽然儒家、道家有的时候相互之间矛盾非常大，老庄都不乏对儒家的种种嘲笑、讥讽，甚至是诽谤。但这一类的观点它有相通的地方。孔子在《论语·公冶长》里说：

子曰："宁武子，邦有道则知，邦无道则愚。其知可及也，其愚不可及也。"

孔子说，这个宁武子太厉害了，当这个家国、这个邦国、他所在的诸侯国，很有道、很有章法，符合道理、符合规矩，按牌理出牌时，宁武子就表现出自己智慧的一面，也就是说我可以发表意见，我可以参政议政，我可以被诸侯、被君王、被国家所用。而当"邦无道"之时，国家乱套了，无章法，不按牌理出牌了，这个时候，宁武子"则愚"。他两眼一翻，我傻了，我病了，我脑软化了，我什么都不知道了。然后孔子又说什么呢？

孔子说，他这聪明劲儿好学，但他这到时候装傻充愣，不露破绽的傻劲儿还真真学不来。邦一无道他就傻了，遇什么事就翻白眼，再没能力判断任何是非正误了。他这一傻，也就没人找寻他了，因为一看就不行啊，糊涂了。这人也许是老年，也许还是壮年，壮年就痴呆了。孔子说这个是做不到的。所以孔子讲的“愚不可及”，是说宁武子犯起傻劲儿来我想学也学不上。

宁武子他为什么邦无道的时候要装傻呢？也许不是装，不是计策，而是自然而然，到了该傻的时候宁武子他真傻，这种境界就更高了，这就叫入于化境了。这时候，傻就变成了你最大的用处，变成了你的救命法宝，变成了你的大智慧、大道行。你傻了，你不跟着干坏事了，你也不得罪那个权力系统了，换句话说，你也得罪不起啊。你不想干坏事但是你得罪不起要你干坏事的封建权力系统怎么办呢？只有傻起来。其实说装傻是不对的，到时候你得真傻，装傻如被发现了，你就是欺君，你有夷九族的罪过。所以庄子关于用、不用、大用、小用，才、不才、有才、无才的论述，可以说都是针对了当时的那种天下无道、纷争不已、无义战，而有一些士人又在那儿疲于奔命，在那儿求权、求地位，丑态百出的那种情况来说的。

从庄子的这些怪论之中，你可以看出，这是庄子对当时社会、当时处境的一种非常曲折的批判。这里的问题是社会、体制、权力系统要给无用的人留下空间。无用，无非是说不为朝廷所用，不为官场所用，你还可以有教无类，授业解惑，像孔子那样去抓教育。你还可以像范蠡那样带上西施去经商，美色金钱双丰收。你还可以像陶渊明那样退隐山林，“种豆南山下，草盛豆苗稀”，显然陶潜的农务得不怎么样，草比豆苗还多，能是勤劳致富的农家榜样吗？但也没有听说他的温饱出了问题或者他的劳动效率问题受到了指责追究。你还可以像李渔那样跟上戏班子到处走穴，成为早年产业化市场化的文艺工作者。问题是不能像晋朝的司马氏一样，对清谈饮酒的知识分子搞整肃，搞杀关管，那可就真的没有路了。想在大臭椿树下酣睡亦不可得了。

第三
自由、自主、自如，无待始能无忧

自由、自立、自如、无待

《庄子》里讲了宋荣子这么一个人，这个宋荣子非常高明：全天下的舆论都夸他，他也不乐；全天下的舆论都骂他，他也不在乎。他搞得定内外的区分，不受物议即外物的影响。他辨得清荣辱处境的应对。他对世界，没有什么斤斤计较的追求。这点很不容易，在庄子生活的时期，他居然能够提倡一个人特立独行，一个人自己对自己要有充分的自觉、自信、自主。

不是有一个电视剧叫《我的青春谁做主》嘛，那么像宋荣子这种人，他就是“我的青春我做主”“我的中年我做主”“我的老年我做主”“我的一生我做主”。我用不着跟着众人走，用不着随大溜。大家说这个时候出国最好，纷纷出国。那我就不出国，我出国干什么去啊？大家纷纷都下海，他偏偏不下海，他敢于坚持自己的选择，不受潮流的影响，也不在乎一时一事的得失，能够特立独行，能够不把自己的喜怒哀乐寄托在别人的反应上，这不容易，特别是在古代中国。因为中国没有个人主义的传统，没有尊重与珍惜自我的传统，甚至没有维权的传统。相反，我们有很多负面的说法，表达我们对于一个过分自信的人的反感，例如：刚愎自用、倒行逆施、自以为是、自找苦吃、不碰南墙不回头，等等，只要一想到这些词，没有几个人有自己做主的勇气了。说完宋荣子，庄子又说了一个非常有趣的故事：

> 夫列子御风而行，泠然善也，旬有五日而后反。彼于致福者，未数数然也。此虽免乎行，犹有所待者也。若夫乘天地之正，而御六气之辩，以游无穷者，彼且恶乎待哉！故曰：至人无己，神人无功，圣人无名。

庄子说有个叫列子的人，这个列子他能做到什么程度呢？他能驾驭风，他能利用风来飞行。但是庄子没具体地描写，他没有像描写鲲鹏展翅一样来描述列子究竟是在九万里的高空行走，还是在二尺五或八尺八的低空行走？这个他没有说。但是他说列子能够驾驭着风行走，“泠然善也”。泠呢，就是清凉。用现在的语言解释，就是他为乘风而行觉得很爽。你看列子，风一来，他借着风就走了，这个多爽啊！

“旬有五日而后反”。他走了五天，趁着风走的，不近了，他再回来。庄子认为列子很舒服，但是他仍然有做不到的。是什么呢？他“犹有所待者也”。庄子说啊，列子御风而行已经比别人爽多了，别人不会御风而行，不能乘着风车或者坐着风筝就走了，那时候没这个技术。但列子可以，不过他仍然有个缺点，就是他得等着风起来，风要不起来他就走不了（这有点儿像风筝，再好的风筝也得有了合适的风才能上天逞雄）。换言之，他仍然要等待某种条件。

前贤疏解《庄子》，一般认为“有待”是指列子还要待风，其实不然，也许还包括了待他的功力的发挥、待目的的选择，更可能是指他的境界仍然有提高的空间，是庄子有待于这样的境界更上一层楼。总之，列子御风还是有形与名的局限的，不是那么自然而然的。

真正有道行的人、真正得道的人应该是什么样呢？不管你刮风不刮风，我都能做到“乘天地之正，而御六气之辩，以游无穷”。我靠的是天和地的那个大道，天地之正道；靠的是宇宙之间存在的、永恒存在的大道。然后我驾驭的是六气。对于“六气”，庄学家的解释都不一样，有的说是指什么阴阳这一类的说法，有的说是指六合之气，六合是三维空间的，上下东西南北或者上下前后左右。简单地说，就是靠宇宙本身它的存在、它的大道、它的规律，我就能够想上哪儿去就能上哪儿去。这个话说得未免有些过于抽象，无可操作性，但也许正因此而令人敬畏。

然后，庄子提出了一个命题：叫“至人无己，神人无功，圣人无名”。至人，怎么解释呢？可以有很多解释，可以解释为真正做人做到位了。真正够格了，你的格儿达到了一定的标准了。这样的人“无己”，没有自己了。就是说你本人已经和天地相通了，已经和大道相通了，已经和大道结合起来了。这也让人一怔，刚刚说完了宋荣子嘛都不在乎，只相信自己，立马又说起“无己”来了。庄子要的正是这种天地之正、六气之辩、以游无穷——不游也全无所谓。懂了无穷，体悟到了无穷，向往着无穷，趋向于无穷，这就是逍遥之游，这就是半仙之体喽！无穷才是根本，进入了无穷就能够做到逍遥地游个不亦乐乎啦，这样才能真正地解放，真正地逍遥，真正地游——物物而不物于物，即你可以使用外物，却不被外物使役；真正地主宰自身，优游自适。

庄子不遗余力地提倡，一个人可以特立独行，一个人不要有待，你不要等待什么条件，不要等待什么机会，你的命运应该你自己做主，你的命运应该你自己把握。这种观点是很好的、很不错的一个观点，是一种拯救自我的观点。在春秋战国时期，庄子提不出一套解决社会纷争、解决各诸侯国家之间混战的方案，庄子也解决不了当时的那种君不君、臣不臣、父不父、子不子、仁不仁、义不义的局面。那么怎么办呢？我救我自个儿，我不干坏事，我也不招你。起码我不因为俗人的世俗的舆论，弄得自己有时候高兴有时候不高兴。庄子提倡这种人格的独立。用现代的语言来说，庄子提倡自我的救赎，我救不了别人，那我先救自己。

我们对这种逍遥还有一种说法，叫作无挂碍，就是无所期待、无所妨碍、无所顾忌、无所忧虑，我行我素、我乐我生、我牛我自己的。庄子是很特别，他的这些话很容易变成了一种宗教，一种道门的话。庄子有时候是哲学家，有时候是文学家，有时候又是艺术家，不管是什么角色，他始终有一种宗教的情怀，也许可以称之为神仙的情怀和风格。庄子本身并没有创立什么教，后来的道教的形成以及后世把庄子封为“南华真人”，这些并不是庄子本人的事。但是他的这些想法的确有点儿接近宗教，就是说他并不完全受现实生活现实社会的拘束，他敢想象，敢抽象，敢向往，敢假定，从这一方面说，他比孔孟想象力强大多了。就是说一个真正最好的、最理想的状况叫作依靠天地之正，驾驭六气之辩。六气之间互相相通、互相作用、互相融合、互相冲击的这样一个关系，就是把一切大而化之、大而虚之、大而无之。庄子要的是无影无踪的伟大、无形无神的伟大，无标志、无道理、无规则、无来由，尤其是无法衡量、无法分析的天生的、混一的、玄而又玄的伟大，不但要思考想象这些伟大，而且要把这些伟大的作用发挥到极致。《水浒传》里的神行太保戴宗，就可以做到行走如飞，不知道他有什么特殊的方法，不用等风起来，这也是无所待。但是神行太保虽然“太”了，按说“太”也是极致的意思，但是他的功能只限于神行——快走。没有联系到天地、六气、大道上来。

我们还可以这样设想，一个人，你的修养高、修养深，你就无所待；

你也不需要风，你也不需要雨。那么对于社会来说，你也不需要别人的推荐，也不需要找门子，也不需要有后台，你就是想干什么就能做到什么。

无待：通往自我救赎之道

庄子时代的科技当然不如两千年后，庄子时代的遨游也比不上两千年后的旅行，包括太空旅行，但是庄子时代的想象力呢？不一定比现代差，也有可能比现代还强一些。至少那个时候的诸子百家比现在的城乡在岗人员有更多的时间，有更顺畅的思路与习惯去胡思乱想，并有机会发表他们的胡思乱想。什么原因呢？两千多年以前，人们脑子里被塞进去的既成、既定的东西比现代人少得多。好比一个电脑，古人的内存与硬盘不比今人小，古人今人，脑子的生理硬件应该区别不大，但古人的数据库里没有装那么多正确的或不正确的乃至病毒型的数据，他们的脑子比今人操作起来灵活，开机也快，转换功能也快，调出数据也快，重新组合也快。而今人呢，生活在一个信息爆炸、数据超负荷的时代，尤其在网络时代，每个人脑子里都是一大堆真真假假、浮浮躁躁、浅浅薄薄的八卦信息，其中更有许多人其实已经处于半死机状态，光是浏览和表层记忆，已经占用了他的几乎全部功能与电力，他哪里还有余力想象、思辨、探索和论证啊！

宋荣子懂得内外荣辱，列子又比宋荣子高明一筹了，御风而行，已经比仅仅从知性上明了内外荣辱高明多了。然而老子和庄子，他们行文都有一个特点，就是高了还要再高。听到这个列子能御风而行，我们感觉这人道行太深远了。但是庄子告诉你，这个还不算高，还可以更高——风也不用御，自身与大道与天地合而为一，进入一种无差别的境界。

那要怎样才能达到这样一个“乘天地之正，而御六气之变，以游无穷”的境界呢？在并无太空飞行的实践与理论的庄子时代只能有一个回答：

神游。

对于神游可以有两种解释，一种是低俗的，即你有特别的巫术、咒语、奇门遁甲，一做起法来，就上了天啦。另一种是哲理的，你的一百多斤的身体虽然压、在坠在地上，你的精神却完全可以逍遥遨游于无穷，也只有进入了无穷、神游无穷、得大自在，才能做到至人无己，不必为自我的俗利而操心费力；神人无功，不必刻意去做什么不做什么，功，一个是功能，一个是事功，就是功绩，你不必苦练苦学、伤神害体，你也不必夜以继日、拼上老命，只要精神境界能提高，能解放自己，就能进入化境，行云流水，万事如有神助；圣人无名，自身的修养已入圣境，还要那个破名臭名虚名干啥？或者，"名"作概念与逻辑解，还费心费力地思想琢磨个啥，还苦思冥想、标新立异、装腔作势、转文咬字、发明各种新学说新名词干啥？

庄子这里说的其实就是用无代替有，用无为代替有为，用无待来代替有待，这又是符合老子的理念。老子的理念是什么呢？一件事你把它干好了不算好，你不干它，它自然就好了，这才算好。这个说法用北京话来说，就是听着有点儿矫情。他要求得太怪、太高了，但是你又不能说他没有道理。因为庄子所设想的那个真正能够和天道融合的这样的一个人，他本身道法自然，他本身并不刻意地去追求什么。他自然而然的每一个行为都符合大自然，都符合宇宙、世界、人生的规律。所以他不用特别费劲，这是俗人都可以做得到的。

老庄他们很潇洒，很从容，很满不在乎。你所追求的那些东西，你在那儿孜孜以求的东西，我在这儿不求便真的实现了、不求就能成功了。也许这个飞行或者准飞行或者神行太保，你不太容易理解，但是如果我们打别的方面的比方，这种例子就很多。

大家知道，文学写作就常常有这种情形，说特别费劲，咬牙切齿，头悬梁锥刺股，一千字写了三千张稿纸，改了五百六十四遍，这样的文章你说能写得好吗？说实话，大部分情况，这种文章是没有写好的可能的。你没用那种最自然的感情、那种想象、那种语言、那种行云流水的词句表现出来，那种咬牙切齿的努力往往不能得到最好的效果。

当然，艰苦奋斗是需要的，有些科学研究是需要艰苦奋斗的，再比如军事战争这些东西，那也是需要艰苦奋斗的。但是文学之道，你如果太过于强调这种个人的努力，有时候不见得是最好的办法。人类的许多努力，如果过分惨烈的话，可能不是最最成功的选择，也有可能是还没有找到对头的路。比如说相传秦始皇派五百名童男童女去寻找不死药，这能有好的效果吗？比如说，过分的理想主义，将所有的不义、不健康、不科学、不全面都彻底消除干净的努力，往往也达不到最好的效果。西方有哲学家指出，有时候，去地狱之路，是由去天堂之念头所造就的。再比如，用转基因的方法所创造的新品种，对人间是贡献大还是危害大，也还莫衷一是。我个人最不能接受的就是“头悬梁锥刺股”的学习，不能接受用这种自我施加肉刑的方法来学习。谁也不希望今天的学校一味地要求学生加班加点，用这些方法来学习。

回过头来，我们再仔细地分析一下，有待和无待又可以被分成好多种情况。

第一种情况是等待客观条件。我们把这一生，自己有些事没有做，该做的没有做，都归咎于客观条件。安徒生是写童话的，写得非常可爱，充满爱心。但是他也有一些讽刺的像小品的异样的所谓童话，它不像童话了，那是大人话了。安徒生写过这样一个故事，他说一个人给自己写好了一个墓志铭，说我是一个伟大的作家，但是我还没有来得及写一个字；我是一个伟大的科学家，但是我发明的东西暂时还没发明出来；我是一个伟大的政治家，但是我连一个村也没管理过。大概的意思就是这样，他什么都是最伟大的，但是由于客观条件的原因，他都没做成。所以庄子无待的理论也有很积极的一面，就是指出什么事情你不要总等这个客观条件。

第二种情况是等待机会运气。有时候一个人老觉着旁人的机会和运气非常好，自己的机会和运气非常差。因此就等这个机会和运气，待这个机会和运气。但是这个机会和运气它就是不来，你怎么办？这个说单口相声行的黄蛤蟆，走到哪儿他的机会运气都是第一等，不管什么时候买彩票，他都是特等奖。可是全世界哪儿有这种人，能在全世界买三千次彩票都得了特等奖，这是不可能的。

第三种情况是等待与依靠中介的力量。用现代的话表达就是靠媒体炒作，或者是靠什么大人物进行举荐，还有是靠自己的奔走，甚至于靠自己用那个不符合大道的，用那个无道的方法来奔走。但这些有待的东西往往是失败的，是让你不能够得到成功的。

第四种情况是靠自己的奇思妙想，靠哲人的头脑，像老庄这样。人有想象的能力，更有想象的权利，想象权是每个人都能够为自己保持的一项难以剥夺的权利。我读《庄子》，不免感到自身想象力的贫乏，想象有益，想象无罪。一个理想的人，应该既敢既能务实求真，又敢想象求其神异、求其奇绝、求其振聋发聩。

第五种情况就是通过科学技术的发展使想象变为现实。这里说了半天，御风而已，无风而乘正气遨游而已，当今科学与工艺上都已经实现了的航空、航天、探月，早已超出了两千多年前的想象了。

庄子提出一个无待的观念，就是让你自己拯救自己。你自己的人格、你自己的一生，你得自己做主。庄子还有一个很可爱的地方，就是他认为这个人的道德的修养，对大道、对天道的掌握，一个人和世界的和谐和融合，它是没有尽头的，是没有所谓最高的，你高了还可以更高。

读武侠小说，最令人欣赏的部分就是小说中描写一种武功，这种武功当然是非常厉害的，大概还没有人能练成，这就是“旱地拔葱”，这是一种轻功。就是他“噌”一下子跳起来了，假设说跳了一米五，这个时候他用右脚把这个左脚的脚面一踩，“噌”又一米五，就三米了。这时候左脚再把右脚的脚面一踩，四米五了。这个呢，在体育运动里是做不到的，但是在读书修养历练上，在精神境界的提升上，这是可以做到的。就是你高了仍然不够高，你像宋荣子一样了，你也不够高，你仍然是似是而非、似高明而非。你像列子一样，能御风而行了，你仍然不够高。即使你像唐尧禹舜一样了，也还是可以有更高的追求。

《庄子》里面净是对唐尧禹舜的不满，为什么庄子居然会对无人不称颂的唐尧禹舜不满呢？哈哈，是由于尧禹舜等人人气太旺，为后人称颂太过。庄子认为，唐尧虞舜吸引了一大部分人，让很多人称颂他们的德行、功业与成就，称颂他们是圣明君主。而有称颂也就会有批评，有热烈就会有冷漠，有拥戴就一定会有否定、反对、抱怨。那么好了，既然有了肯定又有了否定，就会有很多争夺，争夺好的名声，争夺自己在历史上的定位，争夺自己的威权威信，争夺这个中国士人最重视的所谓流芳百世，而要让自己的对立面遗臭万年。这就证明，唐尧禹舜等人的存在不能带来和谐与天下太平、长治久安，相反，你的树榜样的结果是天下多事，是评比挑剔，是互不服气，是在位时猛秀一把，叫作沽名钓誉。

那么真正伟大的圣明君主是什么样的呢？是无为而治，无威而安，无言而教化，道法自然。用老子的说法就是：太上，不知有之。就是说最好的最圣明的君王，老百姓根本就不知道他是谁，老百姓的感觉是：“日出而作，日入而息，凿井而饮，耕田而食，帝力于我何有哉！”太阳出来我干活，太阳下山我歇工，我听的是太阳的命令，喝的水是井里的，吃的粮是地里的，一面是靠天上的太阳，一面是靠地上的水源与作物，跟皇帝老子关系不大。老子的理论是，越是老百姓不知道权力系统的作用，越证明了权力系统的高明和崇高境界。

老子和庄子有时候要求绝对化，就是高了还要再高。一米五了以后要求三米，三米以后要求四米五，他要求你连这个争的心都没有。所以庄子用了一种非常雄伟的气势，用一种非常雄辩的气势来宣传一种无用之用，宣传一种消极自保之道。宣传无求无为无名声无是非无正反无人拥护无人崇拜也无人反对无人骂娘。但一切道法自然，什么都不努劲，什么都做到最好，绝对不要称颂，不要人气，不上排行榜，也绝对不加美好伟大的封号，青史绝不留名，但实为天下的第一人。这说得实在太美好了，太理想化了。但是呢，又太缺乏可操作性了。你说它缺少可操作性吧，他又把它合理化成了拯救自我之道、破除迷信之道。

从庄子的这些言论中，我们可以想象，他将如何警惕、看穿、否定、唾弃那种古代的直到现代的个人迷信，那种肉麻的歌功颂德、热泪盈眶、匍匐跪拜、哭爹叫娘、谢恩表忠。庄子两千多年前就有这样的见地，他太厉害了。这个对人来说，有很大的参考与启示的意义，但是又不可能完全照办，完全照办也是会误事的。

平衡自己的心，获得信心与喜悦

人的私心杂念归结起来其实就是两条，一是焦虑，也可说是恐惧；二是贪欲。一个贪欲、一个焦虑，基本上就把一个人给毁了。金融、经济，以至于股票生意上的专家，说一般的人做股票，失败的多。原因就在于这股票一落钱，他就焦虑，他就惧怕，怕它再落，所以赶紧卖。这个股票一涨钱呢，他就贪欲心猛涨，他就觉着还有可能再涨，就先不卖。最后变成了落钱的时候卖、涨钱的时候买。你想他能不赔钱吗？

一边是恐惧和焦虑，一边是贪欲。长期被恐惧和贪欲折磨熬煎的一个人，他干什么事能成功呢？我们想一想，一个人一生为自己的利害得失而在那儿陷入贪欲和焦虑的循环之中，这样的人不知道有多少。

所以庄子提出来：至人无己，神人无功。这里“神人”到底什么意思，庄子并没有解释。我们至少可以设想嘛，就是通神，就是他有了某种超人的力量，或者超人的训练，或者超人的功能，如果我们把神人往这个“超人”上来体会，应该是差不多。“神人无功”，他这个解释有一点儿故意和世俗作对，因为世俗最看重的是你的事功，就是你干成了什么事。如果你是武将，你打过多少次胜仗，你斩首过多少敌将；如果你是网球运动员，你得过多少次大满贯，法网还是温网还是澳网还是什么网；如果你是文人，你有多少著作，得过什么重要奖项；如果你是官员，你有什么政绩，老百姓给你送没送过万民匾。过去中国这个封建社会，一个官员去职的时候，如果这个官员在当地的官声好，给老百姓干了好事，大家给他送万民匾，最少一万个人在匾额上签名，有民之父母、两袖清风、光明正大、为民做主这么一些夸奖、歌颂的词句，这是事功。但是庄子他比较怪，他说这些事功不值一提，因为这些都是形而下的东西。那么神人无功，我不管你这些形而下的东西，我是神人我表现在哪儿呢？表现在我精神上的完整和优越；表现在我精神的丰富和超拔。我做到自己在精神上完整、优越、丰富、超拔，有事功没事功没关系，跑第一还是跑最末儿没关系。我是官至王侯将相还是只当一个不起眼的小吏，一个副部级干部，没关系，都一样。所以神人无功，我看不起这个功。

同时，神人无功还可以解释为神人的事功是大功绩，是超出一般人看得见摸得着的具体事务的大影响、大功德、大改变。例如一个武将，拉弓射箭，舞刀弄枪，其功是看得见的，而他如果能有正确的决策、正确的谋略、妥善的操作，做得到像孙子说的“不战而屈人之兵”，他的功业反而不如打一个漂亮仗或是打掉敌方多少坦克、飞机、军舰更突显。无为之治，不言之教，不恃之为（不以之为本钱的作为），不宰之长（潜移默化，不以老板自居），他的事功，他的功劳，他的功能，他的超强的能力反而显不出来也不必显出来。庄子说得是多么好啊。

“圣人无名”，这个话有点儿意思，圣人为什么会“无名”呢？这个“圣人无名”里庄子有点儿潜台词，就是那个“骤得大名者”并不是圣人，而多半是赶上点儿了，是瞎猫碰上了死老鼠。时势造“英雄”，有时候需要那么一个人，扮演某个权力系统或反权力系统、某种理念或反叛需要的角色，他正好就应运而生了。有时候具体的事迹甚至有张冠李戴、勉强拔高的痕迹，已经成了角色了，也就将计就计、弄假成真了。还有时候，那只不过是迎合愚众，讨好一知半解、一瓶子不满半瓶子晃荡者的装腔作势，是自己作秀、是自己作表演，所以一下子得到大名，但是那不可能是圣人。圣人是默默地，你看不出来他干什么，但是他给自己的乡里、乡土、百姓、民人带来了许多的利益，很多的教化影响。

我常常喜欢提到一个词叫“民人”。有人不理解，说什么叫“民人”呢？因为“人民”这个词太现代，“人民”这个词已经高度意识形态化了。我们说到几千年以前的老庄、孔孟，就说他们对人民怎么看，那你听着感觉现代一点儿。有的把孟子的“民为贵”这些东西，解释成是孟子怎样地重视人民，你会以为这个孟子是 20 世纪的人了。反过来说“民人”，“民人”不是官、不是官人，就是一般的所谓平头百姓。

这些话放到这儿是什么意思呢？就是说一个人如果精神上真正得到了独立，精神上能做到无待，无须等待各种客观条件和主观条件，你能够做到无条件的精神的丰富和超拔，在这种情况之下，你做什么事都比一般人更到位，比一般人更富有一种超常的精神力量，而且你也能够在不经意之中就取得常人所没有的成绩。

跟外国的观念比较一下，外文里也有“圣人”这个词。外文的“圣”指的是使徒，是宗教的使徒。但是外国人很少用至人、神人、圣人，他们更喜欢说超人或者巨人。从这里面我们看到，无论中外，他们都有一种理念、一种信念，就是一个人，他的学问、他的能量、他排解困难的能力、他回应挑战的能力、他所树立的榜样，可以远远比现在的人们的平均数高很多，远远高于常人。其实《庄子》里还很喜欢用一个词，这个词叫“真人”，真假的真，真人恰恰说的是一种半仙之体的人。所以庄子本人在唐朝的时候被封为“南华真人”，《庄子》这本书又叫《南华经》。

还有一位有名的人，就是贾宝玉。按高鹗的后四十回，贾宝玉最后是跟着一僧一道走了，被皇帝封为“文妙真人”。一个“南华真人”是庄子，一个“文妙真人”是贾宝玉。这俩人起码都有一个特点，就是对功名利禄没有兴趣。《庄子》一书当中对这个“真人”是不断地发挥，譬如他说，“古之真人，其寝不梦”，这个真人睡觉的时候不做梦。睡觉的时候不做梦可不好，要按现代精神病学，睡觉的时候不做梦是精神病发作的前期征兆，因为做梦是人的一种心理调节，做梦是一种压抑的释放。但是庄子说“其寝不梦”的意思就是说他没有胡思乱想，睡得踏实，“其觉无忧”，庄子这一点写得好，很多人都是早晨眼睛一睁，各种发愁的事就都出来了，说电费没缴、房子漏了、下水道不通、孩子上学找不着合适的地方、父母生病挂不上专家号。只要眼睛一睁，各种忧愁的事就都来了。而庄子提出来的是醒了不发愁。

庄子的“其寝不梦，其觉无忧，其食不甘，其息深深”这个说法很有趣。“不甘”的意思不是说不甜，不甜你不放糖就可以不甜了，你加辣椒、加盐、加芥末、加苦瓜，它都不甜。所以“甘”在这里不是指甘甜，而是指“馋”，指味觉上的贪欲。

“其食不甘”，就是说他吃东西没有贪欲。“其息深深”，他的呼吸都是深度呼吸。庄子最早提出，说真人呼吸到踵，踵是什么地方呢？就是脚后跟，真人用脚后跟呼吸。这个说法被中国的佛教也接受了，有些高僧就说，你们呼吸是用肺呼吸，我们呼吸是用脚后跟呼吸。用脚后跟呼吸，这是怎么个呼吸法？这个脚后跟的细胞里头能进氧气吗？这个声乐中有颅腔共鸣、鼻腔共鸣、胸腔共鸣，有一些男声更要求腹腔共鸣，就是帕瓦罗蒂的那种腹腔共鸣。但是他们可以用脚后跟共鸣吗？所有的歌唱家都告诉我，不可能。脚后跟本身没有共鸣的条件与空间。它无非有点儿角化了的细胞、肌肉的细胞、骨头和血管，但这些都没办法共鸣。但是声乐艺术家们告诉我，脚后跟完全可能跟着用力，当你的呼吸用力的时候，力气一直用到了脚后跟上。庄子给人很大的启发，比如唱歌唱到上劲儿的地方，比如说帕瓦罗蒂唱到最后"欧索罗米欧"时，他全身都在使劲，他四肢的肌肉都在用力，他的脚后跟也在使劲。

所以，庄子说的真人以踵来呼吸，实际上就是说，这个呼吸是在调理全身，他的脚后跟也参与配合了他的呼吸，他的心理调适，他的器官调适，他的呼吸调适。他就和心浮气躁划清了界线——决不心浮气躁，哪怕我喘一口气，慢慢地这口气送到了脚后跟下面，深深地，然后我再把它呼出来。

"不知说（同悦）生，不知恶死；其出不欣，其人不距。"等等，他说了一大堆，什么叫"不知说生，不知恶死"呢？就是一切听其自然，就是说这个真人他完全摆脱了俗人的那些个口腹之欲、贪生怕死等。庄子是对生死看得最开的，该生自然要生，该走自然要拜拜。用不着在这上头下苦功夫，也用不着在这上头有所计较，也用不着盼这个、怕那个。

所以，庄子的理想是创造一种人格，这种人格对于大道以外无所求、无所期待、无所期盼，也就无所焦虑、无所忧愁。他这里对真人的这种描述稍微玄了一点儿，所以他也影响了道教的某些流派，产生了一些稀奇古怪的想法和做法，什么炼丹啊、气功啊，搞得走火入魔的。但是庄子更多的是引导了一个方向，他告诉我们，一个人除了考虑追求计较外界的成功以外（当然，按庄子的思路你最好尽量摆脱对于这种外在得失的在意），同时，你还仍然有可能通过提升自己和平衡自己的心理素质，使自己能够得到一种常人所不能够得到的信心和喜悦，从而改善自己的心理生理状态。比如说一个人都能自我感觉到自己的呼吸一直深入到脚后跟那里了，他还有什么心浮气躁、迫不及待、轻举妄动、如坐针毡的可能性呢？他不真正做到了稳如泰山、静如处子、心平气和，这种让人认为是最佳的生存状态了吗？

这个对我们来说，也是有意义的：不管你碰到什么麻烦，仍然要尽最大努力来进行主观调节，将干扰与困惑降至最低限度，将优游广阔和深潜虚静，做到最大限度。

第四
不要追求虚名

"越俎代庖"的故事

尧让天下于许由，曰："日月出矣，而爝火不息，其于光也，不亦难乎！时雨降矣，而犹浸灌，其于泽也，不亦劳乎！夫子立而天下治，而我犹尸之，吾自视缺然，请致天下。"许由曰："子治天下，天下既已治也。而我犹代子，吾将为名乎？名者，实之宾也。吾将为宾乎？鹪鹩巢于深林，不过一枝；偃鼠饮河，不过满腹。归休乎君！予无所用天下为。庖人虽不治庖，尸祝不越樽俎而代之矣。"

史书上记载，越俎代庖讲的是这样一个故事：唐尧发现一个特别高尚的、高水准的人——许由。唐尧就对许由说："日月出矣，而爝火不息，其于光也，不亦难乎！"说这天上又有太阳，又有月亮，那么这个时候就不需要再烧个火炬，不需要再弄一个火把来照明了。如果出着太阳又出着月亮，你那儿还点着火把照明，这不是多此一举吗？唐尧说这个话是什么意思呢？这个许由就像日月经天一般，许由就好比是天上的太阳、夜间的月亮。而他唐尧呢，不过就是一个火把。唐尧的意思是你许由出来了，我这儿已经黯然无光了。

“时雨降矣，而犹浸灌”，及时雨、季节雨、应时而来之雨“哗啦哗啦”下了，刚下完大雨，这儿又没完没了地浇水，这不是有毛病吗？这不是自找麻烦吗？他的意思是说你许由既是天上的日月又是刚刚下过的及时雨，这种情况之下，“请致天下”——请你出来掌管天下，请你来主持天下的事务。

许由听了说：“子治天下，天下既已治也。而我犹代子，吾将为名乎？”什么意思呢？就是说你唐尧管理天下，天下治理得挺好，那我还出来代替你，有什么可干的呢？难道我是为了追求你唐尧目前的地位和名声吗？“名者，实之宾也。吾将为宾乎？”名是实的副产品，宾是次生品，你实就是你有政绩，这是实。你的职位呢，只是一个名，你的政绩才是实。而我没有任何我自己需要做的实的东西，我去取得一个副产品，这不是太奇怪了吗？然后他解释说一只小鸟在树林里头，它有一个树枝就够用了；一只老鼠到河边去喝水，它喝不了整条河的水，它也只求满腹，只求把自个儿肚子喝饱就够了。

许由是什么意思呢？他的意思就是，我作为一个普通人，我有一棵树枝够我在那儿栖息，可以休息；有一洼水够我吃饱肚子、喝饱肚子，足矣！我没有更高的要求。现在天下治理得挺好，没我什么事，用不着我去掺和这个。

史书上的记载就更有意思了，是说唐尧找到许由，要把天下让给他。许由断然拒绝。走了以后还赶快找了一个泉水去洗耳朵，他认为唐尧说要把天下让给他，这是精神污染，这是污染他的耳朵，他从来没听过这种无聊的话。“将天下让到我这儿来了，我这么伟大、这么高尚的人，我追求那些吗？所以我赶紧把耳朵洗干净。”

这个故事流传至今也只是开展旅游的需要了——据说河南还有那么一处地方是当时许由洗耳朵的地方。这世界上的事就怕过度过分过梭儿，本来许由形象非常高大，非常让人佩服，对这个官职、对这个权位一点儿兴趣都没有，可这个洗耳朵的故事就说得过了。从唐尧来说，如果他是想让贤，许由不接受就完了，为什么要洗耳朵？肮脏？受感染？得中耳炎？不太可能吧。既然不接受，已经谢绝了，就和你没有关系了。那个洗耳朵的行为给人一种“清高秀”的感觉，正说明你许由挺在意这件事，如果你根本不在意这件事的话，算了算了，一笑就完了，你该干什么干什么去了。

“予无所用天下为！”——天下对我来说有什么用啊，我管天下干什么啊，我管好我自个儿就完了，我掌握那么大权力干什么，我当帝王将相对我来说有什么意义，没有任何的意义。“庖人虽不治庖，尸祝不越樽俎而代之矣。”就是说这个厨子（这个厨子是指那些专门做贡品、祭品的厨子）没有去做贡品和祭品，那么领祭的人，主持这个祭典的人不能越过樽俎，不能越过那些厨具、餐具，代替厨子去做饭。假设祭祀当中有糕点，有的地方还有猪头，有的地方还有什么几大碟、几荤几素，这个不能由尸祝，也就是主持祭典之人去代替、包办。

这个故事的叙述非常简单，其实是语焉不详。这个逻辑性不容易弄清楚，许由如果接受了唐尧的禅位，为什么就是越俎代庖？这个逻辑令人挺费劲，希望大家想想这个事，“越俎代庖”跟这个故事之间不能说完全贴切，但越俎代庖的含义，从字面上说，却毫无疑义。

越俎代庖——一个及时的提醒

“越俎代庖”这个成语传播得非常之广，这说明什么呢？说明越俎代庖是我们人间、我们中国神州大地上常常发生的一种现象。一种什么现象？

就是本来不是你的责任，你要管。本来应该由厨子做的事，你这管理员非要做。本来应该科长解决的问题，结果你部长那儿批条子。你自上而下地包办代替、事必躬亲，把你累得一个臭死，结果还是有不良的反应。

这个说法有点儿意思。一个是从庄子本身的治国理政的思想，庄子“外篇”当中有一篇叫《在宥》，什么叫在宥呢？有人说“在”指的是自在，逍遥自在。其实可以当逍遥自在讲，也可以当存在讲。而“宥”呢，当“拥有”讲。在宥，就是说你是存在的，而且又是拥有天下的。指的是诸侯国家的权力集团，指的是那个君王和他的那些个治国理政的班子。

庄子他承认在宥天下，但是他不承认治天下，他认为这天下是管治不了的，天下应该让它自然而然地发展。“在宥”的目的是防止出事，你必须有一个权力的班子，权力的核心在那儿，这样它才不会出事。出什么事呢？他说一个是“移其德也”，一个是“移其性也”或者“迁其性也”。就是说一个是防止老百姓当中有人做什么事做得过分了；还有一种是怕老百姓受到某个不良的风气或者某种思潮的影响，而丧失了自己善良的本性。

庄子的思路很逗：没有一个权力的核心存在，没有一个权力的核心拥有这个天下、把握这个天下，天下会乱，这个国家肯定会乱。但是没事你不要具体地管。当然这也是庄子的一种理念，也不可能完全做到。他这个观点，尽管解释得并不清楚，故事不详细也不生动，还没有那个“洗耳朵”的生动。但是越俎代庖这个话值得我们世代深思，就是什么事都不要包办代替。再一个，越俎代庖的意义是因为西方的政治学有一个纵向分权的观念。

先来说横向分权，譬如说山东省，旁边有河南省、山西省、河北省，那么更远一点当然还有很多其他的省。那么国外人家还有很多州、市、县，各种说法。这个权是横向的分权，山东省管的是山东的事，你不能做一个关于山西省的决议。当然，山东肯定也有援疆的任务，那也是中央让你援疆，不是你自己一个省，你说我要援谁就援谁，不是那个意思。当然遇到灾害、遇到什么特殊情况，出于一种纯粹的援助是可以，但是你管理的权限是在你山东。除了这种横向的分权以外，山东本身有文化厅、教育厅、财政厅，它也各有各的权力，这也是横向的。

那么纵向的是什么意思呢？你部门有部门的权限，你厅局有厅局的权限，你处室有处室的权限，你科室有科室的权限，你中央有中央的权限。省、市、地、县、乡、镇，一直到村，自然村，各有各的权限，尽可能地不要越俎代庖，你不要我直接替你办，这是一种说法。这种说法实际运作起来也有很多灵活性，有时候一些高级的领导也会做很具体的事情，譬如一场仗打起来了，这司令员过来了，正巧遇到一个紧急情况，这司令员抱住重机枪就冲过去了，有时候这也会成为一段佳话。但是总体来说，我们尽可能地权限要清楚，不要越俎代庖。

那么第三点更重要，这个越俎代庖反映的是老子和庄子他们在行政、理政、治国上的一个很怪的思路，他注意的不是让你干什么，他注意的是你干了哪些不该干的事。一个行政人员，一个官员有时候你犯的错误是你该干的事你没干。譬如说搞预警的，自然灾害你没有预警。地震发生了，你没有在第一时间来到现场组织救援，那么你失职。但是老庄他有个特点，他认为人做的许多错事不是由于该干的没干，而是由于你不该干的你干了，你不该说的话你说了。

老百姓本来很明白的事，你没完没了地这么一讲，老百姓他烦了，他不按你这个思路办了，引起逆反心理了。或者你的主观主义的指挥、主观主义的安排给这个实际的生活造成了损伤。这样的例子也很多，譬如我们从原先的计划经济来看，计划经济比较严密，比较合理，什么东西都计划好了，任何东西都不要让它有生产过剩、产品积压这些现象，所以计划经济是非常辛苦的啊。前苏联第一个五年计划期间，全国买不着钉子，因为钉子太小了，他的钢铁生产里没有这项计划，他生产钉子干什么啊。但是你若计划得过分周密，人的脑子又是有限的，仍然会存在着各种的疏失，仍然会有遗珠之憾，仍然可能挂万漏一乃至于挂一漏万，你想到了一件事，还有九千九百九十九件事你没想到，因为什么事你都要想着嘛。尤其拿我们国家的经验来说，什么时候开始收割，什么时候入仓，什么时候清场，都由上边来定计划，这个非常困难。气候不一样，年景不一样，不同地区、不同民族的生活习惯、劳作习惯不一样，这样从上而下的统一安排根本是做不到的。这种情况下，越俎代庖的结果肯定是达不到你的目的。相反，你尊重各个方面的规律，尊重人们的自然要求和习惯，有所引导、有所宏观调控，就可以了，其他可以让百姓自己办。

庄子还举例子，他说地老鼠，尤其是在神庙当中生活的地老鼠，它挖的洞特别深，为什么呢？它们经常会受到掘地三尺的侵袭，人们讨厌老鼠，要清理老鼠，怎么办？掘地三尺抓老鼠。庄子还说随着人们的弹弓、弓箭等技术越来越高，鸟也越飞越高，这说明什么呢？说明一只老鼠、一只鸟都懂得怎样保护自己的生命，懂得怎样使自己安全，能好好地活下去。更何况人呢？何况是民人呢？何况是老百姓呢？哪个老百姓不愿意过好日子啊，哪个老百姓不愿意自己平安无事啊，哪个老百姓他没事找事要找死啊，他要找不素净啊。所以呢，你要简政，你要无为而治。

尽管老庄的这些说法有的时候也有一面之词，有片面之理，但是他起码在这方面给我们一个思想、一个补充，就是你该管的管，不该管的你先看看、你先琢磨琢磨，你先让老百姓、让民人、让各级的官员、让人们自己先试着做一做，不要你都包了，你把一切都定好。这个是不可能的，也是做不到的。所以从这个意思上来说，越俎代庖实在是一个很早的提醒，是一个对于简政的提醒，是一个对于每个人都要尊重客观规律、尊重人们的自然选择的这样一个提醒。一个人不要过分膨胀，你不要膨胀你的权力，也不要膨胀你的本事，你不要以为你什么都做得到。各有各的权限，各有各的本事，部长当得好的未必能当好一个财务科科长。会计的表格、出纳的表格你会填写吗？你会制定吗？从这方面来说，这些观点对人都是有正面的意义的。当然，你不可能完全按照他说的来做。

到了这里，我们也应该学习庄子的“旱地拔葱”之法，高了还要再高，攀登了还要再攀登，再上一层楼。让我们想一想，庄子不大可能单纯从行政管理或公共管理学的角度来谈越俎代庖的问题，他不像是要讲授MBA（工商管理硕士）或MPA（公共管理硕士）的课，他的想法深远得多也抽象得多，“古怪”得多也有趣味得多。他认为吾辈人类的许多作为、许多妄念、许多追逐、许多谋划、许多拼死拼活、许多加班加点，压根儿就是越俎代庖性质，就是多此一举、画蛇添足、没事找事、无事生非、舍本逐末、缘木求鱼、南辕北辙，至少也是事倍功半、心劳日拙、疲于奔命……干了太多本不应该干，也压根儿不归你管，干也毫无用处的事。人应该静下来、停下来、踏实下来，我们每个人都可以想想，多少年来，你做过多少徒劳无功、徒劳无益、适得其反、劳民伤财的事。只需稍稍从这个角度想想，大家都会多一点儿沉稳，多一点儿成熟，多一点儿心平气和，少一点儿吹牛冒泡，少一点儿浮躁狂妄了。这个见解有它惊人与动人的地方。

不要追求虚名

许由讲得有点儿花哨。要是当真不想干，似乎不必如此雄辩忽悠。但是他讲“名为实之宾”，反诘自己“吾将为宾乎”，就是说如果他接受尧的禅让，他就是丢了实去求名，丢了主而去求宾。主宾问题与禅让的是否接受并无那么贴切的逻辑关系，但是丢了实求名，丢了主求宾，倒是俗人的通病。人这一生，忘掉了实，却为宾而闹它个死去活来，这样的事已成人类通病。例如“文革”中有的老人，干了一辈子革命，最后却因等不到一个“人民内部矛盾”的结论而抑郁致死；有的还有这样的，堂堂知识分子成就卓著，却为评一个职称而痛不欲生，而心窄自戕，或丑态百出……叫人说什么好！

许由说：“鷦鷯巢于深林……”这话表面上极富说服力，几乎是不疑不争之论，问题在于天下的诱惑并不仅仅是提供给你深林与河水的资源，而是吸引你实现自我，发挥生命能量的极致。这里也许仍然适用庄子的名实之辩与主宾之辩。你能不能做到满足于深林一枝与饮水满腹，这恰恰是庄子最最较真的地方。这正是庄子所提倡的心斋，即不仅是斋戒你的口腹之欲而且是斋戒、修剪、删削你的精神需求，减少你的精神预期，无求则无亏欠，无期盼则无失望。当你的需求仅仅局限于维持最低水准的生存，局限于不过是巢于一枝与饮而满腹。不要求温饱以上以外的东西，不要求生存权以外的权利。对于禄蠹、官迷、吸痈舐痔之徒的蝇营狗苟则要深恶痛绝。这样的提出问题不无意义，但这是与横死相比较，有巢有饮比死于非命强多了，这好比秦相李斯受到腰斩之刑前，对将与自己一同就戮的儿子哭着说，想牵着黄犬打兔子已经不可能了。问题不是每个人都以腰斩做标尺来衡量自己的处境，这样人们也就很难以有巢有饮做自己的人生目标了。

古今中外都有正派的知识分子对禄蠹、官迷们嗤之以鼻，认为这样的人和事丢人现眼、丑态百出、不堪入目。但这里说的某一类特定的正派人即君子，他们多数人是以精英与高雅的姿态来讨伐禄蠹官迷的，所谓“不为五斗米折腰”（陶潜），所谓“安能摧眉折腰事权贵，使我不得开心颜”（李白），所谓德王有很多而贝多芬只一个，还有关于贝多芬不但轻视德国皇帝也轻视尊重皇帝的歌德的故事，他们都是以自己的智慧与道德优越感，以自己的超众的才能学问、创造发明、绝活儿为本钱，拒绝向权力与财富低头的。总之，这些厌恶功名利禄的高人，都是有专长有境界的，都是很牛的。

而庄子则是走了另一条相反的相当极端的路：他干脆否定一切社会性集团性的努力，否定王侯权贵，也否定学问的追求与争论，他为自己与门徒树立的榜样不是王侯、不是诸子百家、不是鲲或鹏、不是类似李白或贝多芬式的天才专家，而是小小的鷦鷯与偃鼠。

奇哉庄周之文也，可以生猛地介绍鲲与鹏，介绍高寿的冥灵、彭祖与大椿，也可以一个猛子扎下来，变成了鷦鷯与偃鼠了。精英型的知识分子，是以睥睨世俗的姿态实现精神的跨越与拔份儿。而庄子的姿态是降低自身的要求以至于无，以小巧的鸟儿与低贱的老鼠的姿态，摆脱俗世名利权位、是非功过的羁绊，求得一己的逍遥与自由。他的方法可以说是以退为进、以屈求伸，以侏儒的姿态求大道，以近于零、趋向于零自居，以如零的自我定位，求得无穷大的、永恒的与无所不在的大道与本真。我是零或趋向于零，所以我是大道。这个思路够伟大而又神奇的了。

他并不从外部跨越而踏倒或迈过世俗——他不是用智慧、学问、终极价值、一代宗师教主的身份等等为武器为资源来藐视世俗，庄子认为金钱、名誉、地位、官职是世俗，智慧、学问、终极价值的制定，直到宗师也罢教主也罢，也仍然是世俗。他要做的是从内里先否定功名、地位、头衔、威望、德行、智慧的任何意义，他认定对有冕王与无冕王都应该不屑一顾，他主张远离世俗、避祸避险避忧，以避让一切世俗的追求，从而得到自身的平安与快乐。

除了个人主观上的优游闲适、逍遥自在，庄子不相信、不承认任何其他的事功、利益、名声、（社会与政治）地位、影响力、德行、舆论（物议）、奉献、奋斗、获取、胜利与失败，直至健康与疾病、长寿与夭折的意义。除了“我自己”的舒适感、自在感、自由感、满足感与对于其他事物环境的麻木感、忽略感，一切其他的感觉，概不承认。这种主张极端化到了令人吃惊的程度，同时也令人毛骨悚然，一个活人怎么可能这样？与此同时，庄子的此种说法又令我们五体投地，任何人做到了这一步，确实是如仙如圣，已经不是肉体凡胎了，已经做到了超级的威武不能屈，贫贱不能移，富贵不能淫，外力不能干预，不能生杀予夺，不能影响、扰乱或促进劝导；又绝对不需自我膨胀、雄心壮志冲云天，而只需两眼一闭，两耳自封，心中默默一想即可。

我想这里庄子首先面对的是那个时代的恶性竞争，侯王争霸，臣下争宠，士人争为世所用，而这种竞争并无规则，叫作天下无道，大家都在赌博，碰运气，赶点儿，旦夕祸福，朝成暮败，你砍我杀，血腥涂炭，孰能无过？孰能免祸？这种情况下还忙着进取功名，不是活腻了又是什么？

庄子之所以如此激愤与极端，还因为他面对的是一个更加无奈的事实。古代中国，一向是权力、荣华、富贵、各种资源高度集中的社会。一个读书人，一个有大志与高人一头的能力的上层人物，如果与这样集中管控的资源不沾边，沾不上集中强大的资源的光，单凭个人的才智奋斗，常常是作用有限，事少有成，而他的一生只能是郁郁不得志，穷愁潦倒，倒霉蛋一个。而一个相对的草包，碰对了点儿了就硬是大放光芒，颐指气使，不服不行。而且你越是有所期待有所特长有所雄心壮志有所真见识真本领，你的失败就越明显，你的挫折感就越是十倍百倍于旁人。包括屈原、贾谊、司马迁、李白、杜甫……都难逃这样的命运。上述提到的人物，还都是赫赫有名的，更惨的是那些没有等你崭露哪怕是微露头角，就被命运吞噬的无数人物。别人看不透，聪明透彻如庄周者也看不透吗？

第五
就是需要精神胜利

哀莫大于心死与哀莫大于心不死

尽管庄子是奇才奇论奇文奇理，他只能通过精神胜利来自我安慰、自我挽救、自我运气练气功，而得不到事功上的胜利。你说我得不到胜利吗？哈哈，我压根儿还不相信胜利，更不稀罕胜利呢！读之不无阿Q精神渊薮的观感。

洋人特别喜欢用“face it”（面对）一词。我们前边也讲了庄子所面对的险恶形势与竞争条件。同时，这里还有一个与社会环境无关的状况，有一个人生竞争、社会竞争本身的先天的悲剧性，人们常常忘记了面对，而庄子是忒面对了。那就是，不论多么有条有理天公地道地竞争，优胜者得意者是少数、极少数，劣败者、失意者、碰壁碰得头破血流者才是多数，大多数。例如全世界那么多运动员却极少有人能参加奥运会，奥运会上那么多优秀运动员，只有极少的人才能得到金牌。除却这极少数幸运儿，谁能不痛失金牌？谁能不功败垂成？谁能不将心血梦幻付诸东流？即使得了金牌，你又能保持多久？你在人老珠黄、谢幕回身、过时遗忘之后又当如何自处？

在美国这样一个提倡生存竞争、从理论与法制上至少是声称力图规范竞争规则，而绝对不会提倡老庄之道的无为与不争的国家，也常常发生竞争中的失败者绝望疯狂，变成杀人狂，变成恐怖分子、社会渣滓的恶性刑事案件，或者也会发生竞争中的侥幸者幸运儿腐化堕落、失常、歇斯底里的悲剧，许多大明星就有这样的事。网上说，成功人士的身后，有的不是沧桑就是肮脏。成功人士的滋味也是谁难受谁知道。比如美国的玛丽莲·梦露，谁说得清她的人生滋味？谁说得清是她更幸福还是一个种菜种花的农妇更幸福？

而我国早熟的哲人庄子，过早地感受了这一切竞争的荒谬性与悲剧性，他痛感了成功与失败的双重的悲剧性与歇斯底里效应，他发现了竞争的恶化定则，应该叫悲剧性法则：即竞争的结局是两败、多败或各败俱伤，争来争去一场空，争到最后，胜者发疯爆炸、负者绝望灭亡。庄子他过于聪明地，也是过早地唾弃了这一切。

庄子的这些想法虽然绝对片面，却仍然极有意义，极富启发性。后现代的对于现代性的深切反思当中，就包含了可以与庄子共鸣的元素。也许我们还可以举海明威的《老人与海》的例子，他在此名著中宣扬了美国式的硬汉精神，他声言“人生来不是为了被打败的”，这听起来不错，但是那个孤舟独人与众鱼相拼搏的老人最后得到了什么呢？他得到了巨鱼的骨头架子，却连一片肉也不存。这究竟传达的是硬汉精神呢，还是庄子的无用即有用呢？

古往今来，我们必须面对，我们曾经面对，庄子早已面对——面对而全然无法改变那些面对了以后令人失望的一切，结果只能自救，只能超度。庄子知道他没有办法改变人类的一切特有的麻烦，例如各种良性争夺（他基本上没有见过）与恶性争夺（他见得已经太多）的麻烦。

他尤其怀疑儒墨那一套应该叫作饮鸩止渴、火上浇油的规范与观念。他认为这些规范与观念令生存与政治、社会竞争更加细腻而又惨烈，虚矫而又无孔不入，空洞抽象而又含混模糊。为什么呢，依了儒墨那一套，人们不但要争具体事功的胜负，还要争规范与观念：一、谁的规范与观念最正确？二、谁的言行最符合正确的规范与观念？

比如，海明威的故事里，如果老人只是一个渔夫，好办，出海安全，打到了一定数量的（例如可以卖钱挣到温饱）鱼虾，就可以被认为是成功的，反之，则是失败的。但万一，老渔夫接受了儒家墨家的道德规范教导，这样，人们不但要在利益的范畴当中，在权力的范畴当中，在社会资源的分配当中，在渔业活动、打鱼的数量质量效益的范畴内争，而且要抽象地争名分，争意识形态，争价值观念，争教门教派，争奖杯名次，争牌坊匾额，即不但要争脑袋与身体，还要争帖子、标签、旗帜与外衣包装。

庄子认为，儒墨那一套与其说是在助人，不如说是在害人。诸子百家的一己之见，并不能拯救人生、指导与端正竞争。诸子百家们完全没有能力改变社会结构与资源配置，庄子看透了他们也看扁了他们。庄子想的是他只能拯救灵魂、拯救自己，他的唯一选择是搞精神的一己的胜利与陶醉，搞精神迷醉。面对竞争，庄子的精神是绝对消极的。面对自己的心境、自己的精神世界，庄子的说法却洋洋洒洒、花样翻新、奔腾活泼、出神入化、高调入云。他的泛化的与高雅的阿 Q 精神，上升到了哲学、学理、智慧、终极——神学化、宗教化、文学化也艺术化的程度。他的神龙般、风驰电掣般、奇花异草般的想象、表达与论辩，成为一种少有的阅读享受。

我这里无意以阿 Q 的名称来轻蔑庄子，毋宁说我有以庄子的名义替阿 Q 找一点儿理解的好意。对于阿 Q，恐怕也不是靠一味嘲笑能于事有补的。中华民族历史上许多时候处于逆境中，经受了太多的试炼，却又有多次咸鱼翻身、起死回生的经验，中国人必须常常安慰自己、鼓励自己，哪怕有时候是哄着自己，坚持坚持再坚持，相信相信再相信，相信最后胜利属于自己。除了乐观再乐观，中华民族难道有其他的选择吗？可又不能说除了阿Q主义我们再无其他的精神依托。

事实上，庄子并没有在几千年的中华文明史中成为祖先们的主流，我们的主流仍然是庄子所说的儒墨之属。阿Q也毕竟没有成为我们的精神范式，我们的范式仍然是从孔夫子到孙中山，是刚健有为的主流意识形态与核心价值体系。儒墨的规范观念常常不能落实，这是事实。即使不能落实，有一点点规范与理念比没有好；即使不能落实，你也不可随意否定这一套规范，这更是一个事实。西方的许多思想界的成果与旗帜，包括基督教的救世与宽恕的理念，它的忏悔意识、谦卑精神、契约精神、先知精神和救赎精神……柏拉图的理想国的理念，以及西方世界永远挂在口头上的关于科学、理性、民主、自由、独立、人权、责任的理念也常常不能完全实现，但仍然不能排除这些理念本身的积极意义。

庄子也罢，贾宝玉也罢，他们对于社会的主流价值系统其实是一个挑战，是不无叛逆色彩的。然而，他们的造反又不是真正的造反，正像后来有所谓跪着的造反一样，庄子是坐着的造反，是静坐打坐闭目塞聪的造反，是最最消极的造反。而宝玉是混世的造反、颓废的造反，是埋头于与姐姐妹妹们的玩耍又没完没了地悲哀着的游戏型哄闹型造反。他们没有行动，他们从未想过也未必有可能想到采取什么行动去改变环境，他们能够做的只有改变自己的思路，改变自己的心理结构与世界观。

但这里毕竟公示着逆向思考的可能性、趣味性、启发性与教益性。老子讲：大成若缺，大盈若冲，大直若屈，大巧若拙，大辩若讷。太完美了太巨大了反而像是（或必定是）暴露了自己的缺陷——与完美相比，谁无缺失？太充盈了，反而像是（或必定是）暴露了自己的空虚——与全知全能相比，谁不空虚？太正直了反而像是（或必定是）暴露了自己的曲折、曲线、曲为行事、委曲求全（求全就要求全直，直中有曲，就不是全直了；反过来说大直必全，只有大直大德才能最大限度地全面。而全的结果必含有曲的因素，就必然有摩擦争夺火拼，就必然伤伤损损缺缺漏漏，就没有办法太全。求全的过程必然是造成某些小小委曲、掩盖许多小小或不甚小的过程，例如一个权力系统，铁板一块，无懈可击，一呼百应，百战百胜，那么它必然付出代价，牺牲一些小争小议，委曲一些与大系统相比是小事的个性与个人自由）……

那么，说不定庄周有自身的大心胸、大智慧、大眼光、大慈悲、大志向、大自信、大自负、大使命感，而又生不逢时、屡战屡败，他必然会常常在绝望、自杀、狂怒与精神解脱之间进行选择；在铤而走险与难得糊涂间进行选择；在针尖麦芒、斤斤计较与大而化之、物而齐之间进行选择。什么都看透了，什么都明白了，什么愚蠢都没有了，说不定反而会像是（或必定是）阿Q一族的祖师爷了。

庄子可以在某些问题上与阿Q貌似形似，心有灵犀，但是未庄的阿Q君永远不可能写出《庄子》。当然，说到底，阿Q的精神胜利是一种不得已的本能，是一种将就、凑合、窝囊，而庄子是一套想法，一套说辞，一套理论，一套寓言故事直至一套想象辩论与精神奇葩，一套欲说还休、旁敲侧击、正话反说、反话正说、春秋笔法、且道天凉好个秋的修辞手段、文化策略、生存法门、智慧风景。

一个冰冷又鲜活的至高境界

槁木死灰，出自《庄子·齐物论》，全文是“形如槁木，心如死灰”，就是说一个人，他的身体，外形就像一棵枯干了的树一样，而他的心呢，已经冰凉了。比喻心情极端消沉，对一切事情无动于衷。庄子用此成语还表述了另一种生命状态：人进入了一个高度的“沉潜”的境界，回到自己内心世界以后，对于世俗小事就不看在眼里了，没有任何兴趣，不再受刺激、不再受引诱、不再受扰乱。

这个话很常用。《红楼梦》里就有这个话，说这个李纨，就是贾宝玉的寡嫂。宝玉的哥哥死了，但是还留下一个守寡的嫂子叫李纨，李纨这个人已经是形如槁木，心如死灰。其实李纨很聪明，李纨有时候还开开玩笑，有时候她就向着平儿，骂王熙凤，但是玩笑性的，说像你王熙凤这种人，你跟平儿你们得倒过来。过去是讲夫人和妾的，就是大老婆和小老婆的，两者身份完全不同，妻是主，妾是奴。李纨说啊，你王熙凤的这点修养你不配当大老婆，你只能当小老婆。这是她们互相开玩笑的。从她居高临下地打趣炙手可热的王熙凤这一点上，也可以看出李氏在贾府的级别地位是很高的，她是一个有“派”的人。

那为什么说她形如槁木，心如死灰呢？就是说她在守寡这一点上，跟一棵死树一样，跟一撮烧过了晾得冰凉了的灰一样，你再点什么火，她也着不了了。她对人生的这一方面，家庭、男女、婚姻、性，她是形如槁木，心如死灰。但这个话呢，并不是从《红楼梦》开始的，而是从《庄子》开始的，远在《红楼梦》出世前两千多年，庄子已经这样描写了：

南郭子綦隐机而坐，仰天而嘘，荅焉似丧其耦。颜成子游立侍乎前，曰：“何居乎？形固可使如槁木，而心固可使如死灰乎？今之隐机者，非昔之隐机者也。”子綦曰：“偃，不亦善乎，而问之也！今者吾丧我，汝知之乎？……”

这段话说的是什么呢？在《庄子·齐物论》里一开始，庄子说，有一高人，一个大学问家，一个得道之人，他叫南郭子綦，他的门徒，或者他的朋友，看到这南郭子綦自个儿坐在一个长条桌子后边，坐在那儿仰天长叹，身上没任何动作，脸上没任何的表情。于是他的这个朋友就问他，说您这是怎么了？堂堂一个人，难道他的形体就像一棵枯树一样，而心就像死灰一样，从形体到内心，就能够做到不带一点儿活气吗？“形如槁木，心如死灰”这个话就是从这儿来的。要没有庄子，咱们中国人少说很多话，很多话大家都不会说，这是庄子教给我们说这个话的。但是有趣的是庄子的这个话和它后来的流传的解释又是相反的。庄子认为“形如槁木，心如死灰”是人的一个最高的精神境界，不是说这人是发呆、发傻，也不是说这人灰心丧气，或者是像李纨那样，对某一方面的事情已经麻木不仁，已经丧失感觉，已经再无希望，已经不感兴趣，他不是指这个。他说的是人进入了一个高度的“沉潜”的境界，回到自己内心世界以后，对于世俗小事就不看在眼里了，没有任何兴趣，不再受刺激、不再受引诱、不再受扰乱，他能达到这一步。

所以这个时候南郭子綦，有的解释为“住在南郊的那个子綦”。这住在南郊的子綦就回答说，这不是很好的事嘛，说你看着我又像槁木，又像死灰，这不是很好嘛，这有什么可问的呢？形（或面）如槁木，心如死灰，这是至今鲜活如初的语言，庄子这几句写得好狠，绝对化而且冷冻化。后世的小说家言中常常以之形容坚定守节的寡妇或修行变性了的尼姑，有时也可以以之形容绝顶失意的政客。这很妙，这里头包含着弗洛伊德的内容。没有比用这两句话形容——不单单是性欲，且是一切生的欲望的消失与毁灭——更生动的了。

“子綦隐机而坐”，子綦萎缩在小桌子后面，仰头长出一口气，静止、谦虚、低调，他的生命、他的身体、他的姿态既没有线条也没有式样了；嘘一口气当中却透露出某些块垒、某些自解与自得。这是得道者的标准姿态与表情吗？这是冷冷的骄傲与淡漠吗？这是失望者、悲哀者、麻木者还是迷茫者呢？是活人、病人、半死人、近死人、出家人还是绝望人呢？他是在嘲笑、蔑视世界还是自己？如果真的已经做到了“形如槁木，心如死灰”了，不是可以自闭经脉，自我冷藏，呼吸几近全无吗？至少仅留一丝鼻息还不够吗？而在一仰一嘘之中，是不是子綦老回想起了当年的鲲鹏飞翔之志、之梦、之火焰呢？或者说，这种作槁木死灰状也是展翅九万里的另一种形式呢，是另一种不得已呢？或者说，这样的槁木死灰的描写，恰恰是对于鲲游南冥，鹏动扶摇，大瓠巨树的自打耳光呢？不管你有多么巨大、高明、真人、仙士、圣贤，关键是做到形如槁木，心如死灰湿灰的半死状态呀。已经槁木死灰了，你的身高、体重、翅长、容积、覆盖大小与潜水飞翔能力，有用无用之辨，又还有什么意义呢？

今之子綦非昔之子綦，突出强调的是子綦的更上一层楼的精神境界、槁木与死灰的境界、吾丧我的境界。从子綦所讲的“今者吾丧我，汝知之乎”可以看出，昔者，昨者，就是说早先，这位子綦的修养尚未达到这一步，还未能完全丧我，还有我的残余，“汝知之乎”，子綦是以通报一项新发明、新成就、新水准的得意心情讲这个丧我的。这是庄子所主张的一个内心功夫，是一个处变不惊、不受任何干扰、任何伤害的无敌于天下的内功，是个人修养的极致。

这个槁木死灰说得稍微重了一点儿，槁木死灰它又和我们中国哲学，尤其是老庄哲学相通，就是提倡人内敛、深潜，不要浮躁、不要咋呼，你要对很多事能够做到淡定，以平常心处之。我们中国人比较喜欢这个，喜欢喜怒不形于色。老子的话，国之利器要深藏。你别老怕人家拿你当哑巴，把你卖了。知道你不是哑巴，你说那么多干什么，那么急于表现自己干什么。他讲的是这样一种精神状态。

这种槁木死灰式的状态，一般说来令人不易接受，从表面上看，什么叫槁木死灰呢？答：就是活死人，麻木不仁的人，对一切不感兴趣之人，就是活着却放弃了一切的人。什么是槁木死灰？比如打球或者只是看球，赢了，不喜，输了不丧气；比如吃饭，好吃，不爽，难吃或者饭菜不够，无反应；比如居家过日子，好事坏事、收益亏损、和美争夺……一概无反应，叫作一鞭子打不出一个屁来。对了，什么叫槁木死灰的境界呢？就是一个用了麻醉药的境界，一个用了某种毒品的境界，一个虽然用了毒品，但仍然能不失自我控制的境界。

为什么要做这样的人呢

有另外的角度思考这样的为人之道。越是有智慧、有操守、有定力、有主张，越是心如止水，古井无波，不急不躁，不争不闹，不拉帮结派，不排除异己，不急于求成，不计较得失，胜不骄，败不馁，得不沾沾自喜，失不耿耿于怀；他永远处于最佳的主动状态，超稳定状态，打也打不倒，骂也骂不坏，捧也捧不晕，贬也贬不下，亲也亲不紧密，仇视也仇不掉人家的一根毫毛；他们能看得透别人，别人永远摸不着他们的底，他们以静制动，以后制先，以虚待实，以无胜有。既然大智若愚，大辩若讷，大直若曲，大成若缺，那么大智慧若枯槁，大热烈若冷灰，大柔韧若木头，大活泼若死灭也就是可以理解的了。

也可以理解为慎用、节俭、保存实力、韬光养晦。老子讲的三宝，一是慈，就是亲和，就是让世界充满爱；二是俭，就是节能减排，保存实力。在俄罗斯的库图佐夫抵抗拿破仑的时候，前苏联卫国战争抵抗法西斯的时候，他们都注意不能轻易拿出后备力量，都要尽一切力量消耗敌人，总是要给自己留一手，这可能有助于我们从正面理解槁木死灰的深层意义。

槁木死灰这样一个惊人的命题是庄周提出来的，它已经成为了成语，成为了中华后人耳熟能详之语，问题是庄子是把这四个字当作难得的精神境界来形容的，我等后人受众包括《红楼梦》的作者则把它当作一个绝非理想追求，而实在是由于不得已才出现的可悲状态来刻画的，当然写到李纨，作者也有致敬之意。总体来说，它不是好话，不是祝福之语，不是吉祥之话。有趣的是，哲人提出了有新意的命题以后，被群众接受的同时也被修正着改变着内涵，可能是被浅薄化了，也可能是被调整过反而比原意更正常更健康一些了，这是很有意思的事。

庄子是特立独言的，他偏偏以如今用来形容绝望与活死人的说法来规定来命名伟大的得道者的基本品质。看来，庄子对于外界的与内心的不安、困扰、诱惑、戕害、折磨是太敏感、太体会强烈与难以忍受了。在那个混乱的、争夺的、血腥的却又是为野心家们提供了极大极多的机会的年代，在那个英雄辈出、奸雄辈出、群魔乱舞、冤魂遍野，如鲁迅所言欲稳坐奴隶亦不可得的年代，精英与自命精英们，谁不充满欲望、恐惧、侥幸、冒险心，谁不垂涎三尺而又坐卧不宁，谁不被外火烘烤吞噬，谁不被内火焦灼催逼？没有这种内外交困、屡战屡败、体无完肤、伤口淌血的痛切的直接或间接经验、体验，怎么可能向往槁木死灰的境界？

这里有一个庄子的名言，叫“吾丧我”。就是我已经把我给丢了，这“丧”不是说死了的意思，而是指“丧失”。古代的前贤们从咱们祖宗辈里就有这个解释，什么叫“吾丧我”呢？“吾”呢，就是真我，就是那个道性的我，符合大道的那个我，就是那个永恒的我，哲学的我。而后边丢失的那个“我”呢？是那个世俗的我，是那个自顾自的那个我。“吾丧我”，就是那个纯真的、本质的、重要存在的那个我，不会去计较那些眼皮子底下的鸡零狗碎的小鼻子小眼的那个自私的我。这个解释非常好。

这么解释很好，不这么解释更好。什么意思呢？因为这个人呢，你很难截然地划分，我这么个人，我把我再分成两份、三份，一个是通情达理、思想深刻、胸有大志，而且能见人之所未见，能思人之所未思，这样一个深刻的、巨大的、高明的一个我；另外还有一个我，就是那个普通的我。不管谁都是普通人，有时候讲吃喝，有时候也计较收入，有时候也有意气之争，别人夸你两句你挺高兴，别人对你有误解说你点儿不好的话，你半天半天地生气。你甭管你官儿多大、你这地位多高、你财富多少，你都有那个最普通的自我，跟大街上的任何一个人一样的那种小的计较、小的不愉快甚至是小的坏心、嫉妒心、扰乱之心。你哪一点儿比我强嘛，凭什么你日子过得这么好？我给你搅和搅和。人都有这一面。

何必要把人挺费劲地分成这么几面呢？打个比方，一个美女，她经洗浴、美容、化妆、很好的梳头打扮之后，她出来是美女。她回家了，心情也不愉快，头发也乱了，身上也有这个污秽，那个酸乏扭曲，有些虽然美丽但不舒服的服装，她也不穿了，然后随便弄一个宽大的袍子往身上一罩，那是不是她就不是美女了呢？是不是她一天有八个小时是美女，十六个小时不是美女呢？这么分析多费劲，为什么要费这个劲呢？

吾丧我，其实就是我把我忘了。这么解释我觉得更自然、更好，而且庄子没那么说，非得给他下定义。吾，在别处也不是当那个真我讲。我，在别处也不是当那个假我或者那个权宜的我或者那个世俗的我讲。整个中国的古代的文学史里头，吾和我没有上述的含义。庄学家怕读者误会，说我怎么能丧我呢？就告诉你，那个“吾丧我”，吾并没有丧吾，“吾”是那个好我。后面的“我”是差点儿的那个规格不够的我。

我们可以这么解释，就是人是完全可以做到在某种情况之下，在一定的条件之下，在一定的修养之下，有一种忘我的感觉。忘我这个词现在很普通嘛，不需要解释嘛。到汶川去救济灾民，确实把自己就忘了，你这儿正急着救人呢，饿你也忘了，家庭你也忘了，因为什么？那是生死的问题啊，就在这一刹那之间决定一个人的生死，你会忘我。一个好的老师在教学生的时候，他讲到最精彩的地方，他早把他自己的事情忘了，他自己有什么事啊，讲完这堂课能给多少讲课费啊，他如果还琢磨这些他能讲得好吗？咱们的运动员在那儿拼冠军的时候，拼决赛的时候，他还能想别的？想别的他准输。所以最令人反对的就是，记者采访刚打胜了的运动员：在比分僵持不下的时候，你是怎么想的？能怎么想啊，当时顾得上想什么吗？人家还得接球呢。假如你搞讲座，别人给你写了一稿，稿子中有“我当时想起白求恩来了，我当时想起刘胡兰来了……”这纯属扯淡。这些都是平常要想的，你真正到了关键的时候你什么头脑、什么思想都没有了。所以，不要把“吾丧我”复杂化，“吾丧我”就是说人是可以进入一个忘我的境界的。

然而这与庄子的“坐忘”又大大不同，庄子的坐忘与丧我，是在非高潮的状态下，在虚空无为、无心、无意绝对自然的状态下的忘却，是对于精神的、高潮、巅峰与激情献身的拒绝，是槁木死灰式的丧我，是冷如清泉的坐忘，甚至是冷如冰雪中的自得其乐，这带有中华文化的独特性。

当真做到了槁木死灰，做到了丧我、忘我、无我，会不会反而快乐起来、充实起来、骄傲起来呢？绝难，但是不无可能，这就是我喜欢说的泪尽则喜。这也就是泪即是喜，喜即是泪，大悲才能大喜，大喜才能槁木死灰。这是什么意思呢？从某种意义上说，人的许多焦虑、失望、急躁、愤怒、怨怼，有你本身的主观上的原因。你的幻想越多越高，你的挑剔失意也就越发多；你的欲望越高越多，你的焦躁、饥饿感、不满足感也就越发大增。相反，如果你了解人生的艰难，了解尽善尽美的理念往往会与现实有着相当的距离，了解你一厢情愿的许多事都不是轻易能够实现的，你为自己的幼稚、莽撞、空洞与碰壁而确有所反思反省，你反而会更淡定也更豁达得多。

静是人生必备的定力

从我们今天来说，我们是把“动”看得非常重要的。尤其改革开放以来，很喜欢讲动感，说明它正在剧烈地运动着、变化着、进步着。说香港，香港是一个动感的城市，一个动感的特区，在那儿走的人都很急、都很忙。你看香港人，街上行人走路速度比我们快三分之一，大陆人往往觉得奇怪，这人都干什么去？他抢时间。韩国也喜欢表现他们的动感，韩国的官方有一个宣传项目，在各地举行，介绍韩国，这个项目对韩国的宣传就叫“动感韩国”，强调动感。

但是万物都是有动的一面也有静的一面，老庄强调的是静，庄子多次在《庄子》——所谓《南华经》一书当中，说静才能够正确地分辨是非、认识现实。他说你拿水来说，水动着能照出一个正确的形象来吗？不知道是不是当时由于没有现代的水银等做的镜子，所以这个人常常是要靠照着水里头来看看自己的形象。他说那水在那儿和弄着，你是没有一个正确的形象可言的，只有水完全平静下来，静才能够平，一个人也是一样，人的心平静下来，他才有一颗公正的心。他不是处在那个运动的那个安静不下来的状态。实际上静、动也是一对，应该说是一对双生子吧，有静有动。

一个人光静不动，这也受不了；有人光动不静，也受不了。现在这一类争论很多，人家养生的人都讲，生命在于运动，还举出许多例子来，全部是正确的。还有人提出来生命在于静止，他能歇，能静止，能保持平稳，他才能够有生命。而有些老人甚至于说生命在于静止，他的例子就是乌龟，千年王八万年龟。为什么乌龟它能够长寿？是因为它能静止。其实这些都不是可以片面地谈的。

毛主席他也强调动，他最喜欢引用的词就是“流水不腐，户枢不蠹”。

流水，水是流着的，这水是干净的，它不会臭。静水，一窝子死水，那很容易臭。可是它不断地流着，它在这个运转之中就能把这个腐化的东西，像细菌、毒素等不断地排除、不断地稀释、不断地冲淡。户枢就是门的那个轴，那个轴你转来转去、转来转去，它不着虫，那个蠹是虫子，蠹虫。如果你一块木头在那儿一搁搁上三年，那虫子早就寄生进去了。那毛主席讲的这个道理也对。但是庄子说，特别是对于个人来说，你保持你的心情的平静，保持你的心情的公正，保持你心情的淡定，我想这也是无可怀疑的。

事实上，我们的最佳、最玄妙的理念是以静制动、以气胜力、以退为进、以无胜有、以不变应万变、以少胜多、借力打力、韬光养晦、知其白守其黑、知雄守雌、难得糊涂。两千多年前，范雎就是靠装死，越王勾践则是靠装熊装贱取得了最后的胜利。这类常处逆境中的哲人、能人、阴狠之人或大志盖天之人，锻造出来独特的哲学，自然就可能把槁木死灰当成学道、道行、道性的最高境界。

宋朝，苏洵提出“为将之道，当先治心，泰山崩于前而色不变，麋鹿兴于左而目不瞬，然后可以制利害，可以待敌”。他说你要想当军事的将领，你首先要治心，就是你要有很好的心理素质，要把自己心理活动中的种种不足、种种弱点，当作疾病一样治疗、治理、整治良好。泰山“叭”的一声在你眼前爆炸了，崩了，你心不跳，连脸色都不变一下。“麋鹿兴于左”，一个小鹿在你这边出来了、跑了，“而目不瞬”，我眼睛连多看、斜看一眼都不会。这个对定力也是极好的形容，说明一个人的沉稳。这点是太难做到了，我就有深深的体会，一个人要想学到这种槁木死灰的本事太困难了。硬是不反应，这太难，这功夫深了。

在庄子当年的那个环境里头，群雄并起、天下大乱，春秋五霸、战国七雄，今天会盟、明天交战，忽友忽敌、忽上忽下，在那样一种混乱的环境中，你要没有一种相对平静的心态，你什么事也干不成。而当下生活更是如此，信息化技术的发达使人与人之间的交流更频繁、迅捷。一天当中，你会遇到好事，会遇到坏事，会遇到愉快，会遇到不快。每天，你会有五六个理由让你乐得发疯，同样，每天也会有十几个理由让你考虑自杀。你一天接了十八个电话，这十八个电话里头也许有三件事是让你心花怒放，让你高兴的事，也可能有八件事是让你很烦的事是催你付账的事，这都是有可能的。如果你对外界的反应那么强烈、那么敏锐，碰都碰不得，经不住好事也经不住坏事，那么你能成就什么事呢？回归本源，正应了林语堂的分析，他说自古中国人喜欢的许多品质都类似老人的品质，不那么着急、不那么刺激，这种心态有的时候又被解释为一种定力。

庄子在外篇《刻意》里面又讲：

夫恬淡寂漠，虚无无为，此天地之平，而道德之质也。

一个人他得能做到恬淡，恬淡的另一面就是贪欲，就是刻意追求，急于求成，你不要这样。把什么事看得淡一点儿。恬淡，恬就是说什么事你都让自个儿轻轻松松的、舒舒服服的。淡就是不刺激、不强烈、不激动、不执着，就是远离激动、血气方刚、撒癔症、歇斯底里。有一阵子咱们网上大讲血性，这太离谱了，不讲更改而讲血性，这是要干什么呢？名为爱国游行，却有少数不良分子去搞打砸抢，咱们太需要把心静一静了。

那么如果你做不到恬淡寂寞，虚无无为，你更加做不到槁木死灰一般地对待天下的纷争鼓噪，你会怎么样呢？于是有了各种的哭天抹泪，有了各种的仇恨愤怒，有了冤冤相报与以暴易（注意，绝对不是“抑”，那是安徽弄的笑话）暴，有了战争、暴政、造反、人间的永远的敌对与厮杀，至少是有了屈原也有了陀思妥耶夫斯基，有了《窦娥冤》也有了《悲惨世界》，有了“牛虻”也有了“切·格瓦拉”，也有了同样属于拉美的独裁者——

智利的皮诺切特。于是大多数人的一生都是冤屈的，是被老天爷、社会、历史与他人他族他国欠了账的，是既痛不欲生又死不瞑目的。人生是太痛苦了啊。

也许当真的槁木死灰是我们所难于接受的，庄子也承认人需要一枝之栖，一腹之饮，他也不是无条件的，如果不让你吃饭也不让他睡觉，谁也受不了。我们至少可以想象，人应该有两方面，一个是追求，一个是不追求；一个是欲望，一个是恬淡；一个是动感，一个是平静；一个是努力奋斗，一个是适当休息、适可而止。人身上有驱动设施，也得有制动设施。有紧张的时刻，也有全然放松的时刻。有坚持性，也有灵活性。这样说，应该是大多数人能够理解的。

第六
人生的程序困惑与程序花招

一个寓意复杂的故事

现代用“朝三暮四”指不太稳定、不太可靠的这样一个人或者是一组人。早上他这么说，晚上又一个说法，一会儿一变。这个词指的就是这种人。可是当初庄子讲这个故事的时候，寓意要比这个复杂一点儿、深刻一点儿。庄子在《齐物论》里讲，“劳神明为一，而不知其同也，谓之朝三。”就是说人面对着各种各样的分歧意见，有时候尖锐的两方在那儿争执，这种情况下这人很费劲，想把他们俩人的意见统一起来，想给他们相对立的两种思想、两种意见、两种说法、两种做法找出一点儿一致性，这个事非常麻烦，很难做到。

但是其实两边本来没有那么大的分歧，本来实质上是一样的。在《齐物论》里，有些学者专家就认为这个《齐物论》实际上是《庄子》整部书的关键所在、核心所在、纲领所在。这“齐物”是什么呢？庄子认为，你我，内外，彼此，是非，长短，乃至生死……其实都差不多，都是一致的。但是人呢，就是看不到这一点，所以整天争你我、是非、彼此、内外。其实内就是外，外就是内，你的利益、我的利益都是一致的。然后庄子再发展一步，甚至于大小、高低、寿夭，这些都有它一致的方面，但人们弄不清，人们往往要打破了头来论证只有自己才是唯一正确、唯一胜利、唯一宝贵的，而与自己不同的一切，都是臭狗屎。

人们需要的是不停地寻找世界的同一性，企图把握那个最根本、最唯一的"一"而不可得，找不到真理，找不到一致，这样的生活是多么伤脑筋！人们忽略了，万物万象，本来是有同样的道理、同样的存在的依据、同样的作为大道的下载的性质。本来是相同的、相通的、相合的，却还要争辩不休，区分不休，劳神不休。

那为什么说实质是一致的呢？这就要听"朝三暮四"的故事，朝三暮四的故事说得也很简单：

> 狙公赋芧，曰："朝三而莫四。"众狙皆怒。曰："然则朝四而暮三。"众狙皆悦。名实未亏，而喜怒为用，亦因是也。是以圣人和之以是非，而休乎天钧，是之谓两行。

说有一个喂猴的老头儿，给猴子吃橡子，说"早上吃三个，晚上吃四个"。早上三个、晚上四个这太少了，这只猴子得吃多大的橡子啊。所以他也可能是早晨三堆、晚上四堆。反正就是用三和四作为一个单位吧，就是早晨三份、晚上四份。这猴子不干，太少了，这个早晨三份晚上四份怎么行呢？猴子闹得很厉害，养猴子的老先生就说，好了好了，早晨吃四份，晚上吃三份。这猴子一听太好了，很满意。其实就是猴儿太傻，你早上三份晚上四份，七份。早晨四份晚上三份，还是七份。因为橡子就是饲料、食物，就那么多，不管你用什么方法弄来弄去，一猴七份，不会更多，也不会更少。

这样一个故事，后来又比较完整地出现在《列子》当中，列子讲到这个故事还加了一句，说“朝三暮四”的意思实际上就是说在上之人他要花招，欺骗愚众、糊弄愚众。早晨三个晚上四个你们不满意，好好好，早晨四个晚上三个。说来说去还是一样。

这个故事太漂亮啦，我们这些自称万物之灵的物种，是多么酷似这些自作聪明的猴子们啊！

朝三暮四或者朝四暮三，每天都是七份，数量、名分、实惠，都没有任何区别，叫作背着抱着一般沉，叫作两五当然就是一十，但猴儿们的反应大相径庭。对于朝三暮四，大家愤怒，对于朝四暮三，大家喜悦。其实不仅猴儿如此，我辈众人也是一样。我们争来斗去，急赤白脸，不常常就是争一个朝三或者暮三吗？

可不是，吾辈大众，至今仍然把成语朝三暮四当作坏话，当作说一个人反复无常、前后不一、办事没有准头、说话不算数、没有责任心、颇有点儿靠不住、丧失了公信力的同义语。这本身就与庄子的原意截然相反，却原来，我辈的智商与狙公豢养的小猴儿们毫无二致。我辈之坚决贬低、坚决反对朝三暮四，与众可笑的小猴儿们毫无二致。

贾平凹曾经有言，一部文学作品里边的话语变成了成语，这乃是了不得的成就。庄周的“朝三暮四”已经成语千载了，然而，被理解与传承错了，庄子发明出来并普及成了成语的故事，被从相反的意思上理解了，其效果是庄子的齐物主张的反面，这究竟是庄子的悲哀还是庄子的成就？这究竟是现在吹得很热的国学的光荣还是无奈？

请研究一下接受与传播的道理，当人们一代又一代地将朝三暮四当作反复无常的同义语的时候，他们究竟有几个人读过庄子的原文？原文并不复杂艰深，读解都不困难，也没有产生过争议。那为什么要拧过来解释呢？都在那儿望文生义，都是浅尝辄止，都是跟着起哄。那个时候并没有网络，但是毛病与有网络的时候并无两样。被接受与传播，这是思想者、著作者的成就，比想出点儿玩意儿、写出点儿玩意儿却无人问津要神气得多，但同时，接受与传播意味着可能被大大通俗化、简单化、表层化、粗鄙化、浅薄化、望文生义化，而被延伸、发展、校正的可能则很小。许多成语背后都有这样的故事。

理论掌握了群众就变成物质的力量，这很好。理论掌握了群众就被历史的主体——人民所发展深化、丰富充实，这更好，太棒！同时，理论掌握了群众，也就改变了初衷，也就被群众的平均数、平均水准拉下理论的宝座，被百姓的普通生活的经验所修正，以至于面目全非……这样的可能性与现实性也不能被忽略。

看不透是愚蠢，看透了也是糊涂

那么我们来琢磨琢磨这个朝三暮四的含义到底是什么，大家一起来探讨一下。

第一就是万事万物皆有定量，皆有定数，争来争去并无大用。因为它就是这么个条件，就是这么多猴子，就是这么多橡子，你是先吃多后吃多，是早晨吃多还是晚上吃多，来回来去反正就是这么点儿东西，没有什么可闹的，你怎么闹也不行。特别是在春秋战国，那时候各诸侯国势不两立，你不服我我不服你，你要拉拢我我要拉拢你，我要会盟我要执牛耳，我要起这个主导的作用，或者我要统一天下。当时诸侯说的统一天下，并没有几大洲几大洋的概念，实际就是指神州大地。这是一个争论。

还有一个争论就是诸子百家怎么样修身、齐家、治国、平天下，说法非常多。往好听了说，这是个学术争鸣的黄金时代，每个人都在发挥自己的聪明才智，都在那儿杜撰出一套自认为能够治理天下，能够繁荣富强，能够让百姓过上好日子的政治理论。同时又都抨击对方的、彼方的、异己的那些意见，说那些都是祸国殃民的害人意见，这个互相的争执也非常厉害。

当然，这样的徒劳无益的争论不仅仅是中国有，外国也许更厉害。比如说一些两党制的国家，竞选的时候争得势不两立，语言的狂涛足以把对方淹死，上了台了，执了政了，怎么样呢？许多情况下是换汤不换药。两党政治经常争来争去的，往往也不过是朝三暮四乎、朝四暮三乎罢了。

我还读过斯威夫特的《格列佛游记》，里面的“大人国、小人国”的故事全世界家喻户晓。但是其中还有一个我认为是最精彩的故事，说是一个国王吃煮鸡蛋时，为了剥鸡蛋皮先磕大头，结果扎破了手，国王乃下旨，今后臣民吃鸡蛋一律先磕小头，为此，该王国保皇派成立了大头党，造反派成立了小头党，天下多事，内乱无止。这个大头小头的故事，其实含义与猴子吃橡子的故事相当接近。

庄子他眼光很透，老子、庄子他们有一双毒眼，这个“毒”在这儿是一个客观的叙述，是带有称道性的，不是贬义词。就是别人看不到的实质的东西，他们一眼就看出来了。你争论半天，最后还是就这点儿橡子、这点儿猴儿。你想来想去，你逃不出猴儿和橡子之间的这样一个大的总的关系。有时候双方在竞选的时候提的那个口号是很高很高的，互相争论的是针锋相对截然相反的，但是真执政、真上了台以后，他面对的是同一个国家、是同样的利害关系，有时候他也没有什么特别新鲜的招数能够拿出来。反正在野的时候，他都要用一种理想主义的词句骂一顿这个在朝的政党。他一旦掌握了政权，很多东西马上就都变了。二十世纪末，美国的一位总统，他在竞选的时候就讲，我保证上台以后不加税。因为当时另外一个党提出来要加税的问题，他说他保证不加税。他说你们注意，注意我的口型，我说NO、NO、NO，他连着说了三个NO，而且拉着长声在那儿说。然后他上台三个月开始加税，开始加税的时候，有人说你当时说过不加税的。他说，是啊，我是说过不加税，但当时有当时的情况，现在情况发生了变化，那个时候说不加税是正确的，是我的主张。现在要加税也是完全必要的、正确的。

钱锺书先生在一九五七年开展反右斗争的前夕，写过一首诗，这首诗就是表达他把什么东西都看破、看透的那种心理，他说“弈棋转烛事多端”，这个世事就好比下棋，一会儿这边胜了，一会儿那边胜了。如同一会儿这边有光照过来，一会儿光源又到了那边。“饮水差知等暖寒”，这个水我尝一尝，喝一喝，我就知道这两碗水的冷热差不太多。“如膜妄心应褪净”，这佛家讲，人类为什么有时候犯糊涂呢？他不该着急的时候他着急，不该起火的事他起火，不该高兴的事他傻高兴，就是因为他那心上有一层膜，让你那个心不通气。佛家讲，你把心上那层膜扒了吧。“夜来无梦过邯郸”，坐着火车过河北省的邯郸，因为邯郸有很多故事，邯郸一梦嘛。意思就是说我们人活在现实世界，不要自己给自己做梦了，不要自己给自己弄点儿五颜六色的东西来糊弄自个儿，在那儿瞎激动。大概是这么一个意思，这个意思也表达了一种朝三暮四或朝四暮三这样一种意思。

这个说法很深沉，也很透彻。但是大家要知道，万事万物你看不透是一种愚蠢，你看得太透了，你什么事都看得明明白白、清清楚楚，非常清晰，那也是一种毛病，那也是一种糊涂，是一种不近人情，往往会产生一种自诩变成自废，即放弃一切努力。

举一个简单的例子，譬如说这个青年男女初陷情网，男的是女的心目中的白马王子，女的是男的心目中的白雪公主。为了爱情，书可以不念，学可以不上，父母可以不管，兄弟姊妹可以全忘记，什么要求也不管，就要求一条：就要求跟他在一起，跟他在一起天天要饭也是高兴的。这时候如果一个看得很透的人过来说，小老弟、小大姐儿，你们现在这么样相爱，但你们知道吗？你们结婚以后生活很麻烦、很啰唆，弄不好会吵架，晚上睡觉他会打呼噜把你吵醒，到时候洗脚水你会泼到地上，饭做多剩下了，你嫌他浪费粮食，做少了你嫌不够吃。也可能三年以后你们开始吵架，四年以后开始动手，五年以后你们就离婚了。进行这种忠告的人呢，看得比较透，可是如果青年人还没恋爱呢，或刚开始恋爱，刚刚握了一下手，刚摸了一下人家手背，你就开始给他一个预言：你要看透啊，将来要打架的啊，要骂娘的啊，经济上有可能会发生他有钱不给你的啊……这样类似的话，听起来极荒谬，这样的话好像是与生活为敌，与人民为敌，与常识为敌。比如，两次世界大战，你能说两边一个样儿吗？有时候太聪明、太智慧、太看透了，叫你无话可说。但对于未经历过的青年人，他们是很难听进去的。

接下来我们就研究一下，朝三暮四和朝四暮三果然没有区别吗？如果这批猴子的生命只有一个上午了，只有吃一次橡子餐的机会了，他们最后的早餐吃四份可就比三份多了四分之一啊。

第一，朝和暮是两个时间段，这两个时间段对选择、对安排有没有意义？世界上很多事不同的时间有不同的选择，譬如就拿这个朝暮的餐饮来说，中国有这种说法：早餐要吃好，午餐要吃饱，晚餐要吃少。这可是有一定的道理的，特别对于中老年人来说，你早晨吃不好，你上午有很多活动、很多事，再讲上二十分钟课，你就两眼发黑，开始低血糖了，那当然不行。但是西欧跟北美不是这样，他们常常是早餐不吃，午餐吃得很少，晚餐拼命地吃。他们早晨起得很晚，午餐时忙忙碌碌，有的时候在街上随便买个汉堡或者热狗，就这么一边走着一边吃，就算是午餐了。香港一个大企业家，他说他一辈子中午只吃三明治，两片凉的面包夹一点儿东西。但是他晚餐吃得非常多、非常好。他晚上折腾，他都折腾什么自己也弄不太清，但夜晚十二点睡觉那是最早的了。所以这个早餐多，还是午餐多吃，还是晚餐多吃，它是不一样的。

时间点对于判断一件事是不一样的。如果以人的一生作比喻，那就更不一样。你是愿意青少年的时候很聪明、很发达，还是到了晚年了，到了七十了，你开始开窍了，开始做学问了，学外语了？相信多数正常的人愿意选择青少年时期很聪明，发育良好，晚年差点儿就差点儿吧，但是太差了也很难受。最好是早年、晚年什么年都舒服，但又很难做到。所以时间点的意义是不能够不考虑的，朝三暮四这故事尽管讲得极其巧妙，但是它忽略了时间对人的意义，而人的生命就是用时间来表示的。

第二，我们以为，朝三暮四与朝四暮三这是一个程序问题，先三后四还是先四后三，实际上换汤不换药，背着抱着一样沉。但是我们再问一问，程序没有意义吗？程序太有意义了。利比亚发生的战争既有内战也有北约的军事干预，有很多复杂的情况。这种发生战争的情况有一个规律，就是战争中处于劣势的一方都是要求先停战后谈判，先无条件停战，别打了，再打要吃亏。停战以后我们再谈判，是谁下台谁上台、是修改宪法还是取消政府，等等，这些东西都可以再谈。而处在优势的这一方，肯定不同意无条件停战，他肯定提出来在什么什么的基础上我们再停战，你只要应允，譬如说某某人下台我们就立马停战。是先谈判后停战还是先停战后谈判，意义大不相同。

我们的改革开放中也有许多说法，一种改革的尝试、一个创举、一个体制改革与管理改革的实验，是先定好了社会主义的性，先戴上意识形态的安全帽才能动弹、才能摸索；还是先干起来、做出成绩，再总结提高到理论层面，再予以庄严命名、颁发证书直到奖状奖旗；还是先干起来，如果效果好，有利于发展生产力，再从理论上加以研究，这也是大大的不同。摸着石头过河，与摸完石头、画好河流石头地形图，才允许过河，也绝非同类行事、同类路线。还有更绝的呢，要求或声言三分钟过河，不能怕淹死，不准摸石头，不准找路，不准试探深浅，只有过完了河，才允许摸石头，你能说既然都是过河，这都是一丘之貉吗？

爱情也是一样，我们说的正常的情况下是先恋爱后结婚，这是一个程序。但是中国呢，过去的小说里头，在李準先生的电影里都有所谓先结婚后恋爱一说。由于很多客观条件，当时根本没有谈恋爱的可能，但是已经由家长做主，给你定了一份婚姻。那俩人生活一段吧，又赶巧双方基本条件也都不错，人心也都不错，所以结婚以后渐渐感情萌发，变成了先结婚后恋爱。但是我们又要说，这个程序是有分别的。先恋爱后结婚这是“五四”以后的新思潮，先结婚后恋爱这实际上违背了青年人的婚姻自主、爱情自主，是不合理的婚姻制度下的人们的一种自慰乃至自嘲。什么叫“先结婚后恋爱”啊？俩人先变成一家人，然后你们慢慢爱吧。这个是没有道理的，所以这个程序问题也不能看简单了。

庄子就够聪明的了，他说无非是前三后四或者前四后三，但是在政治生活中、社会生活中、法律文件中、国际外交中，这个先后的次序是极其重要的。在“文革”当中，什么事都喜欢使用语录。当时一女孩只有六岁，有一次她的哥哥汇报，说这女孩儿和邻居的一家小女孩有些口角，大人当时听了很不高兴，干吗和人家发生口角啊。所以这女孩儿一进屋，他们一个个都板起脸来，怎么回事？为什么要和人家吵架？结果女孩儿就来了一句精彩的，说：“你们干什么？不了解情况你们就别调查！”她当时引用的是毛主席的语录：不调查就没有发言权。她想引用的是这句话，但是她说成了“不了解情况你们就别调查”。大人就笑了，我们不了解情况我们才得调查啊，是不是，我们要了解情况我们就不用调查了，我们该处理、该批评你就处理、批评你，该支持、保护你，我们就支持、保护你。她当时只有六岁，她也找不着道理反对大人们。

但是仔细分析，她说的这话并非不对，什么叫“不了解情况你们就别调查”呢？你们想一想，在“文革”的政治运动中，调查是对一个人的压力，所谓调查就是审问。女孩儿实际要说的话是你不了解情况你别那么审问我，别预设说我有错误，你用那种审问的态度对待我，我要抗议，你们既然不了解情况，就少调查。她是这个意思，也就是说这里有一个程序问题，是先客观地调查然后再得出一个一定的结论来，还是先有一个看法，先对她有一个责备，然后再调查？若是后者，你那个调查就是带倾向性的调查。西方的法学讲究无罪推定，就是一个人被控有罪的情况下，在没有得到足够的证据之前，我们先认定他无罪，然后有了证据以后我们再判定他有罪，这叫无罪推定。当然我们国家政法方面的高级负责人，说我们既不是无罪推定也不是有罪推定，我们就是要重证据，要在调查研究、弄清案情之后再做出有罪或者无罪的推定，这个是法学的问题。要审清楚本案、要重视证据，这一点我们的司法和西方的司法起码在讲解上并没有不同。但是，你先无罪推定还是先有罪推定，还是什么推定都先没有，只是客观地来了解情况，这中间也有很大不同。所以朝三暮四如果说作为一个程序问题，我们不能小看它的意义。

那么再说朝三暮四是不是都是政治花招呢？是不是在那儿变魔术呢？是不是就都是老板糊弄打工仔的一套办法呢？我们说，这庄子是很厉害的，他看得透彻，他预先就揭露了可能有的各种招数。很好！但是道理是怎么回事呢？每一个朝三暮四、朝四暮三的例子之间都会有不同，我们很难下一概的结论。

简言之，其一，朝三暮四与朝四暮三之争，着实可笑与可悲。其二，是朝三暮四与朝四暮三之间还确有奥妙，确有高手就此写出精彩文章，难以做到完全不予理会。其三，庄子的非争论、齐物论着实高明有味道，不争论或少争论，有益世道人心。其四，庄子毕竟是一介书生，他哪里懂得程序上的花样有多少夹带！

至于从主要方面来说，站得高一点儿，想得透一点儿，有利于去掉许多无谓之争、抽象之争、烦琐之争，这倒是事实，这也是阅读庄子此篇的重点。尤其在改革开放的中国，如果陷于烦琐争论，整天国无宁日、民无福日，全民讨论意识形态，那种图景实在是太可怕了！但仍然不如庄子朝三暮四故事的冷幽默。

最后，我们还可以体会一件事，非常有趣，朝三暮四这么复杂的一个说法，这里头既揭露了耍花招，也揭露了人和人之间的意气之争，它也忽略了时间点的意义、时间段的意义，还有就是这个程序的意义，它包含着这么丰富的认知的可能性。但是我们也有做得不够的地方，这个事情也有令人遗憾的地方。就是这么深刻的一个故事，它推广出来以后就变成了比喻一个人水性杨花或者政治投机，或者拿不准主意、看不清楚事情，人云亦云。这么一个深刻的思想、一个深刻的寓言和故事在传播当中浅层化了、简单化了、流俗化了。

打个比方，一个博导教授上研究生课时所讲的故事，传播完了变成小学三年级以下的浅俗故事了。说明这种广泛的传播既是好事也是坏事，太广泛了，他就必然降低了水准。这不得不令人有一种叹息：世界上有许多高明、高深的思想、故事、寓言，在传播中渐渐地往简单、表面、不那么有智慧的层次走了，这也是我们不得不面对的一个事实。

附带着一个小启发，你想评价一个什么人的什么说法，千万要查原文，千万不能听民人们的口头传播，口耳相传的结果常常是失之毫厘，差之千里，以讹传讹，最后本人出来澄清也不中用了。我个人就有这样的经验，如二十世纪八十年代我写过关于作家“非学者化”的文字，至今网上介绍说王某提倡作家要学者化，还有的说是王要学者作家化，更不知所云了。无论我到什么地方，主持人介绍我的时候都会动辄提出以上说法，然而，这根本不是我的主张，我到处解释已经无数次了，没辙！

看来，读书也要静下心来，慢慢琢磨，慢慢核查，从不知到知道，从浅知到深知，从人云亦云到培养自己的见解，这需要点点滴滴的努力。

第七
天下第一梦的启示

一个后现代凄美的命题

庄生化蝶，或者说庄周梦蝶，是《庄子》里最流行、最脍炙人口的一个故事。

在文学和艺术的领域，通常将“庄周梦蝶”叫作《蝴蝶梦》。这《蝴蝶梦》还很通俗，台湾关于包公的电视连续剧主题曲就叫《新鸳鸯蝴蝶梦》。但是《蝴蝶梦》最早是从庄子那儿来的，《庄子》的《齐物论》最后结束的时候，就有短短的几句话：

> 昔者庄周梦为蝴蝶，栩栩然蝴蝶也。自喻适志与！不知周也。俄然觉，则蘧蘧然周也。不知周之梦为蝴蝶与，蝴蝶之梦为周与？周与蝴蝶，则必有分矣。此之谓物化。

庄子这几句话说的什么意思呢？意思就是：过去庄周梦见自己变成蝴

蝶，很生动逼真的一只蝴蝶，他感到多么愉快和惬意啊！他不知道自己原本是庄周。突然间醒过来，惊惶不定之间方知原来我是庄周。不知是庄周梦中变成蝴蝶呢，还是蝴蝶梦见自己变成庄周呢？庄周与蝴蝶那必定是有区别的。这就叫作物我的交合与变化。

这个故事太迷人了，世界上怎么有这么好的故事，怎么能有这种想象力呢！我在幼年时候，读到这一段，我的感觉是“惊艳”二字，它比此后亲眼见到玛丽莲·梦露或者章子怡并得到了她们的签名还激动人心，如同电击，如同与人生智慧与人生滋味的初吻。哪怕庄子一辈子只想出来这样一个故事，他活得也太值了！亲爱的读者，咱们一辈子活五六十年也好，八九十年也好，让咱们想出一个漂亮而又动人的故事吧，每人只想一个，咱们中国就是世界上最具有美丽故事的国家啦！

庄周梦见自个儿变成了一只蝴蝶在那儿。但是最妙的是说，究竟是庄周在梦中变成了蝴蝶，还是蝴蝶做梦梦见自己变成庄周了呢？我压根儿就是一只蝴蝶，现在变成庄周了，在这儿和诸子百家研讨哲学、研讨政治，又和惠子辩论，还讲故事。这问题提得太怪了、太神奇了，而且提得有点儿悲哀。

一个人活了半天弄不清自己是谁，弄不清什么是梦，什么是真实的人生。佛典中有一句偈：“南柯一梦属黄粱，一梦黄粱饭未尝。”说是有位秀才进京赶考，经过几个月，有一次住在一家旅店，请店家帮他准备一碗黄粱饭充饥。等待饭熟的时间，秀才睡着了，做了一个挺热闹挺复杂的梦。梦醒了，原来一切都是一场空。在《齐物论》的前面，庄子已经在不断地说这个问题。他说你说了很多话、做了很多事，很可能你是在那儿做梦呢。那么我说你做梦，很可能是我也在做梦，是梦中才有梦，你那儿做梦碰见我了，结果我这儿也做梦遇见你了。梦中还有梦。究竟什么是梦？什么不是梦？什么是梦的主体？什么是梦的一种表象？这没准儿。只有大觉才明白大梦，你梦得太深太厉害了，你得有大的觉醒，一次根本的觉醒，你才明白，原来一直是在那儿做梦呢。可是如果你没有大觉呢？就是我说的你是在做梦，我也是在做梦。这有一点儿消极，还有一点儿悲凉，因为一个人他没有把握自己的身份是什么、本质是什么，他没有把握绝对地说这个就是梦，这个就是真实。甚至在思想主题与《庄子》并无多少共同之处的《三国演义》里，刘备三顾茅庐，诸葛亮午睡一醒，吟诵的诗头两句也是："大梦谁先觉？醒来我自知。"也是这股子味道。

悲哀！悲哀之外，还有几分凄凉。因为它碰到了一个问题，一个很大的问题，是一个现代乃至于后现代的哲学家最喜欢讨论的问题，就是人的本质是什么，人的身份是什么。庄子原来写这一段的时候，他是说梦与非梦之间并没有严格的界限。所以"齐物"就是梦与非梦之间也可以齐，你也可以是在做梦，也可以是真事，真事等到一切都过去以后也不过是一场春梦。你有些梦最后变成了现实也就成了真实，这样，对于各种争执，不要过于认真。他只是这个意思。

但这样辩证的问题，很容易让人联想到至少两大难得难解的问题。一个是关于起源与归宿，世界从哪里来，到哪里去；生命从哪里来，到哪里去；你我从哪里来，到哪里去？另一个麻烦的问题是物、外物、外界、世界与我、自我、主体的我的关系。何谓我？何谓物？何谓主观世界，何谓客观世界？何谓物我之辨？何谓役于物（被外物所役使，我因外物在，则失去了自主性、失去了自由与主动）？这两个令人"脑仁儿疼"的问题结合起来，脑仁儿就得四倍疼痛了。

许多人在成长的过程中发现自己丢失了自己。比如说有人记忆力差，只记得七八岁时的事，那么七岁与八岁以前，他老兄到底是在何处呢？七八岁时产生的自我意识，到底是从哪里来的呢？如果说它是从物质、肉体上出来的，那么普天之下，各种人的、动物的、昆虫的身体多了去了，怎么偏偏出来一个身体构成了你的自我感觉，为之疼痛，为之饥饿，为之忧愁，为之感受得到千滋百味儿呢？有人记忆力好，能记得某些两三岁的事，那么两三岁以前呢？我从哪里来，我到哪里去？我什么时候、为什么会感受到、知晓到我与物的区别？我是怎样地感知到我与物的区别的？我与物是一种什么样的关系？是君臣关系？统治与被统治的关系？限制与被限制、反限制的关系？是相融合、相知、相利、相补、相悦的关系？是清晰的、明白的还是糊里糊涂想下去只能自我折磨的混账关系？

庄子一个不小心，在两千多年前触碰了一个后现代的大问题，关乎我们身份的追问。后现代它由于全球化，产生了被化掉者找不到自己的问题。你化成人家（发达地域）的一员了，改变了你的生活方式与文化属性了，便在于化中被化掉了化没了，不就是失去了自己了吗？由于全球化，大家交流得很多，这样一来，一种强势的文明、一种强势的价值观念、一种强势的哲学观念甚至一种强势的语言很快地就征服了大家。比如英语是现在世界上强势的语言，你会英语有很多很多的方便，尤其对于有些比较小的民族，人数也比较少，它的语言缺少这些表达现代观念的词汇。所以最后就变成有这样一批人，他说的是英语，他接受的价值观念是最强势的价值观念。最后找不着自个儿了，我不像英国人，也不像美国人；我不像欧罗巴，也不像美利坚，所以他就产生了一个问题，我究竟是谁？我的自我意识应该是什么自我意识？你要简单地说，很容易。打你一下你疼吗？疼，就说明你有自我意识。谁饿了谁自个儿知道，这都是自我意识。但是人还有一个自我意识，就是他要对自己本身有所思考、有所反思，他不但要反思反观自己的身体，还要反思反观自己的灵魂：追求、信仰、怀疑、困惑、情绪、感受。还要识别自己的文化源流、文化归属。尤其还有激动人心而又混沌无解的生死问题。生之前，何为我？死之后，我为何？如果无能变成有，而有也能变成无，那么此有与彼有之间，生命与生命之间有什么相通之理，相通之处？

所以，庄子在两千数百年前，就提出了一个问题，就是一个独立的人，他的身份是什么，他的实质是什么，他是从哪儿来的，他到哪儿去，他和梦的关系是什么，真实和梦的关系究竟是什么，这是一个问题。

我们有时候还可从另外的意义上来理解“蝴蝶梦”。一九〇八年初，实际上是一九七九年年底，我写过一部中篇小说就叫《蝴蝶》。那是讲“文化大革命”当中，一个人命运的大起大落，有时候就感觉到自己糊涂了，不知道自个儿是谁了。譬如说你本来是一个农村的放羊娃，后来被历史的大潮流卷进来，变成了革命人，甚至变成了胜利者，变成了权力的掌握者，变成了被尊敬的、被跟随的、被拥戴的一个人。然后“文化大革命”一开始，你又被戴上了各种政治帽子，什么“三反分子”啊，走资本主义道路的当权派啊，你变成了罪恶滔天、罄竹难书的一个人了。“文革”结束，说一声“你解放了”，你又变回成社会上的一个中坚力量。

在这种情况下，一个人也会开始有一种反思，就是我究竟是谁？我究竟是一个坏人混入了革命队伍，还是一个好人被诬陷成了坏人？我是谁，这是现代哲学里面经常讨论的一个问题。冯宗璞女士（冯友兰的女儿）就写过一篇名为《我是谁》的短篇小说。说的是忽然把一个人揪出来，劈头盖脸地批判一顿，光批判还不行，又是坐喷气式又是摁脖子，甚至还抽皮带，非说这个人是一个社会的公敌、人民的公敌不可。这时候这个人确实不知道自个儿是谁了，自己究竟怎么了，所以《蝴蝶梦》这样一个故事，它带来的意义、它带来的思考远远超出了庄子当时所说的人生无梦或者是谁梦谁觉。

这个庄周梦蝶的故事带来了很多很多的思想，这个思想里头有梦与现实之间的区别；有对人生如梦的这样一种感叹；有对自我身份的一个追问；有对人的社会命运的慨叹。

其实世界万物远远不只是彼此、物我、是非、有无、难易、长短、高下、音声、前后两组概念、两分天下。对于世界来说，毋宁说是彼中有此，彼中有彼，此中有彼，此中又有此。例如国家利益中有所谓核心利益一说，那就是此中之此。与大多数国家针锋相对的力量中有极端主义、分裂主义与恐怖主义，那可说是彼中之彼。同样的对立面中又有鸽派、温和派，相对能以谈判、以对话来沟通与和解的一派势力，可以说是彼中之此。今天的温和派势力，由于价值体系或利益关系的冲突，终于无法避免一些根本性的矛盾冲突，最终变成了强硬派，此中又有了彼。而且，世界上永远会有大量的中间力量、中性现象的存在。非此非彼者有之，亦此亦彼者有之，此而后彼者有之，彼而后此者有之。彼此彼此，此彼此彼，彼彼此此，此此彼彼，可能是绕口令，可能是糊涂账，可能是本无区别，可能是天晓得，更可能是大量的叫作无声的大多数。但是琢磨出这个“彼出于是，是亦因彼”，即由于把自己看作此，才会把对方看作彼；反之，由于有了对于彼的定位，由于假定对方是与己对立或对应的彼方，才更明确了自身的此方性质，才更要巩固自己人、骨干、铁杆、盟友的团结凝固。这样的琢磨很令人得趣，令人如发现了新大陆。由于人们喜欢或习惯于人分彼此，物分你我，言分是非，利分得失，品分长短。人们、族群、地域、侯国就是这样越来越拉开了距离的，世界就是这样日益走向隔膜、分裂和敌对的。对于庄子老子来说，一念之差，在应该齐而平之的万物万事上，偏偏热衷于争拗与分别，人类为自身找了多少麻烦、痛苦、纷争与自取灭亡！

当然，《庄子》的蝴蝶与庄周之辨并不是要认真进行下去的，这一点他与全球化中的身份危机、认同危机论者完全不同，庄子恰恰反对的是执着于自己的某一个侧面。蝴蝶就是庄周，庄周就是蝴蝶，从一个角度看，你是我的对立面，从另一个角度看，你是我的另一个存在方式与必要的补充。梦就是人生，人生就是梦。生就是死的开始，死就是生的完满。准确就是偏离的开始，偏离就是准确的发挥与移动。我就是物，主观就是客观世界的观照与反映，物就是我，客观世界就是我的平台与依据。昨天就是今天，昨天的美好，今天仍然留存着痕迹与影响。今天就是昨天，今天的一切就是昨天的一切的事出有因的发展变化……如此这般，庄子的另一个成语出现了："彼亦一是非，此亦一是非"，这也有趣，上面说的是《庄子》原文，而后人们改了一下顺序，至今流行的成语是："此亦一是非，彼亦一是非"。

在外国也有类似的故事，因为外国人也很喜欢研究这个，我究竟是谁，我是一个人，这个人究竟是什么意思。我是一个男人，这个男人究竟是什么意思。我是一个华人，我是中国人，这个中国人、华人究竟是什么意思。外国人也很喜欢研究这个东西，但是外国人研究这个和中国人心理结构有很大的区别。庄子这个梦中变为蝴蝶给人的印象很美、很优美，有几分迷惘、几分凄凉、几分对人生的意义把握不住的味道，所以李商隐的诗里说他是"庄生晓梦迷蝴蝶"是"只是当时已惘然"，他是一种惘然的心情。

外国人呢，写一个人睡了一觉，发现自己不再是一个人了，这样类似的故事当然有很多，但是最突出的是卡夫卡的《变形记》。卡夫卡的《变形记》中主要的角色叫格里高·萨姆莎。一觉醒来，他发现自己在床上变成了一个大跳蚤，后背成了硬壳，肚皮棕色，硬邦邦的，还分割成许多小块，就跟那种大昆虫似的。这写得非常恶心，它的身体尤其是肚子能曲折，也能够变形。这个真是让人听着生理上就有一种麻麻痒痒的难受感觉。然后卡夫卡写他的肚皮什么样、小腿什么样、身上的颜色什么样。这个和我们前面所说的对自己身份的追问有关，但是又不完全是一致的。他这个和对自己命运的大起大落感到不理解也有关，但是他又不完全是一个对自己命运的追问。

类似的这种故事没有卡夫卡写得这么刺激，这么过分。但是在其他许多作家的笔下也都有，最有名的就是契诃夫的《套中人》。他写一个人像一个套中人一样，即使是大晴天出门，也要穿着雨衣打着伞，他吓得不得了，他从来不敢放心大胆地过一天。这里实际上带有一种非常严肃的社会批判性质，是说在二十世纪三十年代那个欧洲密云不雨，战争的风暴即将开始的时候，人们的那种压抑感，那种不自由的感觉，那种自己对自己的生活感到厌恶，对自己的生活感到绝望的那样一种感觉。

享受迷惘

花开一春，人活一世，有许多东西你可能说不太清楚为什么与到底怎么了，人不是因为弄清了一切的奥秘与原委才生活的，人是因为询问着、体察着、感受着与且信且疑着才享受了生活的滋味的。

不知，不尽知，有所期待，有所失望，所以一切才这样迷人。要求什么都小葱拌豆腐似的一清二白，其结果一定是越发不清不楚，逼得自个儿发疯。如果你准确地把握着每一个下一分钟、下一月、下一年，就没有悬念也没有票房，没有惊喜也没有摇头，没有赞叹也没有好戏啦！

庄子的故事构思得美、构思得迷惘凄凉。然后他也不想解决这个问题，他也解决不了。因为他前面已经说了，这梦也可能就是梦，我说你做梦，我这可能还是梦，然后我说我醒了，我醒了也可能仍然是梦。梦也是醒，醒也是梦。

你我，彼此，是非，正误，这些分别都是我所不能解决的，因此我只求我自己生活得逍遥自在，我也不较劲儿，我也不较真儿，我也不想跟你把这些事都掰扯清楚，死磕，我没这意思。这是庄子走的这条道路。但是人生仍然有它的美丽之处，哪怕是在梦中，我也变成了蝴蝶，“栩栩然”，而且“适志”，就是说它很适合我的志趣，我很可心、很如愿，这是庄子选择的一条道路。

人对于自己其实是陌生的。问题不在于你的想法是否符合客观实际、时代潮流、人民利益、群众舆论。首先是，你拼死拼活地闹腾，很可能并不符合你真实的思想、感情、利益与价值观念。因此，人在认识自己之前不要轻易有所表现、有所行动、有所闹腾。有时候，一颗谦卑之心也是人生的一份大智。难道不是吗？物看着我是外物，我看着物是外物。此看着彼是彼，彼看着此才是彼，同时彼看着彼才是此。而世界看到的人自己这个“彼”，恰恰是人自身的“此”。如此这般，何苦那样地彼彼此此，势不两立？

《红楼梦》中贾宝玉与林黛玉的许多冲突，也是由于他们坚信既然相爱就应该相知，就应该心心相印，共鸣共享，不分彼此。实际上人们在这种心情下，往往是只要求对方成为自己，要求物成为我，要求对方像自己一样地看事想事处事办事，但实际上做不到。而庄子追求的是，等到人长大了，分得清而且势必要分清物我与彼此之后，再通过哲学的思辨与大道的修养，重新回到物我无异，彼此同感，齐物齐论，如婴儿兮的境地。同时，彼此的区分不仅在于位置、立场、空间坐标上，也在于生死、可不可、前后、变化等时间坐标上。

其实，不管是蝴蝶还是庄周，莫再纠结于物我、彼此的分辨就对了。大千事物，来了去了，来的时候无须欢迎，不管你欢迎不欢迎，该来的都要来；去的时候无须送行，不管你送行不送行，该走的都要走。这就是说，对待万物的消长变化，要采取顺其自然、随它去的态度，要承认这是不以人的意志为转移的。这里似乎与唯物论有相通处，也就不需要主观地跟着闹哄。这样想，你会不会变得大气一些、豁达一些、开阔一些也平静一些了呢？

咱们中国传统文化中还有个高明的说法，叫作随物成形。就是说，你先不要有一个框框，先有一个形体图做规格，你先不要主观设计一个标准，你不能将不符合你的图形的就一概拒绝，你要顺其自然，尊重客观事物的自然发展。一个物件一个事物产生出来了，它自然能渐渐形成自身的尺寸、形状、标准、图样……这个说法太妙了，它特别能说明中国摸索改革开放与有中国特色的社会主义道路的过程，如果你先成形再要物，完了，这个社会主义永远搞不成了，你只能摸着石头过河，摸着石头过河者，随物成形也。

再从另一个层面上说，在混乱中，在非理性的狂潮中，在完全无奈之中，在客观世界向你提出的问题大大超出了人的认知水准的时候，承认自己的无知，也许才是有知的表现。而越是夸夸其谈，越是对答如流，越是巧舌如簧，越是不懂装懂与投机取巧，就越要丢丑，越要永披恶名。当问答进入了形而上的层面，进入了超智力的层面，你最好的选择也是承认无知，选择无言，长叹而且无为、勿为、不为。与此同时，你可以在风度上下功夫，可以在气色上下功夫，在日常生活中下功夫，无为而无不为，无所用心而事事时时呈现出得道者的高度。

一言以蔽之，似是而非的说法甚妙。人追求的一大堆东西，从哲理的角度看，无非是蝉蜕蛇皮，有形无神，有末无本，有态无命，来自本体而又“被脱离”了本体，变成了无源之水渍、无木之枯枝、无体之空壳、无内容之空架子。放下吧，想开吧，再不要为这些虚空的蛇皮蝉蜕而劳心费力了。

第八
上善若水，顺水而行

庄子的养生，养的是境界

“游刃有余”出自《庄子·养生主》，一讲养生，很多朋友对它都很感兴趣，大家在一个生活比较安定的情况之下无不希望能够改善自己的生存状况，能够延长自己的寿命，等等。

庄子讲养生，并不是从饮食、起居、用药、锻炼、调理等医学角度来谈的。《庄子》一书当中，前前后后、反反复复不断地强调全生，强调终其天年。就是大自然不论给了你怎样的可能，怎样的生存状态，你都要把自己的寿数从头到尾过完。庄子甚至在很多地方相当令人意外地非常尖锐地批评了一大堆为了某种理念而牺牲了自己生命的人。有些坏人，比如说桀纣，庄子批评他们就不用说了，骂他们也不用说了，这样的人自找倒霉。甚至他也批评伯夷、叔齐，伯夷、叔齐是忠于商纣的，因此“耻食周粟”。周武王伐纣取得成功以后，伯夷、叔齐就上了山，不吃周朝的俸禄，不吃周朝的粮食。采薇而食，最后饿死在首阳山。他也批评比干、关龙逢，一个是给商纣进言，最后惨遭杀害，一个是给夏桀进谏，也惨遭杀害。庄子认为这些人没有能够保护好自己的生命，所以是不足为训的。这些都说明庄子把养生、全生、终其天年变成了他的道学，变成了他的学说的一个很重要的价值观念。可以说，全生，已经快变成庄生的核心价值了。

这里也有说得过分的地方，因为人除了自己的生命这个生理的存在以外，他确实是有一种理念、一种原则的，不能说我先活着再说，好死不如赖活着。但是，《庄子》“内篇”中最短的《养生主》一章，确实写得非常好。一上来就讲，“生也有涯，知也无涯。”这些话至少在读书人当中家喻户晓，耳熟能详。尤其是庖丁解牛的故事，更是又生动又可爱，让你不服不行。他说有这么一个厨子，且按现在的分工来说，他还不是厨子，他是屠宰人员。说这个屠宰人员他宰完了牛以后把牛肉从骨头上卸下来，让骨肉分离，该切几块切几块，到时候也好保存、好食用。他这个技术达到了一个出神入化的程度，所谓：

> 手之所触，肩之所倚，足之所履，膝之所踦，砉然响然，奏刀騞然，莫不中音。合于《桑林》之舞，乃中《经首》之会。

就是说他抡起这个刀来，手放哪儿，肩膀往哪儿抵着，脚踩在哪里，膝盖顶在什么位置，都有讲究。姿势摆好后，把这刀一进去，稀里哗啦，“啪啪啪啪”几下，毫不费力就把这个牛从它那骨头架子上卸下来了，这就叫游刃有余。

这位厨师兼屠宰师还说：

> 良庖岁更刀，割也；族庖月更刀，折也。今臣之刀十九年矣，所解数千牛矣，而刀刃若新发于硎。

什么意思呢？“良庖岁更刀，割也”——一个好厨师，一年换一次刀，他用的是割肉法；“族庖月更刀，折也”——水平一般的厨师，一个月换一次刀，他用的是砍切骨头法。而在下的刀已经用了十九年啦，我宰牛达到了几千头，而刀就像新磨砺出来的。他说得这个很夸张。庄子也是忽悠大家，但是他这个忽悠不是嘴皮子功夫，他和曲艺演员不一样，曲艺演员当中也有智慧和聪明的，但是更多的是靠嘴皮子。庄子他有头脑，有说法，有理论。他说可以十九年不换刀、不磨刀。他还描写屠宰人员的动作像歌舞一样，既符合音乐的节拍，也符合舞蹈的节奏。这个太少见了，把劳动写得这么美好，这个在古书里面太少了。

庖丁解牛的故事脍炙人口，手肩足膝，触摸、倚傍、站立、压膝，都像那么回事，庄子写宰牛，是有生活依据的，是有普遍意义的，不仅是庖丁，谁来屠宰也要触倚立踦。庖丁的特点在于将劳动艺术化、音乐化、舞蹈化、浪漫化与诗化了，他宰牛的响动如同奏乐，读到这里似乎听到了清脆利落、咯咯作响的声音。

劳动而有节拍，合乎乐律舞律，让人陶醉享受。这样的描写，正是马克思和恩格斯预言了共产主义社会中劳动不再是谋生的需要，而成为乐生的首要因素的例证。或者用另一个中国化的词儿来说，庖丁的宰牛，已入化境。歌颂鲲鱼鹏鸟的庄子，突然能这样地歌唱一个未必雅致的屠宰劳动，而且描写得这样出神入化，值得赞美。

当年在前苏联文学里头喜欢写这个，我就读过纳吉宾的一篇类似的小说。说是一个泥瓦匠，他砌成的壁炉（苏俄或是如过去我国东北、新疆等地使用的火墙）烧起火来能发出小提琴的音响。他就是把劳动变成艺术，把劳动变成创造。因为马克思有一个理论，就是说当社会进入了共产主义，劳动首先是乐生的要素，不是为了谋生、不是为了糊口，而是为了快乐、为了自我欣赏。庄子能把庖丁宰牛这样一个劳动说成他的每个动作都像跳舞一样，他动作的节奏就和音乐一样，虽然有几分夸张、有几分忽悠，但是他又有一种把劳动的技巧和大道相通、相衔接起来的看法。

这里，庄子有一个很重要的说法：

> 彼节者有间而刀刃者无厚；以无厚入有间，恢恢乎其于游刃必有余地矣。是以十九年而刀刃若新发于硎。

就是说一头牛的骨头节与骨头节之间都是有空隙的，而这把刀的刀刃是没有厚度的，这个刀得薄到什么程度呢？近于零。你用一个厚度近于零的刀刃，正好切到骨节和骨节之间的空隙之中，刀在里头切下去拿上来，再切下去再拿上来，宽宽敞敞的，别说一把刀，十把刀在里头都可以运行。这样，十九年了刀刃自然是锋利如新！所以这里又出了一个词叫“游刃有余”。合在一起就是“庖丁解牛，游刃有余”。

从表面来看，牛是无间的，一头牛不会到处露着缝隙空当，无间之牛，即是全牛整牛。这时的牛具有它的全部牛性、皮毛肉骨筋犍俱全，是没有间隙可以下刀的，是庞然大物，是无懈可击的对手、对象。物质的形而下的世界是靠五官来看视触摸操刀解之的。但是富有形而上思维及道性的庖丁先生，却很快超越了对于解牛的形而下阶段、感官反射的阶段，进入了以神遇而不以目视的阶段，这是一个理想的阶段、浪漫的阶段，举重若轻，游刃有余，迎刃而解，这已经成为我们民族的一种文化心理格式。以天下之至柔，驰骋天下之至坚，以无有入无间，这是解牛的化境，这是修齐治平的化境，这是对敌斗争的化境，这也变成了养生的化境。游刃有余也变成了一个非常美好的成语，当我们说一个人他的技巧高明，智慧高明，做事熟练，善于处理各种麻烦问题，我们就说他游刃有余。说这个事很麻烦，别人去了都没法办，甭管他是外交上的事、内政上的事，是群体事件，还是自然灾祸、工伤事故，或者是人群之间的利益争执、利益分配上的问题，等等，别人到那儿去，话都说不出来，面红耳赤，进退失据。但是，这个有智慧的人去了以后，有智慧、有技巧、有经验，他去了以后游刃有余。他也觉得很舒服、很好，本来事情都是可以解决的，有什么利益不可以协调呢？

游刃有余已经被我们整个的民族所接受，成为我们所向往的一种境界，我们不仅仅是用它来表达养生的境界，还用它来表达解决政务、公务、事务、生产、经营、人际关系的种种复杂情况时，那种得心应手的状态。我们中华文化非常强调这个，更提倡的是举重若轻、游刃有余、艺高人胆大。

心怀达观，善待生命

庄子其实是通过庖丁解牛的故事讲人要善于寻找生存的空间、大道的空间、技艺的空间、利器的空间，成功运作而不损刀折刃，做到游刃有余，迎刃而解，举重若轻，从容有定。

一九四九年新中国成立以后，讲《庄子》的人、读《庄子》的人一般地就是强调什么叫游刃有余，什么叫以无厚而入有间，就是万事万物按照它的客观规律来办。那实际它给人的启发呢？庄子认为一个人进入一个高度的智慧的阶段，他应该力求避免那种硬碰硬的此消彼长的状态，而更多的情况之下是化解这些矛盾。本来这是一个矛盾，你说这个肉长在骨头上，肉和肉之间、骨节和骨节之间都有筋啊之类的，本来这是很难下刀的地方，咱们要是自己在家里面，别说一头整牛了，一只鸡都得剁半天，都能毁了刀。但是庄子告诉我们，世界上许多事它是有间的。

这个有间无间又变成了一个哲学名词，有间无间这个词后来又被研究佛学的人介绍与翻译所用，传入中国以后又变成了一个佛学专用词。无间，就是没有间断、没有空隙。

在中国，又常常“用间”，指的就是利用敌方的矛盾。在军事斗争当中，我们称谍战人员叫间谍。在中国，随着对庄子、对佛学、对兵法的研究，很多人也在研究这个“间”的问题。什么是间？什么是无间？香港就有部电影叫作《无间道》。庄子把这个东西作为养生的主体，他究竟提倡的是一种什么样的养生呢？是一种有信心的、不急躁的、不过度的、自然而然的养生。这个养生并没有什么稀奇古怪的说法，自自然然的就行。当年周谷城老师，九十好几岁了，耳聪目明，身体很好，别人请教他的养生之道，他说就三个字：不养生。他有点儿老庄的意思，我不为这事操心，我该吃吃，我该喝喝，该休息就休息。他表示出对生命存在状态的一种达观、豁达，一种自然而然的人生选择。这是非常有趣的。

那么从这里我们又认识到，庄子比较特殊，在其他的许多书里很少花这么多篇幅讨论生命问题，讨论生死问题。而《庄子》里有，庄子在《齐物论》里面也说、在《大宗师》里面也说、在《德充符》里面也说，他没完没了地宣传一种思想、表达一种思想，就是用最充分、最自然而然、最淡定、最尊重自然的心态看待生死。中外的许多书里，能够像庄子谈得这么透、这么淡的非常少。

庄子在《大宗师》里说：“死生，命也，其有夜旦之常，天也。”他说，人有生就有死，有死就有生，这是命运所决定的，或者说这是生命本身所具有的特点。它就像白天完了是黑夜，黑夜完了是白天一样，这是一个最正常的规律。“天也”，这个规律不是人制定的，而是天然的，是天所具有的。庄子在其他的地方又说，要认识到生死存亡是一体的，今天你生的开始就是死的开始，这叫方生方死，方死方生，生的开始死就开始了，死的开始又是生的开始。他还说，“以无为首”，就是万物万世的头并不存在；

“以生为脊”，就是以生为脊背；“以死为尻”，尻就是尾椎骨，尾巴骨。整个生命的过程开始是无，然后有了生命，这个是中段，主要的阶段，最终以死为结束。庄子说这是一个最正常的现象。

庄子有几句话自古以来被人们所传诵，尤其是一些知识分子，非常喜欢他的这几句话。“夫大块载我以形，劳我以生，佚我以老，息我以死。”“大块”就是这个世界，就是这个大的存在，这个整体的世界的存在，就是天地。“大块载我以形”，“载”，现在我愿意把它稍微现代化一下，就是“下载”。大块把我下载下来了，给了我一个形体，我就能看得见了。要不然我还不知道潜藏在哪个角落呢。这实在是说得妙哉。天地给了我一个形体，给了我一个下载的形体，这个形体并不属于我个人，是天地给了我的。我出生以前哪有我这个人啊。“劳我以生”，或者也可以读“劳（lǎo）我以生”，就是“被”劳了一生。那么为了生存就要很辛苦，我得劳动，我得干很多活儿，我得忙碌，我不能生下来以后就坐享清福，这是不可以的。“佚我以老”，然后看着我慢慢地老了，就让我稍微舒服一点儿、安逸一点儿，少干点儿活儿，养老了嘛，颐养天年嘛。“息我以死”，我也下载下来了，我也已经有了形体了，我为了活着也忙碌了、劳累了，年老以后我也颐养天年了。那末了，我也该休息了。休息是怎么休息呢？就是死了。

他说得很惊人，他说“故善吾生者，乃所以善吾死”。所以一个人你要善待你的生命，那么你也要善待你的结束，就是说自自然然地、心平气和地、大大方方地，甚至是快快乐乐地对待你的辞世，不要牢骚满腹，不要怨天尤人，不要窝窝囊囊，也不要哭天抹泪、心灰意懒。生命本身如果没有死亡的结束，并不完整啊，死亡了以后才算走过了这一圈，完成了人生的旅程，成为真正的完整的自己。希望每一个人都善待自己的生命，不要自己糟蹋自己，不要较劲，不要老觉得别人亏着你二百吊钱，不要老是给自己找痛苦。同样，每一个人也应该用那种最自然、淡定、达观的心情面对自己年老以至于面对自己的结束，不要怨天尤人，不要诅咒天地，不要认定了自己这一生最冤屈，别人好像都是占了便宜的。

庄子的这个说法太可爱了，你做得到也好，做不到也好，没关系。做不到这个没关系，人往往一想到最后的死，还是挺恐惧的，或者心情很沉重，这也是难免的。所以，你做不到淡定也没关系，但是你要知道世界上有这种说法，起码是想得出来、说得出来、写得出来这么精彩、这么明朗、这么深厚又这么大气的说辞。早在两千数百年前就有这种说法："大块载我以形，劳我以生，佚我以老，息我以死。故善吾生者，乃所以善吾死也。"这是非常高级的说法，为这样的美言、善言、嘉言、格言，我们应该永远感谢庄周先生。庄周，我们爱你！

庄子通过文惠君之口说的也是"闻庖丁之言，得养生焉"。其实万事万物莫不如此。世上并无易事，你想做好一件事，就像庖丁想把牛肉与牛骨卸离一样，到处是硬骨软键、筋头巴脑、皮革毛层，无处下刀，下刀则毁。但是你如果掌握大道，掌握一切自然之理、自然之分析，掌握一切关节接触之处的恢恢有间，目无完牛，只见得刀路之现成、之宽敞明亮、之不必费力不必寻找，稀里哗啦，齐活啦。

回过头来我们说，庄子反对强努着去学习与做事。他的理论很高超：既然是学得会学得好的东西，自然而然就能学好做好，也就根本没有必要大张旗鼓地去学去干。这有点儿道理。比如语言，一个人讲母语无须上专科学校，更无须恶补，也不用参加托福考试。从一个不会讲话的婴儿，到咿呀学语，到成了语言大师，多半你自己也不知道个中程序。外语就不同了，你得费劲，费劲的结果是你永远不可能像掌握母语那般掌握外语。

做事也是这样。愚公移山，你费了老鼻子劲，其实移掉了多少呢？如果不是移山，而是日常的功课、日常的生活，如果是顺其自然地劳作与生活，如果是打扫庭院、穿衣吃饭，你需要摩拳擦掌地专门去努劲儿吗？

以我们的经验为例。我们搞人民公社的时候，讲了多少次要坚持要顶住啊，又讲了多少次不要滑到资本主义那边去啊。请注意，搞公社要咬牙拼命，而资本主义只需轻轻一“滑”，这是什么事儿啊！学习也一样，我们组织过一次又一次的学习、讲课、反思、转弯……如果一切符合客观规律，至于如此事倍而功半吗？

正像“最高的技巧是无技巧”（巴金语）一样，最好的学习是“不学习”吗？最好的干活是“不干活”吗？最好的辩论是“不说话”吗？如果当真如此，最好的活法会不会是“不活”呢？一味这么说下去，又觉得没有那么简单。虽然老庄诸人都那么向往简单朴素、原始与明快，但世界远远没有那么舒服，真正人人逍遥、日日逍遥、年年逍遥的话，也是一种可怕的失重与漂浮吧？辛苦与负担可能是生命所难以承受的重量，然而绝对的逍遥，可就是生命所难以承受的轻飘了！

更聪明与更合理的设计恐怕不是绝对的单面化，而是一种平衡：轻与重之间，学与不学之间，做与不做之间，大言与慎行之间，辛劳与逍遥自在之间……有所平衡，有所转化与过渡。静如处子，动若脱兔，进可攻而退可守，用藏在我，舒卷随心，邦有道则智，邦无道则愚，那才是化境呢！

天下本无难事，看你会不会。万事同理。那么大一个大门，同时踢进二十个球也不会被阻挡的，你这个队太差才不进球嘛。你那么大权力、那么多资源、那么多人才，你本应该政绩如鲜花着锦，烈火烹油，除非你干得太差，才搞得不作为，挨足了骂！世界上有那么多能源，人类的需要本来有限，是人类没有出息，才会出现什么能源问题……

这是理想，这是美梦，这是人类的劳作与行为的最高级状态，是熟能生巧，是会者不难难者不会，是掌握了客观规律，如入无牛之境，一般说是如入无人之境，无障碍，无麻烦，无歧路，无浪费，无劳费力。

其实我们也可以举出其他的例子，比如杂技家的走钢丝，常人吓破了胆，而越是大家越是好演员越会走得轻松愉快，对于这样的杂技家来说，钢丝恰如坦途，不但可以走过去走过来，还可以在钢丝上倒立，可以假作欲坠状、失足状，作足噱头，赢足掌声。

庖丁怎么做到了这一步呢？怎么修炼成了这样的道行呢？庄子没有说。其实除了游刃有余之类的模式，我们的传统文化中也不乏另外的格局与信条：勤学苦练，夏练三伏，冬练三九；拳不离手，曲不离口；只要功夫深，铁杵磨成针；吃得苦中苦，方为人上人；劳其筋骨，饿其体肤；书山有路勤为径，学海无涯苦作舟，等等。这里中国人还有一个说法，庄子只讲了“庖丁解牛，游刃有余”，没有讲他是怎么达到这样的境界的，谁敢说他一上来就能游刃有余呢？也许他是吃足了苦，练毁了一把刀、两把刀、无数把刀，才达到后来的境界的吧？事物都有过程，一头是勤学苦练、头悬梁锥刺股，一头才是庖丁解牛、游刃有余啊。

再说，庄子树立庖丁这样一个标杆，既高明熟练、无懈可击，又轻松快乐、养生娱生，常人难及。然而不必绝对，一生中有那么一两次你能举重若轻，你能庖丁解牛，你能迎刃而解，你能宰牛而使牛不知其死，你已经是一等一名，你已经超凡拔俗，你已经不受邪祟，你已经立于不败之地，你可以飘飘然这么一把，也算悟道得道用道，也算不枉为中土人物了！

养生云云，毕竟从此深入了中国人的头脑，一代又一代，至今养生仍然是传媒上最喜欢谈、最受观众欢迎的话题，庄子的养生之道到底被理解了多少、传授了多少、践行了多少，我不敢讲，但养生这个外文中找不到的词是在中国流传下来了，庄子的文化脉络是了不起的。

第九
虚室生白，吉祥止止

不在精神空间里积累垃圾

在《庄子·内篇》中，有一个雅致的成语，叫“虚室生白”。虚室生白的意思是说你这个房间越虚，放的东西越少，空间越大，它就显得越敞亮。“生白”是指房间的墙壁物品都显得很白，一眼望去，看什么东西都白亮白亮的。房间内放的东西太多了，就会显得采光不好，视线到处受到阻挡、堵塞、拥挤，心情也会不好。

庄子的这个故事是从一些政治问题讲起的，讲得极妙。庄子假托孔子和颜回在讨论问题：颜回要到一个诸侯国家去，想要用儒家的一些道理去教育、说服国君、诸侯王，孔子就劝他不要去，说你去了你说不过他们的，你会说他们也会说，你拿他们没辙，最后他们听你的可能性很小，你非得老老实实听他们的不可。这里假托的孔子，其实是庄子，真够老到的，让人觉得他像是官场的老手，真不知道只做过漆园小吏的庄周从哪儿得出这样老到的判断。然后颜回就说了很多办法，但是孔子都说不行，到最后，孔子总结出十二个字送给颜回：瞻彼阕者，虚室生白，吉祥止止。这十二个字像诗、像祷词、像神咒、像箴言。干脆可以说这是灵语。历代注家不少人疑“止止”有误，欲改为“止也”“止之”，我没有这方面的ABC知识，只是从朗读的角度上，我觉得“止止”超过“止也”“止之”百倍。如果是以讹传讹，那么此讹就是天意，天才的错讹，好棒啊！

对这个“阕者”的解释，自古以来也是各式各样，我们可以解释为空间。你看看世界上那些很大的空间吧，在两千多年以前，人们没有对空气的概念，也没有对太阳系、银河系、地球的概念，所以除了地面上实实在在的东西以外，看到的都是“阕者”，也就是空的。譬如你在那儿坐着，前面有花儿、植物，那么你与它们中间都是“阕者”。瞻彼阕者，瞻，有点儿往上看或者往远了看的意思，意指遥望、远望这伟大的空旷。确实，要没有空旷还得了嘛，如果这个地球是个“死膛”，你旁边全是人，你一迈腿就碰见张三，你往后一退就撞到李四，那是多么可怕啊。同样，一个“死膛”的房间，装满了乱七八糟的垃圾是多么不吉利啊，让人看着憋得慌，难受。

“吉祥止止”，你想一想，一间空屋子有多白多亮啊，这样一个又白又亮的屋子是多么的吉祥啊。这里，庄子从正面勾画了一个图景。一个什么图景呢？由于你虚心，由于你不在自己的精神里头积累垃圾，按台湾话，垃圾念“lèse”，“lèse”是古音，是对的。咱们念“lǎji”也是对的。庄子的意思是，你不在自己的精神里头积累垃圾，你就生活在白亮白亮的光辉之中了，用现在时兴的话说来，生活在阳光之中。一个人生活在阳光之中是何等的吉祥啊。

“瞻彼阕者，虚室生白，吉祥止止。”这十二个字颇美，像《诗经》上的四言诗，又有点儿《周易》的风格。望（思考）那巨大的空无（或自来的缺失）吧，谁的一生没有为这虚空而震动过，谁的人生没有为这缺失而痛苦过，谁的一生没有为这虚静而赞美过或者迷醉过呢？把自己交给这令人战栗、令人开阔，也令人崇拜的虚空吧。那么你的心境就会像一间虚以待人待物的房子一样明朗宽敞、光辉洁净，这样的空无才是最大的吉祥，才是吉祥的根本，才是永远的主动，吉祥的内涵，止于此矣。

如何扩大精神空间

在这里，庄子实际是在启发我们怎么样扩大一个人的精神空间：

第一，减少你的成见。任何事你都不要事先还没弄清楚，就先有一大套看法。你得抛弃这些成见，使你不像一个堆满了东西的垃圾堆，不像一个堆满了东西的储藏室，而是像一个亮亮堂堂的空屋子。这样的话，你看什么东西就都能看得清楚。在一个亮亮堂堂的空屋子当中，你见到一个人，可以把这个人观察得清清楚楚。你见到一本书，可以把这本书看得清清楚楚。所以第一要无成见。

第二，摒弃私欲，起码要尽量减少私欲。当有太多私欲、私利掺杂在你对世界的认识当中时，你会犯糊涂，你会变得死硬、死板、死心眼儿，陷入纠结，给自己的生活系上死扣，丧失弹性与回旋余地。当然，你不可能弄得清晰。你本来要见一个陌生人，但事先你得知了某些信息，说这个人很有权力或者很有财力，你跟他的见面能够给你带来很多好处，这样的话，你还没见到此人，没听他说话，你已经在精神上有一种向他倾斜，有一种要讨好他、向他伸手的感觉了。这种情况下，你还能客观地认识一个人吗？反过来也是一样，你还没见这个人，但是你已经获得了信息，说这个人又穷又懒，反正什么事他都给你办不成，你一听对他厌烦了，根本就不想见他。所以任何过多的私欲、私利，自己的斤斤计较塞在自个儿的心里，就像一间空屋子里摆了一大堆垃圾一样，蒙蔽了你的双眼。所以要无私欲。

第三，懂得包容。所谓“海纳百川，有容乃大”，就是说你不但能够容下和你意见一致的人，而且也要能容下和你意见不一致的人、和你的习惯不一样的东西，以及不一致的说法、不一致的事情。许多东西原本就是各执一词，各有其片面性的。全世界的寓言太多，伊索寓言，克雷洛夫寓言，中国的《庄子》《列子》《淮南子》里都有许多寓言。但是对人的认识力最有启发的寓言，就是印度佛教里关于“瞎子摸象”的寓言。几个瞎子去摸一头象，摸着象尾巴的就认为象就像一个拂尘；摸着象鼻子的就说象就像一个绳索；摸着象腿的就说象就像一个柱子；摸着象身的就说象就像一面墙。很多争论也如同瞎子摸象一般：你说的是象鼻子，他说的是象腿，另一个人说的是象尾巴，再一个人说的是象牙，还有一个人说的是象耳朵。你们说的都没错，只是各执一个片面，所以能不能够倾听和容纳不同的意见，这个太难了。因为党同伐异，这是一个非常自然的事情，意见和你相同，你非常高兴、非常欣然，认为咱俩意见不谋而合，英雄所见略同。但不同的意见呢？往往话不投机半句多。所以能够容纳、能够放得下各种不同的意见，这样的胸襟非常好。

第四，凡事要自己判断。《庄子》里面反复提到，不要随大溜，不要让别人牵着你的鼻子走。庄子在很多章节里说到这个问题：你喜欢的东西不见得你真喜欢，而是大家都说好，你就喜欢了；你讨厌、否定的东西也不见得是你真的知道它哪儿不好、哪儿错了，而是别人都说它不好、它错了，你也就认为它真的不好、真的错了。你连多听一句、多听一个字都不想，这不也是把自己给堵上了嘛。虚室也有门窗，你把门堵上，把窗户也钉死了，那还是什么虚室啊，它哪儿是白亮白亮的，它一定是黑暗的。

很多时候我们的成见、我们的看法并不是我们自己的成见、我们自己的看法，很可能是我们人云亦云的结果。人们常常会在不经意间交出自己的头脑，交出自己的智力，人们往往会道听途说、从俗随众、跟风听音，随着数量大而质量不高的群体闹哄。这也讲得极接地气，应该说庄子是很精通这个人情世故的。

尤其在当今所谓的媒体时代、网络时代，千万人乃至亿万人粗读的、浏览的、传播的、获得的是来源有限、版本大体相似、以讹传讹、添油加醋，甚至是表面针锋相对而实质的片面性大同小异的资讯。人创造了媒体，然后人被媒体所控制，然后是人云亦云的表态，口水淹没的洪流，人人喊打的哄叫，不是东风压倒西风就是西风压倒东风的风向，浅薄乖戾的气势，轻而易举的发声、复制、粘贴、推广，黄钟喑哑、瓦釜雷鸣，越是粗浅、乖戾越有影响，越是恶搞、臭骂、超级丑恶越有点击率，越是“二”越能成事，越是深刻、周到越难得到共鸣……这个时候想想庄子的清醒与深思，不能不学得聪明与清醒一点儿。

第五，提倡与时俱化。那时候还没有与时俱进的提法，庄子说的是与时俱化。化，就是变化的意思，在这里还包含着一种化解与适应的问题。事物它是不断变化的，头一天、头一年或者头五年大家都公认为正确的东西，过段时间以后，就会有不同的看法。还有，头几年争得头破血流、你死我活的话题，会有不同的看法、不同的评价，这是完全正常的，所以要与时俱化，要有一种自我调节、自我发展、适应变化的能力。这样的话，你就不会使自己的精神空间充满着各种较劲儿，你听到一些新的说法就比较容易接受。

第六，扩大自己的心胸。你要给自己的精神树立一个大的参照系统。正像鲲鹏展翅，后背有几千里长的大鹏，它怒而飞，一飞就飞九万里。你脑子里都是几千里长的鱼、几千里长的鸟，然后是几万里几亿里的飞翔，你就会知道有时候那些斤斤计较，那些不愉快，那些跟别人的摩擦，那些和旁人的甚至是和自己的亲人、自己的家人、自己的配偶所憋的气实际上是非常不值得的。

颜回去卫的故事，经过“山重水复疑无路”之后，终于“柳暗花明又一村”。这又一村、另一种境界、另一种符码，其实发展到了“虚室生白，吉祥止止”的程度，已经不是人间世而是仙境、仙人世，至少是半仙半人之世了。谚云：戏不够，神仙凑。不止是戏，人生不够、人间世不够、哲学不够、理念加威权都不够用的地方，人们必须要召唤神仙，召唤道性道术道心，召唤大同与上苍，召唤幸福混合着悲凉、抽象思维混合着童话精神所构建的形而上大厦。那是凌霄之宫，那是碧落之殿，那是以大道为四梁八柱构建的精神乐园，呜呼哀哉，尚飨！

所以我们讨论一下、思索一下，你做不到没关系，庄子说的很多东西很高明，我们不见得都能做得到。即使是庄子本人，也未必能做到。他能做到天天虚室生白吗？他能做到绝对不会自己给自己找别扭吗？做不到。但是你要想一想，庄子所说的是一个精神的空间，房子可以小，可以是蜗居，你家可以是人均三十平方米，也可以是人均十五平方米，甚至可以是人均五平方米，但是你自己的精神、你的气概、你的格局应该大，这是庄子的提倡。

庄子经常会谈到脚印，尤其是“古书”，“古书”是什么呢？古书就是古人的鞋印。那个时候没有什么洋灰路，也没有什么柏油路，基本都是土路、沙路，石径路那时候有没有，现在我还考证不出来。所以人走在路上，会比较清晰地留下鞋印。庄子说鞋印并不等于鞋本身，就是说我们不可被书捆住自己的手脚。他这番话给了我们读书人一个很大的乐趣，我们要通过读书来还原那鞋，而不是光盯着那鞋印。通过还原那鞋，我们要还原古人的脚，还原古人本身。庄子更提出，人需要有宽广的道路才能行走，道路必须足够宽阔，不能只有脚印那么大的桩子让你踩着前进。庄子他太有活力了，他的机敏、他的想象、他的雄辩、他的那种及时地回答和驳论，无论在先秦诸子，还是在秦后至今的诸子中，鲜有人能与之比肩。他的说法很多来得也很快，寓言多，故事多，道理稀奇古怪。庄子还好做险论，大家都认为的事情，我偏不这么说，我就论得相当惊险。大家都认为好的，我说坏事是从这儿肇始的。大家都认为坏的，我说它未必多么坏，甚至我认为那是好的。庄子有很多这些东西。

庄子的著作有时是人类灵性的睿智与才情的发挥，有时是扎根于无可奈何之乡、强梁霸道之世的奇葩，有时又像是标明可以服用飞升的仙药奇符灵丹。服了仙丹，你是麻木不仁、积痞结石？还是抱月凌风、羽化登仙？或是鹤发童颜、尽数了然？又或者是痴迷错乱与精神分裂？这全看读者的体质与悟性，再加服用仙丹的方法了。

死解者迂，匍匐者迷，修炼者陋，炫己者丑，自我捉迷藏者荒唐，死抠字句者呆木无救，小头小脑者隔庄子岂止十万八千里。只有体贴并向庄子的汪洋恣肆、纵横驰骋、尴尬无奈、深谙世事、飘然转身、智高三筹、不拘一格、气象万千、文才倾泻的人格特色靠拢，再靠拢，才能庶几笑纳庄周，欣赏庄周，啸傲人间世，知乐知鱼，逍遥大宗师，读出点儿趣味，尝出点儿品德，增长点儿见识，提升点儿境界，虚室生白，吉祥明净起来呢。

第十
蝗臂当车，是悲怆还是滑稽

螳臂当车是一个勇敢的形象

历史上对于“螳臂当车”的故事写得比较详细的是汉文帝时期的韩婴，他的《韩诗外传》曾经有过一段描写，说齐庄公打猎的时候看到“有一虫举足”——一只虫子举起前腿来要阻挡他的车轮，齐庄公就问，怎么回事啊？侍卫说一只螳螂，它感觉你从这儿走，是冒犯了它的地盘，是扰乱了它身边的格局，认为你触犯了螳螂这一族的利益，也触犯了这个田野里的交通秩序，所以它怒起来了，它准备和你搏斗。

韩婴的这个故事的结尾是这么写的：“庄公曰：‘此为人，而必为天下勇武矣。’”这齐庄公听了以后肃然起敬，说一个小小的螳螂敢阻挡我的大车，一只螳螂居然不考虑自己力量的大小，勇敢地去阻挡，令人肃然起敬。齐庄公称这个是“天下之勇武矣”，就是说在天下它是又勇敢又威武。武的意思是又勇敢又敢拼，而且有点儿威风凛凛。“回车而避之。”齐庄公赶紧下令掉头，躲避这只螳螂。这件事传出去了，“天下勇士归之”——

所有的勇士都来投奔齐庄公，说齐庄公他最敬重的是那些舍生忘死、敢于出头、敢于一搏、敢于跟你拼命、不惜牺牲自己生命的勇敢的人，所以天下的勇士就来了。

所以，螳臂当车是一个勇敢的形象，是一个舍生取义、杀身成仁的一个形象，是一个知其不可而为之的形象。我力量不足，不是你的对手，但是我认为你错了我就冲上去。反过来想想，如果很多人都能够有螳螂这个勇气，如果不是一只螳螂，是十万只百万只螳螂都在那儿举着胳膊堵这个车；如果螳螂它又感动了野马、野猴、野狗各种的动物一起来阻挡，你齐庄公就打不成猎了，就跟电影《阿凡达》里最后是动植物都联合起来反对美国的开发商。同时客观上“螳臂当车”这四个字很滑稽，如果它不是一只螳螂，哪怕是一只猴儿，当然，猴儿也没有齐庄公那个车大，但哪怕是一只小猴或者是其他的东西，它形象就会好一点儿，更不要说是一只虎或者是一匹野马了。所以形象本身有形象本身的逻辑，形象本身有其分量。

对于读者来说，螳螂的形象与分量太弱太滑稽了。庄子也好，韩婴也好，他们是靠讲述故事的主体倾向来撑起螳螂的雄伟形象的，但螳臂当车这四个字被受众所接受，变成口耳相传的成语之后，螳螂之臂的不够分量就暴露出来了。因此螳臂当车的故事它变得滑稽化了。不管你怎么想，一只螳螂来阻挡一辆车，而且是齐庄公的马车，这一定是滑稽的，所以它就变成了一个反面的形象、喜剧的形象、丑角的形象。

螳臂当车这个故事被写得比较动人、比较婉转，是在西汉时期韩婴的著作当中。淮南子的著作中也提到过螳臂当车，但是根据现在的考察，最早提出来的不是淮南子，也不是汉朝的韩婴，而是春秋战国时期的庄子。庄子没有细说这个故事，因为这个故事在民间已经有雏形，老百姓里已经有这种说法，所以他就一提就是了。比如在内篇的《人间世》里：

汝不知夫螳螂乎？怒其臂以当车辙，不知其不胜任也，是其才之美者也。戒之，慎之！积伐而美者以犯之，几矣。

庄子说：你不知道螳螂吗？螳螂它一生气，用它的手臂阻挡这个车辆的前行。但是它不胜任呀，它完成不了这个任务，它没有实力啊。他很简单一说就过去了，说明螳臂当车在当时来说是一个已经被老百姓接受了的俗语，而且是一个已经作为自不量力的这样一个滑稽的故事而接受的，已经与以韩婴为代表的另一种解释大相径庭了。

庄子在《天地》中将螳臂当车介绍得更详细了：

蒋闾葂见季彻曰："鲁君谓葂也曰：'请受教。'辞不获命。既已告矣，未知中否，请尝荐之。吾谓鲁君曰：'必服恭俭，拔出公忠之属，而无阿私，民孰敢不辑！季彻局局然笑曰："若夫子之言，于帝王之德，犹螳螂之怒臂以当车轶，则必不胜任矣。且若是，则其自为处危，其观台多物，将往投迹者众。"

庄子说：有一个人叫蒋闾葂，蒋闾葂见到一个贤人叫季彻，他就跟季彻说，他被鲁国的君王接见，鲁君非让他讲一讲治国平天下之道。他说本来我不想多说话的，他实在问我，我被逼得不得已了，只好说话。我跟他说："必服恭俭，拔出公忠之属，而无阿私。"什么意思呢？我告诉这个鲁君，你作为一个君王，你应该对人恭恭敬敬。俭呢，不要奢侈浪费，这是物质上。还有在精神上，你自己也应该慎重，不要任意地说话，不要任意地做决策，不要动不动就出新主意。还有，你要提拔那些个真正大公无私、对人很真诚的人，提拔他们来做事。不要提拔小人，不要提拔那"阿私"，就是为了私利而阿谀奉承的这样的人，这样的人你要离他们远一点儿。

他说得很一般，也没有什么很新鲜的，但是很有道理，你本来就是应该恭恭敬敬地对待你的臣民，应该是恭。至于俭，你做什么事都应该谨慎从事，爱惜民力，不要轻易地挥霍，让老百姓替你卖命。另外，在用人方面，中国自古以来对一个君王的评判就是要看他用什么人，他用的是君子还是小人，是大公无私的人还是阿谀奉承、溜须拍马这样的人。中国人很聪明的，他一看就能看出来，老百姓是有一杆秤的，这个也很符合常识。

但是季彻呢，一听这个，“局局然笑曰”，“局局然”就是说“嘻嘻嘻嘻嘻”，有点儿看不上，有点儿觉得可笑，多少带一点儿耻笑。季彻耻笑说：“若夫子之言，于帝王之德，犹螳螂之怒臂以当车轶，则必不胜任矣。”季彻说，对于真正想做帝王的人，你刚才的那些话就像螳螂举起那个小胳膊要阻挡车辆的前进一样，但你无法胜任，你没有那个实力，你想做的事根本做不到。

老庄都有一个论点，将儒家的以德治国视为作秀、徒劳、吸引眼球、扰民、找麻烦。这里提到的帝王之德，实际上应是御民为先，权力为轴，以杀戮为对付威胁的主要手段。蒋闾葂却大讲什么恭俭公忠，纯粹是螳臂当车。这话实在不客气，也实在透露了几分残酷与丑陋的真实。

我们可以设想，到了韩婴时期，他想挖掘这个故事，使这个民间已经流传的螳臂当车的故事变得更丰满、有更深刻的意义，所以韩婴将故事主角变成齐庄公，通过齐庄公表达对勇士的尊敬、礼让，表现了齐庄公的贤德，同时也感动了天下的勇士。

螳臂当车的形象悲壮而又滑稽，我们现在的人只知道此故事中的不自量力的漫画含义，已经忘却了它的深刻与悲凉。莫非我们的智力低于庄子时代？个中的酸甜苦咸辣，够书呆子们哭一鼻子的。什么是螳臂当车呢？给封建君王讲温良恭俭让就是，怪不得毛主席早在《湖南农民运动考察报告》中就批上这些儒家的德行的说法了。

太有德了，则其自为处危，此话入木三分，针针见血。以道德家的面目出现在朝廷官场，必然暴露出你的大志，即野心，如果是功高会震主，那么德高就更是假仁假义地陷主公于不义地位，不仅是螳臂当车，而且是另有用心，自取灭亡，死有余辜！想一想古今中外的人物与事例吧。你还不明白吗？

一个读书人与“天杀”的暴君共舞，会尴尬到什么程度呢？叫作如螳臂当车。螳臂当车的有趣故事就是这么来的。这个成语在被接受与普及以后又变了味儿，变成了全部贬义的嘲笑否定的话，这个成语变得浅薄而且廉价。说一个什么人螳臂当车，当然是骂他羞辱他。例如革命阵营就常常宣布反动派是螳臂当车，只能在革命的人民洪流面前化为齑粉。庄子此处的描写叙述，我们的螳螂主角似还没有那么可笑可耻，一个弱者的奋不顾身的反抗，毋宁说是带几分无奈的豪迈与悲凉，虽然庄子也不提倡螳臂当车。

从当车的螳螂来说，可能只是过高地估计了自己的力量，也可能是它只问是非，不问利害，只问这车走得是否合理，是否侵犯了螳螂族类的国土主权还有路权的完整，只问该不该去阻挡，而不管是否阻挡得住，叫作知其不可而为之，但问耕耘，不问收获。这只螳螂说不定只是为了保家卫国，不能眼瞧着蛮横的装甲车碾压祖国的土地。这样的故事带几分悲情、几分壮烈、几分大义凛然，甚至几分美丽、几分美德，如果全世界的螳螂都来抵抗强梁与侵略，如果成千上万的当车的螳螂尸横遍野，也说不定能挡一挡战车的去路，螳螂国还真是十分了得。

但是，庄子又警告世人尤其是士大夫、知识精英们，不要骄矜于自己的美德美知，你的实力不行，你那条小细胳臂差堪与螳螂一路，你挡下去，只能自找倒霉！

请看，原来悲壮与滑稽之间，悲情献身与自不量力之间，使命感与夸大狂之间，激情奉献与不求甚解之间，只有半步之遥。人啊，何去何从，难矣哉！然而，这又是多么悲观。一个读了一辈子子曰、诗云的腐儒，一个一肚子正义、原则、价值名节的书生，一个被元朝（一僧二道三官四吏五皂六隶七娼八优九儒十丐）与后人排到“老九”（“文革”中有地富反坏右叛徒特务“走资派”——八类“坏人”的说法，民间则加上第九位的知识分子，以为调侃。或谓毛泽东称知识分子为臭老九）位置的人，他们的小胳臂不但挡不住战车、牛车、驴车，也挡不住一条小狗一只兔子一只老鼠。一个清醒地认清了自己的胳臂只是螳臂的人，他的下一步该做些什么呢？

看来他只能低头不语了。低下头却仍然有话，有滔滔不绝的美文的，当为庄子。

成语反映的是民族与公众的共识，是文化传统的积淀，是久经考验与淘洗的智慧。但是成语与成语又常常互悖互谬。同样是说以小抗大以弱抗强吧，愚公移山、精卫填海、杜鹃泣血、窦娥喊冤、水滴石穿、绳锯木断、铁杵磨针、宁死不屈、用我们的血肉筑成新的长城……就相当正面感人，令贪者廉而懦者勇。而像螳臂当车、以卵击石、蚍蜉撼树、化为齑粉、人心不足蛇吞象、痴心妄想、自取灭亡等，表现出的形象则是可笑乃至可憎的丑角。这样的负面说法让你一下子冷静了不知凡几。螳臂当车，这是笑话，同样又可以被认为是悲壮。悲壮一解构就成了笑话，笑话一拔高就成了悲壮，可怎么说你们好！

弱小的善良遇到了强大的凶恶，正义受压不得翻身而邪恶猖狂不可一世，遇到这样的“人间世”可怎么好呢？你的实力无法与威权者抗衡，你到底该怎样自处？成仁取义、知其不可而为之，还是去就之和之并且仍有危险？抑或是达之而且无疵？螳螂何罪而生为虫豸，被编造出“当车”的笑话。被势利眼的两条腿的人耻笑至今。破车何德，而轰鸣前进，所向无敌！恸哉！

因为螳臂当车，我们该贬低儒家文化？

前面庄子的这个说法，就牵扯到了庄子整个书当中对孔子、对儒家的批评。大致上来说，庄子认为他的很多思想跟老子一致，都认为儒家说了很多好的话，但很多是做不到的。你做不到就徒增烦恼，只能搞乱思想，甚至于变成巧伪之言，你说得好听，是空话，是没事找事，是把简单的问题复杂化，是对老百姓的误导，老庄他有这么一种批评。

这就需要我们必须分析当时那个时代的情况，东周的一个所谓的中央政权它式微，它日渐衰弱，而各个诸侯坐大，尤其其中几个大诸侯，春秋五霸，战国七雄，这些人掌握了实力，他们每一个人想的都是开疆拓土、争地盘、争旗帜。他要会盟，他要当盟主，要统一天下，要扩大自己的权力。因此，这些诸侯君王包括这些大臣，包括他们的这些谋士，他们一心想着的是权力、地盘、财富、兵强马壮、战求必胜，如果不战而胜就更好。

见到这种举国混乱、莫衷一是的局面，诸子百家都开出自己的药方。孔子所追求的就是制定合情合理的道德规范，建立示范性的人际关系，最美好的人际关系，这样就把各种的纷争、各种的流血消除于无形，还不等着发生就把它消除了。为什么呢？大家都按一定的道德规范来做，君君臣臣，父父子子。对君，我有对君的要求，你的行为、你的言论要符合一定的礼仪，你做事，待大臣，待民人，你应该有自己的规范，所以这叫“君君”，君就应该像个君的样子。臣应该像个臣的样子，我们说这个君呢，应该明、应该仁、应该贤。臣呢，臣应该忠，也应该贤良。父父子子也是这样，父既应该有慈爱，也应该有自己严格教诲下一代的责任，所以应该是慈父，也应该是严父，你光慈不严、光严不慈是不行的。那么子子呢，你应该孝敬你的父母，等等。

孔子的想法就是在这个失范的情况下，在社会失范、政治失训，君不像君，臣不像臣，名不副实这样一种情况之下，辛辛苦苦地要求树立一种合情合理的道德规范和行为准则。行为准则使我们做什么事都有个规矩，所以说中国人民对孔子一直有非常高的尊重，甚至于说如果没有孔子的话，到处还是漫漫长夜，没有规矩。儒家的思想以至于到了一些东亚国家，他们也觉得他定的这些规矩非常好。

庄子提出来的君王之德的意思是，孔子之类的人拉出一些漂亮主张，盼望获得、幻想获得君王的注意，但斯时的君王们，他们的那个兴奋灶压根儿就不在于什么道德规范上，而是在权力上，在地盘上，在旗帜上，在政治影响上，在实力上。孔子是自己建构了一套规范，确实言之成理，听起来很好，实际上脱离开了君王们与众诸侯国的实际状况。所以孔子他在世的时候到处碰壁。

那么道家老子、庄子他们开出来的药方则是与孔子相反：既然孔子的一套完全无用，就不如少定规范。不要把人际关系弄得那么复杂，不要在各种有关争权夺利的“潜规则”体系上再人为地制造、添加上一套洋洋洒洒、光明正大的仁义道德体系，真实而丑陋的潜体系上，摞上一大堆虚假（指对于君王而言）而美好、中听不中用的道德规范体系，这不更是搞得自欺欺人、装模作样、招式复杂、越来越让人糊涂混乱吗？所以老庄坚决拒绝讨论人们应有的道德规范，不与孔孟他们玩名词、玩好听的话语，他们认定出路是向后转，还是越简单越好，恢复到原始的天性和本性上去，拒绝权力与利益的争夺，就行了。

老子的基本理论在《道德经》里已经说了：“大道废，有仁义。”人们已经背离了大道了，你才给他讲仁义道德、讲一堆的规矩，给他树一堆的标准：“国家昏乱，有忠臣。”你没完没了地在那儿强调要有忠臣，说明你的国家已经乱了，你这国君已经控制不住局面了，否则要那么多忠臣干什么？古代中国，越是忠臣众多、忠得出奇的朝代，越是即将灭亡的时期。比干忠，结果是商纣的灭亡；岳飞忠，结果是南宋的灭亡；王承恩忠，结果是崇祯皇帝的自尽。“六亲不和，有孝慈。”你家里需要天天讲子女要孝、父母要慈，说明你六亲不和，父母没有疼爱也没有教育自己的子女，子女也不知道孝敬自己的父母，你才没完没了地教。

所以老子也好，庄子也好，他希望的是不要进行教化，越进行教化思想越混乱，有作假的、有过分的、有以教化之名控制别人的、有因了对教化的定义不一致在那儿打得头破血流的。那我们不如回到那个最简单的生活方式，庄子说，老百姓的天性，饿了就要吃，渴了就要喝，连老鼠都知道挖深洞避免人的挖掘，连小鸟都知道高飞避免你的弓箭、避免你的弹弓子。那老百姓有什么不懂的，他们当然都懂，他们没事去干坏事干吗，干坏事找惩罚吗？让大家回到小国寡民，鸡犬相闻，老死不相往来的时代不就好了。

庄子和老子的这些说法听起来也非常高明，但是在某种意义上他更不现实，你嘴里这么一说，什么都不干，大家就又都回到原始社会去了，都高高兴兴地在那儿过日子，饿了就吃，渴了就喝，这个房屋能够避雨，穿衣服能够避寒，吃东西能够果腹，大家都过《阿凡达》里的生活就行了，还可以拍3D电影片，可以写幻想故事，但实际上这是不可能的。这好比一个人长大了，一想，儿时是多么幸福，不用挣钱，不用付账，不用婚姻当然也不用离婚，不用抚育儿女当然也不用避孕，不用考虑级别、待遇、公正与否……就算他想得十分动人，他能够因为这种认识就从三十岁四十岁五十岁回到三岁四岁五岁上去吗？

所以孔孟与老庄他们互相责备，尤其是庄子这儿，他责备这个儒家很多也很尖锐，尤其是责备你做不到，你言行脱节，你宣传的这一套规范拿到实际生活中就像螳臂当车一样。想一想，我们看《东周列国志》，我们看到有几个君王、几个大臣在那儿天天进行道德的教化、道德的训诫、道德的反省与修养啊？相反，一个个都是整天想着权力怎么扩大，不但要跟自己领土之外的君王斗争，而且本身也陷入恶斗之中——君与皇室的亲属之间，也可能是兄弟之间，也可能是父子之间，也可能是夫妻之间。还有君与臣之间，臣与臣之间，这个说这个忠，那个说那个不忠，这个给那个下药，那个给这个进谗言，到处都是这些事情。

再举一个例子，你看看《红楼梦》，甚至你看看《金瓶梅》，看看当时那个社会的情况，有多少人尤其是那些大人物是按照这个道德的规范来做的。所以庄子说一个螳臂当车，这个很刺激，也很深刻。但是如果你因此就贬低儒家的文化，你就低估了孔子的影响，你也是傻子，你也是愚蠢。为什么呢？正因“礼失而求诸野”。不错，按照现在学者的说法，真正按照儒家甚至于是按照道家的方法来治国而取得一定的成效的，只有这个汉代的“文景之治”，汉文帝、汉景帝的时期差不多，施行仁政，于民休息，比较照顾老百姓的利益，天下无事。其他君王，一个信儒的也没有，只有白痴，才会相信读好了《三字经》与《弟子规》就能天下大治。

可是，我们必须看到一点，就是在人民当中，在世人当中，在读书人当中，大家真正接受的恰恰还是、主要还是孔子的学说。我们还是要以道德的标准来衡量一个政权，在我国，道德监督与文化监督的意义仍然不能小视。大家接受的仍然是以德治国的理念，是“天下唯有德者居之”的理念。因此，孔子的这套儒家道德规范，虽然不可能百分之百地被实现，它却成为对权力结构的一种文化监督和道德监督，所以我们不管怎么欣赏庄子思想的不羁，意见的犀利，语言的俏皮，我们不能跟着庄子就把儒家否了，把儒家否了你就跟中国的文化传统和人民当中长期积淀下来的是非观念脱节了。你如果把儒家否定得一文不值，你就是自绝于中华文化传统与中国人民了，你就跟老百姓说不到一块儿去了。但是你如果认为用儒家的这一套就能够是“半部《论语》治天下”，那你也是自绝于智慧了，自绝于历史的经验，自绝于现代化与自立于世界民族之林了。所以我们从螳臂当车这样一个小小的寓言故事里头可以想象，也可以看得出我们中国文化传统当中“儒道之争”的背景和意义。

一扯到政治，一扯到修身、齐家、治国、平天下，很难得出一个万无一失的理论与方略来。丘吉尔的名言是：我到处提倡民主，不是说我认为民主有多么好，不是的，民主制度的毛病太多太多了，问题是，如果没有民主，事情会坏得更多。这是一个“两害相权取其轻”的公式，这是一个“从两个坏人当中选一个不是最坏的人当总统”的思路。我们也完全可以说，仁义道德的说法并不完善，起码它并不精确，它的标准也会是漏洞百出，副作用也不小，但是如果中国全民都蔑视仁义道德，都认为只有傻子才讲仁义道德，那就会是黑成一团了。

同时，螳臂当车是一个成功的、富有内涵的文学故事。为什么说它成功呢？它的典型性强，它耐咀嚼，它滋味丰富，它令人思考，令人叹息，令人警醒，可谓余音绕梁，三日不绝。一个人，谁敢说自己一辈子没有做过螳臂当车的事情，没有留下过螳臂当车的记录呢？越是志向高远、渴望着改天换地、扭转乾坤的人越可能有一些类螳臂当车的事迹，你认为众人皆醉而我独醒，你企图改变世界唤醒人类，你做到了吗？你认为众人皆浊而我独清，你要做真理的化身，你要开辟新纪元新时代，你做得到吗？你动不动装腔作势，大话入云，夸张煽情，巧言令色，你真正能给祖国人民带来多少利益多少改变？包括科学、技术、产品、医药……难道我们的螳臂当车的记录还少吗？我们的雄心壮志、我们的使命感、我们的悲情献身当中，包含着螳臂当车的元素，我们敢正视吗？我们敢分析总结论证吗？谁非螳臂？谁未当车？谁没有误会过自己、他人、世界和真理呢？

第十一
相濡以沫，不如相忘于江湖

相濡与相忘，绝妙又凄美

小的时候读到“相濡以沫，不如相忘于江湖”的故事，当时不懂，也不太明白。开始受感动是后来读鲁迅的《题芥子园画谱》。中国过去学国画的人，从小很喜欢按芥子园那个画谱来画，然后标题下边是副题“赠许广平”，就是赠给他的妻子许广平女士。一开始就是“十年携手共危艰”，十年了，手拉着手共同度过了这个艰难困苦、危殆危险的时刻。“以沫相濡亦可哀”，这十年当中我们就像在那干地上的两条鱼，这两条鱼到了干地上没有水，怎么办呢？那就口吐白沫，那么吐出来的这点儿白沫让你不至于忒干，还能半死不活一下。你吐出来那白沫让我也沾点儿湿气。这个话太可怜了。“聊借画图怡倦眼”，没有什么快乐的事，怎么办呢？找点儿小图画，找点儿芥子园画谱啊，使我们疲倦的眼睛能从这些画谱上得到一点儿快乐、得到一点儿舒畅。“此中甘苦两心知”，这种酸甜苦辣你知我知，咱们俩知道，因为这跟别人也没关系啊。

不知道为什么，光看《庄子》的原文看不懂，少年时代看了鲁迅给许广平的这首诗，有一种在悲凉、痛苦、孤独之中的安慰。

回过头来再看《庄子》的原文：

> 泉涸，鱼相与处于陆，相呴以湿，相濡以沫，不如相忘于江湖。与其誉尧而非桀也，不如两忘而化其道。

他这原文也是只有几句话，屈指可数的几个字，在他的《内篇·大宗师》里：水干涸了，几个鱼就在陆地上待着了，互相吐着湿气，互相用唾沫弄湿对方。这个友情是非常可贵的，尽管这个友情是人为地解释。其实这鱼吐沫子它也并没有说是要帮助别的鱼。但是，也可以这么解释，即使是两条鱼，被搁浅在陆地上后，也互相吐着白沫子多维持一会儿生命。这里面的人情世故让人非常感动，让人觉得惨到什么程度了。以上这种感觉虽然很好，很友谊、很忘我、很利他。但是，不如“哗啦”把它们倒到水里头，谁甭搭理谁，咱们谁也不认识谁。那水域是很大的，江河湖海池，几百条鱼、几千条鱼、几万条鱼，往水里扔，谁也看不见谁，互相忘了。

这个相濡以沫是最感动人的，因为它这里带着几分惨烈，惨烈在一种危难时刻、紧急时刻、生死关头，半死不活。一开始的时候不懂，只知道感动鱼相濡以沫，到后来又往下看，越琢磨，越发觉这个“相忘于江湖”让你更是有一种说不出来的滋味，江湖好啊，鱼进入江湖它起码大大减少了死亡的危险吧。它到了江湖里，阔大、辽阔、汪洋、自由。但这个时候产生了一个问题——“相忘”。互相关系没有那么深了，也不用相濡以沫了，也不用携手共度艰危了，也不用用生命维护生命了。你爱往哪儿游往哪儿游去吧，你随便游，一片汪洋。在这种自由阔大之中你产生出来了一种寂寞，产生出来了多多少少的空虚。

然而庄子告诉你，即使有点儿空虚和寂寞，我如果是一条鱼，我宁愿你们把我扔到水里头，你们也忘了我、我也忘了你们，对不起，拜拜了，我爱上哪儿上哪儿去，别管我了，我也不管你们了。因为鱼就是要自由地游啊，我不自由地游我还当这鱼干什么呢，是不是。要往土里钻我当蚯蚓啊，叮人肉疙瘩我当蚊子啊，我当鱼干什么。当鱼我就是为了自由。所以庄子说“不如相忘于江湖”，这个滋味难拿，这个滋味深了，比相濡以沫还难拿。这又是一个庄子发明的绝妙凄美的故事。泉水干涸了，鱼儿来到陆地上，互相吹湿气，互相吐沫子，互相湿润于万一。这很动人，却不如生活在江湖海洋之中各自过着幸福自由的生活，互相遗忘更美好。

相濡与相忘之辨，更是庄子的一大发明。艰苦环境下的老友，在清明顺利的环境下反而可能少讲点儿友情交情，这并不值得伤感，却应该感到庆幸。庄子太懂得人情世态啦。他并不拘泥于道德化的幸福观。艰苦、险殆、压迫之下，也许会激活更多的友情义气，正如家贫出孝子，国乱显忠臣，在敌人的炮火压得我们抬不起头来的时候，反而凸显了战友间的情谊，而幸福的与正常的生活条件下，也许人们更多的是去注意自己。这个相忘定律又是庄子的伟大发现。他发现了道德化与幸福化有时候不完全同步，而一个权力系统，应该给人民提供日益增长的幸福，主要是指民生方面的发展与改善，不能以“穷而好礼”“穷而有德”的标榜来掩饰自身在发展经济、改善民生、组织社会生活方面的尴尬。直到今天，庄子的这个发现仍然有效。现时就有这样的看法，认为战争时期、饥饿时期中国人民的社会风气比小康时期好得多。小康时期，一面是生产力的巨大发展，一面是社会风气的严重堕落，这是许多人的认识模式，但这个说法并不完全务实，也不完全公正。如果他们多读一点儿庄子呢？

庄子这一段的逻辑不仅在于讲顺境与逆境、道德与福祉，他讲的还延伸到了生与死。庄子说，生是局促的，生的可恋与温馨在于相濡以沫，死了就可以相忘于江湖了。当生进入了永恒，作古仙逝之后，也只能两相其忘。这个说法未免惊人，然而这确实是一个重要的说法。庄子立论常带仙气，即对于人间世的超越再超越，对于此岸诸事的淡然处之，这样的仙气也算难得，虽然不可走火入魔。

相忘于江湖是否为不道德

庄子他非常明确地告诉我们，相濡以沫不如相忘于江湖。这句话里有一个很深奥的问题，就是我们的道德主义，把道德放在第一位还是把幸福放在第一位。相忘于江湖比较幸福，当然对鱼来说，你要征求鱼的意见，说你是愿意相濡以沫还是愿意相忘于江湖？百分之百，它都选择相忘于江湖。算了，咱别相濡以沫了，相濡以沫最多相濡上两个小时，两个小时以后就也相忘了，不是相忘于江湖了，而是相忘于鱼干了，那还不如相忘于江湖。我们追求高尚和追求快乐、追求道德和追求幸福能不能结合起来？这是庄子的一个非常深的思想。

反过来说，相忘于江湖是不是就不道德呢？大家都到了水里头了，都到了洞庭湖、太湖了，非常大的湖，你还要张罗人家的事干什么啊，你自己不好好游，你老盯着别的鱼，怕它掉进去、沉底？这也不合乎道理。所以相忘于江湖不等于就没有道德。

这里还有一个有趣的说法，“相忘”似乎不是一个很讨人喜欢的说法，德国的民歌歌唱的花朵名叫“毋忘我”，“苟富贵，无相忘”也是当年陈胜打工时候对穷哥们儿提出的祝愿。但相忘很可能成为个人自由的代价，首先是各顾各，AA 制，才能充分地体现个体的自由。你想着我，我想着你，进入了江湖了，畅游于江湖了，你保留的还是相濡以沫的心理乃至生理习惯，你能获得个体的自我救赎与身心的真正自由吗？

当然，这个问题也不能绝对化，现时代，在某些北欧国家，甚至认为不结婚也不宜同居了，同居也同样妨碍自由，最好的办法是来了情绪就做爱，做完爱就走人。这未免太个人，太绝对地孤家寡人啦。

怀念这种相濡以沫的时刻，怀念别人对自己的哪怕是涓滴之恩，这也是一种非常美好的情操。庄子他不仅仅是一个哲学家，提出了这样一些深刻的、理论的而且带有抽象的问题，同时他给了你人生的无限的滋味。相濡以沫与相忘于江湖这样一个对比、这样一个变化，说起来令人感慨万分。谈到这方面，庄子似乎更是一个文学家，一个悲凉却又豁达的诗人。

我本人就有许多这样的体会。譬如说，在二十世纪五十年代末和六十年代初，当时由于政治运动的原因，我也是处在一个比较艰难的时刻，处在一个大致上被封杀的这样一个时刻。那时候有一个广东籍的老作家，叫黄秋耘，比我大十几岁。他是老党员，老的地下工作者，而且是情报工作者。黄喜欢文学，喜欢罗曼·罗兰，他二十世纪五十年代曾经担任过《文艺学习》的副主编，后来又当过《文艺报》的编辑部主任。在那个困难的时刻，他确实给了我许多的温暖和友谊，没事我就到他那儿坐一坐，他有时候也到我这儿来，没事我们就是唉声叹气，哎呀，又是这事了又是那事了。黄秋耘非常照顾我，想尽一切办法。当时我发表作品很难，但凡黄秋耘觉得有一点儿可能，就跟我说："你要不拿给《鸭绿江》，《鸭绿江》现在比较开放，也许能发表你的作品。要不你拿到《新港》……"他给我出各种各样的主意。

在我去新疆的时候黄秋耘还给我写了一首诗，这诗的第一句就是"涸辙江湖未相忘"，黄的年纪比我大得多，我们算是忘年之交了。他的意思是说我们两个人不管是在干涸的车辙里面还是在江湖当中，我们互相是不相忘的。很可惜第二句已经忘了，中间两句说："文章与我同甘苦，肝胆唯君最热肠。"最后两句是："且惜年华身立健，不辞西域做家乡。"原词还不是“西域”，他原词是“绝域”，把这新疆说得太可怕了，我实在不好意思说“绝域”。新疆可不是绝域，新疆棒着呢。黄还主动问我，说你经济上有什么需要没有，还借给了我一百五十元钱。我来到新疆的第二个月就还给他了。当时一百五十元的感觉比现在五十万还给力、还激动，你上哪儿找一百五十元，你这是开玩笑。那时候大学毕业才四十几块钱，所以，这件事非常感人。真是相濡以沫。

黄秋耘在“文革”前夕就调到广东去了，最后是在广东出版局副局长这个位置上去世的。我们有的作家开玩笑，说这个黄秋耘同志属于官越做越小的那种老革命。黄调到广东以后，一直到“文革”结束，确实没有很多的机会再跟他联系。有一年，那时我已在文化部上班了，出差到广东，第一个去看黄秋耘，黄老就赠给我两句话：“寄语高位者，临危莫爱身。”他说啊，寄语你这个做了高官的人，遇到危险你不要爱你自己。到这会儿，这味儿已经变了，已经拿我当一个高位者了，而且要求我遇到危难之时要敢于舍身。这话相当严肃，确实感觉到现在已经不是相濡以沫的时候了，但也没相忘于江湖，要忘我也不会一到广州先去看黄老。但人生的这种况味已经变了，这里没有任何人有不对的地方，黄老那么想可能完全是正确的。收到这两句话我很震动，也可能是正常的，但确实让人想到了“相濡以沫不如相忘于江湖”。但是，我们仍然要说，相濡以沫是最感动人的。一个人不应该忘记自己卑微的时刻，不应该忘记自己倒霉的时刻，不应该忘记在倒霉的时刻向你伸出援手的那些人。你虽然做不到涓滴之恩涌泉相报，但是起码你心里应该有这个数，在困难的时期有人同情过你，有人帮助过你，有人怜惜过你，他本身也很困难，但是他仍然帮助了你。

庄子难得的就是他对人生的故事用这么简单的寓言，“相呴以湿，相濡以沫，不如相忘于江湖”。让人无限地感慨。相濡乎，相忘乎？这是人生况味的几大悖论之一。相濡是一种艰难和温馨，是一种苦斗与友谊，是一种清纯和纪念，是应该永远温习的宝贵精神资源。相忘是一种豁达和天真，是一种心胸与天地，是一种提升与超越，是一种更加开阔朗健的大境界，是迈向新水准新阶段的自我解放。

坦然接受相忘，而非希望回到过去

比较起相濡来，庄子自始至终更加强调的是一个“忘”字，忘记的“忘”。庄子偏爱这个词，他认为忘是一种境界，庄子喜欢一个什么状况呢？叫“坐忘”，就是坐到这儿我就忘了，我忘了我是谁了，我也忘了我需要干什么了，没有什么需要我惦记的事。这里的忘的意思就是不需要惦记，没有什么需要牵挂的事。用英语说是forget，你没有什么需要自己不可forget的事，你有什么不能forget呀你，这多舒服啊，你不找我的事我也不找你的事，他有这么一种境界。我们平常忘性大不是好事、不是好话，但是很多时候忘也是好话呀，说孔子发愤忘食、乐以忘忧，这太好了呀，发愤忘食、乐以忘忧，他从来不为自己打算、不为自己忧愁，能把一切的忧愁彻底忘却，这是多么幸福的人。说一个人勇敢，舍生忘死，这样办事的人是多么勇敢、多么舍生忘死啊。尤其你要是当兵的，你的任务是保卫祖国，打起仗来你什么都不忘，刚打仗你想起你们家那水龙头需要修了，你该忘的事必须忘。所以忘还有“相忘”，所以这个忘在庄子这儿，这是一种理想，是逍遥的前提。你不是想逍遥嘛，逍遥你就得忘。你什么都忘不了，你什么都挂牵、都惦记、都负有责任、都介入、都掺和，您上哪儿逍遥去？

老子是强调“无”的，有生于无，无为而无不为，无之以为其利，怎么样才能无呢？必须有忘的功夫。庄子讲的虚室生白，也离不开忘字上的功夫。一个人什么都在意，什么都耿耿于怀，这就好比一台电脑，富有输入、存贮、复原与放大的功能，却没有删节与压缩的功能，没有格式化的功能，它早晚要把自己弄到死机状态。

当然庄子他也有片面的地方，他光强调这忘了，殊不知这人生有许多事情又是以不忘为美好，因不忘而动人。譬如说韩信得到了这个“漂母”的援助，韩信好几天没吃上饭，面有菜色，腰都直不起来了。那洗衣妇带着点儿米饭，都给他吃了。韩信说：“涓滴之恩，当以涌泉相报。”你给了我三滴水，我怎么办呢，我给你挖一个供水系统，我至少送你一自来水公司，这水一天照着二十万吨给你老供应。这个也很动人。感恩图报，不能忘。所以在中国，尤其儒家的很多道理讲的就是不能忘，子女不能忘记父母对自己的照料，你不能够忘天恩、地恩，乃至于君恩，当然那是封建社会了，封建的君子他是以不忘为基础。

但是老庄呢，尤其是庄子这儿，他提出一个观点：可以忘。忘更舒服，忘更美好，忘更阔大，忘的越多，人的内心就越光明。与记比较起来，忘的境界更高。自己有过什么成就，什么委屈，什么牺牲奉献，受到过什么小人的暗算，被人如何如何抹过黑，发生过了，做过了也就忘了。所有的好事，都不过是“我所应该做的”，所有的委屈都不过是不足为奇与难免如此的，你就不会背任何包袱。晚年时候想想自己的一生，天高地阔，海阔天空，眼前一片澄明，一片虚之白。所以这忘也有它的意思。其实洋人也喜欢讲忘，在一些英语国家或者是欧洲国家，他们遇到一点儿不太愉快事情的时候，他们会劝自己 forget it——忘了，忘掉它。所以忘有些时候还是需要的。

那么，这里还有一个更大的问题，有一个更深的问题，相濡以沫它表达的是一种道德情操，表达的是一种利他主义的情操。就是不管我多么困难，我还要考虑到你的困难，我要想办法减轻你的痛苦，我要想办法使你在干枯的过程中得到一点儿润泽。这种在艰难时刻的互助精神，互相照顾的精神，确实有非常多的好例子。譬如说灾害，像二〇〇八年汶川大地震，那个时候有多少互相帮助的事情啊。部队里面也常常讲，一打起仗来，什么思想问题都没有了。津贴费发的够用不够用，不考虑了；伙食办得好不好，不考虑了；干部作风有没有问题，不考虑了。很多东西都不考虑了，很多牢骚全没有了，而且是指挥员掩护战斗员，战斗员掩护指挥员。飞机过来扫射了，一下子趴在那小同志的身上，用自己的身体来掩护他，这是经常会有的事实。可是对不起，打完仗咱们该有什么意见还得有什么意见，对津贴费有意见的还照样有意见，对领导指挥有意见的照样有意见。这样他就会形成一个什么问题呢？他会产生一种对艰难时代、对艰苦岁月的怀念。

有些朋友认为，在那种最艰难的时刻，在那个以沫相濡的时刻，人的精神面貌是最好的、最崇高的、最高尚的、最利他的，不是专门利己的。关于这个看法，还有很多值得商榷之处，我们稍后还要继续说下去。

这个“相忘于江湖”还有一个含义，就是庄子在我们诸子百家当中，他相对来说比较重视个体，这和西方的资本主义社会所说的“个人主义”概念并不完全相同。因为个人主义里面有一些价值上的观念，也还有一些社会生活的尤其是法律上的观念，譬如说要求保护个人的私有财产，要求保护个人的隐私，要求保护个人的名誉，等等。西方讲个人主义很多是从这个意义上讲的。

但是庄子呢，在他全部的书里有一个很中心的思想，就是自救，就是保留我精神上的这点儿独立性。我不招谁，我谁也不招，但是在精神上我有我自己的独立性，在精神上我至少不要使自己陷入各种各样的争斗、纠纷、阴谋、诡计、案件、事件，我绝对不蹚浑水也不受辖制，我不陷入到权力争斗、利益争斗、地位争斗、名声争斗、社会资源争斗这个里面。庄子他提倡的是这一点，他强调的是这一点，所以他注重个体，注重个性，注重灵魂的独立与自主。他尤其看不起那些小官小吏，他认为一个读书人，就像后世陶渊明所说的，为五斗米折腰，你就为这么一点儿小小的利益卑躬屈节，太不值得了！所以我至少保持着我精神上的一种独立，保持着我精神上的一种优越性，所以可以说庄子所提的个体是一种中国古代的封建社会的个体主义。你说他是个人主义也可以，他不想接受当时的诸侯、封建君王们的控制，哪怕你给我很多好处，我用不着这些好处，我不需要这些好处，他有这样的一种要求。

康德说过类似的话，就是强调个人的人他比较容易有创造性。庄子他是有创造性的呀，他的说法都相当奇特，与众不同。而且他告诉我们，你宁可保持你个体的这点独立精神而被别人所忽略、所遗忘、所冷淡、所轻忽，没关系，我们切不可以随着社会的大溜走，你官迷我也官迷，你下海我也下海，你趋炎附势我也趋炎附势，你谄媚讨好我也谄媚讨好，你信口雌黄我也信口雌黄，你喊打倒我也喊打倒。保持住个性，保持住自由自在，那才是比什么都强的。

所以我们不可以有一种什么观念呢？就是希望我们回到那个最艰难的时候，回到战争时期，回到天灾人祸之中，因为那个时候我们的道德水平是高的。这是一种误解。很简单，恰恰是那个时候，我们缺少这种个体的生命与灵魂的自觉、自信。

科技的进步、文化的发展，这一切是不是真的破坏了人们的幸福？这还是一个莫衷一是的问题。或许，如老子所认为：回到结绳记事，有舟车桥梁也无需使用，鸡犬相闻老死不相往来的原始阶段，至少是自然经济阶段最好？的确，今天的世界上也有人认为经济不怎么发达的不丹是幸福指数最高的地区之一。但是，不管你怎么讨论，不管你出现不出现老庄学派或者法兰克福学派，现代化的路子实际堵也堵不住，发展科技与生产的趋势只能是越走越猛，全球化的路子也只能是越走越难以阻挡。自然，现代性与全球化绝非尽善尽美，我们可以批评乃至谴责现代性与全球化所带来的许多问题，如环境的破坏，如享乐主义与消费狂，如市场、媒体、网络所带来的个人智力、独立思考的严重不足，如大众文化发达的同时高端文化巨匠与文化硕果的缺乏，但你不可能从根本上扭转世界走向现代化、全球化的大趋势。

在那些遥远、艰难、困苦的时代，在不发达的地域，可能真的没有那么多竞争和分歧，没有那么快、那么强势的对于弱势群体乃至弱势生物的抹杀与挤压，也就没有那么多陷于绝望的弱者的非理性破坏与反抗。但是它有许多迷信、愚蠢、陋俗、自欺欺人、野蛮蒙昧、独裁专制，如河伯娶妇，如杀人祭天，如活人殉葬，如虐待妇女、儿童、老人，而当地的人不以为非，反以为是当然的，他们甚至可能拥有很高的幸福指数，我们能够认同这样的生活吗？

作为这个世界上最高级的动物，我们有权利创造自己的幸福，我们有权利创造一个全面小康的直到走向丰富的社会，我们有权利让每个人都有尽可能充分和完善的发展。我们可以有这种追求、有这种愿望，即使你不完全做得到，但你要有这种愿望，而不是希望永远回到以沫相濡的原始小国寡民时代。

第十二
盗亦有道，道亦有盗

文化是中立的

《庄子》里的成语各式各样、丰富多彩，最宏大的有鲲鹏展翅，最美丽的有庄周梦蝶，最老到的有朝三暮四，最不可思议的有“浑沌之死”。那么最刺激的是什么？盗亦有道。盗也是讲道理的，盗也是有一套道德与道理的。更刺激的是，从盗亦有道发展下去，“窃钩者诛，窃国者侯”，你偷一个钩子，这钩子也有各种解释，有的说是古人腰上系的那个佩带上的钩子，也有的解释是，古时床榻的帐子上面的钩子，反正就是生活当中有这么一种钩子。庄子说你偷一个钩子的话，要把你杀掉。可是你要把国家偷了去，你就成了王侯。这个庄子啊，你看他东忽悠一下、西忽悠一下，说得好像还不着边际，他还真有刺激的时候，真有激烈的时候，真有激进的时候，真有带着反气的时候。接下来我们就说说这个。

庄子在他的《外篇·胠箧》里面说：“世俗之所谓至知者，有不为大盗积者乎？所谓至圣者，有不为大盗守者乎？”

说的就是我们俗人里认为最有智慧的人、最聪明的人、最有知识的人，不是替大盗在那儿积累与保存财富吗？你积累了、保存了半天你能用多少，最后给谁积累了？谁心黑手辣、谁敢夺敢抢，谁就有财富。这话太厉害了，火气不小啊。这时候庄子可不像蝴蝶了，这时候像轰炸机。所谓圣人，这里面的圣人，他指的不是道德的完善，他指的是什么呢？就是能为王者师，能给诸侯当老师，能给诸侯当军师，能给诸侯出谋划策，能够帮助诸侯修身、齐家、治国、平天下的人。庄子说这人守了半天给谁守的？你们给大盗守的。这句话可是太厉害了！

继而，庄子又延展到下面的话：

故跖之徒问于跖曰："盗亦有道乎？"跖曰："何适而无有道邪？夫妄意室中之藏，圣也；入先，勇也；出后，义也；知可否，知也；分均，仁也。五者不备，而能成大盗者，天下未之有也。"

他说当时有一个大盗是柳下惠的弟弟，叫盗跖。别人就问盗跖，"盗亦有道乎？"说当一个强盗他有什么道理吗？有什么章法吗？有什么美德吗？这个盗跖说，当然了，没有点儿章法、没有点儿美德、没有一套说法，你还能当强盗吗？"何适而无有道邪？"他要表达的是，你上哪儿混也得有一套道道儿啊。你没有这么一套章法，你当什么你也当不成。你当官也当不成，当教授当不成，当要饭的你也当不成。你别以为你能当要饭的，要饭的有要饭的规矩，有要饭的品德，有要饭的品质呢。当强盗也得有一套美德呢！"夫妄意室中之藏，圣也"。还没有进入人家屋子呢，你就可以估计、判断他家里有多少藏品。这就叫圣明。真正当强盗当出水平来的，两眼一看，别看这家墙挺破烂，门也看着很一般，但这家有钱。再看另一家，这不行，你别看他是新房子，外面还挂着瓷砖，不行。这就叫圣明。

“入先，勇也”。需要偷东西了，我先进，我先给大家蹚路，这是勇敢。不勇敢的人，该偷东西了他往后缩，你这哪儿行？所以“入先”是勇。“出后，义也”。得手了，各种东西都到手了，你们先走，我断后。义，讲义气，强盗一个人也办不成事啊，他得互相帮忙，他得讲义气。“知可否，知也”。哪些东西能拿，哪些东西不能拿；哪些东西卖得出去，销赃方便，哪些东西不方便，我都能判断得清清楚楚，这是智慧、这是智谋。“分均，仁也”。譬如说这一伙强盗一共八个人，分赃不均打起来了，其中一个先拨了“110”了，大家都完蛋了。因此得分得很平均，分得大家都没意见、都满意，而且你自己不能抢在前头分。先给大家，这是仁，这是仁爱。“五者不备，而能成大盗者，天下未之有也”。如果这五方面，刚才说的圣、勇、义、知、仁，五个方面缺一样儿还能成大盗的，天下还没有。

“圣勇义知仁”五德的说法令人听了不无困扰，原因是它与中国传统社会的主流意识形态所提倡的“仁义礼智信”五德的说法太靠近，太靠色（shǎi）。同样是各指五方面的美德，仁义智（知）三个大字，二者完全一样。不同的一个是礼与信，一个是勇与圣。信与义，是相通与相接近的。礼是指行为规范、规矩、规则，彬彬有礼，有点儿贵族气质了。圣明与勇敢，则有点儿下等人的志气与冒险性加实用性的含义。国民党在大陆执政时期，建立过“童子军”，童子军提倡的是三个字：“智仁勇”，这三个字都能在盗跖论盗之道中找到根据。

当然，庄周绝无意号召大家去当强盗。庄周本人的历史虽然有各种的说法，但从来没有人说过他多拿过别人的一件东西。那么他说这个什么意思呢？他是讽刺儒家。说儒家你讲很多道德观念，什么忠、孝、仁、爱、义这些东西，这些东西好人能用，坏人也能用；君王能用，盗贼也能用。胜者王侯败者贼。如果他胜了，那么他也照样讲“我要仁、我要勇、我圣明、我智慧”，他也会照着这样讲，而且照着这五个字践而行之，认真贯彻之。

文化这个东西，有时候它是中立的。这个话说着有点儿深，实际上也不深，简单地说，政治文化就是包括着一套治国平天下的方法：一是管理老百姓的方法，公共管理的方法；一是团结人、用人、聚拢人气的方法。所有的这些东西既可以被好人用，也可以被坏人用。坏人甚至是强盗，他要想做一件事情，他要想进一个地方，破门而入也好、跳墙而入也好、爬树进去也好，他要到一个人家的家里盗窃人家的财物，他也同样地需要团结自己的人，需要有分工，需要选择最合适的时间、最合适的地点。

所以，《庄子》这里头它又出来一个怪论，他说："由是观之，善人不得圣人之道不立，跖不得圣人之道不行。"就是说，好人你要学圣人的这一套，坏人你也得学圣人的这一套，你不学圣人的这一套你团结不住人啊，没人听你的啊，你指挥不动，你的行动达不到预期的效果啊。所以这一套东西、这一套文化实际是中立的。为什么说是中立的呢？因为它是实用的。实用，并且通用，可以为各色人等所用。庄子说了一句骇人听闻的话，揭开了一个大伤疤：道德规范、各种好听的词儿，并不能保证社会往美善方面发展，好话能被坏人所用，盗跖同样可以穿孔夫子的外衣，讲孔夫子的词语。

盗亦有道从庄子这里开始，成了国人的口头禅。庄子太超前了，他早就告诉我们，千万不要以为圣人或权力或正宗或主流能够垄断道、道德、仁义礼智信、真善美……这些堂皇概念，强盗也照样会有或已经具有强盗的道、道德、仁义、智勇……这既振聋发聩，又触目惊心；既奇谈怪论，又更上一层楼。这里还真有点儿造反有理的意味。

既然盗亦有道，当然盗亦有理。例如，按照朝廷及当时多数百姓的观点，梁山好汉是强盗，然而这些强盗，不是也特别讲义气讲规则，直到有的人还讲忠君、讲造反实是不得已吗？他们的排名顺序也是规规矩矩的，讲尊卑长幼，符合至少是部分地符合儒学。再说恐怖主义，从国际政治直到国内政治的维度，我们是坚定地反对恐怖主义的。但是，难道恐怖主义者就没有自己的一套精神资源、精神能力与价值悲情吗？当然有。所以仅仅靠军事力量是无法达到反恐的目的的。只有从政治上、经济上、文化上全面地思考国际社会所面临的问题与挑战，并做出全面的、适度的与聪敏的应对，并且准备付出一个相当长的历史时期，付出巨大的努力和代价，才能从根本上解决恐怖主义的问题。美国在军事上经济上都是如此强大，却在两场反恐战争之中身陷泥淖，进退维谷，他们就是太不懂得盗亦有道的道理了。

庄子这里得出一条结论："圣人生而大盗起"，"圣人不死，大盗不止"。他这里说的"圣人"就是那些能给君王当军师的，帮着君王出主意统治老百姓的人。这样的人自己也不会想到，你的目的、你的心是帮助你所在的这个侯国实现国泰民安。其结果呢，你这一套被一个又一个坏人至少是有缺点有弱点的凡夫俗子学了去，最后不但没做到国泰民安，反倒搞了个花样翻新、诡计多端、云山雾罩、天花乱坠、繁复啰唆，话越说越多，词儿越来越漂亮，忽悠越来越妙，学问越积累越像喜马拉雅山，高尚越来越像圣贤，气魄越来越像救世主。实际上呢，老百姓的生活越来越差，担忧与恐惧越来越多，幸福感越来越无影无踪，而野心家们争权夺利、血流成河，且又沽名钓誉、装腔作势，好话说尽，坏事做绝，令天下大乱。当然这里有庄子的夸张，但是庄子他告诉我们，有这种可能，有这种现象，有这种危险，你从好心肠出发，你制定的一套规范和方法脱离实际，脱离生活，脱离群众，脱离常识，脱离人性的自然而然，最后被坏人所利用。

盗亦有道的另一面肯定是道亦有盗，任何自以为或被以为得道者，都仍然有自己的欲望、私利与人性弱点，因此他掌握理解的大道，都有被窃取、被利用、被歪曲、被自觉不自觉地曲解，使之成为自己某些行为的借口，成为自欺欺人的遮羞布的可能。而道被窃取、利用、歪曲以后呢，道本身变成了强盗逻辑，圣人有可能自行变成盗跖。

不用说别的，读读《东周列国志》，哪个昏君、奸臣、强盗、伪君子、刁民、蠢材、废物……不是一套套的忠孝节义，大模大样？再看看《三国演义》，魏蜀吴的君王与大臣们，哪个不是振振有词，自诩天意在我，个个充满了使命感？动员诸葛亮出山，叫作“先生不出，如苍生何？”简直是为民请命呢。而这些人、这些被视作英雄的冒险家们的英雄业绩，又给百姓带来了什么好处？再看看《红楼梦》里的腐烂的众寄生虫们，他们搞起祭天、祭祖、谢恩……礼仪来，又是何等庄严忠顺，诸种仁义道德的说教，无非是他们巧取豪夺、无恶不作的遮羞布！

而另一种情况下，胜者王侯败者贼，胜利了的有道之盗跖，也并非不可能变成圣人。王侯将相，宁有种乎？圣贤师表，宁有种乎？在一定的条件下，盗道道盗、王侯逆贼，互相否定也互相学习，互相参照也互相转化。不是吗？你以为诸侯也罢，大臣也罢，百姓也罢，圣贤能人也罢，他们就有权力、有能力、有威信确定盗与道的差别，划分盗与道的鸿沟吗？还有一条，盗不但可能有道，盗亦有才，盗亦有知，盗亦有灵，盗亦“心如涌泉，意如飘风”（这八字是《庄子》对盗跖的赞美词，我以为此八字最宜用在庄周本人身上），盗亦心如明镜，眼里不掺沙子！最后，盗亦有名留名，有人认为他们是遗臭万年，未必没有人认为他们其实是流芳百世！

且跖之为人也，心如涌泉，意如飘风，强足以距敌，辩足以饰非。顺其心则喜，逆其心则怒，易辱人以言。先生必无往。

《庄子》杂篇中，就描写了这样一个无法无天，甚至吃活人心肝的大盗——盗跖，而他的哥哥恰恰是“坐怀不乱”的圣贤柳下惠。他才思敏捷，心如涌泉，灵感时时如井喷状态；他主意多变，意如飘风，神来之笔，常人难测。他的硬实力可以顶住敌人的进攻，他的软实力足可以为自己的过错辩护；他是顺我者昌，逆我者亡，好勇斗狠而又诡计多端，且极喜欢极方便于用言语污辱糟蹋别人。这种超级强人的形象敢情古已有之，咱们中国是真叫伟大！

尤其妙的是，庄子假盗跖之口，把孔子，不仅是孔子，连黄帝、尧、舜、禹、汤都批了个不亦乐乎，黄帝大战蚩尤，这就开启了用战争、用暴力解决权力归属的先河，尧舜等则经营名誉，从此天下多事。一直到文王、武王，更是把天下搞得熙熙攘攘，争争斗斗。问题在于，这些观点与其说是强盗跖的政治观点，不如说是庄周本人的政治观点。文本中先是把盗跖臭了个够，如何野蛮残酷强横，如何万民苦之，但政治观、世界观却与作者高度一致，其中含义，太让人琢磨不透，也太让人击节赞赏了。

盗跖骂孔子说：

> 今子修文、武之道，掌天下之辩，以教后世。缝衣浅带，矫言伪行，以迷惑天下之主，而欲求富贵焉，盗莫大于子。天下何故不谓子为盗丘，而乃谓我为盗跖？

应该说，庄子也罢，盗跖也罢，他们还是有预见性的，解放以来，依据马克思主义千头万绪，归根结底是造反有理的判断，现在的主流说法，已经认定盗跖是农民起义的伟大人物了！

庄子有一个说法，他这说法说得有点儿过，就是世界上坏人比好人多，因此你学问越大，对坏人的贡献越大。譬如说你是博导，你学问非常大，你培养出了二十个博士。按庄子的说法，这二十个博士里真正有学问的、真正的好人，可能只有三个，另外十七个可能是糊弄人的或者干脆是坏人败类或者是完全没有希望的混混，因此你这个博导存在的结果是帮助了坏人，发展了坏人的力量与气势，自然是只对学问事业起消极作用。当然他的这个说法我们今天是不能够接受的，因为按他这个说法，那就是我们文化越低、知识越低、越蠢笨越好。这实际上会走向一个愚民的结果，开启民智干什么？读那么多书干什么？学那么多知识干什么？培养那么多博士干什么？还不如干脆大家傻呵呵都是文盲，这样一来，他做坏事也做得很有限，都是小坏事，做不了大坏事。他说：“掊击圣人，纵合盗贼，而天下始治矣！”说是把圣人批倒批臭，把盗贼尽数释放，天下才能大治。

《庄子》更有名的大言、狂言是“圣人不死，大盗不止”，这八个字真够让平头百姓出一身大汗的，好厉害的庄周！从这样的话里，我们可以看出庄子的郁闷与反体制心态。但这样说，痛快则痛快矣，能认真实行吗？大概没有人会当真。这种极端的说法，未免也就有点儿忽悠了，他这就超出了常理了。

与大道融合，与万物并存

庄子有时候他给你逆向思维，大家都这么说，我偏不这么说，我从相反的方面给你一个角度，让你觉得用反面的那个角度也许是有它的道理。他说，“诸侯之门而仁义存焉”。这个话可就厉害了，什么意思呢？你当了诸侯了，你就变成仁义的代表了，你不但掌握了这个土地、百姓、权力、武装、国家机器与自然、社会资源，而且连道德辨析也是你说了算。所以庄子说，世界上很多东西都是能够盗窃的。如果说你有一杆秤，一杆最好的秤，那么这个秤也是可以盗窃的。如果你有一把尺，这把尺是最准确的尺，但是这把尺也有一个所有权的问题，尺归谁，就为谁服务。这些说法有偏激的地方，但是对于那个封建社会，也是一种有力的批判。尤其那个“窃钩者诛”，你偷一个钩子，你要被杀头。“窃国者侯”，你要把整个国家偷到自己的手里，这个时候你就是侯王，你就不但不会被杀头，而且“诸侯之门而仁义存焉”，到时候你就代表这个仁义了，你代表的就是仁、你代表的就是义。庄子此话，沉痛、深刻、令人惊悚。

我们的习惯是认定仁义决定权力的归属：天下唯有德者居之。为什么会有改朝换代？末代皇帝昏庸残暴，自取灭亡，开国明君，仁义道德，万民称颂，天下归心。但是庄子冷不防来了一句，非也，不是道德决定权力归属，而是权力归属决定道德美名的归属。谁有权，谁就一定能把自己打扮成道德的化身，生时有权，荣华富贵，八面威风，死后也是流芳百世。谁丢了权，谁就只能是活得潦倒狼狈，窝囊憋屈，死得凄凉萧条，弄不好还会遗臭万年。如西方的说法：历史是由胜利者书写的。庄子的这些说法有很让人痛心的地方，有让人觉得过分的地方，有让人觉得不可以实行的地方，特别是他提的把圣人骂一顿、攻击一顿，然后把盗贼全放出来，哪个政权，什么时候的政权也不敢这么干。但他的这番话确实又有振聋发聩的地方，有特别解气之处，他居然在两千五百年前打出了反权力、揭权力之黑的旗帜。真不简单啊。

那么庄子的这些怪论仍然很有意义，庄子是一个没有多少反抗精神与反抗记录的人，他处处都不提倡反抗。但是他的某些言语却是爆炸性颠覆性的。“窃钩者诛，窃国者侯”曾经被革命党人，包括共产党常说的一些革命造反的知识分子，常常用来说明旧社会的黑暗，说明那是一个什么样的社会呢？是一个“窃钩者诛，窃国者侯”的社会。

第一，它反映了庄子看透了旧社会的黑暗，他看透了那些仁义道德的一些说法并不足以控制，不足以遏制封建君侯所干的那些不义之事、那些坏事；他也看透了在春秋战国时期的互相争斗、互相攻打之中高举起来的那些辉煌的旗帜，庄子非常勇敢地指出了这样一点。他的这种揭露带有振聋发聩的意义，带有一种刺激性。

第二，庄子也看透了那个时期诸子百家的那些“修齐治平”之道。人人都挺能说，你要听他那一说，这国家好得都不得了。孔子讲得也非常好，孟子讲得也非常好，墨子讲得更好，那个时代墨子的影响超过了孔孟。还有许许多多的很有道理的人。但是所有的这些道理，本身并不能够保证人民过上幸福的生活，也不能够保证各个地区、各个地域国泰民安。恰恰你说你有理，我说我有理，“此亦一是非，彼亦一是非。”它变成了争夺和混战的根源。

第三，庄子的这一套相当过分的说法，表达了他对当时的政治和军事斗争形势的绝望，没有希望。你讲仁义道德，越讲仁义道德我越不信。你讲什么大道理啊，你这些大道理你自己就做不到，庄子表达了这样一种心情。所以，首先，他无幻想。他不幻想出来一个圣人或者一个诸侯就能够拯救百姓于水火，他无幻想。其次，他无自负。他自个儿也不吹自个儿，任何一种理论你们别吹自己，他实际上有一个潜台词：别吹。你做不到的，你的那一套办法对老百姓起的作用很有限。这一点他和诸家不一样。孟子喜欢讲的是“天将降大任于斯人也”，而这个庄子什么意思呢？这大任趁早别来，我也做不到，你也做不到，你再好的话都可以被坏人利用。所以庄子的眼睛很毒，他一直看着你，把你的五脏六腑都看透了。

第四，庄子的这一套他传授了一种方法，就是从根本上找根本，从根源上找根源，从大概念上找大概念，从高端的境界找更高端的境界。他要求你只相信一样东西，就是天道，就是大道。其他都不要相信。所谓与大道融合，所谓与万物并存，人只有把自己的精神往崇高方面提升，往宏大方面扩展，这个人才有希望。这是庄子的意思。

第十三
混沌与神全

伟大的混沌

在《庄子》的内篇《应帝王》里，有这么一段话：南海之帝为儵（音叔，同“倏”），北海之帝为忽，中央之帝为混沌。儵与忽时相与遇于浑沌之地，浑沌待之甚善。儵与忽谋报浑沌之德，曰：“人皆有七窍，以视听食息，此独无有，尝试凿之。”日凿一窍，七日而浑沌死。

这段话通俗说来就是，南海有一个神，这是一个最大的神，相当于一个帝王，他叫“倏”。北海有一个神叫“忽”。在南海和北海的中央，有一个神帝，这个神叫“浑沌”。南海、北海的倏和忽，经常到浑沌这儿做客，每次去，浑沌都给他们很好的接待。倏、忽这哥俩就商量说，浑沌对咱们这么好，咱欠着人家情啊，咱们得给他帮帮忙。浑沌有个毛病，他脸就像一个大鸭蛋似的，没有七窍，五官不分。这哥俩一商量，两只眼睛、两个鼻孔、两个耳朵、一个嘴，正好七窍。有这七个洞他才能有很好的视觉、嗅觉、听觉、味觉。索性咱们帮他开开窍吧，要不然老这么糊里糊涂的，多不好啊。于是，倏、忽就每天给他开一个窍，开开开，开到最后第七天，七个窍开全了，却把这浑沌给凿死了。

这个故事太神了，超出一般人的想象力，这些名称又像人又像神，变成了人神的一个名称。倏忽本来是副词，形容走得快、变得快、速度快，这儿它变成了名词。“浑沌”本来也是一个副词或者是一个形容词，是一种状态，就是没有什么端倪，混成一团。“浑”与“混”这两个字写法还都是通的，有的写“混”，有的写“浑”。它是一种状态，一种不把它分清楚，不把它进行分析，而是混成一团、浑然一体的一种状态。这样一种状态，他活得挺好，还能招待南海和北海的帝王，等到你把他眼一打开，又让他长眼睛，又让他长鼻子，又让他长耳朵，又让他长嘴，他就活不了了。

这种想象力，这种故事寓言，无与伦比。含义则任凭您的体悟。是囫囵着感受世界好还是分科分类辨清世界好？是马马虎虎、模模糊糊地感觉世界好，还是什么都弄个门儿清好？是条分缕析、小葱拌豆腐一清二白好，还是大概齐、差不离、稀里糊涂好？是心细如发、明察秋毫、眼里不掺沙子好，还是心宽体胖、大而化之、宰相肚子里跑巡洋舰好？我们的老祖宗，特别是庄子，倾向于选择后者。

这是中国一种特有的快乐主义，不求甚解主义，自我安抚主义，也包含着认识论上的不可知主义。而用到“应帝王”即作为帝王而言呢，则是宜粗不宜细，则是抓大放小，则是含糊其辞，则是留有余地，则是永远不能让你太明白太清晰，保持混沌性、渊深性、未示人性、弹性、可变易性、随机的因应性或适应性，才能处于不败之地。善哉！

这个想法也是让人特别容易联想到西方的一种说法。《圣经》上说，原来在伊甸园里有一个男的叫亚当，亚当就是人了，英语里有这个名称：Adam，现在也有很多人叫 Adam。这其实是阿拉伯语，含义就是“人”。这个亚当呢，他需要有个伴侣，上帝用他的一条肋条骨做成了一个女人，就是夏娃。英语里也有这个词：Eve。当然德语里也有，希特勒的那个情妇——最后在前苏联红军把他包围以后，跟他结婚的那个女子，她就叫Eve，我们译作“夏娃”。亚当、夏娃原本生活得非常幸福，但是他们受了魔鬼撒旦的诱惑。上帝不准他们吃智慧果，因为吃了智慧果之后，就能够分辨人的善恶，能够分辨事情的正误，并且开始有了羞耻之心，哪些事能干哪些事不能干他们就明白了。撒旦以一条蛇的形状来诱惑他们，让他们犯了忌讳。亚当、夏娃吃完了智慧果，忽然有了羞耻之心，开始往身上穿衣服了，原来他们连衣服都不需要穿。然后他们有了智慧，有了是非之心，因此受到了上帝的惩罚。

《圣经》中讲了这么一个故事，就是一个人有了智慧能分得清事情了，这事就坏了、就糟了，这个人最幸福的时候是什么时候呢？这有点儿像咱们庄子说的这个混沌，就是你什么事也不分，不分好坏、不分正误、不分彼此，也不分你我，都稀里糊涂，反正饿了就吃，渴了就喝，该活就活，该死就死，死了也不知道哭，活了也不用过满月，这才能有幸福的生活。

《圣经》里面关于亚当、夏娃、伊甸园的故事，完全是西方的故事了，问题是他这思路特别像咱们中国古代的道家，老子在他的《道德经》第二段就开始讲：“天下皆知美之为美，斯恶已。皆知善之为善，斯不善矣。”就是你们都知道美丽的东西是美丽的，这可就坏了。你们都知道美好的东西是美好的，这就太糟糕了，就太恶劣了。你们都知道什么东西是善良的、是好的（善也可以是当肯定的意义讲，不一定非当道德的意义讲），这个世界上从此就好不了了。

这个老子也是两千几百年以前已经提出这个说法了，那时还没有基督教，因为耶稣还没诞生。“皆知美之为美”就糟糕了。为什么呢？很简单，第一，皆知美之为美，就开始要出现竞争，你也要美我也要美。第二，开始了做伪。既然皆知美之为美，美人有好处，谁美谁有好处，那我要打扮我自己，我要有很好的表演，人要做伪了。第三，还会造成拥挤。如果说获选最美的那个人，奖励五百万元，报名的人肯定挤破头。“皆知美之为美，斯恶已。”如果讲给企业家听，可以这么解释：大家都认为哪个股票最牛，肯定就全都去挤这个股票，结果是把这个股票搞砸了完事。

我们可以理解这里的思想包含了对于价值观念的怀疑与困惑。有了价值观念，就有了对于不符合某种价值观念的反观念、异观念的排斥、憎恶、仇恨、讨伐。两种不同的价值观念，也会引起纷争直到战争。例如历史上屡见不鲜的宗教战争。例如至今仍然时而存在的基督教世界里发生的被认为是污辱不同的宗教与神祇的事件。有了价值观念，就有对于自己常常遭遇的非价值、反价值事件与人物的怨恨。你认为穿好衣服才符合公认的价值标准，那么当你获得不了足够的好衣服的时候你就会非常悲哀。你认为崇高的地位符合你的价值理念，你就会为你的地位的卑微而痛彻骨髓。你把争冠军争荣耀看成一种无可怀疑的价值，你在得不到冠军以后就会痛失荣耀。不论是老庄还是伊甸园故事，都认为价值观念的形成是人类的苦恼的重要根源。庄子痛惜浑沌的被凿穿凿死，老子渴望人们能回到婴儿状态，都有这方面的含义。

当然还不仅仅是一个价值困惑的问题，还有知性的困惑。前边已经说了，庄子强调的是：生也有涯，知也无涯。自以为的知其实很可笑、很可悲，还不如干脆承认自己不知道什么。其实苏格拉底也是这么讲的：“我所知道的就是我什么也不知道。”什么也不知道，你就会有一点儿谦虚。有一点儿对于他人与世界的敬畏，你就不会头脑发烧、自我膨胀、自我作古、胡作非为。浑沌没有五官，似乎影响了他对于世界的感知，那么倏与忽呢，你有了五官又能如何？你看见了，你知道你到底看见了什么形象与这种形象背后的含义了吗？你听见了，你知道听见的形象的真谛了吗？你的一切感觉、思索、判断，你根据什么能断定它们是靠得住的呢？你根据什么能确定它们不是你的误感、误见、误闻、误会、误解呢？

除去对于混沌性、模糊性、谦卑性与可疑性、相对性的提倡以外，浑沌的故事里还包含着对于整体性的提倡。中国人喜欢的是整体，是大而化之，是从根本上解决问题，叫作浑然一体，一体必然浑然，即浑沌然，而不是就事论事，头痛医头、脚痛医脚。尽管今天的国人得了病尤其是急病大病还是要找西医的，尽管中医的许多理论尚未得到充分的验证与数据的支持，但是中医理论对于国人的吸引力还是比西医理论更大，广播电视里成天讲大套养生理论，百分之九十九是中医在讲，中医理论的最大魅力是它的混沌性，即整体性。如果用西医的科学主义、实证主义、数据化方法来改造中医学，对不起，很可能是中医学重蹈浑沌之死的覆辙。

万事万物在最初时候，在原生状态，是混沌的。受精卵是混沌的，是分不清上肢下肢躯干与五官的。婴儿是混沌的，是分不清爸爸妈妈亲疏远近的。可以设想，庄子对于混沌的崇拜与向往，包含着对于人类童年的怀想与留恋，包含着向后看的文学情操。最最发达的先秦诸子百家时期，各派学说的文学性往往大于它们的哲学性、史学性，更不要说是科学性了。中华民族在最早的时候，是一个文学化的民族。中华文化，古老的时候是一个文学化的文化，这很有趣。

“浑沌之死”又是千古名寓言。混沌，我们现时理解为一种状态，囫囵、糊涂、混杂、含蓄、模糊、有大的存在而无定形定义，同时能包含万有，孕育万物。上述的一些与混沌含义不无接近的词，有的词甚至声母相同或韵母接近，以致在发挥讲解延伸上似乎也与“浑沌”云云有些牵连。

现在回过头来说，混沌为什么是好的？混沌好的最重要原因就在于它真正做到了，在人和人之间不分高低贵贱，不分是非曲直。混沌是什么，就是糊涂。为什么中国人过去有所谓的“难得糊涂”一说。当然，你彻底糊涂了这个很要命，这是另外的问题，庄子他没有讨论那么多。庄子他还经常说一些特别让人想不到的话，老子也有这个说法，就是说一个人的感官太发达了，对人是没有好处的。你的听力一般就行了，听力太发达了，不好。所以庄子找机会就要骂师旷。我们知道师旷是春秋战国时期的一个音乐家，他精通音律，按照《东周列国志》上写的，师旷为了集中精神去感受音乐、音律，把自己的眼睛给捅瞎了，免得分神。我就要耳朵就行了，我的这个世界里只有声音，没有色彩。

老子也讲："五色乱其目，五味乱其腹。"就是说这个外界的许多信息对人来说是有害的。为什么浑沌不要七窍呢？不要这视觉器官、听觉器官、嗅觉器官和味觉器官呢？因为有了这些器官以后就容易受外界的干扰，有了这些器官以后，就无法禁绝这些有害信息。你有了这些东西以后，会有贪欲。

你本来看见很漂亮的东西、很美好的世界已经很好了；但是你眼睛太好了，别人看不见的东西你都看得见，你好了还要求更好，你走着看到哪儿都觉得不干净，都觉得不美丽。这样在视觉上你的贪欲是无限的。在听觉上，你已经听到了很好的声音，但是不行，你还是不满足，你要求听到你更想听的声音，你非得听到你自己最想听的那个声音不可。你在听觉上的贪欲也是无限的。那味觉、嗅觉更是这样，你已经吃到了最好的，已经可以糊口，符合最基本的生理要求了，但是不行。因为你的舌头太精细，你的鼻孔也非常精细，你要求能有更多的享受。

所以有了这些东西，第一，它有有害信息；第二，它有贪欲，而无尽无休的贪欲会给人带来极大的痛苦；第三，它引起很多的是非。你说这张画画得好，他说这张画画得太不像话了，不像样子。这就是是非啊。不同的感官对世界有不同的感受、不同的判断，不同的判断它就会引起许许多多的争斗。越是才智与感官超强的人，越是高级专家内行，越容易相互产生歧义，争个不可开交。这也是"同行是冤家"的一解。人的意识、心计，给人带来了聪慧，也带来了烦恼、焦虑、惊惧、愤怒，以及各种狼狈折磨、自我摧残。清醒清醒，我们应该清醒，但是做手术时，我们必须接受麻醉。这已经说明并非任何状况下都需要清醒。尤其在春秋战国那样的兵荒马乱、礼崩乐坏的世道，经常是不测风云、飞来横祸的恶劣条件下，庄子推崇的乃是无心，是听任自然，是无意，是少知道、不知道，是少防备、不防备，用我最喜欢的词叫“不设防”，是不要自寻苦恼，自取灭亡，自找不素净。

可以揣摩，在春秋那个世道下边，老子呀庄子呀看到了：越是聪明伶俐，越是智谋超群，越是清醒明白，越是明察秋毫，就越难免发表意见。发表意见越多，失误也就越多，坏事、伤人也就越多，越是会成为已有的权势与能力系统的对立面，成为群体的公敌，成为要人或能人们的公敌，越要倒霉，要挨整，要招来灭门之祸。

所以，庄子觉得这个人精明到了一定程度是一种灾难，庄子在其他的地方也讲人不要太精明。耳聪是耳朵的灾难，是危险。耳朵太灵，什么都听得见，别人听不见的他听得见，你的麻烦也就多。目明，你眼睛太亮，别人看不到的事你偏偏看出来了，这是一种大危险。这个思想一直流传下来了。我们看古代的一些小说故事里常常讲，一个人能做到明察秋毫，明察秋毫不祥、不吉利。你譬如我们几个人能看见大体的几个大字，而你这连每一笔、每一画、每一点你都看得清清晰晰，那么你这个人不祥，你将来容易遇到灾难，因为别人没事的事你老有事，你听得见、你看得见。

一个美女，让人喜悦，然而这种喜悦，不论对于本人还是对于他人，都还是朦胧的，是若知若不知、若闻若不闻的。这种朦胧的美感是最质朴、最靠得住的，美女永远会留下美好的印象与反应，不会突然休止下来，叫“终无已”。《庄子》赞许的与陶醉的就是这种人生万象尚未被语言人为地命名定性以前的原生状态、朦朦胧胧状态。一旦美女被命名为世界小姐、艺坛巨星、国际美丽大奖获得者、性感偶像、大众情人，她必然会受到猜忌、质疑、觊觎或招惹某些男人的占有欲，她的麻烦就来了。一旦某个比较爱护人民的君王大臣被命名为唐尧再世、虞舜重生、贤君圣王贤臣、万世楷模……就有了人为的、炒作的、名不能绝对地符实的可能，就不知道有多少人期待着你的骤然崩溃、蓦然失足，身败名裂。

皆知美之为美，就会有吹嘘、造假、竞争、计谋、溢美作秀，直到潜规则的因素混入其中，而且大部分并无足够的审美能力与鉴赏水准的愚众，不是因为自己的审美，而是基于人云亦云的随大溜习惯才称赞其美丽。美与圣变成了炒作，变成了处心积虑，变成了忧心忡忡，变成了你争我夺，变成了胜了还要再用兵，败了决不甘心，变成了世界杯赛事，黑哨、错判、赌球、伤害、红牌、黄牌……岂能无有？同样，这样的美与圣对于本人也完全可以成为灾难，让你忽冷忽热、忽喜忽忧、脱离凡众、不学无术、上不着天下不着地，哪怕是连得若干次冠军以后，其下场必定是最后欲胜无能、欲比无力、欲退无路、天怒人怨，结束于悲剧闹剧，一事无成！

故国故乡也是这样。谁不说俺家乡好，到底怎么个好，哪里好，那是说不清楚的。如果正式将“家乡好”化为条例定义，一曰某山，二曰某水，三曰某城墙，四曰某庙，五曰某街……那还有什么好的呢？庙可以与庙比规模或者年头久远，山可以与山比高度，水可以与水比流量，那就有了规模、历史、高度、流量……唯独没有了故乡的情愫了。

还可以有另外的解释：中国人向来喜欢整体性模糊思维、感悟性、估量性，最多是联想性思维。这种思维与判断方式更像是男女相亲择偶的一见钟情或一见生厌，不需要条分缕析，不需要图表与计算，不需要量化打分算分。人的爱故乡也不会是条分缕析的结论而是天性，是必然没商量，是哪儿都爱，被草木遮住了照样爱，能见度差了照样爱，全部亮相在眼前，晴空万里就更加可爱。解放初期上演的著名评剧《刘巧儿》中，主人公巧儿有一段唱词：“我爱他能写能算能劳动，我爱他下地生产，他是有本领……”说得如此清晰，不像爱情更不像少女初恋的表白，而更像劳动工资科干部录用新工人的标准了。

《庄子》的妙思：不要太成熟，不要太明确，不要用精确的语言加以界定，不要正式命名。例如命名故乡为仁义故乡家园，更不要制定文件与召开爱家乡动员大会与举办爱家爱乡典礼或评奖。不要成为目标，不要人为地用心思讨论、判定、答辩博士论文《热爱家乡的合理性必然性与重要性》，只要原始，只要天真朴素，只要混沌，只要大概其差不多，只要若有若无，糊里糊涂，永在心头，始终不渝。这个说法虽不完全，但不无道理，亦是一绝！

例如许多朋友极力推崇中华孝道，同时认定洋人不讲孝道，词汇中无相当于孝的命名，如同禽兽。其实如果你多有一点儿与欧美人士密切接触的机会，你会发现他们当中不乏孝子孝女，虽然他们的语言中无此“孝”字。反过来说，英美人把“爱”挂在嘴边，尤其是夫妻，爱来爱去，无一刻不示爱，这不等于他们的夫妻相爱才笃。中华古国，近现代前，不论是《长恨歌》里的唐玄宗与杨贵妃的悲剧，不论是《钗头凤》所描写的陆游与唐婉的感情，不论是《红楼梦》里宝玉黛玉的爱情，没有一个角色会说一句“我爱你我要你”，个中长短，谁说得清？回过头来说，不讲孝道就是禽兽吗？乌鸦反哺，羊羔跪乳，不也都被古人所称颂吗？它们并没有读过《孝经》啊。

庄子还提出来一个东西予以分析：“心殉”，殉葬的“殉”。他说“殉”的意思就是你的心智有所追求。对这个“殉”的解释也非常多，可以解释成心智有所追求，也可以解释为你的心智有所寄托或者有所贡献。庄子认为，这也是一种危险。什么意思呢？你心智有所寄托，你老追求一样东西，比如说你追求冠军，你得不上这冠军你一辈子都是痛苦的。比如说你追求财富，你追求大奖，你追求升迁，有了这些追求以后，你永远踏实不了，你这一辈子都过不踏实。庄子的这个想法也很奇怪：有追求是不好的，没有追求才好。可以断定，庄子包括老子，也有“抬死杠”即极端化、绝对化，完全脱离了实际生活的地方。心有所求，结果是因所求而殉之，因所求而殉难，而牺牲了自己的健康快乐，这个问题的提出是有趣的。最好是没有要求，没有愿望，没有注意点，没有期待，这种说法也相当可疑。

让我们当真想一想，第一，一味地强硬地要求自己不准有任何追求，这不也是一种追求吗？这不也是自己与自己较劲吗？这不也是无事生非与不近情理吗？第二，一个人只要尚存活着，能什么期待都没有吗？食色性也，生理需要总是会有的吧？解闷自娱的需要也不会没有吧？养家糊口的需要呢？受了欺侮有所抵御呢？第三，真的什么追求期待都没有了，他或者她不会寂寞吗？不会孤独吗？不会闲出病乃至发起疯来吗？

总之，庄子他是要保护混沌的这种状态。

糊涂易于神全

庄子还有一个提法，这个提法就叫“神全”，就是每个人要保持自己精神的完整，不要让它受损伤。要保持精神的平衡，不要让它产生震荡。完整、平衡你的心情，你的生命状态才是最佳的状态。

庄子讲，一个人要什么呢？一个人要“抱神以静”。就是人要守抱，抱的意思就是守着、守护着、坚守着自己的精神，使它不被动荡、不被干扰、不被侵犯，不打破这种平衡。他提出来：

> 无视无听，抱神以静，形将自正。必静必清，无劳汝形，无摇汝精，乃可以长生。

就是你不要看周围的东西，不要听周围的声音，永远保持着你自己的最佳状态，保持这种状态的话，你能够长生不老，能够活几百岁、几千岁，道家是有这个说法的。这个说法我们现在来看，他过于强调混沌这一面了。

现在，如果说一个人他的精神状态和这个世界完全隔离，如果说把他的五官完全给他堵死了，眼睛戴上眼罩，耳朵戴上耳塞，鼻子和嘴上戴上最厚的口罩，我想这个人无论如何不能走向幸福、走向健康之路。但是庄子有这么一种思路，和当时那个处境有关。那时候天下大乱，诸子百家，烽火连连，互争互夺，白刀子进红刀子出，整天就是这些事。庄子就觉得还不如自个儿踏踏实实地过自个儿的日子，这些事跟我没有关系。他是有一种自保的心态存在。

庄子还讲过这么一个很有趣的故事：

> 夫醉者之坠车，虽疾不死。骨节与人同，而犯害与人异，其神全也。乘亦不知也，坠亦不知也，死生惊惧不入乎其胸中，是故遻物而不慑。彼得全于酒，而犹若是，而况得全于天乎！圣人藏于天，故莫之能伤也。复仇者不折镆、干；虽有忮心者，不怨飘瓦；是以天下平均。故无攻战之乱，无杀戮之刑者，由此道也。

庄子说啊，譬如说喝醉的人坐在这个车上，如果车子一颠簸，人掉在地上了，他常常摔不伤。为什么摔不伤呢？因为他神全，他没有恐惧。他睡得糊里糊涂的，他从那个车上一颠就掉地上了。如果他很害怕呢？他看到了这个马惊了或者是这个桥梁坏了、道路坏了，他在一个恐惧之中，这样的话，他就肯定会摔伤。庄子提出了这么一个很有趣、很世俗的说法。

那么大家至少可以从物理学上来考虑，这个人睡着了、喝醉了的时候，他是团成一团的，很少是四仰八叉那样睡觉的，正因为团成一团，他掉到地上时也是一团，这样就不会是硬着去使劲儿。教体育的人都知道，不管是篮球运动员还是足球运动员，在场地中都会摔跤。摔跤有一个很重要的原则就是你不要用手去扶地，手扶地的话，用的是手腕的力量，而手腕是很细的，“嘎巴”就折了。相反，你要在地上滚成一团就不会出什么大问题。所以庄子说的醉汉不伤有他的道理。

但是庄子不是从这方面解释的，他不是解释你身体的形状或者你的骨节没有被压到。他怎么解释呢？他说这叫神全。就是一个人能不能保留自己这种不被外物和杂念所干扰的状态，能不能保持这样一种完整无缺的精神。这种精神有奇效，对你的生活有奇效、对你的精神状态有奇效，甚至于对你的跌打损伤也有奇效。就像一个喝醉了的人他不会考虑，我摔一跤会要了我的命。他没有这种惊惧的思想，他的神他的精神并没有一下子被分裂、被摧毁、被伤害。所以他的神是全的。

神全对我们来说也是很有意义的，不管我们遇到什么愉快的事情、不愉快的事情、成功的事情、失败的事情，我们都把它看得很自然，都把它看得很普通。我们既不会为一件胜利的事情过于高兴，也不会为一件失败的事情痛不欲生，我们都把它看得很自然、很正常，这样的话，我这精神是不受损害的，是不受摧毁的。

当你经历过生活中的各种波折，就会有体会：一个人你只要自己的精神不垮，也就是说自己的神全，别人就很难把你打垮。因为你所能够损害我的无非是我的一些利益，而我没有那么多利益需要计较，并且我并不把这个利益的丧失看得那么痛苦。正如李白的诗所说：天生我材必有用，千金散尽还复来。我既然有可能把千金丢掉，就说明我有能力挣来这千金。我既然有这材料，有这一点儿小小的本事，这点儿小小的能量，那么我早晚有机会发挥我的能量，我早晚有机会发挥我的才能。你要处在这种情况之下，就不容易被摧毁。相反，我们会看到有些过分娇气、过分敏感、过分心细的人。咱们中国有个成语叫“心细如发”，形容一个人心细得跟头发一样，说他的心能用头发分成多少份，就是心太细了，大事小事都这么注意。所以这样的话，他就不容易在人生当中经历各种的成败、经历各种顺利和不顺利的东西。这就是为什么中国人会得出一个结论来，叫“难得糊涂”。

难得糊涂是郑板桥最喜欢讲的一个话，并不是说你什么事都糊涂，什么事都糊涂你可能吗？先不用说很大的事了，你每天几点钟上课、几点钟下课，每个月你应该有多少收入、多少支出，你都不能完全糊涂。但是在某些事情上，糊涂实在是人的一个优秀品质，有些非常细小的得失就算了，人不可能什么事都只有获得没有失去，只有记忆没有遗忘。所以庄子树立的“浑沌”形象，实在是中国人处世的一个诀窍。

实际上，人之一生到底能有多少个认真的仇敌，多少个必然的深仇大恨，难讲。但同时，你的一生中，阴差阳错，又会与他人包括你的亲人友人产生多少龃龉、多少误会、多少风波。你今天对他有意见，明天对她有怀疑，后天对他、她都不满意，大后天你想与他们和解了，他们却来了气，与你非来个白刀子进红刀子出不可……再往后你干脆与一切为敌，还在那儿严正声明，至死也是一个不饶恕！您干什么呢？您为什么呢？您图什么呢？

混沌还有一点和中国文化是相通的，这就是中国人重视整体——抽象思维、本质主义、形而上而绝非形而下思维。你眼睛看见的东西再多，无非就是颜色。视觉形象并不能够代表世界。你耳朵听见的再多，无非只是声音，那只是一个听觉的反应，听觉器官你也不能够掌握这个世界的全貌。你鼻子闻到的再多，无非就是气味。那就是一个嗅觉的反应，而酸甜苦辣咸，这是你舌头的反应。而中国人追求的是什么呢？追求的是一个超乎视觉、听觉、嗅觉、味觉、触觉，超乎一切感官的一个总体的把握。有了总体的把握你才放心，有了抽象的概括你才敬畏乃至崇拜。先秦诸子，都要弄出个抽象的大概念来才见水平，才有巨大的涵盖面，才有高度，才能包罗万象无往而不利。老子要“道”，孔子要“仁”，孟子要“义”，等等。而这个总体的把握恰恰需要的不是条分缕析的逻辑与计算的精明，而是整体性，是混沌。只有这样，才能达到人和大道之间直接融合的境界。

黄帝……遗其玄珠。使知索之而不得，使离朱索之而不得，使吃诟索之而不得也。乃使象罔，象罔得之。

黄帝把最宝贵的玄珠丢失了。什么是玄珠呢，解释得各式各样，依庄子的思路不如不解释，反正是黄帝最珍贵的某物。他派智慧或知识去寻找探求，没找着。再派千里眼离朱去找，还是找不着。再派神速的吃诟去找，还是找不着。最后派模模糊糊、形象罔然、仍然可以说是混混沌沌的象罔去找，一下子就找到了。什么意思？靠知识与智力智谋不行，靠视觉和感官不行，靠速度与敏捷不行，只有靠那种带有东方神秘色彩的、笼统而又玄妙的悟性。

这个故事很有特色，很有趣味，也很悲哀，因为这种整体主义、抽象主义、本质主义、神秘主义与形而上崇拜不利于科学技术的发展，不利于逻辑学与数学以及整个理性思维的发展。类似的喜欢讨论概念，喜欢讨论无法证实也无法证伪的天道天理，喜欢讨论昔日的美好图景而抱怨兹后的礼崩乐坏的倾向，同样存在于孔孟之道中。但这讨论绝少注意民生与生产力的发展，绝少注意实践、实验、经验、实用方面的东西，更不要说科学与技术、效率与福祉了。

基督教讲究的是拯救灵魂，我想这是由于人们灵魂中的罪恶感、负疚感、空虚感、恐惧感、忧患感。基督教是通过对于终极信仰、终极价值——爱、苦难、宽恕……的宣扬，与神圣崇拜——礼拜、祈祷和对于富有终极性与道德性文学性暗示性的《圣经》的反复诵读，来满足自己的灵魂的需要的。